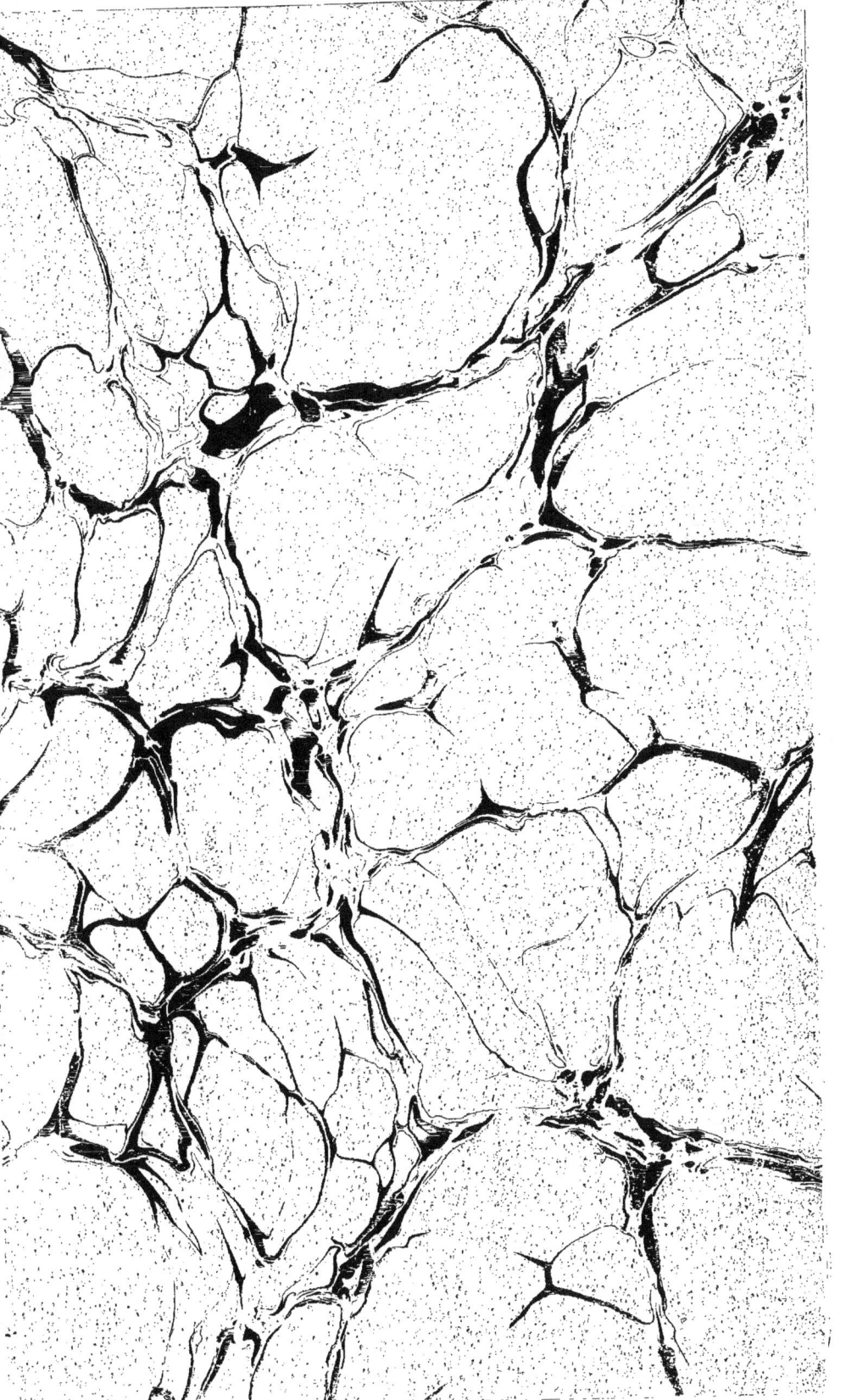

LA VIE & LES ŒUVRES

DE

JEAN-JACQUES ROUSSEAU

PAR

Henri BEAUDOUIN

TOME PREMIER

PARIS
LAMULLE & POISSON, LIBRAIRES-ÉDITEURS
Rue de Beaune, 14
—
1891

LA VIE & LES ŒUVRES

DE

JEAN-JACQUES ROUSSEAU

LA VIE & LES ŒUVRES

DE

JEAN-JACQUES ROUSSEAU

PAR

Henri BEAUDOUIN

TOME PREMIER

PARIS

LAMULLE & POISSON, LIBRAIRES-ÉDITEURS

Rue de Beaune, 14

1891

INTRODUCTION

Jean-Jacques Rousseau est un des hommes les plus connus du XVIII² siècle. Il partage avec Voltaire le privilège d'avoir imposé à son temps son nom et ses idées. On dit le siècle de Voltaire et de Rousseau, comme on dit le siècle d'Auguste ou de Louis XIV. Aussi Rousseau a-t-il été beaucoup lu, beaucoup étudié. Les éditions de ses œuvres sont, pour ainsi dire, innombrables; les livres qui traitent de lui, et qui souvent se composent de plusieurs volumes, se comptent par centaines, si ce n'est par milliers.

Pourquoi, après tant d'autres, venons-nous dire aussi notre mot dans ce concert de voix très diverses et parfois passablement discordantes? La raison en est simple : c'est qu'au milieu de cette abondance de documents, il n'existe pas, en français du moins, une seule histoire de J.-J. Rousseau. On a scruté à la loupe ses moindres actions; on a fouillé les bibliothèques, pour y découvrir ses lettres les plus insignifiantes et ses œuvres les plus oubliées; on a commenté ses paroles; on a voulu pénétrer ses intentions; mais, chose incroyable, ce personnage tant étudié, tant discuté, tant loué, tant blâmé, ce novateur à qui la langue française doit une partie de ses beautés, la Révolution une partie de ses idées, la société actuelle, ou plutôt le Socialisme, une partie de ses principes; ce philosophe qui n'a prétendu à rien moins qu'à réformer la religion et la société, la morale et la politique, l'éducation et les lettres; cette espèce de saint laïc, qui a eu presque son culte, avec ses dévots et surtout ses dévotes, qui aujourd'hui encore a ses apôtres et ses disciples, attend toujours l'historien de sa vie. Nous avons beaucoup de membres épars; nous n'avons pas de corps complet et vivant.

Sans rechercher bien loin les motifs de cette lacune, ne viendrait-t-elle pas de ce que, trop facilement, on a regardé Rousseau comme ayant été son propre historien? Mais les Confessions, dont nous n'avons point à médire ici, et que nous étudierons plus tard en détail, ne peuvent que très imparfaitement passer pour une histoire proprement dite. Elles manquent pour cela de deux qualités essentielles : elles ne sont pas complètes, et elles sont loin d'être toujours exactes. Non seulement elles s'arrêtent à l'année 1766, c'est-à-dire à une date précédant de douze ans la mort de leur auteur, mais encore, à dessein ou non, elles omettent beaucoup d'événements accomplis pendant la période de temps qu'elles embrassent. Rousseau d'ailleurs n'ayant que peu de prétentions à l'exactitude, nous n'avons aucun motif de lui accorder une confiance plus grande que lui-même ne la demande. « *Je les écrivais de mémoire, dit-il en parlant de ses* Confessions. *Cette mémoire me manquait souvent ou ne me fournissait que des souvenirs imparfaits, et j'en remplissais les lacunes par des détails que j'imaginais en supplément de ces souvenirs, mais qui ne leur étaient jamais contraires...*[1] » *Et ailleurs* : « *Ma première partie a été toute écrite de mémoire ; j'y ai dû faire beaucoup d'erreurs. Forcé d'écrire la seconde de mémoire aussi, j'y en ferai probablement beaucoup davantage... Je puis faire des omissions dans les faits, des transpositions, des erreurs de dates ; mais je ne puis me tromper sur ce que j'ai senti, ni sur ce que mes sentiments m'ont fait faire ; et voilà de quoi principalement il s'agit... C'est l'histoire de mon âme que j'ai promise*[2]. » *Avec l'imagination et le tempérament impressionnable de Rousseau, cette méthode était hasardeuse et passablement fantaisiste. S'il est bon de faire l'histoire de son âme, encore faut-il l'appuyer sur des faits. Si celui qui se pique d'exactitude est parfois sujet à la critique, que dire de celui qui se met aussi à son aise avec les événements ? En fait, les* Confessions *ont souvent été reprises en sous-œuvre, et les plus chauds partisans de Rousseau tout les premiers, depuis Musset-Pathay jusqu'à M. Eugène Ritter, ne se sont pas fait faute d'en corriger les erreurs et d'en combler les lacunes.*

Malgré ces réserves, les Confessions *n'en restent*

---

1. *Rêveries d'un promeneur solitaire*, 4ᵉ promenade. —
2. *Confessions*, l. VII, vers le commencement.

pas moins le premier et le plus important monument de l'histoire de leur auteur. Incontestablement, pour tout ce qui le regarde, c'est encore lui qui devait être le mieux informé. D'un autre côté, s'il n'est pas toujours vrai, s'il est même possible de le prendre souvent en flagrant délit de mensonge, habituellement du moins, il est sincère.

La nature de ses aveux n'est-elle pas même ici la meilleure garantie de sa sincérité ? « Quiconque lira mes Confessions impartialement, dit-il, si jamais cela arrive, sentira que les aveux que j'y fais sont plus humiliants, plus pénibles à faire que ceux d'un mal plus grand, mais moins honteux à dire, et que je n'ai pas dit, parce que je ne l'ai pas fait[1]. »

Nous ne parlons pas ici des appréciations qui, naturellement, se ressentent du système. C'est, en effet, aux Confessions surtout qu'il faut appliquer cette observation que, si les faits restent, les jugements sont à refaire.

Ce que nous disons des Confessions, nous le répétons également, dans une certaine mesure, des Rêveries, des Dialogues, des lettres, des pièces de défense ou de justification personnelle, des allusions ou des épisodes répandus dans les autres ouvrages. Il faut remarquer toutefois que les lettres, étant en général plus actuelles, plus spontanées, moins apprêtées pour le public ou la postérité, méritent une plus

---

1. *Rêveries d'un promeneur solitaire*, 4e promenade.

grande confiance. Aussi les avons-nous mises bien plus largement à contribution que les épisodes qui, plus arrangés encore que les Confessions, *ne sont guère autre chose que des romans historiques ou des thèses destinées à faire valoir le système.*

D'une façon générale, on peut dire en toute vérité qu'il n'y a pas un des ouvrages de Rousseau qui ne puisse servir à reconstruire sa vie ou à faire connaître son caractère. Il n'est pas donné à tous les écrivains de mettre ainsi leur signature au bas de chaque page : ce privilège, Rousseau l'eut au suprême degré. Chez lui, point de ces œuvres impersonnelles qui peuvent donner le change sur le caractère de leur auteur. Quand il écrit, il se livre et se montre tout entier. Ses œuvres deviennent par là une source précieuse d'information, puisqu'elles offrent ce qu'on peut appeler Rousseau peint par lui-même.

Un autre motif encore nous a engagé à donner une place considérable à l'analyse et à la critique des ouvrages de Rousseau ; c'est que ses ouvrages renferment, avant tout, ce qu'on a le désir de savoir de lui. Si les livres d'un homme tel que Rousseau ne sont pas tout lui, au moins en sont-ils la plus grande et la plus durable partie, la seule qui vive encore et qui présente autre chose qu'un intérêt rétrospectif.

Opera eorum sequuntur illos. *Il y a des hommes que suivent leurs œuvres. Elles les suivent en assurant leur renommée littéraire, s'ils ont eu ce don de* bien dire, qui n'est accordé qu'au petit nombre, et que personne ne conteste à Rousseau. Elles les suivent pour une gloire plus noble, si, par les découvertes qu'ils ont faites, par les vérités qu'ils ont démontrées ou propagées, par les belles actions qu'ils ont célébrées ou accomplies, par les bienfaits qu'ils ont répandus, ils ont fait avancer l'humanité dans les voies de la science, de la vertu ou du bien-être. Mais elles les suivent aussi, comme une flétrissure, s'ils se sont faits les apôtres de l'erreur et du vice, s'ils ont travaillé à détruire les principes de religion et de morale sur lesquels reposent les sociétés, s'ils ont provoqué des révolutions. Sous tous ces rapports, nous aurons à peser les responsabilités de Rousseau.

Considéré dans ses œuvres et dans ses doctrines, on peut dire que Rousseau n'est pas mort. Il vit au contraire ; nous le voyons tous les jours, et dans les hommes qui le continuent, et dans les événements qu'il a préparés. Cependant, quelque logique que soit cette méthode, de juger l'arbre à ses fruits, nous n'en userons qu'avec une grande réserve, dans la crainte de nous trouver entraîné à refaire, en quelque sorte, l'histoire de notre pays depuis un siècle.

Si le premier soin du biographe consiste à étudier son personnage dans ses œuvres, il a d'autres moyens d'investigation qu'il ne saurait négliger. Il doit recueillir les témoignages des hommes qui ont été mêlés aux divers événements de la vie qu'il raconte. La voix des contemporains, acteurs ou simples témoins *des faits, a un accent qui ne se transmet pas, et donne souvent aux physionomies leur véritable cachet. Tout le XVIIIe siècle a connu Rousseau : Voltaire, Diderot, Grimm, d'Alembert, Duclos, Marmontel, Fréron, Mme d'Épinay, Mme de Luxembourg, le maréchal de Luxembourg, le prince de Conti, Malesherbes, Bernardin de Saint-Pierre, La Harpe ont été en correspondance avec lui ou ont parlé de lui dans leurs ouvrages. Christophe de Beaumont, archevêque de Paris, Le Franc de Pompignan, évêque du Puy, le cardinal Gerdil, les Pasteurs de Genève l'ont combattu ou réfuté. Leurs témoignages, et ceux de beaucoup d'autres, fournissent à l'histoire, par leur réunion, une riche mine de précieux documents.*

Après eux sont venus les écrivains chez qui l'étude ou le talent supplée à la vue directe. Leurs jugements, moins spontanés sans doute, et moins minutieux, se recommandent, ou devraient se recommander par une plus grande impartialité, parce qu'ils sont moins inspirés par l'intérêt ou la passion, et que, voyant à distance, ils saisissent mieux l'ensemble et se laissent moins influencer par les détails. Ici encore il y aurait une longue liste à donner. Qu'il nous suffise de dire d'une façon générale que nous avons cherché à nous entourer de tous les documents qui ont été publiés avant nous. D'ailleurs, afin de rendre plus faciles les études des autres, la vérification et le contrôle de nos propres études, nous avons beaucoup cité, et nous avons pris le soin d'indiquer scrupuleusement les sources où nous avons puisé.

On ne manque pas de gens qui feraient volontiers deux parts de Rousseau et sacrifieraient l'homme sans trop de regret, à la condition de conserver le philosophe et l'écrivain; mais c'est un partage qu'il est impossible d'accepter. L'homme explique l'écrivain. Si les grandes pensées viennent du cœur, que d'utopies, que d'aberrations en viennent aussi ! Les ouvrages de Rousseau ne seraient-ils pas tout autres, si sa conduite avait été honnête et pure ? Il est bon d'écouter toutes les excuses, de tenir compte, autant que le comporte l'équité, du caractère, des circonstances, du milieu, de l'éducation; mais sur le terrain des doctrines, là où sont engagés l'honneur de la vérité, les lois de la morale ou de la société, ce serait se rendre le complice de l'erreur que de l'approuver; ce serait prendre la responsabilité des idées antimorales et antisociales de l'auteur que de ne pas les flétrir.

Nous aurions désiré pouvoir offrir cette histoire à toute espèce de lecteurs, sans aucune exception ni distinction. Mais nous tenions plus encore, conformément à nos principes en matière de critique historique, à ne rien dissimuler. Or, avec des mœurs comme celles de Rousseau, avec des œuvres comme les siennes, il était difficile, pour ne pas dire impossible, de tout dire sans s'exposer à éveiller de légitimes susceptibilités. Nous l'avons tenté néanmoins.

INTRODUCTION.

Si nous n'y avons pas complètement réussi, nous pouvons du moins affirmer que nous avons fait tous nos efforts pour concilier, avec les exigences de la vérité, celles de la délicatesse et de la réserve du langage.

CHAPITRE PREMIER

Du 28 juin 1712 au mois de mars 1728[1].

Sommaire : I. Naissance de Rousseau. — Sa famille. — Son éducation, ses lectures, son caractère.
II. Il est mis en pension chez le ministre Lambercier. — Son amitié pour son cousin Bernard. — Ses passions précoces. — Son départ, à la suite d'une punition imméritée.
III. Il retourne à Genève. — Histoires galantes avec Mlle de Vulson et Mlle Goton. — Il est placé chez un greffier et n'y peut rester. — Il est mis en apprentissage chez le graveur Ducommun. — Il est repris de sa passion de lecture. — Sa fuite de Genève.

1

Jean-Jacques Rousseau naquit à Genève en 1712, non le 4 juillet, date indiquée dans sa correspondance[2], mais bien le 28 juin, comme les registres de l'état civil l'établissent formellement[3]. La date du 4 juillet est celle de son baptême, qui eut lieu à l'église Saint-Pierre. Cette erreur de Jean-Jacques, volontaire ou non, peut servir à en expliquer bien d'autres, et montre que, même sur le terrain des faits qu'il devait le mieux connaître, ses affirmations ne sont pas toujours une garantie d'exactitude.

Les Genevois ont donné le nom de leur illustre compatriote à une rue du quartier Saint-Gervais, et

---

1. *Confessions*, l. I. — 2. *Lettre à Mme Latour de Franqueville*, 17 janvier 1763. — 3. L'acte de naissance de Rousseau est rapporté par MUSSET-PATHAY, *Histoire de J.-J. Rousseau*, t. II, p. 287.

ont gravé sur une maison de cette rue (celle qu'habitaient ses parents), une inscription commémorative de sa naissance. Ce ne fut pourtant pas là qu'il reçut le jour ; ce fut de l'autre côté du Rhône, dans une maison de la Grand'Rue, non loin de l'église Saint-Pierre, et c'est à cause de cela, sans doute, qu'il fut porté à cette église pour y être baptisé. Sa mère, dit-on, était en visite chez sa sœur, Mme Bernard, qui habitait la Grand'Rue ; elle y fut prise des douleurs de l'enfantement et mourut quelques jours après y avoir mis son enfant au monde. Celui-ci ne tarda pas cependant à être porté chez son père, dans le quartier Saint-Gervais [1].

Rousseau, par son origine, se rattachait à la France. Ses ancêtres paternels, libraires à Paris, avaient quitté cette ville en 1550, au moment des guerres de Religion. Son père s'appelait Isaac Rousseau, sa mère Suzanne Bernard. Ils appartenaient au culte protestant-calviniste, le seul d'ailleurs qui fût toléré à Genève, et naturellement, ils élevèrent leur fils dans cette religion. Suzanne Bernard était, par sa naissance et sa fortune, d'une condition supérieure à celle de son mari [2]. Elle était d'ailleurs belle, spirituelle, avait du goût pour la littérature, dessinait, chantait et faisait des vers à ses heures ; dans sa jeunesse, elle n'avait pas été

---

[1]. Voir sur la naissance, la famille, les ancêtres de J.-J. Rousseau : *Rousseau et les Genevois*, par GABEREL ; — *La Famille de Jean-Jacques*, par Eugène RITTER ; — *Recherches sur J.-J. Rousseau et ses parents*, par Louis DUFOUR-VERNES. — [2]. Rousseau dit que le père de Suzanne Bernard était pasteur et apporta les plus grands soins à l'éducation de sa fille. Nouvelle erreur des *Confessions* : ce n'était pas le grand-père, c'était le grand-oncle de Rousseau qui était pasteur. (Eug. RITTER, *La Famille de J.-J. Rousseau*.)

exempte d'une certaine coquetterie. Sa beauté et son esprit lui attirèrent des hommages, mais l'amour qu'elle avait voué à son mari lui servit de sauvegarde. M. de la Closure, résident de France, fut, dit-on, un des plus empressés auprès d'elle. De là on n'a pas manqué d'insinuer qu'il pourrait être le véritable père de J.-J. Rousseau; mais un mot suffit pour mettre à néant cette calomnie, c'est que la Closure fut absent de Genève depuis la fin de 1709 jusqu'au mois de juin 1713[1].

L'éducation donnée par la mère est pour l'enfant la véritable initiation aux luttes de la vie. Jean-Jacques n'eut pas le bonheur de connaître la sienne. S'il avait pu profiter de ses leçons, quelque imparfaites qu'elles eussent été sous certains rapports, peut-être eût-il évité bien des écarts.

Si du moins son père avait été à la hauteur de ses devoirs: mais Isaac Rousseau, assez instruit, assez brave homme, surtout fort attaché à sa femme, qu'il pleura longtemps, même après en avoir pris une autre, était d'un caractère trop léger et trop insouciant pour élever dignement ses enfants. Aussi, de ses deux fils, l'aîné devint un franc mauvais sujet et disparut bientôt sans qu'on sût ce qu'il était devenu. Quant à Jean-Jacques, le second, il devint... ce que nous allons voir.

Isaac Rousseau, peu favorisé des dons de la fortune, n'avait guère, pour nourrir sa famille, que son métier d'horloger, dans lequel, à la vérité, il était fort habile, et auquel il joignait, comme supplément, la profession de maître de danse.

---

1. E. RITTER, *Nouvelles Recherches sur les Confessions et la Correspondance de J.-J. Rousseau*.

Enfin, pour terminer ce que nous avons à dire des parents de Rousseau, une sœur de son père, Suzanne ou Suzon Rousseau, devenue plus tard Mme Gonceru, femme pleine de cœur, servit de mère à l'enfant. Jean-Jacques était venu au monde presque mourant et avait apporté en naissant le germe d'une incommodité grave, que les ans, et peut-être aussi certains excès augmentèrent[1]. Sans le guérir, sa tante, à force de soins, conjura les effets de son mal. Quoique Jean-Jacques paraisse avoir été peu reconnaissant du service qu'elle lui avait rendu, il voulut bien lui pardonner « de lui avoir sauvé la vie », et il lui fit, dans ses vieux jours, une rente de 100 francs.

J.-J. Rousseau appartenait, comme on voit, à une famille des plus modestes. Son enfance et sa jeunesse n'annoncèrent point sa célébrité future; son entourage et le milieu où il vécut jusqu'à trente ou quarante ans, ne pouvaient que le retenir dans son obscurité. Jusqu'à près de quarante ans donc, il n'eut ni amis puissants pour le faire connaître, ni prôneurs pour le faire valoir.

Il prétend qu'il fut parfaitement élevé. Cela tient peut-être à ce que son éducation rappelle par certains côtés celle qu'il érigea plus tard en système. Notre avis est qu'il fut un enfant gâté, qu'une autorité ferme et une direction éclairée lui firent également défaut; enfin qu'il n'y aurait aucune témérité à voir dans les vices de sa première éducation l'explication et l'excuse d'une partie des erreurs et

---

1. C'était un vice de conformation de la vessie, qui lui occasionna des rétentions d'urine presque continuelles et des douleurs fréquentes.

des fautes de son âge mûr. Jugeons-en par le récit qu'il fait des années de son enfance.

Sa mère lui avait laissé pour unique héritage un cœur sensible et des romans ; mieux eût valu qu'elle ne lui eût rien laissé du tout. Sa sensibilité, dit-il, fit tous les malheurs de sa vie, et les romans ne furent bons qu'à développer outre mesure et à dévoyer cette faculté, toujours prête à prendre chez lui la place de la raison.

C'est dans les romans qu'il tenait de sa mère qu'il apprit à lire. Dès cinq ou six ans, le soir après souper, il les dévorait avec son père. Et telle était leur ardeur, qu'ils ne pouvaient quitter leur lecture qu'à la fin du volume. Quelquefois le père, entendant le matin les hirondelles, disait tout honteux : Allons nous coucher ; je suis plus enfant que toi.

A ce train, la bibliothèque de la mère fut bientôt épuisée. On se jeta alors sur celle du père, plus sérieuse, quoique non moins extraordinaire pour un enfant de sept ans. C'était l'*Histoire de l'Église et de l'Empire*, par Le Sueur ; le *Discours sur l'histoire universelle*, de Bossuet ; *Plutarque, Ovide, La Bruyère, Fontenelle, Molière*. Plutarque surtout devint la lecture favorite de Jean-Jacques, et les *Hommes illustres* lui tournèrent complètement la tête.

Rien de plus connu que l'influence des livres sur les lecteurs. Aux nombreux exemples qui mettent ce fait en lumière, on peut joindre, comme un des plus frappants, celui de Rousseau. Son caractère naquit, pour ainsi dire, comme une fleur de sa tige, de ses lectures, ou dangereuses, ou trop précoces. Les romans exaltèrent son imagination, échauffèrent sa sensibilité, et lui donnèrent une intelligence des passions qu'on rencontre rarement à son âge. Plutarque le guérit en partie des romans, mais pour le jeter dans un autre excès. « De ces lectures, de ces entretiens, se forma, dit-il, cet esprit libre et républicain, ce caractère indomptable et fier, impatient de joug et de servitude, qui m'a tourmenté tout le temps de ma vie, dans les situations les moins propres à lui donner l'essor... Je me croyais Grec ou Romain ; je devenais le personnage dont je lisais la vie ; le récit des traits de constance et d'intrépidité qui m'avaient frappé me rendait les yeux étincelants et la voix forte. Un jour que je racontais à table l'aventure de Scevola, on fut effrayé de me voir avancer et tenir la main sur un réchaud, pour représenter son action. »

Le tableau est joli ; le malheur est qu'il est en grande partie tracé par l'imagination. L'intrépidité de l'enfant prête à rire pour quiconque connaît l'homme, dont la vaillance n'a certainement jamais fait peur à personne. Comment s'empêcher de songer que ce petit Scevola en herbe passa son âge mûr et sa vieillesse à gémir et à se plaindre de son sort, de ses souffrances, de ses amis, de ses ennemis. Personne ne fut moins que lui taillé à l'antique ; il n'eut de ce qu'on est convenu d'appeler l'homme antique, ni les qualités, ni les défauts, ni la fermeté, ni la dureté, ni la vertu austère, ni la raideur. Sa nature nerveuse, impressionnable, ondoyante, rappellerait plutôt celle de la femme moderne. Aussi, nous semble-t-il plus près de la vérité quand il parle de son « caractère efféminé, mais pourtant indomptable, qui, flottant toujours entre la faiblesse et le courage, entre la mollesse et la vertu, l'a jusqu'au bout mis en contradiction avec lui-même, et a fait que l'abstinence et la jouissance, le plaisir et la sagesse lui ont également échappé. »

Pourquoi toutes ces inégalités et ces contradictions, avouées par Rousseau lui-même? C'est que personne ne lui avait présenté le devoir dans sa nécessité grave et sévère ; personne n'avait songé à fortifier son âme par l'habitude de la lutte contre le mal. On ne le laissa pas vagabonder dans la rue avec les enfants de son âge, c'était bien ; mais on lui supprima, pour ainsi dire, toute occasion de désobéir en ne lui commandant rien, c'était beaucoup moins bien. Ce laisser-aller, cette vertu molle et facile ne feront jamais des hommes. Il n'avait autour de lui, à ce qu'il prétend, que les meilleures gens du monde, son père, sa tante, sa bonne, ses parents, ses amis, ses voisins. Quel bel assemblage! Unique à coup sûr ; et dans tout cela, pas un mauvais exemple! Comment serait-il devenu méchant? Eh, mon Dieu, comme le peuvent devenir tous les enfants et tous les hommes ; par un effet de leur nature mêlée de bien et de mal, et plus souvent, hélas! portée au mal qu'au bien. Jamais, dit-il, on n'eut à réprimer en lui, ni à satisfaire aucune de ces fantasques humeurs qu'on impute à la nature, et qui naissent toutes de l'éducation. Il avait les défauts de son âge; il était babillard, gourmand, quelquefois menteur ; il volait des fruits, des bonbons, de la *mangeaille*. Sans lui faire des crimes de ces défauts, très naturels, assurément, c'était déjà quelque chose. Fallait-il donc les laisser grandir et se développer à leur aise?

Les lectures de Rousseau eurent sur son esprit et sur son cœur les influences les plus marquées ; sa vie de famille en eut d'analogues sur son caractère.

Ces années passées entre son père, qui ne le contrariait pas, et sa tante, qui lui laissait faire toutes ses volontés, contribuèrent à lui donner cette douceur sans énergie, cette faiblesse envers lui-même, ces fantaisies, ces caprices, qu'on pardonnerait à peine à une jeune femme nerveuse, cette impatience de toute gêne, qui ne savait même pas se plier aux usages les plus vulgaires. Il n'est pas jusqu'aux chansons que sa tante lui chantait d'une voix si douce, auxquelles il n'attribue au moins le germe de cette passion pour la musique qui ne se développa en lui que beaucoup plus tard, mais pour ne plus l'abandonner.

Jean-Jacques ne parle de ses parents que pour en dire du bien, du moins à sa façon ; c'est d'un bon fils. Cependant son témoignage suffit pour constater chez son père un grand fonds de faiblesse et de négligence. Mais d'après une autre autorité, il paraîtrait que cette faiblesse avait bien ses retours, et que cette négligence se réveillait parfois, quoique pas toujours à propos. On cite, entre autres, une circonstance où le malheureux enfant, pour avoir déchiré un livre, fut enfermé pendant plusieurs jours dans un galetas. Sa nourrice, c'est elle qui raconte le fait, était alors son unique consolation [1].

En somme pourtant, c'est peut-être encore auprès de sa famille qu'il eut le plus à gagner, ou le moins à perdre. Son premier malheur fut d'être élevé sans mère ; le second fut de quitter sa famille à dix ans.

---

[1]. MUSSET-PATHAY, *Histoire de J.-J. Rousseau*, t. I. Article Rousseau Isaac.

II

A ne considérer toutefois que les deux premières années qui suivirent sa sortie de la maison paternelle, on pourrait le féliciter du changement. Son père ayant eu un démêlé avec un ex-capitaine au service de la Pologne et ayant blessé son adversaire, fut condamné à demander pardon, genoux en terre, à Dieu et à leurs seigneuries du Conseil; puis à garder les arrêts pendant trois mois; mais plutôt que de se soumettre à cette sorte de pénitence, il aima mieux s'expatrier et alla s'établir à Nyon, petit village du pays de Vaud[1]. Il laissa en partant son fils sous la tutelle de son beau-frère Bernard, ingénieur pour la ville de Genève, et père lui-même d'un garçon du même âge que Jean-Jacques. Les deux enfants furent mis ensemble en pension à Bossey, village voisin de Genève, chez le ministre Lambercier, « pour y apprendre, dit Rousseau, avec le latin, tout le menu fatras dont on l'accompagne sous le nom d'éducation. »

M. Lambercier était un excellent homme, fort raisonnable, qui n'accablait pas ses élèves de devoirs, et trouvait le moyen de se faire aimer d'eux. Cependant, comme il ne négligeait pas non plus leur éducation, il dut leur imposer certaines règles de conduite. Si ennemi qu'il fût de la gêne, Jean-

---

1. Ces faits se passaient en novembre 1722. Gautier, le capitaine en question, avait été au service de la Pologne et non de la France, et Rousseau avait alors dix ans passés et non huit ans comme il le prétend. (MUGNIER, Mme de Warens et J.-J. Rousseau, ch. I.)

Jacques dut se soumettre à ces règles, qui, du reste, étaient pour lui un véritable bienfait.

Il trouva encore à Bossey un autre avantage, celui de connaître les douceurs de l'amitié. « Jusqu'alors, dit-il, je n'avais connu que des sentiments élevés, mais imaginaires. » Et son père, et son frère, et sa tante n'ont donc pas été capables d'éveiller sa tendresse ! Quoi qu'il en soit, il se lia d'une vive affection pour son cousin Bernard. Au bout de sept à huit ans, ils se quittèrent. « Nous ne nous sommes, dit Jean-Jacques, jamais écrit ni revus ; c'est dommage ; il était d'un caractère essentiellement bon ; nous étions faits pour nous aimer. » Voilà, il faut en convenir, un adieu bien sec, pour une amitié si tendre.

Son cousin, ses études, ses jeux, ses promenades reléguèrent naturellement les Grecs et les Romains au second plan, et rendirent à Jean-Jacques la vie d'enfant, la seule bonne et gracieuse à son âge.

C'est encore à Bossey qu'il commença, sans pouvoir s'en lasser jamais, à jouir de la campagne ; c'est de cette époque que date son goût si vif pour la nature, goût qui ne s'est jamais éteint et lui a inspiré ses pages les plus charmantes.

Son séjour de Bossey est resté profondément gravé dans sa mémoire. On dirait qu'après quarante ans, il n'en a rien oublié : ni les lieux, ni les personnes, ni les plaisirs simples et naïfs, ni ces anecdotes, insignifiantes au fond, mais rendues délicieuses par la manière dont elles sont racontées. Malheureusement il n'en a pas oublié non plus certains détails moins innocents, et qu'il avoue avec son cynisme ordinaire.

Mlle Lambercier, sœur du ministre, habitait avec

son frère, et partageait avec lui les privilèges comme les charges de l'éducation. Ni l'un ni l'autre ne manquaient de sévérité quand cela était nécessaire; mais leur sévérité était si juste, si peu emportée, que l'enfant, tout en s'en affligeant, ne se mutinait pas. Jean-Jacques aimait surtout Mlle Lambercier. Il avait un grand désir de la satisfaire et une crainte véritable de lui faire de la peine. Elle, de son côté, éprouvait pour ses élèves l'affection d'une mère. Elle en avait aussi l'autorité et trouvait même que son âge (elle avait trente ans) lui permettait de leur infliger le fouet au besoin. Mais elle avait compté sans les passions latentes, que les romans sans doute avaient fait germer dans l'imagination du pauvre Jean-Jacques. Mlle Lambercier s'aperçut-elle que sa correction faisait au coupable plus de plaisir que de peine? Ce qui est certain, c'est que, la seconde fois qu'elle l'infligea, elle déclara vouloir y renoncer désormais, renvoya dans une autre chambre les enfants, qui jusqu'alors avaient couché dans la sienne, et même quelquefois dans son lit, et fit enfin à Rousseau l'honneur, dont il se serait bien passé, de le traiter en grand garçon. Du reste, il devait avoir alors onze à douze ans; cette mesure n'avait donc rien de prématuré.

Cette petite aventure décida, c'est lui qui le déclare, de ses goûts, de ses désirs, de ses passions et de lui pour le reste de sa vie. Mais ce qu'il est impossible d'admettre, c'est que ces passions sans but, ces désirs, qu'il traite lui même de honteux, lui aient servi de dérivatif, et qu'ils aient eu, en ce qui le concerne, le privilège inouï de le maintenir chaste et pur à un âge où il n'aurait plus eu de chances de l'être, et la force de confiner dans son imagination des fureurs érotiques qu'il eût sans doute transportées dans le domaine des faits. Il est difficile de comprendre comment ses désirs lui auraient précisément servi à ne pas les accomplir; comment l'ardeur du sang, la dépravation, la folie de la pensée lui auraient conservé des mœurs honnêtes. Loin de trouver là matière à excuse, on y peut voir, en un sens, un raffinement de libertinage. Mœurs honnêtes, pureté, modestie, chasteté, par quelle profanation ose-t-il employer de tels mots pour exprimer de telles idées !

Rousseau ne serait-il pas au fond de cet avis? « J'ai fait, dit-il en terminant cette incroyable tirade, le premier pas, et le plus pénible, dans le labyrinthe obscur et fangeux de mes confessions. Ce n'est pas ce qui est criminel qui coûte le plus à dire; c'est ce qui est ridicule et honteux. Dès à présent, je suis sûr de moi; après ce que je viens d'oser dire, rien ne peut plus m'arrêter. »

L'existence heureuse de Bossey, déjà troublée par les passions naissantes de l'enfant, fut brusquement interrompue par une aventure à laquelle son caractère donna des proportions inattendues. Accusé faussement d'une faute légère, il soutint naturellement son innocence; mais les apparences étaient contre lui; on veut le faire avouer, on insiste, on exhorte, on menace; lui, de son côté, s'opiniâtre d'autant plus qu'on le presse davantage; tant et si bien que la chose, qui n'était rien d'abord, devint toute une affaire. L'oncle Bernard fut mandé; il se chargea lui-même de la punition; elle fut terrible; l'enfant pourtant ne faiblit pas, et sortit de cette cruelle épreuve « en pièces, mais triomphant. »

A partir de ce moment, adieu les beaux jours de

Bossey. Les maîtres avaient perdu le prestige de justice et de raison qui faisait leur force; l'indignation, la crainte, le mensonge, la mutinerie remplacèrent l'attachement, le respect, l'intimité, la confiance; les études et les jeux étaient empoisonnés par la rage et le désespoir; la campagne elle-même s'était comme couverte d'un voile et avait perdu une partie de ses charmes. Rousseau compare cet état à celui de nos premiers parents après leur faute. Le dégoût ne tarda pas à arriver; enfin au bout de quelques mois les deux enfants durent revenir auprès de l'oncle Bernard.

III

De retour à Genève, entre son oncle, homme de plaisir, et sa tante, vieille dévote protestante, qui ne s'occupaient de lui ni l'un ni l'autre, Jean-Jacques jouit pendant un certain temps[1] de la liberté la plus complète. Son cousin lui restait; il partagea ses études et ses jeux, dessina, apprit un peu de géométrie, perdit largement son temps, et mena cette vie à la fois oisive et occupée, où une cage à construire, une gravure à enluminer, des marionnettes à faire jouer, même des sermons à composer et à débiter sont affaires graves, capables d'occuper des journées et des semaines. Les deux cousins se suffisaient et frayaient peu avec les autres enfants; leur sauvagerie, leur tournure originale leur attirèrent des taquineries; Jean-Jacques, qui était le plus

---

1. Rousseau dit deux ou trois ans; il ne resta au contraire que peu de temps chez son oncle. (Voir Mugnier, ch. II.)

fort et le moins patient, se fâcha ; il battit, il fut battu ; toutes peccadilles pardonnables et qui ne contrediraient pas trop le certificat de sagesse qu'il se décerne, s'il n'y fallait malheureusement ajouter des faits plus graves.

Il s'était posé en redresseur de torts en faveur de son cousin ; il ne lui manquait, pour être un paladin dans les formes, que d'avoir une dame : il en eut deux ; une pour l'imagination, l'autre pour les sens. Se figure-t-on cet enfant d'une douzaine d'années faisant la cour à Mlle de Vulson, jeune fille de vingt-deux, et lui livrant son cœur, ou plutôt toute sa tête ? Voit-on le ridicule de ses transports, sa jalousie quand un autre homme approchait d'elle, ses larmes quand il la quittait, et, pour tempérer les douleurs de l'absence, des échanges de lettres « d'un pathétique à faire fendre les rochers ? » Tout cela se passait en partie à Nyon, en présence du père de Jean-Jacques, qui n'y trouvait rien à redire. Cependant la demoiselle vint, quelque temps après, voir à Genève son petit galant. Quelle joie, quels transports ! Hélas ! c'était pour y acheter ses toilettes de noce. L'enfant devint furieux, jura de ne plus la revoir. Elle n'en mourut pas pourtant, ni lui non plus ; mais vingt ans après, Rousseau l'ayant aperçue de loin sur le lac, changea de route, pour ne pas la rencontrer.

En même temps qu'il se livrait à cette folie, il en caressait une autre, moins romanesque et plus grossière, avec une enfant, Mlle Goton, qui n'était guère plus âgée que lui.

Et voilà ce qu'il appelle ne pas abuser de sa liberté, faire honneur à sa première éducation.

Ces histoires sont parfaitement ridicules ; ne les

traitons pourtant pas de simples niaiseries ou de polissonneries d'enfant : Rousseau lui-même prendrait le soin de nous détromper. Il nous dirait que tout le cours de sa vie s'est partagé entre ces deux sortes d'amour, l'amour de l'imagination et l'amour des sens : « qu'il les a même éprouvés tous deux en même temps. » Nous venons d'en voir le premier exemple, nous sommes destinés à en voir d'autres. C'est l'application de cette parole de l'Écriture : « Le jeune homme fait sa voie ; et quand il sera devenu vieux, il ne la changera pas [1]. »

Rappelons aussi des souvenirs plus honorables. Rousseau, qui a toujours eu la prétention de dire de lui le mal encore plus volontiers que le bien, ne les a pas consignés dans ses *Confessions*, mais il les a racontés plus tard dans ses *Rêveries* [2]. Un jour, dans une fabrique d'indiennes, il s'amusait à promener sa main sur un cylindre, quand le fils du fabricant, imprimant à la roue un léger mouvement, lui serra les doigts si cruellement que le sang jaillit et que deux de ses ongles restèrent attachés au cylindre. Grande consternation du jeune homme, qui se jeta à son cou en pleurant, et le supplia de ne pas l'accuser. Jean-Jacques le promit, et en effet, vingt ans après, personne ne savait encore par quelle aventure deux de ses doigts portaient des cicatrices.

L'autre histoire est à peu près du même genre, et arriva quelques années plus tard. Un de ses camarades, avec lequel il jouait au mail, lui appliqua sur la tête, dans un moment de colère, un coup de

---

1. *Proverbes*, ch. XXII, v. 6.
— 2. *Rêveries d'un promeneur solitaire*, 4ᵉ promenade.

mail si violent qu'il faillit lui faire sauter la cervelle. Jean-Jacques aurait pu se plaindre ; mais il fut si touché des larmes de son adversaire et de celles de sa mère qu'il se lia avec eux d'une affection tendre, qui ne cessa que quand il quitta le pays.

Sur ces entrefaites, Jean-Jacques arrivait à l'âge où il lui fallait songer à une profession. Celle de ministre du Saint Évangile lui aurait assez convenu ; il aurait aimé à faire et à débiter des sermons ; de piété, il n'en était pas question ; peut-être jugeait-on qu'il n'en était pas besoin. Malheureusement, le maigre héritage de Suzanne Bernard ne permettait pas à son fils de faire des études complètes. On se rejeta du côté de la chicane, et l'enfant fut mis chez le greffier Masseron « pour y apprendre l'utile métier de grapignan. » Mais cette profession était si peu dans son caractère et dans ses goûts qu'au bout de peu de temps, son patron, jugeant qu'il n'était qu'un âne et ne serait jamais autre chose, le renvoya ignominieusement du greffe pour son ineptie.

Les clercs de maître Masseron avaient prononcé que Jean-Jacques n'était bon qu'à mener la lime ; on le mit en apprentissage, non toutefois chez un horloger, mais chez un graveur (26 avril 1726). Ce fut un nouveau déboire. Son maître, Ducommun, était un jeune homme rustre et violent, qui vint à bout, en peu de temps, de ternir tout l'éclat de son enfance, d'abrutir son caractère aimant et vif, de lui faire tout oublier, son latin, son antiquité, son histoire. Les goûts les plus vils, la plus basse polissonnerie succédèrent à ses *aimables* amusements. C'est, bien entendu, Rousseau qui parle.

Ce n'est pas que l'état lui déplût, et n'eût été la brutalité de celui qui était chargé de le lui apprendre, il aurait pu espérer d'en atteindre la perfection. Mais accoutumé à une égalité parfaite avec ses supérieurs, qu'on juge de ce qu'il dut devenir dans une maison où il n'osait ouvrir la bouche, où il lui fallait sortir de table au tiers du repas, où il était roué de coups pour les moindres fautes, où l'image de la liberté du maître et des compagnons augmentait encore le poids de son assujettissement, où enfin tout ce qu'il voyait devenait pour son cœur un objet de convoitise, uniquement parce qu'il était privé de tout. Voilà comment il apprit à se cacher, à dissimuler, à mentir et enfin à dérober; d'abord volant par complaisance et pour le compte d'autrui; puis pour son propre compte: vols de pommes et de friandises, vols d'outils et de dessins. S'il ne vola pas d'argent, ce fut par un reste de bonne éducation; il fut d'ailleurs toujours si peu tenté par l'argent! Une fois cependant, à plus de quarante ans, il prit à M. de Francueil, d'une façon assez niaise, trois livres dix sous. George Sand, qui était la petite-fille de Francueil, raconte aussi cette anecdote des trois livres dix sous, d'après les notes de sa grand'mère, et ne la croit pas bien authentique. « Francueil, disent ces notes, n'en a gardé aucun souvenir, et même il pensait que Rousseau l'avait inventée pour montrer les susceptibilités de sa conscience, et pour empêcher qu'on ne crût aux fautes dont il ne se confesse pas [1]. » Mais toutes ces histoires, même la dernière, ne sortent guère du domaine de la simple espièglerie, et il y aurait exagération à y insister outre mesure.

Cette existence de vaurien ne pouvait satisfaire

---

1. George Sand, *Histoire de ma vie*, ch. Ier.

Jean-Jacques. Il s'ennuyait des amusements grossiers de ses camarades; il se rebutait du travail. Pour se distraire, il eut recours à la lecture, et, suivant sa nature extrême en tout, ce goût tourna bientôt en passion, et sa passion en fureur. Aucun maître n'eût toléré que le temps de son apprenti se perdît en ces occupations pour le moins inutiles; Ducommun, qui ne se distinguait pas par la douceur, s'y opposa avec sa rudesse accoutumée. Il épiait Jean-Jacques, le surprenait, le battait, brûlait ses livres ou les jetait par la fenêtre; mais rien n'y faisait; à tout prix il lui fallait des livres; bons ou mauvais, tout y passait, et de même qu'il avait épuisé autrefois la bibliothèque de son père, il ne tarda pas à épuiser la boutique de La Tribu, sa loueuse attitrée. Les quelques sous dont il pouvait disposer chaque semaine étaient régulièrement portés chez cette femme. Quand il n'avait plus de quoi payer, il lui donnait ses chemises, ses cravates; il lui demandait crédit. Puis vint le moment où il n'eut plus rien à lire; alors il redevint désœuvré, misanthrope; il se nourrit l'imagination de ses souvenirs; il se plaça en esprit dans la situation de ses héros favoris; il refit pour son propre compte et s'appliqua à lui-même leurs aventures les plus intéressantes. Il assure qu'au milieu de ce dévergondage, il sut se préserver des livres obscènes, malgré les offres séduisantes de La Tribu; il nous permettra de n'en rien croire. Dans l'état d'esprit qu'il nous dépeint, était-il seulement capable de discerner et de choisir?

« J'atteignis ainsi, dit-il, ma seizième année, inquiet, mécontent de tout et de moi, sans goût de mon état, sans plaisirs de mon âge, dévoré de désirs dont j'ignorais l'objet, pleurant sans sujet de larmes, soupirant sans savoir de quoi, enfin caressant tendrement mes chimères, faute de rien voir autour de moi qui les valût. »

Pendant ce temps-là, que faisait son père? Il n'en est pas question. Et pourtant il vivait; il était à quelques lieues de là ; mais il songeait peu, à ce qu'il paraît, qu'il eût un fils. Cette vie ne pouvait durer ; voici comment elle prit fin.

Le dimanche, après le prêche, Jean-Jacques allait souvent, avec ses camarades, s'ébattre hors de la ville. Également difficile à ébranler et à retenir, il leur aurait volontiers échappé, s'il avait pu, mais il était plus ardent qu'aucun autre, quand il était entraîné dans leurs jeux. Il y fut pris deux fois, et les portes de la ville furent fermées avant qu'il eût pu y rentrer. Ses absences lui avaient toutefois attiré de tels traitements qu'il jura de ne pas s'y exposer de nouveau. En effet, pareil accident lui étant arrivé, sans qu'il y eût de sa faute[1], le lendemain matin, au lieu de revenir avec ses camarades, il leur déclara qu'il était résolu de partir, les chargeant seulement de prier en secret son cousin Bernard de lui venir dire un dernier adieu.

Il paraîtrait, d'après le récit de Jean-Jacques, que la famille Bernard ne fut pas fâchée de l'occasion qui se présentait de se débarrasser de lui. Déjà, d'après les conseils de Mme Bernard, l'intimité s'était refroidie entre les deux jeunes gens, en même temps que leurs carrières avaient pris des directions différentes ; l'un étant un garçon *du haut*, destiné aux professions libérales ; l'autre, chétif

---

[1] Le dimanche 14 mars 1728. (E. RITTER, *Jean-Jacques et le pays romand.*)

apprenti, n'étant qu'un *enfant de Saint-Gervais*. Toujours est-il que son cousin, au lieu de chercher à le ramener chez ses parents, ou de lui proposer de le suivre, l'encouragea simplement dans son projet. Jean-Jacques voit là, non sans motifs, l'influence de Mme, et peut-être de M. Bernard.

Cet événement décida de sa destinée et le livra pour le reste de ses jours aux hasards d'une existence errante et sans famille. Mais avant de s'engager dans le récit du second chapitre de sa vie, il jette un regard attristé sur le sort qu'il eût pu espérer, s'il eût été mieux dirigé. Il s'étend avec complaisance sur les avantages de sa profession de graveur, sur le bonheur d'un état tranquille et obscur qui, sans mener à la fortune, procure assez de ressources et laisse assez de loisirs pour cultiver des goûts modérés. « J'aurais, dit-il, passé dans le sein de ma religion, de ma patrie, de ma famille et de mes amis une vie paisible et douce, telle qu'il la fallait à mon caractère, dans l'uniformité d'un travail de mon goût et d'une société selon mon cœur. J'aurais été bon chrétien, bon citoyen, bon père de famille, bon ami, bon ouvrier, bon homme en toute chose. J'aurais aimé mon état, je l'aurais honoré peut-être ; et, après avoir passé une vie obscure et simple, mais égale et douce, je serais mort paisiblement dans le sein des miens. Bientôt oublié sans doute, j'aurais été regretté du moins aussi longtemps qu'on se serait souvenu de moi.

« Au lieu de cela... quel tableau vais-je faire ? »

Ces lignes sont-elles un rêve de plus à ajouter aux rêves sans nombre qu'enfanta l'imagination de Rousseau ? C'est possible ; mais elles n'en dénotent pas moins ce désir du bien, ce regret du mal, qui souvent le suivirent jusque dans ses plus grands écarts. Cette page peut, à nos yeux, en racheter beaucoup d'autres; elle est, pour le moins, une aspiration vers le bien, si elle n'en est pas la volonté formelle.

CHAPITRE II

Du mois de mars au mois d'octobre 1728[1].

Sommaire : I. L'abbé de Pontverre entreprend de convertir Rousseau au catholicisme et l'adresse à Annecy à Mme de Warens. — Portrait de Rousseau. — Mme de Warens. — L'oncle Bernard et le père de Rousseau courent après le fugitif.
II. Mme de Warens envoie Rousseau à Turin, à l'hôpital des Catéchumènes. — Conversion de Rousseau au catholicisme. — Rousseau quitte l'hôpital et parcourt Turin. — Petit roman avec Mme Bazile.
III. Rousseau entre en qualité de laquais chez Mme de Vercellis. — Il vole un ruban.

I

Le premier moment de stupeur une fois passé, Jean-Jacques prit allégrement son parti. Pour un jeune homme de seize ans, enthousiaste, romanesque et passablement étourdi, la fuite, c'était la fin d'une situation intolérable, c'était l'indépendance, c'était la réalisation en espérance des rêves les plus fantastiques. Qu'il fût sans ressources, sans famille, sans moyens d'existence pour subvenir aux nécessités de la vie, sans secours et sans expérience contre les suggestions du vice ou du désespoir, c'était le moindre de ses soucis. L'inconnu n'avait pour lui que des charmes, l'avenir ne lui montrait que ses côtés riants. La faim le rappelait bien par moments au sentiment de la réalité ; mais les bons paysans au milieu desquels il errait exerçaient envers lui une

---

1. *Confessions*, l. II.

hospitalité si aimable, qu'ils le dispensaient à chaque repas de penser au suivant. C'est ainsi qu'après plusieurs jours, insouciant et léger, à force de voyager et de parcourir le monde, il arriva jusques à deux lieues de Genève, mais sur le territoire savoisien, dans un village appelé Confignon.

Le curé, qui s'appelait M. de Pontverre, le reçut bien, lui donna à dîner, trouva le jeune homme intéressant, et, en bon prêtre qu'il était, ne négligea pas l'occasion de lui parler de l'hérésie de Calvin et de lui prouver l'autorité de l'Église catholique. C'était chose sérieuse, et que le curé traita sérieusement; Rousseau, lui, n'y vit guère que le dîner. « Son vin de Frangi, dit-il, argumentait si victorieusement pour lui, que j'aurais rougi de fermer la bouche à un si bon hôte. »

La conclusion fut qu'il partirait pour Annecy, afin de se faire instruire de la religion catholique. M. de Pontverre, vieillard de soixante-quinze ans, habitué de longue date à combattre l'hérésie, dut être enchanté de la conversion qu'il voyait déjà en espérance. Il adressa le jeune homme à Mme de Warens, nouvelle convertie, qui mettait au service du catholicisme son activité dévorante et ses modestes ressources[1]. Le curé avait incontestablement agi en tout cela dans l'intérêt de son jeune ami. Celui-ci, qui en convient, trouve cependant qu'il aurait mieux fait de le renvoyer à ses parents. C'est possible, mais savons-nous s'il ne le tenta pas, et si ce n'est pas après avoir constaté son impuissance à cet égard qu'il prit le parti de l'adresser à Mme de Warens.

---

[1]. La lettre de Pontverre à Mme de Warens est citée par GABEREL, *Rousseau et les Genevois*, ch. III.

Si l'on considère d'ailleurs que Jean-Jacques n'était nullement empressé de retourner chez ses parents; que ceux-ci, de leur côté, y compris son père, paraissaient se soucier assez peu de lui, et, depuis plusieurs jours qu'il rôdait autour de Genève, n'avaient rien fait pour le rappeler, on s'étonnera moins que le prêtre catholique ait considéré avant tout une âme qu'il était possible d'enlever à l'hérésie et de rendre à l'Église.

Il paraît que Jean-Jacques ne se serait pas décidé sans peine, et qu'il était humilié de recevoir la charité, surtout d'une dévote. Il lui répugnait moins d'aller chanter sous les fenêtres des châteaux; il trouvait sans doute que le morceau de pain qu'il obtenait ainsi était moins une aumône. Il est vrai qu'à chaque fenêtre, il s'attendait à voir paraître quelque dame ou demoiselle, avec une aventure quelconque pour prix de ses chansons. L'aventure ne vint pas, et au bout de trois jours, il avait fait les cinq ou six lieues qui le séparaient d'Annecy.

Au moment où il entra chez Mme de Warens, Rousseau ne soupçonnait pas que c'était tout son avenir qui se décidait. Ni ses parents, ni ses amis, ni ses livres, ni son père lui-même n'eurent sur sa vie une influence comparable à celle de Mme de Warens. Il s'est souvent plaint d'être poursuivi par la destinée. Hélas! qui aurait dit que cette connaissance elle-même, préparée par un bon prêtre, au nom de la charité et de la religion, tournerait un jour au détriment de la religion, de l'honneur et de la vertu? Mais nous n'en sommes encore qu'à la première entrevue.

De ces deux personnages, qui allaient se voir pour la première fois, mais dont l'union devait avoir une durée si longue et des péripéties si diverses, l'un nous est déjà connu, du moins au moral. « J'étais, dit Rousseau, au milieu de ma seizième année. Sans être ce qu'on appelle un beau garçon, j'étais bien pris dans ma petite taille ; j'avais un joli pied, la jambe fine, l'air dégagé, la physionomie animée, la bouche mignonne[1], les sourcils et les cheveux noirs, les yeux petits, et même enfoncés, mais qui lançaient avec force le feu dont mon sang était embrasé. » Ajoutons qu'il avait la vue basse[2]. Enfin il était d'une timidité extrême, qui faisait ressortir et augmentait encore sa gaucherie.

Mme de Warens, Marie-Éléonore de la Tour du Pil, née à Vevey, canton de Vaud, le 31 mai 1699, avait alors près de vingt-neuf ans. Elle était assez jolie, petite, mais gracieuse et séduisante. Elle était née dans le Protestantisme. Élevée sans mère, ayant perdu son père à l'âge de six ans, elle eut, comme Rousseau, une éducation très mêlée et fort mal dirigée, qu'elle dut un peu à sa gouvernante, un peu à ses maîtres, beaucoup à un M. de Tavel, impie, matérialiste, philosophe, et peut-être son amant. De tout cela il ne lui resta que des mœurs faciles, des demi-connaissances, se heurtant et se confondant dans sa tête, et un goût pour l'alchimie et la médecine empirique qui, joint à un caractère confiant, la livra sans défense aux expériences ruineuses des chevaliers d'industrie et des charlatans. Elle avait épousé à quatorze ans le baron de Warens, n'en avait pas eu d'enfants, et n'avait

---

1. Un des manuscrits de Rousseau porte : « avec de vilaines dents. » — 2. *Confessions*, l. IV.

recueilli de cette union que des contrariétés et des chagrins. Quand elle songea à abandonner le protestantisme, son mari prétend que, sous prétexte d'aller prendre les eaux à Évian, elle s'y rendit pour abjurer, emportant avec elle ses effets les plus précieux : de l'argenterie, de l'argent, des ballots de marchandises[1]. Ce qui est certain, c'est qu'elle alla se jeter aux pieds du roi Victor-Amédée, le priant de la faire instruire dans la religion catholique. Ce prince lui donna une pension de 1,500 livres et l'envoya à Annecy, où, sous la direction de l'évêque de Genève, Michel Rossillon de Bernex, elle fit abjuration, au monastère de la Visitation, le 8 septembre 1726. Mais chez Mme de Warens, l'esprit, les idées, les sentiments, la volonté même étaient peu de chose, le caractère était tout. Il se composait d'un mélange de douceur, de bonté, de franchise et de gaîté, qui en fit jusque dans sa vieillesse une femme pleine de charme et d'entrain ; mais ce qui dominait le fond de cette nature, c'était surtout une activité inépuisable, qui ne connaissait ni trêve, ni repos[2]. Mme de Warens, toujours en mouvement, toujours en entreprises et en bonnes œuvres, voyait grand et voulait faire grand ; mais comme sa fortune était hors de proportion avec ses projets, elle avait recours aux bourses étrangères, après s'être engagée de la sienne autant et plus qu'elle ne le pouvait, et souvent n'arrivait à rien, pour avoir voulu trop embrasser. Dévote et légère,

---

1. *Mémoire de M. de Warens adressé à son beau-frère M. de Middes*, publié par MM. DE MONTET et RITTER. (*Revue suisse*, n° de mai 1884.) — 2. Dès 1725, Mme de Warens s'était faite industrielle, et d'échec en échec, elle continua ainsi toute sa vie, jusqu'à la ruine complète.

prête à donner avec une égale facilité sa bourse et sa personne, on prétend que c'était sans coquetterie et sans passion, mais aussi sans scrupule, qu'elle se laissait aller aux plus déplorables entraînements.

Jean-Jacques se figurait qu'il allait voir une vieille dévote rechignée, et avait préparé, pour captiver sa bienveillance, une belle lettre en style d'orateur. Quelle ne fut pas sa surprise quand il fut en présence de la charmante personne que nous venons de dépeindre ! Il en fut ravi et bouleversé et se trouva en un instant tout prêt à adopter une doctrine prêchée par une si jolie bouche.

Nous ne répéterons point, sur les plus minces détails de cette mémorable entrevue, la narration émue de Rousseau. Bornons-nous à constater que les cœurs n'eurent besoin que d'un instant pour se comprendre. Le jeune homme timide, honteux, embarrassé, oublia sa gaucherie et eut, dès le premier jour, cette aisance simple, cette confiance parfaite, cette affection respectueuse, qu'on n'accorde d'ordinaire qu'à ses parents ; bientôt il ne nomma plus Mme de Warens que *maman, ma chère maman*. De son côté, la grande dame entra sans tarder dans son rôle de mère; elle en eut les soins et les tendresses; que n'en conserva-t-elle toujours les saintes pudeurs !

Pour commencer, elle retint à dîner son jeune protégé et lui demanda son histoire. Celui-ci ne se fit pas prier et retrouva, pour la lui conter, tout le feu d'imagination qu'il avait perdu chez son maître. Il aurait bien voulu rester auprès d'elle, et peut-être elle-même eût-elle été contente de le garder ; mais il approchait d'un âge où une femme qui n'avait pas trente ans ne pouvait décemment avoir un jeune homme chez elle. Il partit donc pour Turin, où il devait entrer dans un hospice établi pour l'instruction des catéchumènes[1].

L'oncle Bernard cependant ayant fini par s'apercevoir qu'il avait quelque part un neveu qui courait le monde comme un vagabond, s'était décidé à le poursuivre. Il arriva ainsi chez M. de Pontverre ; le fugitif en était parti la veille. Au train dont il allait, il n'était pas difficile à rattraper ; mais il est à croire que M. Bernard était peu pressé de le réintégrer dans son domicile. Toujours est-il que, jugeant sans doute qu'il en avait fait assez pour l'acquit de sa conscience, au lieu de continuer ses recherches, il se contenta de prévenir le père. Celui-ci au moins va-t-il y mettre plus d'empressement ? Ici se répète la même histoire, nous dirions volontiers le même roman, tant les événements arrivent juste à point pour donner du piquant au récit. Isaac Rousseau se met en route ; il arrive chez Mme de Warens ; son fils en était parti la veille. On savait où il était ; mais le père de Rousseau avait autre chose à faire que de courir après son fils. D'ailleurs il s'était remarié[2]. L'enfant du premier mariage n'eut pas à s'en féliciter. Il y perdit le peu de bien que lui avait laissé sa mère, et l'amitié que lui continua son père, dans les rares circonstances où il eut occasion de le voir, en fut bien diminuée. En somme, ce « père tendre, cet homme d'une probité sûre, cette âme forte, capable

---

1. Mme de Warens, comme M. de Pontverre, avait un grand zèle de prosélytisme et fut souvent marraine de nouveaux convertis. Il y avait aussi à Genève des écoles de prosélytes en sens inverse. (MUGNIER, ch. I.) — 2. Le 5 mars 1726. MUGNIER, ch. II.

des plus grandes vertus » nous paraît avoir singulièrement négligé les petites, si l'on peut appeler petites vertus le soin de ses enfants et la pratique des devoirs de son état. Aussi, sommes-nous tenté de prendre pour une ironie cette maxime que Rousseau formule et commente en faisant l'éloge de son père : « Éviter les situations qui mettent nos devoirs en opposition avec nos intérêts, et qui nous montrent notre bien dans le mal d'autrui. »

II

Laissons Jean-Jacques, joyeux, insouciant, tout entier aux ravissements d'un paysage admirable, plus rempli encore du souvenir et des charmes de son aimable protectrice, cheminer à pied, à petites journées, sur la route de Turin, en compagnie d'un gros manant et de sa femme, auxquels il a été confié.

Son entrée à l'hôpital des catéchumènes fut une déception. La grosse porte à barreaux de fer qui se referma sur lui, ne valait pas le grand air et les caresses de Mme de Warens. L'occasion était bonne pour décrier un établissement religieux ; Rousseau n'a garde de la négliger : ce ne sont que *bandits*, ce ne sont que *salopes*. Si encore les uns et les autres avaient pu communiquer ! Certaine *coureuse aux yeux fripons* lui inspira quelque désir de faire connaissance avec elle ; mais la séparation était si complète, la surveillance si exacte, que cela ne lui fut pas possible. On peut juger à ce trait des dispositions du néophyte.

Que la maison n'ait pas été de son goût, cela ne

démontre pas absolument qu'elle fût mauvaise. Quant à la pression exercée pour obtenir les conversions, nous n'en avons d'autre témoignage que la parole de Jean-Jacques, preuve qui paraîtra d'autant plus faible qu'il la contredit aussitôt par le récit de ses controverses, de ses oppositions, enfin de toute la peine qu'il donna à ses catéchistes. C'est merveille de voir comme, à l'entendre, il opposait arguments à arguments, textes à textes, comme il citait saint Augustin et saint Grégoire. Tant mieux; une si belle défense ne devait donner que plus de prix à son abjuration. Mais hélas! le moment de se prononcer une fois arrivé, la scène change tout d'un coup, et Jean-Jacques se met alors à parler de tout, excepté de ses convictions religieuses : de son éducation et de ses lectures, des préjugés catholiques et des préjugés protestants, des difficultés de sa situation, des ennuis de son séjour à l'hôpital. Quant au point important, à la vérité ou à la fausseté de la religion catholique, c'est à peine s'il y songe, et le peu qu'il en dit est pour montrer le peu de cas qu'il en fait. « Je sentis, dit-il, que quelque religion qui fût la bonne, j'allais vendre la mienne, et que, quand même je choisirais bien, j'allais mentir au Saint-Esprit et mériter le mépris des hommes. » Eh! malheureux, c'est là précisément la question; choisissez bien, et vous ne mentirez pas au Saint-Esprit, et vous ne mériterez le mépris de personne.

Rousseau était entré à l'hôpital le 12 avril 1728; il y resta un peu plus de quatre mois[1]; mais au

---

[1]. GABEREL, ch. I, § 3, dit qu'il n'y resta que neuf jours; c'est une erreur. Voir E. RITTER, *Nouvelles recherches sur les Confessions*, p. 311, qui cite l'extrait des registres du couvent du *Spiritu Santo* à Turin.

bout de ce temps, il se trouvait si las des ajournements et des controverses qu'il se rendit, ou feignit de se rendre, et il fut admis à faire cet acte d'abjuration, si important pour un homme sérieux, et qui le fut si peu pour lui. La cérémonie eut lieu le 23 août. On développa, à cette occasion, les pompes du culte. Comme Henri IV, dit-il, il eut à répondre à l'inquisiteur de la foi. Les questions qui devaient lui être faites étant dictées par le rituel, il est peu probable qu'on en ait inventé, tout exprès pour lui, d'odieuses et de contraires à l'enseignement catholique. Enfin, s'il ne se calomnie pas lui-même après coup, il sortit de l'hôpital, à peu près comme il y était entré, pas beaucoup plus catholique, malgré les apparences, faisant assez bon marché du Protestantisme, quoiqu'il y soit revenu à l'époque où il écrit et qu'il s'en félicite. Il avait fait, dit-il, l'acte d'un bandit.

Il avait hâté sa conversion, afin de prendre la clé des champs; on le congédia aussitôt en effet, en lui donnant pour viatique une petite somme d'un peu plus de vingt francs.

C'était la misère en perspective, mais c'était aussi la liberté. Ses vingt francs, quoi qu'il en pût penser, n'étaient pas inépuisables. Il aurait donc dû chercher une occupation pour vivre; il préféra courir la ville, en visiter les monuments et les curiosités. La Chapelle du Roi l'attirait surtout, tant à cause de la bonne musique qu'on y faisait, que par l'espoir d'y faire la conquête de quelque jeune princesse, digne de ses hommages. Mais il eut beau y rêver dans son galetas à un sou par nuit, aucune princesse hélas! ne jeta sur lui ses regards. Cependant, comme il fallait à son caractère romanesque un aliment quelconque, une petite marchande lui fournit l'occasion d'échafauder une aventure, ou peut-être, plus simplement, celle de raconter une anecdote.

Son héroïne d'alors s'appelait Mme Bazile. Il en avait été bien accueilli, lorsque, à bout de finances, il allait de boutique en boutique, offrant de graver pour quelques sous des chiffres ou des armoiries sur de la vaisselle. Elle lui avait donné à déjeuner, lui avait fait raconter son histoire; de plus elle était jeune et jolie; il n'en fallait pas tant pour enflammer le cœur de Jean-Jacques. Cependant, toutes ses ardeurs n'aboutirent qu'à une main légèrement pressée sur les lèvres, et à un renvoi bien conditionné de la part du mari. La dame était-elle plus sage que son amant, ou dédaigna-t-elle une passion si mal exprimée? Toutes ces histoires, souvent ridicules et presque toujours obscènes, se renouvellent à chaque instant, et forment pour ainsi dire le fond de la vie de notre personnage. Elles montrent le cours habituel de ses idées, son imagination dévoyée, le devergondage de ses pensées. S'il nous fallait les répéter toutes, avec les développements qu'y donne leur héros (celle-ci, par exemple, comprend douze à quinze pages), notre ouvrage, au moins dans sa première partie, courrait le risque de ressembler à un recueil de contes galants plutôt qu'à une histoire sérieuse, et la vie du philosophe de Genève ne serait bientôt plus que celle d'un lovelace imbécile, qui ne sait seulement pas tirer parti de ses bonnes fortunes.

Quoi qu'il en soit, il fallait vivre. Tel était, et tel sera plus d'une fois le mot de la situation de Rousseau. Sans moyens d'existence et incapable peut-être de se plier aux exigences d'une position régulière, il devait retomber d'autant plus souvent dans les incertitudes des professions de hasard que, si la fortune ou la Providence lui venaient en aide, il n'avait rien de plus pressé, par inconstance, par maladresse, par étourderie, par orgueil, que de quitter un état passable, au risque de l'échanger contre un pire.

III

Cette fois il dut s'estimer heureux d'entrer, en qualité de laquais, chez la comtesse de Vercellis. A ce nom de comtesse, il se crut enfin tout de bon dans les hautes aventures; mais la réalité ne répondit pas encore à ses rêves.

Mme de Vercellis était une femme d'esprit et de sens. D'après Rousseau, elle composait des lettres dignes de Mme de Sévigné; mais comme une maladie cruelle, et qui devait promptement la conduire au tombeau, l'empêchait de les écrire elle-même, elle était forcée de les dicter. Son jeune laquais eut la faveur, tout en restant laquais, d'être choisi pour être son secrétaire. Cette fonction, qui convenait à merveille à Jean-Jacques, lui donna l'occasion d'apprécier les qualités de sa nouvelle maîtresse. Elle avait non seulement des talents littéraires, mais, ce qui vaut mieux, une âme élevée et forte, et une piété si bien entendue qu'elle lui rendit la religion catholique aimable, par la sérénité avec laquelle elle en remplit jusqu'à la fin les devoirs, au milieu de souffrances atroces, sans négligence et sans affectation. Mais, car il faut toujours qu'il y ait un mais, elle joignait à ces qualités supérieures un défaut grave, elle manquait de sensibilité. Elle était bonne sans doute et elle faisait beaucoup de bien, mais elle le faisait surtout par devoir. Quoique ce soit au fond l'essentiel, cela ne pouvait convenir à Jean-Jacques, car c'était justement l'opposé de son caractère et de son système. Elle parut pourtant s'intéresser à lui et le questionna ; mais lui, qui avait besoin d'affection et de tendresse, ne trouvant qu'une bienveillance sèche et froide, resta froid aussi et tint son cœur fermé. Et puis elle avait des domestiques si empressés à la flatter et à l'exploiter ! Rousseau, à qui ces manœuvres ne convenaient pas, y gagna leur antipathie et fut le seul qui ne figura pas sur son testament. Quand elle mourut, son neveu lui laissa pourtant l'habit neuf qu'il portait, et lui donna, en le congédiant, une somme de 30 livres. Jean-Jacques était resté là trois mois ; c'étaient trois mois de pris sur la misère et sur la faim.

Ici se place un épisode que Rousseau raconte avec toutes les démonstrations du repentir. Il l'estime le plus grand et presque le seul crime de sa vie. Après quarante ans, sa conscience en est encore chargée et l'amertume de ses remords est aussi cuisante que le premier jour. De quoi s'agit-il donc ? Du vol d'un bout de ruban[1]. Il est vrai, comme il le dit, que ce vol fut accompagné de circonstances qui en augmentèrent singulièrement la gravité.

Après la mort de Mme de Vercellis, ce ruban fut trouvé en sa possession. Il lui était impossible de nier ; il ne vit rien de mieux, pour s'excuser, que de rejeter la faute sur une jeune servante. C'est Marion, dit-il, qui me l'a donné. La pauvre fille

---

[1]. Quelques-uns prétendent, du vol d'un diamant. Nous ne voyons pas bien sur quelles autorités.

reste interdite, pleure, se défend de son mieux, fait appel aux bons sentiments de son accusateur; tout est inutile, et celui-ci, avec une impudence infernale, ne craint pas de déshonorer une fille innocente et soutient audacieusement sa déclaration.

Cette *action atroce,* ce *noir forfait*, ne fut pourtant pas sans excuse. « Jamais, dit Rousseau, la méchanceté ne fut plus loin de moi que dans ce cruel moment... Mon cœur fut déchiré, mais la présence de tant de monde fut plus forte que mon repentir. Je craignais peu la punition, je ne craignais que la honte ; mais je la craignais plus que la mort, plus que le crime, plus que tout au monde. »

Sans nous engager dans des comparaisons difficiles, nous pourrions nous demander si cette action, toute noire qu'elle est, est bien la plus coupable de cette vie que nous trouverons si souvent honteuse et méprisable. Nous aimons mieux laisser à la suite de cette histoire le soin de faire la réponse, et, sans trop rechercher les notes détonnantes et les pointes d'orgueil qui pénètrent jusque dans ces aveux humiliants, reconnaître que des regrets si amers doivent désarmer la critique et disposer à l'indulgence.

CHAPITRE III

Du mois de novembre 1728 au mois d'avril 1731[1].

Sommaire : 1. L'abbé Gaime. — Rousseau entre au service de la famille de Gouvon. — Il fait la connaissance de Bacle et part avec lui.
II. Retour de Rousseau auprès de Mme de Warens. — Son genre de vie chez Mme de Warens. — Son témoignage à propos d'un miracle.
III. Rousseau est mis au séminaire. — L'abbé Gatier. — Rousseau sort du séminaire. — Mme de Warens veut faire de lui un musicien. — Liaison avec Venture. — Voyage de Rousseau à Lyon. — Son retour à Annecy.

I

Pendant quelques semaines, c'est-à-dire à peu près aussi longtemps que purent durer les 30 francs, Jean-Jacques mena une vie d'oisiveté et de désœuvrement. On peut imaginer quelles images et quels rêves peuplèrent alors son esprit. Ce sujet nous est connu ; ne serait-ce que par respect pour nos lecteurs, nous aimons mieux ne pas y insister.

Mais ce temps, mal employé au point de vue moral, le fut-il mieux au point de vue des idées ? Rousseau en paraît convaincu, et insiste avec complaisance sur un autre sujet, qui mérite en effet toute notre attention. Pendant qu'il était à l'hôpital de Turin, il avait fait la connaissance d'un *honnête ecclésiastique*, l'abbé Gaime, et avait trouvé moyen de le consulter en secret. Le jeune abbé, dit-il,

---

1. *Confessions*, liv. III.

favorisa même son évasion, au risque de se faire un dangereux ennemi. Cela paraît peu croyable, par la raison que, même en s'en rapportant aux *Confessions*, il n'y eut pas d'évasion. Quoi qu'il en soit, Jean-Jacques fut heureux de retrouver son abbé dans la ville, au moment de son besoin, et se lia avec lui plus intimement.

Est-ce dans l'intention de faire son éloge qu'il en a fait le portrait que nous lisons dans les *Confessions?* mais aucun prêtre, à coup sûr, ne serait flatté de lui ressembler; et, chose particulièrement grave, celui-là, qui a réellement existé, ne rappelle nullement les traits qu'en a donnés Rousseau.

La vie de l'abbé Gaime a pu en effet être reconstituée. Nous y voyons un prêtre instruit, honoré de l'estime de son évêque, appelé successivement à remplir plusieurs charges qu'on n'aurait certainement pas confiées à un ecclésiastique mal famé, un prêtre enfin n'ayant nulle part laissé de traces du plus léger scandale de mœurs.

Lisons maintenant les *Confessions* : l'abbé Gaime, qui était Savoyard, aurait été obligé de s'expatrier, à cause d'une certaine aventure de jeunesse qui l'aurait mis mal avec son évêque. Plein de bon sens, de lumières, de probité dans la conduite ordinaire de la vie, il était, quoique prêtre, ou plutôt, parce qu'il était prêtre, beaucoup moins à l'aise sur les questions de dogmes et de religion. Que de réserves alors, que de réticences! C'est qu'en effet s'il pouvait prétendre au titre de philosophe païen, peut-être à celui d'honnête homme selon le monde, il lui manquait, pour être un bon prêtre, ou simplement un chrétien, une qualité essentielle, la foi. On peut même dire qu'il lui manquait deux qualités, car

« il n'était pas bien corrigé du défaut qui jadis lui avait attiré sa disgrâce. »

Pourquoi ce petit roman, qu'en bon français, il est permis d'appeler une calomnie? Le motif principal est sans doute, chez l'auteur, le désir d'avoir un type pour son *Vicaire savoyard*. Faute de le rencontrer sous sa main, il a jugé à propos de le prendre dans son imagination. Mais alors, à quoi bon suivre Rousseau dans les détails qu'il donne? Est-ce qu'on a à s'occuper d'un être imaginaire? Nous n'aurions, en effet, qu'à le laisser de côté; mais il faut remarquer que, par la publication de l'*Émile*, cet être a acquis, sous le nom de *Vicaire savoyard*, une sorte de réalité conventionnelle qui a fait de lui un des personnages les plus connus de l'histoire moderne.

Qu'est-ce donc que ce prêtre, selon Rousseau, qui, après un long interdit, dit la messe avec plus de vénération que jamais, qui, avec cela, n'est pas croyant, et qui pourtant n'est ni faux, ni hypocrite. Mais, s'il n'était hypocrite, prêcherait-il, professerait-il par tous les actes de sa vie une religion à laquelle il ne croit pas? Réunirait-il, s'il était sincère, les dehors et les avantages d'une doctrine qu'il considère comme erronée avec les opinions d'une philosophie qu'il est obligé de garder pour lui. Jean-Jacques n'en demanda pas si long et se fit le disciple et l'ami de ce singulier docteur[1].

L'abbé Gaime, en stratégiste intelligent, com-

---

1. Voir, pour ce qui concerne l'abbé Gaime, outre le livre III des *Confessions*, l'*Émile*, livre IV, au préambule et à la fin de la *Profession de foi du Vicaire savoyard*. Pour les rectifications à faire aux récits de Rousseau, voir MUGNIER, ch. II et III.

mença par étudier le caractère du sujet auquel il s'intéressait. Il vit que la mauvaise fortune avait déjà flétri son cœur, que l'opprobre avait abattu son courage, que l'oubli de toute religion l'avait plus d'à moitié conduit à l'oubli de ses devoirs ; mais il vit aussi que le mal n'était pas absolument consommé, que le jeune homme n'était pas d'une mauvaise nature, qu'il avait des connaissances et que son âme avait encore tout son ressort. Il entreprit de rendre à la vertu cette victime destinée à l'infamie. Il accueillit le malheureux en ami, partagea avec lui son nécessaire, fit en sorte de gagner sa confiance et répondit à ses confidences par des confidences semblables. Mais, dit Rousseau, « ce qu'il y avait en moi de plus difficile à détruire, c'était une orgueilleuse misanthropie, une certaine aigreur contre les riches et les heureux du monde, comme s'ils l'avaient été à mes dépens et que leur prétendu bonheur eût été usurpé sur le mien. » Retenons ces paroles, elles sont, pour ainsi dire, tout le caractère de Rousseau et l'explication d'une grande partie de sa vie.

Il fut, dit-il, peu sensible pour l'heure aux leçons de l'abbé, mais elles se développèrent plus tard, et il leur attribue les fruits de vertu et de religion qu'il produisit quand il fut devenu philosophe. Il est trop tôt de discuter *les vertus* et *la religion* de Rousseau. Bornons-nous, pour le moment, à constater qu'en supposant qu'il ait été à l'école de l'abbé Gaime, son enseignement ne dut pas être tel qu'il le rapporte.

Malgré son aventure avec Marion, Jean-Jacques avait laissé de bons souvenirs chez Mme de Vercellis. Il avait été attentif auprès de la vieille dame, et son neveu voulut reconnaître ses services, en lui procurant une nouvelle position. Celle qui lui fut offerte était encore une place de laquais, mais elle lui laissait l'espérance de s'élever plus haut. L'espérance, c'était beaucoup pour Jean-Jacques; d'ailleurs, il n'avait pas le choix, il accepta.

Le comte de Gouvon, son nouveau maître, était un vieillard excellent, qui traita le jeune homme avec des égards tout particuliers, ne lui laissant guère de la domesticité que le titre et quelques services d'intérieur. S'il eut un reproche à se faire, ce fut de l'avoir traité trop bien, et de l'avoir ainsi exposé aux dangers de l'oisiveté. Rousseau dit qu'il n'en abusa pas, et qu'il profita de ses loisirs pour aller chez son cher abbé Gaime.

Mais le comte avait une petite-fille, Mlle de Breil; ce fut déjà une pierre d'achoppement. Les distances sociales ne permettaient pas au laquais de manifester ses sentiments. Cependant une occasion s'étant offerte à lui de montrer que, par ses connaissances, il était bien au-dessus de la condition de valet, et Mlle de Breil en ayant paru satisfaite, cette simple attention lui causa un tel trouble qu'il ne pouvait lui verser à boire sans répandre le liquide sur la nappe. On aurait pu le chasser; on préféra ne rien voir, mais on lui donna un autre service. De cette façon, grâce à la modestie de la jeune fille, au tact et à la sagesse de la mère, on tira, tant bien que mal, le pauvre Jean-Jacques de ce faux pas.

On ne s'en tint pas là, et puisqu'il avait fait preuve d'esprit et de savoir, on entreprit de pousser son instruction. L'abbé de Gouvon, fils cadet du comte, était destiné par sa famille à l'épiscopat; il avait des connaissances, de la littérature, du goût et un grand fonds de bonté; il attacha Jean-Jacques à sa personne et voulut se faire lui-même son professeur. Il l'appelait auprès de lui pendant les matinées presque entières, tantôt lui expliquant Virgile, ce qui était un peu fort pour lui, car il avoue qu'il n'a jamais bien su le latin, tantôt lui faisant écrire sous sa dictée ou copier des lettres, exercice qui lui fut utile et lui apprit l'italien dans toute sa pureté.

Rousseau ne trouvait pas seulement là des facilités singulières pour continuer son instruction, déjà tant de fois ébauchée, et par tant de méthodes; mais il était évident qu'on avait des vues sur lui, et qu'on voulait le pousser dans le monde. La maison de Solar, une des premières du Piémont, qui avait pour chef le comte de Gouvon, était parfaitement en état de le faire. « Ce temps, dit Rousseau, fut celui de ma vie où, sans projets romanesques, je pouvais le plus raisonnablement me livrer à l'espoir de parvenir. M. l'abbé, très content de moi, le disait à tout le monde, et son père m'avait pris dans une affection si singulière que le comte de Favria m'apprit qu'il avait parlé de moi au Roi..... Autant que j'ai pu juger des vues qu'on avait sur moi par quelques mots lâchés à la volée, et auxquels je n'ai réfléchi qu'après coup, il m'a paru que, la maison de Solar, voulant courir la carrière des ambassades, et peut-être s'ouvrir de loin celle du ministère, aurait été bien aise de se former d'avance un sujet qui eût du mérite et des talents, et qui, dépendant uniquement d'elle, eût pu, dans la suite, obtenir sa confiance et la servir utilement. Ce projet était trop sensé pour ma tête et demandait un trop long assujettissement. Ma folle ambition ne cherchait la fortune qu'à travers les aventures: et ne voyant point de femme à tout cela, cette manière de parvenir me paraissait lente, pénible et triste; tandis que j'aurais dû la trouver d'autant plus honorable et sûre que les femmes ne s'en mêlaient pas. »

Il fallait être fou pour laisser échapper, de gaîté de cœur, une telle occasion. Rousseau eut cette folie; il l'eut complète; il l'eut préméditée; il l'eut malgré ses dix-sept ans et les nombreuses déceptions qu'il avait déjà éprouvées. Ce ne fut pas sans peine qu'il lassa la générosité de ses bienfaiteurs; mais il fit tant et si bien qu'il trouva le moyen de se faire chasser ignominieusement, et qui plus est, qu'il en fut fier comme d'un triomphe. Il appelle cela « un de ces traits caractéristiques qui lui sont propres; » il est triste de se distinguer par de semblables traits.

La cause ou l'occasion de cette nouvelle sottise fut un jeune homme, nommé Bacle, avec qui il avait été autrefois en apprentissage. C'était un garçon très amusant, plein de saillies bouffonnes, que son âge rendait agréables. Aussitôt, il s'engoua de M. Bacle; mais il s'en engoua au point de ne pouvoir le quitter. Bacle allait partir bientôt pour Genève; il fallait mettre à profit le temps qu'il leur restait à passer ensemble. Bacle d'ailleurs obséda si bien son ami qu'on lui défendit la porte de l'hôtel. Ce fut alors au tour de Jean-Jacques de s'absenter les journées entières. On lui fit des réprimandes, il y fut sourd; on le menaça de le congédier; il vit là surtout un moyen d'accompagner son cher Bacle. Il y en avait de plus convenables; il préféra le plus odieux.

Enfin il partit, sans dire adieu à personne, pas même au bon abbé qui l'avait comblé de son affection et de ses bienfaits, plus riche de projets que d'écus, et songeant bien plutôt à prolonger son voyage qu'à atteindre un but quelconque. A cet effet, nos deux sages s'avisèrent d'un moyen assez original et qui montre bien leur étourderie.

L'abbé de Gouvon avait fait présent à Jean-Jacques d'une petite fontaine de Héron. Celui-ci s'en était beaucoup amusé; les deux amis pensèrent judicieusement que tout le monde s'en amuserait de même, et fondèrent sur ce fragile appareil l'édifice de leur fortune. Ils devaient, dans chaque village, rassembler les paysans, et ne doutaient pas que, sans avoir autre chose à débourser que l'eau de leur fontaine et le vent de leurs poumons, ils recueilleraient en échange le couvert, la nourriture et le reste. Cette vie de bohémiens leur semblait pleine de séductions. Ils comptaient bien la poursuivre en Piémont, en Savoie, en France, par toute la terre. Il est assez inutile de dire que la fameuse fontaine ne produisit pas les effets merveilleux qu'ils en attendaient. Elle amusait parfois, dans les cabarets, les hôtesses et les servantes; mais il n'en fallait pas moins payer en sortant. Enfin, à force de la montrer, eux-mêmes finirent par s'en ennuyer, et un jour qu'elle se cassa, ils en jetèrent joyeusement les morceaux et se trouvèrent allégés d'autant. Ce petit accident dut leur faire comprendre qu'il était bon de marcher un peu plus droit vers le terme. Le terme pour Rousseau, c'était Mme de Warens; mais il lui fallait auparavant se débarrasser de Bacle. Celui-ci lui en épargna la peine, et en entrant à Annecy, lui dit: Te voilà chez toi, l'embrassa, fit une pirouette et partit. Ces deux amis s'oublièrent dès lors complètement. Leur intimité avait duré six semaines.

II

Mme de Warens avait été tenue à peu près au courant de l'existence mouvementée de son protégé. Elle l'avait notamment félicité de son entrée chez le comte de Gouvon, et lui avait donné, à cette occasion, les conseils les plus sages. Que dirait-elle quand elle apprendrait qu'il avait quitté cette excellente famille? Il ne craignait certes pas qu'elle lui fermât sa porte; mais la seule pensée de lui causer un chagrin lui était insupportable.

Un instant suffit pour le rassurer. Quels ne furent pas ses transports quand il la revit! Il se précipita à ses pieds; il colla sa bouche sur sa main. Et elle, d'un ton caressant : « Pauvre petit, lui dit-elle, te revoilà donc! Je savais bien que tu étais trop jeune pour ce voyage. Je suis bien aise au moins qu'il n'ait pas aussi mal tourné que j'avais craint. » Puis elle lui fit raconter son histoire.

Il fut question du gîte. On avait trouvé, un an auparavant, qu'elle ne pouvait convenablement recevoir chez elle un jeune homme de seize ans; maintenant qu'il en allait avoir dix-sept, la même raison ne prévalut plus, et, la femme de chambre entendue, il fut décidé qu'il resterait. « On dira ce qu'on voudra, déclara Mme de Warens; mais puisque la Providence me le renvoie, je suis déterminée à ne pas l'abandonner. »

Il ne resta pourtant chez elle, au moins cette fois, que peu de temps; mais il y revint à plusieurs reprises. L'enthousiasme avec lequel il peint la vie qu'il mena alors doit s'appliquer également aux divers séjours qu'il fit dans sa maison.

Il la loue de lui avoir révélé la sensibilité de son propre cœur; il lui fait ici trop d'honneur; il n'avait besoin d'aucune révélation à cet égard. Il décrit longuement ses sentiments envers elle; mais, malgré sa finesse d'analyse, il ne peut trouver de mots pour les exprimer. Était-ce l'affection d'un fils pour sa mère? Il le dit, et les noms qu'ils se donnaient : *maman, petit,* sembleraient confirmer cette idée, si la suite ne l'avait tristement démentie. « Elle fut pour moi, dit-il, la plus tendre des mères... Jamais elle n'imagina de m'épargner les baisers ni les plus tendres caresses maternelles; » mais qu'il n'ajoute pas : « Et jamais il n'entra dans mon cœur d'en abuser. » L'abus devint assez flagrant pour démontrer qu'il est dangereux à une jeune femme de faire trop la maman avec un jeune homme qui n'est pas son fils.

Qu'il ne parle donc pas de son innocence. Les vices honteux auxquels il se livrait sans frein, aux dépens de sa santé, les excitations qu'il se plaisait à rechercher dans les souvenirs et les caresses de Mme de Warens, ne sont-ils pas le contraire de l'innocence?

Comment en aurait-il pu être autrement? Par le fait, Mme de Warens remplissait littéralement son existence. Il ne vivait que par elle et pour elle : la belle chambre qu'il occupait, en face de la campagne, était un de ses nombreux bienfaits; les bons dîners qu'il faisait, et qui lui auraient semblé bien longs sans sa chère présence, étaient un moyen de prolonger les doux entretiens avec elle; se laissait-elle aller à la rêverie, il restait à la contempler, et était le plus heureux des hommes; était-elle présente, il aurait passé l'éternité dans sa compagnie sans s'ennuyer ; était-elle absente, l'inquiétude, le besoin de vivre avec elle lui donnaient des élans d'attendrissement qui souvent allaient jusqu'aux larmes. Il n'est pas d'extases, il n'est pas d'extravagances que sa passion ne lui ait inspirées.

Voilà pour la vie de l'imagination et de la sensibilité. C'était la principale pour Rousseau; mais ce ne pouvait être l'unique ; d'autant plus que Mme de Warens, on le sait, n'était rien moins que contemplative. Avec son amour du mouvement et son activité, elle aurait donné de l'occupation à cent personnes, et elle n'avait que trois domestiques, nombre plus que suffisant pour sa maigre fortune, mais qui était petit pour ses vastes projets et sa simple, mais large hospitalité. Elle dut être contente d'avoir une quatrième personne à mettre en action. « Je passais donc mon temps, dit Rousseau, le plus agréablement du monde, occupé des choses qui me plaisaient le moins. C'étaient des projets à rédiger, des mémoires à mettre au net, des recettes à transcrire; c'étaient des herbes à trier, des drogues à piler, des alambics à gouverner. Tout à travers tout cela, venaient des foules de passants, de mendiants, de visites de toute espèce. Il fallait entretenir à la fois un soldat, un apothicaire, un chanoine, une belle dame, un frère lai. Je pestais, je grommelais, je jurais, je donnais au diable toute cette maudite cohue. Pour elle, qui prenait tout en gaîté, mes fureurs la faisaient rire aux larmes ; et ce qui la faisait rire encore plus était de me voir d'autant plus furieux que je ne pouvais moi-même m'empêcher de rire... Rien de ce qui se faisait autour de moi, rien de tout ce qu'on me faisait faire n'était selon mon goût ; mais tout était selon mon cœur. »

Enfin la littérature trouvait encore place dans cette existence affairée. Jean-Jacques avait beaucoup lu, mais sans discernement. L'abbé de Gouvon lui avait appris à profiter de ses lectures; grâce à lui, il put lire avec fruit quelques ouvrages qu'il trouva dans sa chambre. Il travailla à se corriger de certaines locutions vicieuses, même des fautes d'orthographe, et à se former un style correct et élégant. Il rendait compte de ses lectures à Mme de Warens. Il apprit auprès d'elle à bien lire. Elle avait l'esprit orné, avait été en relations avec plusieurs hommes de lettres, avait un grand usage du monde, et même quelque habitude de la Cour. Quand elle philosophait, ce qui lui arrivait surtout sur les sujets de morale, elle se perdait bien un peu dans les espaces; mais quelques tendres baisers, interrompant ses tirades, faisaient prendre patience à l'élève.

« Cette vie, dit Rousseau, était trop douce pour durer... Tout en folâtrant, maman m'étudiait, m'observait, m'interrogeait, et bâtissait pour ma fortune force projets dont je me serais bien passé. » Un de ses parents, M. d'Aubonne, vieil intrigant débauché, l'aida dans ses recherches. Il fit venir le jeune homme, le fit causer, le mit à son aise, et, de son examen, résulta cette sentence, qu'il n'était pas capable de grand'chose, et que, faute de mieux, on pourrait essayer d'en faire un curé de campagne. Rousseau trouva naturellement le jugement sévère; d'autres pourraient le trouver trop favorable. S'il faut, en effet, de l'instruction pour être prêtre, et Rousseau était très capable d'en acquérir, il faut autre chose que de l'instruction.

Ce n'était pas la première fois que Jean-Jacques était magistralement taxé d'ineptie, ou peu s'en faut.

Tout en s'élevant contre cette appréciation, il ne s'en étonne que médiocrement et convient que sa tournure d'esprit y pouvait donner lieu. Le jugement qu'il porte ici sur lui-même est intéressant et mérite d'être rapporté.

« Deux choses presque inalliables s'unissent en moi, sans que j'en puisse concevoir la manière : un tempérament très ardent, des passions vives, impétueuses, et des idées lentes à naître, embarrassées, et qui ne se présentent jamais qu'après coup. Je sens tout, et je ne vois rien...

« Cette lenteur de penser, jointe à cette vivacité de sentir, je ne l'ai pas seulement dans la conversation ; je l'ai même seul et quand je travaille. Mes idées s'arrangent dans ma tête avec la plus incroyable difficulté ; elles y circulent sourdement ; elles y fermentent jusqu'à m'émouvoir, m'échauffer, me donner des palpitations ; et, au milieu de toute cette émotion, je ne vois rien nettement, je ne saurais écrire un seul mot ; il faut que j'attende. Insensiblement, ce grand mouvement s'apaise ; ce chaos se débrouille ; chaque chose vient se mettre à sa place, mais lentement et après une longue et confuse agitation...

« De là vient l'extrême difficulté que je trouve à écrire. Mes manuscrits, raturés, barbouillés, mêlés, indéchiffrables, attestent la peine qu'ils m'ont coûtés. Il n'y en a pas un qu'il ne m'ait fallu transcrire quatre ou cinq fois, avant de le donner à la presse. Je n'ai jamais pu rien faire la plume à la main, vis-à-vis d'une table et de mon papier ; c'est à la promenade, au milieu des rochers et des bois ; c'est la nuit, dans mon lit et durant mes insomnies, que j'écris dans mon cerveau : l'on peut juger avec quelle lenteur, surtout pour un homme absolument dépourvu de mémoire verbale, et qui, de sa vie, n'a pu retenir six vers par cœur. Il y a telle de mes périodes que j'ai tournée et retournée cinq ou six nuits dans ma tête, avant qu'elle fût en état d'être mise sur le papier. De là vient encore que je réussis mieux aux ouvrages qui demandent du travail qu'à ceux qui veulent être faits avec une certaine légèreté, comme les lettres, genre dont je n'ai jamais pu prendre le ton, et dont l'occupation me met au supplice. Je n'écris point de lettres, sur les moindres sujets, qui ne me coûtent des heures de fatigue ; ou si je veux écrire de suite ce qui me vient, je ne sais ni commencer ni finir ; ma lettre est un long et confus verbiage ; à peine m'entend-on, quand on la lit...

« Non seulement les idées me coûtent à rendre ; elles me coûtent même à recevoir. J'ai étudié les hommes, et je me crois assez bon observateur. Cependant je ne sais rien voir de ce que je vois ; je ne vois bien que ce que je me rappelle, et je n'ai de l'esprit que dans mes souvenirs...

« Si peu maître de mon esprit, seul avec moi-même, qu'on juge de ce que je dois être dans la conversation, où, pour parler à propos, il faut penser à la fois et sur-le-champ à mille choses. La seule idée de tant de convenances, dont je suis sûr d'oublier au moins quelqu'une, suffit pour m'intimider... Dans le tête-à-tête, il y a un autre inconvénient, que je trouve pire, la nécessité de parler toujours. Quand on vous parle, il faut répondre ; et si l'on ne dit mot, il faut relever la conversation. Cette insupportable contrainte m'eût seule dégoûté de la société. Je ne trouve point de gêne plus terrible que l'obligation de parler sur-le-champ et toujours. Je ne sais si ceci tient à ma mortelle aversion pour tout assujettissement, mais c'est assez qu'il faille absolument que je parle, pour que je dise une sottise infailliblement...

« Ce qu'il y a de plus fatal est, qu'au lieu de savoir me taire quand je n'ai rien à dire, c'est alors que, pour payer plus tôt ma dette, j'ai la fureur de vouloir parler. Je me hâte de balbutier promptement des paroles sans idées, trop heureux quand elles ne signifient rien du tout. En voulant vaincre ou cacher mon ineptie, je manque rarement de la montrer...

« Je crois que voilà de quoi faire assez comprendre comment, n'étant pas un sot, j'ai cependant souvent passé pour l'être, même chez des gens en état de bien juger ; d'autant plus malheureux que ma physionomie et mes yeux promettent davantage, et que cette attente frustrée rend plus choquante aux autres ma stupidité...

« Ce détail, qu'une occasion particulière a fait naître, n'est pas inutile à ce qui doit suivre. Il contient la clé de bien des choses extraordinaires qu'on m'a vu faire et qu'on attribue à une humeur sauvage que je n'ai point. J'aimerais la société comme un autre, si je n'étais sûr de m'y montrer, non seulement à mon désavantage, mais tout autre que je ne suis. Le parti que j'ai pris, d'écrire et de me cacher, est précisément celui qui me convient. »

On nous pardonnera cette longue citation en raison de son importance. Outre qu'on y peut voir l'explication des habitudes et de la vie de Rousseau, elle ouvre sur son tempérament littéraire des aperçus généraux sur lesquels nous aurons à revenir.

Pendant qu'il était à Annecy (septembre 1729), il y arriva un petit événement qui se rattache à son histoire par certains côtés intéressants. Le feu ayant pris au four des Cordeliers, menaçait déjà la maison où il demeurait avec Mme de Warens, lorsque survint Mgr de Bernex. L'évêque s'étant mis à genoux, grâce à ses prières, le vent changea tout d'un coup et le mal fut conjuré. On cria au miracle, et, en 1742, quand il fut question d'écrire la vie de Mgr de Bernex, l'auteur en appela au témoignage de Rousseau. Celui-ci, s'exécutant de bonne grâce, donna par écrit la déclaration la plus formelle. « C'est un fait, dit-il, connu de tout Annecy, et que moi, écrivain du présent mémoire, ai vu de mes propres yeux[1]. »

Sans examiner l'événement en lui-même, le mémoire de Rousseau a une importance sérieuse, en ce qu'il précise l'état de sa foi religieuse en 1730, et même en 1740 ou 1742. A ne consulter que les *Confessions*, il est presque impossible de rien savoir à cet égard. Lisez le *Mémoire*; il tranche nettement la question : Rousseau était un catholique croyant.

Plus de vingt ans après, à une époque où il se montrait l'adversaire systématique des miracles, cet écrit lui fut opposé ; il n'eut qu'une excuse à apporter, c'est qu'il y croyait alors[2].

---

1. Mémoire remis, le 19 avril 1742, à M. Boutet, Antonin. — *Vie de M. Rossillon de Bernex, évêque de Genève*, par le P. BOUTET, religieux antonin, 1751. — M. MUGNIER (ch. III). croit que le *Mémoire de Rousseau* fut donné dès 1738 ou 1739. — 2. FRÉRON, *Année littéraire*, 1763, t. II. — MUSSET-PATHAY, qui paraît gêné par la foi religieuse de son héros, cherche à rabaisser la valeur de son témoignage et prétend qu'en 1729, il n'était même pas à Annecy (*Histoire de J.-J. Rousseau*, t. I, p. 10 et t. II, article de Bernex). Mais si Rousseau

D'où, soit dit en passant, on peut conclure que les *Confessions* de J.-J. Rousseau ne reproduisent pas tous ses sentiments; qu'elles en omettent même parmi les plus importants et les plus élevés. Règle générale, il ne faut jamais oublier, quand on consulte les *Confessions*, que cet ouvrage, donné par leur auteur comme révélant surtout l'état de son âme, a été écrit à une époque où cet état n'était plus, depuis longtemps, celui qu'il prétendait décrire.

III

L'avis de M. d'Aubonne ayant prévalu, Jean-Jacques fut mis au séminaire d'Annecy. Il y alla, comme il aurait été au supplice. C'était une mauvaise disposition pour bien juger de la maison et des habitants. Le supérieur, qu'il peint sous des traits ridicules, l'accueillit pour une modique pension, que l'évêque voulut bien payer. Jean-Jacques devait recommencer, pour la troisième ou quatrième fois, ses études de latin. Il prit en aversion son premier professeur; aussi en fait-il un assez vilain portrait. Celui qui lui fut donné ensuite était plus de son goût. Il était affectueux, sensible, il se dévoua, mais bien inutilement, à l'instruction de son élève; car celui-ci ne put jamais rien apprendre sous des

---

n'avait pas été présent à l'événement, se serait-on adressé à lui, et aurait-il consenti à le certifier? Le raconterait-il comme y ayant assisté? Enfin, appelé directement en cause et n'ayant qu'un mot à dire pour mettre les rieurs de son côté : je n'étais pas là; j'ai donné un certificat de complaisance. Ne l'aurait-il pas dit, ce mot, s'il eût été vrai, ou seulement vraisemblable?

maîtres. Hélas! comme si nous étions condamné à contredire sans cesse Rousseau, nous dirions, si le portrait qu'il fait était véritable, que l'abbé Gatier, c'était son nom, ne mérite pas tant d'éloges. Il avait eu le malheur, étant vicaire, d'avoir un enfant, et l'autorité diocésaine s'en était émue. Il paraît que l'imputation est fausse[1]; mais, s'il est singulier qu'en fait de prêtres, Jean-Jacques n'aime et ne vante que ceux qui manquent à leurs devoirs, n'est-il pas plus que singulier qu'en pareille matière, il ne prenne seulement pas la peine de dire la vérité? L'abbé Gatier servit de second modèle au *Vicaire savoyard*; ce n'est pas là ce qui nous réconciliera avec lui.

L'épreuve du séminaire ne pouvait être longue. Au bout de deux mois[2], Jean-Jacques fut renvoyé, non comme vicieux, mais comme incapable. Il semble que la note à lui appliquer aurait dû être précisément le contraire.

Pendant tout le temps qu'il avait été séparé de sa chère maman, il avait eu pour unique distraction un livre de musique assez difficile, dont il était venu à bout de déchiffrer quelques morceaux. Ce détail fut un trait de lumière pour Mme de Warens, et aussitôt elle se mit en tête de faire de son protégé un musicien. C'était peut-être sa dixième profession (nous ne les comptons plus). « J'étais destiné, dit-il lui-même, à être le rebut de tous les états. » Celui-ci eut au moins l'avantage de lui plaire. Jean-Jacques fut donc mis en pension chez le maître de musique de la cathédrale, M. Lemaître[3]. La maison

1. MUGNIER, ch. III. — 2. Au mois d'août 1729. — 3. Son véritable nom était Louis Nicoloz; on l'appelait Lemaître, du nom de sa profession.

de Lemaître était à vingt pas de celle de Mme de Warens ; le professeur et l'élève y venaient souvent souper. Ce fut, avec l'église, la seule sortie de ce dernier pendant six mois[1]. Sauf l'assujettissement d'une vie égale et réglée, il passa, dit-il, cet hiver de la façon la plus calme et la plus heureuse. Chose étonnante, depuis son départ de Turin, il n'avait point fait de sottises. Si toutefois ce n'était pas déjà une folie que le sentiment passionné qui absorbait toutes ses facultés, et le mettait hors d'état de rien apprendre, pas même la musique, pour laquelle il eut toujours un goût si prononcé. Cependant cette passion qui le paralysait pour le bien, devait être impuissante à le sauver de son esprit romanesque : il ne fallait qu'une occasion pour l'engager dans de nouvelles aventures.

Un jour donc, c'était un soir de février, arriva chez Lemaître un jeune homme, qu'un mince habit noir, usé et rapé, et les restes disparates d'une mise jadis élégante, garantissaient mal du froid et de la neige. Il venait de Paris, s'appelait Venture de Villeneuve et se donnait comme musicien. On lui offrit, en cette qualité, le souper et le gîte ; il en avait grand besoin et ne se fit pas prier. On le fit, ou plutôt, on le laissa causer ; car il parlait avec un égal aplomb sur tous les sujets, et ne se vantait jamais davantage que des choses qu'il ne savait pas. Le lendemain, à la messe, on le fit chanter ; il s'en tira admirablement. Il n'était pas jusqu'à l'irrégularité de sa taille qui ne disparût presque sous l'aisance de ses manières et la facilité de ses discours. Tout en lui dénotait, en un mot, le jeune débauché,

---

1. Du mois d'octobre 1729 au mois d'avril 1730.

aimable et entreprenant, qui a reçu de l'éducation, mais qui n'a pas voulu en profiter. Il n'en fallait pas tant pour enthousiasmer le pauvre Jean-Jacques, et nous pouvons nous attendre à voir se renouveler en faveur de M. Venture de Villeneuve le fol engouement dont il s'était pris, à moins de frais, pour M. Bacle. Cependant Mme de Warens s'étant alarmée des dangers d'une aussi mauvaise connaissance, Rousseau obéit à moitié à ses remontrances et montra un peu plus de circonspection. Bientôt même une occasion s'étant présentée d'éloigner Jean-Jacques de son nouvel ami, Mme de Warens la saisit avec empressement.

M. Lemaître, fort bon homme au fond, avait un défaut, il était buveur ; et comme un défaut ne vient jamais seul, quand il avait bu, il devenait ombrageux et susceptible. A propos donc d'une difficulté qu'il eut avec le chantre, il se fâcha et résolut de s'enfuir la nuit suivante. Mme de Warens combattit bien son projet ; mais voyant que c'était en vain, elle prit le parti de le favoriser, et lui donna Jean-Jacques pour l'accompagner, au moins jusqu'à Lyon.

C'était aux environs des fêtes de Pâques. Il était piquant de laisser le Chapitre dans l'embarras à cette époque de l'année, sans maître de musique, et même sans musique ; car Lemaître entendait bien emporter la sienne. Pour comble d'espièglerie, une fois parti, on réussit, à force d'effronterie et de mensonges, à s'amuser largement aux dépens du Chapitre et à se faire héberger par un brave curé des environs ; puis, au moyen d'autres mensonges, à se faire accueillir à Belley. Enfin on arriva à Lyon, Lemaître buvant de plus en plus, Jean-Jacques mentant de mieux en mieux. Par malheur, les libations du maître de musique avaient parfois pour effet de lui donner des attaques d'épilepsie. Il en fut pris à Lyon, au milieu de la rue. Mais par malheur aussi pour la réputation de Jean-Jacques, celui-ci ne joua pas dans la circonstance un rôle très généreux. Après avoir crié et assemblé la foule autour du malade, il profita de l'empressement des autres pour abandonner honteusement son maître au moment où il avait le plus besoin de lui ; et s'esquiva sans qu'on y prît garde.

On peut deviner sans peine le chemin qu'il prit en quittant Lyon ; mais quel ne fut pas son désespoir en arrivant à Annecy ; Mme de Warens n'y était plus ; elle était partie pour Paris.

CHAPITRE VI

Du mois de mai 1730 au printemps de 1732[1].

SOMMAIRE : I. Liaison avec la Merceret et avec Venture. — Anecdote et correspondance avec Mlles de Galley et de Graffenried. — Rousseau revoit son père.
II. Rousseau à Lausanne. — Ses embarras d'argent. — Il professe la musique sans la savoir. — Pèlerinage à Vévai.
III. Rousseau à Neuchâtel. — Il s'attache à un archimandrite. — L'ambassadeur de France le prend sous sa protection. — Rousseau part pour Paris.
IV. Ses impressions pendant le voyage et en arrivant à Paris. — Retour en Savoie. — Séjour à Lyon. — Arrivée de Rousseau à Chambéry, auprès de Mme de Warens. — Rousseau employé au Cadastre.

I

Laissons Mme de Warens à Paris, où elle était, avec son parent d'Aubonne, en train, dit-on, de trahir sa patrie d'origine, la Suisse, au profit de la Sardaigne, sa patrie d'adoption. Une telle mission politique convenait bien à son caractère remuant et intrigant; elle ne tarda pourtant pas à s'en lasser et, mécontente du rôle par trop subalterne auquel l'employait d'Aubonne, elle le laissa seul et reprit la route de la Savoie[2].

Rousseau, qui ignorait tout cela, fut vivement contrarié de ne pas retrouver celle qui lui tenait lieu de mère; mais n'ayant plus la maîtresse, il

---

1. *Confessions*, l. IV. — 2. | *J.-J. Rousseau*, ch. IV.
MUGNIER, Mme *de Warens et* |

chercha, faute de mieux, à se consoler avec la servante, et la Merceret se trouva honorée de ses visites et de son amitié. Nous disons amitié, car il ne paraît pas que leur familiarité ait dépassé les bornes de légèretés plus imprudentes que coupables. Une fille de chambre n'avait rien de séduisant pour Rousseau ; il lui fallait des *demoiselles,* non par vanité, mais parce qu'une demoiselle a dans toute sa personne quelque chose de plus propre et de plus délicat. Nous verrons plus tard si, sous ce rapport, comme sous bien d'autres, il fut constant dans ses goûts. La Merceret continuant à habiter la maison de Mme de Warens, il n'en fallait pas plus pour engager Jean-Jacques à l'aller voir. Par elle, il se trouva entraîné dans toute une compagnie de servantes, de couturières, de petites marchandes ; cela faisait au jeune homme une société agréable. Le temps se passait en agaceries : toutes n'étaient pas des plus niaises ; Jean-Jacques, paraît-il, n'en voyait pas si long : il n'avait pas le soupçon du mal.

Il trouva encore une autre distraction, qui, sans lui faire oublier sa bienfaitrice, l'aida à supporter son absence, ce fut son cher Venture. Rien ne le retenant plus, il se lia avec lui d'une amitié où l'admiration tempérait la familiarité. Il alla partager avec lui, chez une espèce de savetier, un logement des plus économiques ; se mit à son école et put se pénétrer des polissonneries spirituelles qui faisaient le fond de sa conversation. M. Venture était très répandu, et devait être en position, par ses connaissances, de venir en aide à son malheureux ami, menacé, malgré son économie, de mourir de faim. Il le conduisit notamment dîner chez un M. Simond, juge mage, c'est-à-dire président du tribunal, qui pouvait lui être utile, mais le fut peu par le fait. Ce Simond était une sorte de nain, disgracié de la nature, mais spirituel et instruit. Rousseau en fait un portrait capable de servir de modèle à un caricaturiste; il cultiva plus tard sa connaissance.

Ici se place un épisode qui, comme il arrive d'ordinaire pour ces sortes d'historiettes, tire surtout sa valeur de la manière dont il est raconté.

Un matin que Jean-Jacques, séduit par le beau temps et son goût inné pour la nature, était sorti de bonne heure et se livrait avec délices aux charmes d'une campagne ravissante, il s'entend appeler par son nom. C'étaient deux jeunes filles, Mlle de Galley et Mlle de Graffenried, qui allaient à cheval à une maison de campagne appartenant à Mme de Galley mère, et se trouvaient embarrassées pour passer un ruisseau. Le jeune homme, en chevalier galant, leur prête ses services et va pour se retirer; mais elles ne l'entendent pas ainsi et l'engagent à monter en croupe derrière l'une d'elles. Quelle bonne aubaine pour notre coureur d'aventures! Le cœur lui battait bien fort, et ses yeux, à défaut de sa langue, en disaient long. Aussi, s'il ne s'oublia pas en déclarations trop sentimentales, ce ne fut pas la faute de ses intentions. Il accuse ici sa timidité, il ferait mieux de la bénir. Si sa timidité lui fit faire des sottises, nous croyons qu'à bien compter, elle lui en épargna davantage. Nous ne voulons pas trop épiloguer sur la situation; quelquefois l'idylle confine à la caricature, et on ne peut se figurer sans rire ce grand garçon, nous allions dire ce grand benêt de dix-huit ans, en croupe derrière une jeune fille un peu plus âgée que lui. La journée se passa toute entière à jouer, à bavarder, à folâtrer avec la plus grande liberté, et aussi, si l'on en croit l'histoire, avec la plus grande décence. Point d'importuns pour gêner les élans des cœurs; point de parents pour régler les ébats et redresser les écarts.

> Je laisse à penser la vie
> Que firent nos *trois* amis.

La Fontaine dit *deux;* c'eût été aussi l'avis de Jean-Jacques. Enfin, après douze heures de plaisir, la nuit approchant, il fallut songer à se séparer; mais on ne le fit pas sans se promettre de s'écrire.

« Après le dîner, dit Rousseau, nous allâmes dans le verger achever notre dessert avec des cerises. Je montai sur l'arbre, et je leur en jetais des bouquets, dont elles me renvoyaient les noyaux à travers les branches. » Cette scène du cerisier a été reproduite plus d'une fois par la peinture; mais, détail assez piquant, elle avait déjà fait, avant le récit de Rousseau, le sujet d'une gouache : *Les Cerises et les Amoureux,* de Baudouin, gendre de Boucher. Cette œuvre, reproduite par la gravure, avait été exposée en 1760, plusieurs années avant que Rousseau commençât ses *Confessions.* Cette coïncidence, qui n'est assurément pas fortuite, a fait révoquer en doute son récit. Il est peu admissible, en effet, qu'il ait conté son histoire au peintre; on croirait plutôt qu'il aurait été frappé, dans un musée ou dans un salon, par l'œuvre de Baudouin, et qu'il l'aurait sans façon transportée dans ses mémoires [1].

---

1. La maison de campagne de Mme de Galley, située à Thônes, et non pas à Tounes, comme le disent les *Confessions,* existe toujours et s'appelle la Tour de Thônes. On

Cette rencontre a laissé dans l'esprit de Rousseau un souvenir d'une grande vivacité. Il redevient jeune et oublie sa misanthropie, pour vanter ces deux jeunes filles dans les *Confessions;* il les avait déjà célébrées dans la *Nouvelle Héloïse,* sous les noms de Julie d'Étanges et de Claire d'Orbe. Jean-Jacques s'est plus d'une fois inspiré de ses souvenirs dans la composition de ses ouvrages. Nous n'avons pas à le blâmer de cette méthode ; c'est la bonne. (Nous ne parlons pas ici de l'usage moral qu'il en a fait.) Poètes, peintres et romanciers feront toujours bien de demander à la nature le sujet et le fond de leurs tableaux. L'imagination ne doit être que le complément de l'observation, et l'art véritable n'est autre chose que la réalité, dégagée de ce qu'elle a de trop matériel et élevée jusqu'à l'idéal. Jean-Jacques, dans cette circonstance, comme dans beaucoup d'autres d'ailleurs, s'est montré un artiste de premier ordre.

Cependant, Mme de Warens tardant à revenir,

---

voyait encore, il y a trois ou quatre ans, le cerisier de Jean-Jacques. C'est sans doute l'aînée des demoiselles de Galley, nommée Claudine, dont il est question dans cette histoire. Elle était née le 27 juin 1710, et par conséquent avait alors vingt ans. La seconde, nommée Rose-Marie, avait deux ans de moins que sa sœur. Mlle de Graffenried, qui avait vingt-et-un ans, était une nouvelle convertie ; c'est à cause de cela et non « par quelque folie de son âge, » qu'elle était à Annecy. Faut-il donc que Jean-Jacques salisse tout ce qu'il touche, à commencer par ses amis. Il est bon de dire, pour prévenir toute pensée malveillante, que le seul échantillon qui soit resté de la correspondance de Rousseau avec Mlle de Graffenried est absolument irréprochable (MUGNIER, ch. IV). — *Lettre de Rousseau à Mlle de Graffenried* (hiver de 1730 à 1731). Voir aussi ARSÈNE HOUSSAYE, *Les Charmettes, J.-J. Rousseau et Mme de Warens.*

Mlle Merceret dut retourner chez son père, qui était organiste à Fribourg ; on persuada à Rousseau de l'accompagner : autant valait cela qu'autre chose. On ne dit pas s'il lui fut pénible de quitter Venture. Il ne devait le revoir qu'une seule fois, vingt-cinq ans plus tard ; il le trouva alors si crapuleux que l'entrevue fut froide et n'eut pas de suites [1].

Une objection grave retenait Rousseau, l'état de ses finances ; mais la Merceret le défraya. Seulement, par mesure d'économie, on résolut de voyager à pied, à petites journées. Mlle Merceret se montra douce, attentive, affectueuse ; on eût dit qu'elle prenait à tâche d'étaler ses bonnes qualités. Sous prétexte qu'elle avait peur la nuit, elle avait soin de faire coucher dans sa chambre son compagnon de voyage. Il était clair qu'elle aurait été heureuse de s'appeler Mme Rousseau ; mais elle en fut pour ses avances ; Rousseau ne songea que plus tard, non sans quelque regret, qu'il aurait pu en faire sa femme. C'était une bonne grosse fille, de cinq ans plus âgée que lui, qui avait une grande partie des qualités qui rendent les maris heureux. Un retour sur la suite de sa vie a bien pu lui rappeler qu'il était possible de rencontrer plus mal.

Ce voyage eut ses jours de joie. On passa par Genève, c'était la patrie. On passa surtout par Nyon, où habitait le père de Rousseau. Nouveau sujet d'attendrissement. Le père et le fils mêlèrent, dit-on, leurs larmes. « Passer sans voir mon père ! Si j'avais eu ce courage, j'en serais mort de regret... Eh ! que j'avais tort de le craindre ! Son âme, à

---

1. *Confessions*, l. VIII.

mon abord, s'ouvrit aux sentiments paternels, dont elle était pleine. » Jean-Jacques raconta son histoire, déclara sa résolution de continuer sa route; le vieillard, qui s'était remarié, essaya de le retenir, mais assez faiblement. Qu'aurait-il fait de lui? Sa femme l'invita à souper; Jean-Jacques refusa; ce fut tout; le lendemain, de grand matin, il était reparti. De part et d'autre, l'entrevue se borna à quelques démonstrations; ce qu'il fallait pour se rendre le témoignage qu'on avait rempli son devoir. Mais de conseils donnés ou demandés, de direction paternelle, de déférence filiale, il n'en fut pas question. Croirait-on qu'Isaac Rousseau, ayant jugé très défavorablement les rapports de son fils avec sa compagne de voyage, ne lui en dit pas un mot. Ce n'est que plus tard que Jean-Jacques en fut informé. Malgré la chaleur affectée des expressions et des sentiments, il y a du froid dans cette entrevue.

Rousseau avait promis de revoir son père au retour. Il devait, en effet, revenir à Annecy, pour y attendre des nouvelles de Mme de Warens; mais en passant à Lausanne, la vue du lac lui fit tout oublier, et il resta à Lausanne. C'est ainsi que, toute sa vie, les motifs les plus faibles le déterminèrent à des résolutions souvent graves. « Des vues éloignées, dit-il, ont rarement assez de force pour me faire agir... Le moindre petit plaisir qui s'offre à ma portée me tente plus que les joies du paradis. » Il avait laissé son petit paquet chez son père; celui-ci se souvenant enfin de ses obligations, le lui renvoya, accompagné d'une lettre de conseils et de remontrances; mais le jeune homme n'en profita guère.

Tel est le récit des *Confessions;* mais il est démenti en plusieurs points par une lettre que Jean-Jacques, pressé par la misère, se décida au bout de six ou huit mois à écrire à son père. « Malgré, dit-il, les tristes assurances que vous m'avez données, que vous ne me regardiez plus comme votre fils, j'ose encore recourir à vous, comme au meilleur de tous les pères » et il finit par le prier de l'honorer d'une lettre, qui serait *la première* qu'il recevrait de lui depuis sa sortie de Genève[1].

II

Tant que Jean-Jacques avait eu la Merceret pour payer sa dépense, le souci du lendemain l'avait peu tourmenté; maintenant qu'il était réduit à ses seules ressources, il lui fallait songer à vivre, tant bien que mal. Déjà, sur la route, il avait été obligé d'offrir sa veste comme gage; à Lausanne, il eut encore la chance de rencontrer un cabaretier généreux, qui voulut bien lui fournir à crédit ce qu'il appelait la demi-pension, c'est-à-dire, une soupe pour son dîner, et un repas suffisant le soir. C'était peu; et pourtant, que de mensonges il lui fallut débiter, pour obtenir cette nourriture plus que simple !

Pendant qu'il était en veine d'imagination, il ne lui en coûtait pas beaucoup plus de se forger des projets pour l'avenir. S'il faut en rapporter, en partie, l'invention à la nécessité, à son estomac vide,

---

1. *Lettre de J.-J. Rousseau à son père*, écrite de Neuchâtel (hiver de 1730 à 1731). Beaucoup de lettres de Rousseau ne sont pas datées ou le sont d'une façon incomplète. C'est un embarras pour la classification.

à sa cervelle creuse, il serait injuste de ne pas les attribuer en partie aussi aux leçons de son ami Venture. Venture, à son arrivée à Annecy, dans des circonstances presque semblables, avait si bien réussi ; pourquoi lui-même ne l'imiterait-il pas et ne ferait-il pas le petit Venture ? Il se donna donc comme venant de Paris, où il n'avait jamais été, et comme musicien, quoiqu'il ne sût pas la musique. De plus, car il fallait éviter d'être connu, il fit l'anagramme de son nom de Rousseau, et comme son ami s'appelait Venture de Villeneuve, il se fit appeler Vaussore de Villeneuve.

Le premier embarras était de trouver des écoliers ; le second, qui était plus grand encore, était de les instruire. Jean-Jacques avait peu profité des leçons de Lemaître ; on sait qu'il n'apprit jamais rien sous un professeur. Dans ces conditions, il ne pouvait manquer d'éprouver des déboires. Il cite, entre autres, « un petit serpent de fille, qui se donna le plaisir de lui montrer beaucoup de musique dont il ne put pas lire une note, et qu'elle eut la malice de chanter ensuite devant Monsieur son maître, pour lui montrer comment cela s'exécutait. » Mais ce n'est pas tout ; il voulut se donner comme auteur, et passa quinze jours à composer, à mettre en parties et à distribuer une pièce pour un concert d'amateurs. Le jour venu, il assemble son monde, fait ses recommandations, donne le signal, on commence... quel moment ! L'effet fut pire que tout ce qu'on eût pu prévoir ; de mémoire d'homme, on n'avait entendu un pareil charivari. Les musiciens pouffaient de rire, les auditeurs se bouchaient les oreilles ; lui-même, incapable de juger si on jouait véritablement ce qu'il avait composé, suait, se désespérait, mais n'osait s'enfuir ; enfin, vers la fin de cette musique enragée ; car les symphonistes, en belle humeur, s'acharnaient à racler sur leurs instruments, arrive un joli menuet, que tout le monde reconnaît en riant, et que Rousseau avait, en effet, appris de Venture. L'histoire fit du bruit dans Lausanne. Un musicien eut le courage d'en dire sa pensée à Jean-Jacques ; celui-ci, en revanche, eut l'imprudence de s'ouvrir à lui. Le lendemain, ses secrets devenaient la fable de la ville. Tout cela ne contribua pas à lui rendre le séjour de Lausanne agréable ; mais la douce correspondance avec Mlle de Galley et sa compagne venait, dit-il, consoler ses ennuis et faire diversion à sa détresse. Cependant, quand il quitta la Suisse, il négligea de leur donner son adresse et les oublia.

Il n'en pouvait être de même de Mme de Warens ; trop de liens l'attachaient à elle, pour qu'elle pût sortir de sa mémoire. Vévai, son pays natal, était à 4 lieues de Lausanne ; il profita des loisirs forcés que lui laissaient ses élèves, pour y faire un pèlerinage de quelques jours. Vévai, le pays de Vaud, est toujours resté le centre de ses affections : ses beautés naturelles l'enchantent, les charmes de sa campagne et de son lac le ravissent d'admiration ; les souvenirs qu'il lui rappelle l'attendrissent. C'est là qu'il offrit à Mlle de Vulson les prémices de son cœur ; c'est là que naquit Mme de Warens ; c'est près de là que vécut son père ; c'est là que, dans la simplicité d'une vie champêtre, il rêva de finir ses jours ; c'est là enfin qu'il établit les héros de son roman de prédilection, la *Nouvelle Héloïse*.

III

Peu à peu cependant il apprenait la musique en l'enseignant; mais on doit penser qu'à Lausanne, il lui était difficile d'exercer son talent. Il transporta donc ses pénates à Neuchâtel, et y passa l'hiver (**1730-1731**).

Les lettres de Mlles de Galley et de Graffenried le suivirent jusque-là. Ces demoiselles avaient sans doute craint qu'en pays protestant, il ne fût tenté de revenir à sa première religion. Jean-Jacques leur répond qu'il veut profiter de leurs sages avis; que « sa religion est profondément gravée dans son âme, et que rien n'est capable de l'en effacer. » Ces lignes sont la confirmation de ce que nous avons dit à propos du miracle d'Annecy et font supposer un Rousseau sensiblement différent, et, disons-le, meilleur que celui des *Confessions*.

La même lettre nous apprend encore un fait que les *Confessions* ne nous auraient certes pas fait soupçonner, c'est que Jean-Jacques avait encouru la disgrâce de Mme de Warens. Quoiqu'il déclarât en ignorer le motif, il jugea sans doute que l'affaire était grave, car il n'osa même pas écrire directement à sa bienfaitrice; il eut recours à l'intercession de Mlle de Graffenried pour implorer son pardon[1].

Nous avons dit que la misère l'obligea aussi à écrire à son père. Il faut qu'il se soit senti bien abandonné de Mme de Warens pour ne s'être pas adressé à elle de préférence; mais, son parti une fois pris, il s'exécute de bonne grâce, et sa lettre

---

1. *Lettre à Mlle de Graffenried* (hiver de 1730-1731).

est des plus soumises, quoique passablement étudiée et déclamatoire. « Quels que soient, dit-il, les justes sujets de haine que vous devez avoir contre moi, le titre de fils malheureux et repentant les efface... Les infortunes qui m'accablent depuis longtemps n'expient que trop les fautes dont je me sens coupable: et s'il est vrai qu'elles sont énormes, la pénitence les surpasse encore. » Enfin, pour en venir au fait, il est à Neuchâtel; il y a d'abord prospéré, a eu quelques écoliers; est parvenu, à force d'économies, à acquitter des dettes qu'il avait laissées à Lausanne. Mais ayant eu l'imprudence de faire une absence, il a eu toute sorte d'aventures malheureuses, qu'il ne raconte pas, et à son retour, n'a plus retrouvé ses élèves; de sorte qu'il s'est vu forcé de contracter de nouveaux emprunts, et se trouve placé entre la misère et le déshonneur. Comme conclusion, il assure son père que ses connaissances en musique le mettent à même de se suffire à lui-même; qu'il ne lui manque pour cela que les moyens de sortir honorablement de l'impasse où il s'est témérairement engagé[1]. Nous ignorons le résultat de cette lettre; nous sommes tenté de croire que Jean-Jacques en fut pour ses phrases; son père en effet ne l'avait pas habitué à compter sur sa générosité.

Il aurait fini peut-être par mener à Neuchâtel une existence assez douce, si une nouvelle étourderie et son humeur voyageuse ne l'en avaient éloigné. Un jour donc qu'il faisait une de ces longues promenades qui lui plaisaient tant, il rencontra dans une auberge un homme à grande barbe et à l'air assez

---

1. *Lettre de J.-J. Rousseau à son père* (hiver de 1730-1731).

noble, portant un bonnet fourré et un habit violet à la grecque. Ce singulier personnage était dans un grand embarras, car il n'entendait pas un mot de français ni d'allemand; mais comme il savait l'italien, Rousseau vint à son aide, et lui servit d'interprète. La connaissance fut bientôt faite, d'autant plus que, par une attention qui avait bien son prix dans la situation où était Jean-Jacques, l'étranger l'invita à laisser son maigre dîner pour en partager avec lui-même un beaucoup plus succulent. Il lui dit alors qu'il était prélat grec et archimandrite de Jérusalem; qu'il faisait une quête en Europe pour le rétablissement du Saint-Sépulcre, et en fin de compte, lui offrit de l'accompagner en qualité de secrétaire et d'interprète. Monseigneur l'archimandrite promettant beaucoup, le jeune homme ne demandant rien, le marché était facile. Une bonne nourriture, des voyages, la perspective d'aller à Jérusalem, en fallait-il davantage pour séduire notre aventurier? A Fribourg, les deux quêteurs obtinrent du sénat une petite somme. A Berne, ce fut bien autre chose. On voulut procéder à une vérification des titres, ce qui nécessita de longues conférences avec les premiers de l'État. Rousseau, en sa qualité d'interprète, était admis partout et portait la parole; mais devant le sénat lui-même, il ne fut nullement intimidé. C'est peut-être la seule fois de sa vie, dit-il, qu'il se soit montré éloquent. Pour prix de ses belles paroles, il recueillit une bonne somme pour son patron et force compliments pour lui-même.

Après ce premier triomphe, qui devait, hélas! rester le dernier, nos deux compagnons partirent pour Soleure, et commencèrent par y aller présenter leurs hommages à l'ambassadeur de France,

M. de Bonac. Mais malheureusement pour l'archimandrite, le marquis de Bonac, ancien ambassadeur près de la Porte, en savait plus long qu'il ne fallait sur Jérusalem, les prélats grecs et le Saint-Sépulcre. Il commença par prendre l'archimandrite en particulier pendant un quart d'heure, et le convainquit probablement de n'être qu'un chevalier d'industrie. Puis vint le tour du secrétaire. Dès les premiers mots, celui-ci se jeta aux pieds de l'ambassadeur, lui raconta son histoire, et par sa sincérité et l'effusion de son cœur, réussit si bien à l'intéresser à son sort que, sans plus tarder, il fut présenté à Mme l'ambassadrice, qui prit soin de lui et le confia à la garde du secrétaire de l'ambassade, M. de la Martinière. Il se trouva que la chambre qu'on lui donna avait été occupée par Jean-Baptiste Rousseau. Il ne tient qu'à vous, lui dit d'un air aimable La Martinière, de faire dire un jour Rousseau premier, Rousseau second. Il ne se croyait pas si bon prophète, et ne se doutait pas que le second, qui n'était autre que le pauvre garçon auquel il servait d'introducteur, surpasserait le célèbre lyrique. Cette parole et les éloges qu'on lui fit de son homonyme, donnèrent à Jean-Jacques l'idée de lire ses œuvres, puis de s'essayer à les imiter. Pour commencer, il fit une cantate en l'honneur de Mme de Bonac. Toutefois, par un progrès qu'il est bon de noter, il ne devint pas amoureux d'elle. Un autre petit travail, qui pouvait lui être plus utile, fut un récit de sa vie, que lui demanda La Martinière. Cet écrit fut conservé longtemps, à ce que croit Rousseau. Il ne put néanmoins s'en procurer une copie pour le joindre à ses *Confessions*. On a été plus heureux depuis : on peut le lire tout au long dans les dernières éditions de ses œuvres[1]. Son récit est clair, rapide et d'une sobriété qu'on n'aurait pas attendue de son âge et de son caractère; il est, en un mot, bien supérieur à ce qu'on pourrait appeler la première manière de Rousseau. Ce document est précieux du reste, en ce qu'il retrace les événements de la jeunesse de l'auteur dans un temps où ces événements étaient encore tout frais dans sa mémoire. Constatons que, si l'esprit et le ton diffèrent complètement de ceux des *Confessions*, les faits sont au fond les mêmes. Seulement, dans les *Confessions*, Rousseau a un système, des idées philosophiques et religieuses; il brave l'opinion, et, sous prétexte de ne rien cacher, devient parfois cynique. Dans la lettre à La Martinière au contraire, il a simplement pour but de se faire bien voir de M. l'ambassadeur; il se présente par le beau côté, déguise ou atténue ses fautes, ou les rejette sur autrui.

Il aurait été heureux de rester au service de M. de Bonac; mais la place de secrétaire étant prise, il songea sagement à se tourner d'un autre côté et manifesta un ardent désir d'aller à Paris. Paris ou Jérusalem, peu lui importait, pourvu qu'il changeât de place. Un M. Godard, colonel suisse au service de la France, cherchait justement quelqu'un à mettre auprès de son neveu qui allait suivre la carrière des armes. Jean-Jacques accepta cet emploi avec reconnaissance. On lui donna des lettres de recommandation, des instructions, cent francs pour sa route, et il partit plein de joie. Jeune, alerte, la bourse assez bien garnie, voyageant à pied, c'était trop de bonheur. Il était seul, mais n'avait-il pas avec lui la meilleure des compagnes, son imagination? Elle

---

[1]. Voir l'édit. MUSSET-PATHAY; t. I des *Œuvres inédites*.

ne manqua pas, selon l'usage, de l'emporter dans le pays des chimères. Pour se conformer sans doute à la nouvelle position qu'il allait occuper auprès d'un brillant officier, il se livra cette fois aux rêves de la gloire militaire. Déjà il se voyait maréchal. Le maréchal Rousseau, cela sonnait bien aux oreilles de sa vanité ; si les riantes campagnes ne l'avaient parfois ramené à son naturel et à ses chères bergeries, il eût pu se croire un guerrier véritable.

IV

Les moralistes remarquent que la réalisation des plaisirs ne produit jamais la satisfaction qu'on s'en était promise. Ce manque de proportion s'applique à Rousseau plus qu'à tout autre : il était difficile que la réalité égalât la richesse de son imagination et de ses rêves. Si l'amant passionné de la nature éprouva une déception la première fois qu'il vit la mer, il n'est pas surprenant qu'il en ait éprouvé une bien plus grande quand il arriva à Paris, surtout si l'on songe qu'il y entra par le faubourg Saint-Marceau. Il s'était figuré un Paris d'or et de marbre ; il ne vit qu'un Paris de boue, sans air et sans soleil, des rues puantes, des maisons noires et élevées, des cris, du tumulte, de la malpropreté. Cette impression lui est restée. Il ne goûta jamais Paris ; il l'habita longtemps ; presque tout le temps qu'il y fut, il eut le désir de le quitter.

Les Parisiens lui parurent d'abord plus séduisants que leur ville ; mais il fut bientôt à même de s'apercevoir que leurs protestations affectueuses et obligeantes, quoique vraies et sincères, manquaient de fond et n'avaient pas assez de suite et de fermeté pour les engager dans la voie des services effectifs.

La seule personne qui lui ait montré de l'intérêt fut Mme de Merveilleux, belle-sœur de l'interprète de M. de Bonac ; celle dont il parle le moins est le jeune officier auprès duquel il était envoyé. En revanche, il en dit plus long sur son oncle, le colonel Godard, vieil avare, cousu d'or, qui aurait voulu transformer le gouverneur de son neveu en une sorte de valet sans gages. Jean-Jacques, obligé d'être sans cesse auprès du jeune Godard, et par suite dispensé du service, trouva qu'il avait bien le droit d'avoir un autre uniforme que celui du régiment, et qu'il était peu séant de le réduire, pour vivre, à la paye de cadet, c'est-à-dire de soldat. Mme de Merveilleux fut consultée ; d'un commun accord, on résolut qu'il chercherait à se pourvoir ailleurs. D'un autre côté, le souvenir de sa chère maman le pressait. Il l'avait en vain cherchée et fait chercher à Paris. Enfin, Mme de Merveilleux apprit qu'elle devait être retournée en Savoie ou en Suisse, on ne savait trop lequel. Cette nouvelle le décida, et il dit adieu sans regret à Paris, qu'il avait tant désiré connaître.

Mais, avant de partir, il voulut exercer sa verve poétique aux dépens du colonel, et, afin que la plaisanterie fût complète, il lui envoya par la poste l'expression de son juste courroux. Cette pièce qui, d'après son propre jugement, était au-dessous du médiocre, n'a pas été conservée. Elle commençait ainsi :

> Tu croyais, vieux pénard, qu'une folle manie
> D'élever ton neveu, m'inspirerait l'envie.

Cette satire est presque la seule qu'il ait faite.

« Je suis en racontant mes voyages, dit Rousseau, comme j'étais en les faisant ; je ne saurais arriver. » Nous qui sommes un peu plus pressés, nous laisserons de côté les épisodes et les réflexions qui ne se rattachent pas à l'histoire. Ce voyage, qui fut presque le dernier que Jean-Jacques fit à pied, a laissé dans son âme une impression ineffaçable. En allant à Paris, la position qu'il y devait remplir l'occupait un peu ; au retour, aucune réalité ne gênait l'essor de sa pensée. Un site le séduisait-il, il s'y arrêtait, il le parcourait dans tous les sens, il s'y égarait pendant des journées entières, tandis que sa tête s'égarait avec non moins de délices dans le pays des chimères. Il arriva ainsi à Lyon. Il y alla voir une amie de Mme de Warens, Mlle du Châtelet, espérant qu'elle lui donnerait des nouvelles de sa bienfaitrice. Mme de Warens était, en effet, passée par Lyon ; mais en était repartie, sans trop savoir elle-même où elle s'arrêterait ; le plus prudent était de lui écrire et de l'attendre[1]. Jean-Jacques attendit, en effet ; mais ce ne fut pas sans peine. L'accueil bienveillant de Mlle du Châtelet, le pied d'égalité sur lequel elle l'avait mis l'empêchaient de lui dévoiler sa situation précaire, et de mendier en quelque sorte auprès d'elle son pain de chaque jour. Il était moins embarrassé pour le coucher. On était en été ; le porche d'une église ou

---

1. Mme de Warens était en effet restée à Lyon, chez Mlle du Châtelet, du 28 juillet au 11 août 1730 ; de là elle avait été à Chambéry, puis à Annecy. Rousseau savait tout cela par ses conversations avec Mlle du Châtelet et par la lettre de Mlle de Graffenried ; mais, ce qu'il ignorait sans doute, c'est qu'elle fût retournée de nouveau à Chambéry.

le gazon de la campagne lui fournissaient un lit peu moelleux, mais à peu près suffisant.

Un matin, après une nuit passée à la belle étoile, il s'était réveillé frais et dispos, et, afin de tromper la faim, s'était mis à chanter en retournant à la ville, quand il s'entendit appeler. C'était un antonin qui l'accosta et lui demanda s'il savait la musique et s'il serait capable d'en copier. Certainement, dit Jean-Jacques ; et, sur cette réponse, le moine l'installa dans sa chambre et le mit à l'ouvrage. Jean-Jacques y resta trois ou quatre jours, travaillant presque d'aussi bon cœur qu'il mangeait ; car il était sec comme du bois, et, de sa vie, n'avait été si affamé et si bien nourri. Il est vrai qu'il n'était pas aussi correct que diligent. Le brave antonin n'en continua pas moins à le bien traiter et lui donna même, en le congédiant, un petit écu qu'il n'avait guère gagné.

Pendant qu'il fréquentait Mlle du Châtelet, il fit chez elle la connaissance d'une jeune fille de quatorze ans, Mlle Serre. Il n'y fit pas grande attention pour le moment ; mais, neuf ans après, il se passionna pour elle, et avec raison, dit-il, car c'était une charmante fille.

Sur ces entrefaites, il avait reçu des nouvelles de sa chère maman. Elle était à Chambéry, et lui envoyait de l'argent pour le mettre en état de venir la rejoindre. Elle lui parlait aussi d'une position qu'elle lui avait trouvée. Aussitôt ses commissions faites, et elle en donnait beaucoup, le jeune homme s'empressa de quitter Lyon ; mais, une fois parti, il n'en alla pas plus vite. Les montagnes, les gorges, les torrents, les précipices, les cascades le retenaient à chaque instant. Il n'eut pas pourtant, dans cette seconde partie de son voyage, les jouissances qu'il avait éprouvées dans la première. Il savait où il allait ; la réalité gênait chez lui l'imagination : le bonheur qu'il possédait, ou qu'il allait posséder, le touchait moins que celui qu'il pouvait se forger et embellir à son gré.

Enfin, il revit sa chère maman ; mais elle n'était pas seule ; l'intendant général était avec elle. « Sans me parler, dit Rousseau, elle me prend par la main et me présente à lui avec cette grâce qui lui ouvrait tous les cœurs.... Puis, m'adressant la parole : Mon enfant, me dit-elle, vous appartenez au Roi ; monsieur l'Intendant vous donne du pain. » Jean-Jacques s'attendait à un accueil bien touchant. Au lieu de cela, ce début solennel semblait lui présager de hautes destinées. De quoi s'agissait-il donc ? Non certes d'être intendant, ni en voie de le devenir ; mais simplement d'être employé aux travaux du cadastre en qualité de secrétaire ; encore cet emploi aussi modeste que facile n'était-il que temporaire. « Et c'est ainsi, dit-il en forme de conclusion, qu'après quatre ou cinq ans de courses, de folies et de souffrances, depuis ma sortie de Genève, je commençai pour la première fois à gagner mon pain avec honneur. »

CHAPITRE V

Du printemps de 1732 au mois de septembre 1738[1].

Sommaire : I. Claude Anet. — Études et occupations de Rousseau. — Sa pièce de *Narcisse*. — Rousseau quitte le cadastre pour se livrer tout entier à la musique.
II. Voyage de Rousseau à Besançon. — Ses écolières. — Moyen de préservation morale inventé par Mme de Warens. — Ménage à trois. — Mort de Claude Anet. — Rousseau élevé à la dignité de majordome de Mme de Warens.
III. Relations de société de Rousseau. — Ses fréquentes absences. — Sa vie occupée et décousue. — Il se blesse grièvement et fait son testament. — Il va à Genève recueillir la succession de sa mère. — Il tombe malade.
IV. Voyage de Rousseau à Montpellier. — Ses amours avec Mme de Larnage. — Sa vie à Montpellier. — A son retour, il évite de voir Mme de Larnage. — Retour auprès de Mme de Warens.

I

Rousseau estime qu'il arriva à Chambéry en 1732, et, quelques lignes plus loin, qu'il avait vingt ans passés, près de vingt-et-un. Ce calcul montre qu'il attachait peu d'importance aux dates. C'est en effet au milieu de 1733, et non en 1732, qu'il atteignit ses vingt-et-un ans.

« Je logeai chez moi, dit-il, c'est-à-dire, chez maman. » Ainsi vont les choses. D'abord Mme de Warens n'ose le garder; puis elle l'admet dans sa maison; enfin les distinctions s'effacent, tout devient commun.

1. *Confessions*, l. V.

C'était une singulière maison que celle de Mme de Warens. Laissons de côté l'habitation elle-même, qui était sombre, froide, et ne rappelait en rien celle d'Annecy ; grand sujet de douleur pour Jean-Jacques ; mais parlons plutôt des habitants et des habitudes.

Rousseau était toujours ce jeune homme sans raison et sans jugement que nous connaissons. Les années se succédaient sur sa tête ; les épreuves auraient dû le mûrir ; ses visions romanesques demeuraient malgré tout. « Il avait grand besoin, dit-il, des mains dans lesquelles il tomba, pour apprendre à se conduire. » Cette phrase, si elle est sincère, est une preuve de plus de son inexpérience. Hélas ! ces mains qu'il s'estimait heureux de rencontrer, cette tête, ce cœur auxquels il se confiait, étaient incapables et corrompus autant et plus, s'il est possible, qu'il ne l'était lui-même. Entre les deux qui aurait pu conduire l'autre ? Ils étaient aussi fous l'un que l'autre.

Enfin un troisième personnage, déjà connu de Jean-Jacques, mais qui avait acquis depuis quelque temps une grande importance, c'était Claude Anet. De simple domestique, il s'était élevé au rang de majordome. Rien d'étonnant jusque-là ; Mme de Warens menait si mal ses affaires, qu'il n'était pas mauvais qu'elle eût un gérant. Rousseau fait l'éloge le plus pompeux de Claude Anet, de ses vertus solides, de son dévouement à toute épreuve, de son jugement, de sa modestie, de la fermeté qu'il savait montrer au besoin, même contre sa maîtresse, quand il s'agissait de ses intérêts ; enfin c'était un homme sans défaut. Voyons pourtant si nous ne lui en découvririons pas quelques-uns. Un jour, Mme de Warens lui dit, dans la colère, un mot outrageant. Était-il fondé? Peu importe ; mais Claude Anet en fut si désespéré que, trouvant sous sa main une fiole de laudanum, il l'avala, puis alla tranquillement se coucher, comptant ne se réveiller jamais. Voilà, il en faut convenir, un dévouement bien susceptible. Tel fut aussi l'avis de Jean-Jacques. Cela lui donna à penser, et il découvrit en effet, dans les rapports du garçon avec sa maîtresse, des choses assez surprenantes. Mme de Warens ne tarda pas d'ailleurs à l'en informer directement. Croira-t-on qu'il en éprouva une irritation bien profonde? Pas le moins du monde. Il s'affligea bien d'abord de constater qu'un autre homme était plus avant que lui dans l'intimité de Mme de Warens ; mais, les premiers moments une fois passés, il étendit sans vergogne sur le domestique l'attachement qu'il portait à la maîtresse ; ajoutant à l'égard du premier, c'est lui-même qui l'assure, le respect à l'estime, et se faisant en quelque sorte son élève; ce dont il ne se trouva pas plus mal.

Laissons Rousseau s'étendre sur les douceurs de ce singulier ménage à trois, sans rivalité et sans jalousie. Quelle aimable femme ! Non seulement elle se faisait aimer, mais tous ceux qui vivaient avec elle s'aimaient entre eux. Tout était paix et bonheur autour d'elle ; tout était union et harmonie. Et cela simplement, sans effort, par un effet naturel de sa seule présence et de son charmant caractère. Rousseau s'aperçoit bien que le tableau qu'il fait est peu vraisemblable. Cependant comme nous n'avons pas de preuves positives à lui opposer, nous abandonnons au lecteur le soin d'en prendre ou d'en laisser ce qu'il voudra.

Cette vie calme était favorable à l'étude. Rousseau en profita pour continuer son instruction tant de fois ébauchée. Il estime qu'il y put consacrer huit ou neuf années de suite ; temps largement suffisant, s'il eût su l'employer d'une façon convenable et suivie.

Le premier travail auquel il se livra fut celui de sa nouvelle profession, et celui-là, nous n'hésitons pas à l'approuver sans réserve. Il avait l'avantage d'être régulier ; il n'est pas jusqu'à l'exactitude qu'il exigeait qui n'eût pour résultat de plier le jeune employé à une sorte de discipline, dont il avait grand besoin. « La gêne du bureau ne le laissait pas songer à autre chose. » Quelle heureuse gêne ! Mais il y puisa aussi des connaissances théoriques et pratiques très précieuses.

Pour sa besogne journalière au cadastre, il lui fallait de l'arithmétique, il l'apprit seul ; (on sait que c'était sa méthode) et, à l'en croire, il y devint fort habile. Le lavis des plans ne lui était pas moins nécessaire ; puis le lavis le conduisit au dessin. Il peignit des fleurs, il dessina des paysages ; rien ne le pouvait arracher à ces occupations attachantes... jusqu'au moment où il les abandonnait sans retour.

Il se livra encore à d'autres travaux. Non content de s'adonner à la lecture ; mais, comme toujours, avec plus de passion que de profit, il se fit auteur dramatique. C'est de cette époque que date sa comédie de *Narcisse ou l'amant de lui-même*. Il la fit pour se prouver à lui-même et pour prouver aux autres qu'il n'était pas aussi bête que le prétendait M. d'Aubonne. Il dit dans la préface qu'il avait alors dix-huit ans ; mais il avoue dans les *Con-*

fessions qu'il avait menti de quelques années[1].

On aime à rechercher dans les premiers essais d'un auteur les germes de ce qu'il devra être plus tard. Nous pourrions, à ce titre, étudier la pièce de *Narcisse* avec quelque soin ; mais véritablement elle n'en vaut pas la peine. Tout ce qu'on en peut dire de mieux, c'est qu'elle est une de ces œuvres médiocres et sans relief qui n'ont pas de défauts, précisément parce qu'elles n'ont pas de qualités. Elle manque complètement d'inspiration ; l'intrigue en est fausse et commune, les caractères sans vigueur, le style fade, l'intérêt nul ; elle laisse froid depuis le premier mot jusqu'au dernier. N'en disons pas davantage ; elle ne fait pressentir en rien ce que devait être son auteur.

Une autre étude, la botanique, le sollicitait en quelque sorte, et il avait, dans la personne de Claude Anet, un professeur tout trouvé ; mais, d'après la manière dont on la traitait autour de lui, il n'y vit qu'une science d'apothicaire, et en haine de la médecine, il refusa de se livrer à la botanique. Est-ce en réminiscence de ce temps de sa jeunesse qu'il en fit sur ses vieux jours son occupation de prédilection ?

Mais sa grande passion, une de celles qui ne l'abandonnèrent jamais, fut la passion de la musique. Mme de Warens avait une jolie voix ; tout en faisant cuire les drogues et les extraits, Jean-Jacques la

---

[1]. M. MUGNIER (ch. v.) n'hésite pas à affirmer que, dans les *Confessions*, il commet un nouveau mensonge. Ses lettres datées de cette époque, notamment celle du 31 août 1733, adressée à Mme de Warens, sont en effet si mal écrites qu'on ne peut le croire capable d'avoir composé alors, même une mauvaise comédie.

forçait à chanter des duos. Pendant ce temps, la cuisine brûlait; la maman en barbouillait le visage du petit, et tout cela était délicieux.

Citons encore un amusement qui était bien propre à faire valoir les autres. On loua un jardin, avec une guinguette assez jolie; Rousseau s'en engoua. Il y transporta ses livres et ses estampes; on y dînait souvent, il y couchait quelquefois; il y préparait des surprises agréables à sa chère maman. Ennuyé de la cohue des gens de toute espèce qui l'entouraient chez elle, il se retirait là pour penser à elle plus à son aise; il la quittait pour mieux la posséder.

Il s'éloigna une fois davantage pour aller à Cluses, et de là à Genève, où il espérait terminer une affaire avec son père[1]; mais, dit-il, « mon père n'est point venu et m'a écrit une lettre de vrai Gascon; et qui pis est, c'est que c'est bien moi qu'il gasconne. Ainsi rien de fait ni à faire pour le moment. » Les rapports entre eux étaient sans doute toujours tendus, mais on voit qu'il s'en afflige médiocrement.

Des événements importants mêlèrent à cette idylle quelques notes plus graves. La guerre fut déclarée à l'empereur par la France[2]. Des régiments français passèrent par Chambéry pour se rendre dans le Milanais. Jean-Jacques fut présenté à un colonel, le duc de la Trémouille, et en obtint des promesses qui restèrent sans résultat. Il ne s'en plaint pas; il n'était pas fait pour la guerre. Quelques années plus tard, lors de la pacification

---

1. *Lettre de Rousseau à son père*, 31 août 1733. — 2. 10 octobre 1733.

de Genève (1738), le comte de Lautrec lui fit aussi des offres de services, qu'il oublia également. Sa nationalité suisse laissait à Rousseau la liberté de ses préférences; constatons qu'elles furent constamment en faveur de la France. Cet amour pour la France, qui peut-être fut surtout l'amour de sa littérature, mais qui, par extension, embrassa aussi le reste, ne l'abandonna jamais. Il se plaint de l'avoir eu envers et contre tous, à tort et à raison, aux époques même où la religion et la politique, les tracasseries et les persécutions auraient dû l'en détourner. Nous trouvons, pour notre part, qu'il tranche honorablement sur l'amour que portait alors à l'étranger un Français illustre, et qu'il le flétrit par le contraste. Voltaire et Rousseau n'étaient pas destinés à s'entendre; mais ce point n'est pas le seul où Rousseau ait eu le plus beau rôle.

On était alors au temps où commençait la gloire de Rameau. Jean-Jacques s'en enthousiasma. Une maladie qui lui survint assez à propos, lui permit d'étudier le *Traité de l'Harmonie* de ce musicien. Pendant un mois que dura sa convalescence, il s'appliqua avec ardeur à débrouiller cet ouvrage; mais il le trouva bien obscur et bien difficile. Il se délassait avec des cantates plus aisées. Enfin il acheva de se passionner pour la musique auprès d'un jeune organiste, l'abbé Palais. Il obtint de Mme de Warens la permission de donner un petit concert chaque mois. Dès lors il ne rêva plus qu'accords, harmonie, accompagnements. Mme de Warens chantait; un cordelier, le Père Caton, chantait aussi; un maître à danser et son fils jouaient du violon; un Piémontais, employé au cadastre, jouait du violoncelle; l'abbé Palais accompagnait sur le clavecin, et Jean-Jacques était chef d'orchestre. Tout cela rappelait bien un peu le fameux concert de Lausanne; il faut dire pourtant qu'il y avait du progrès.

Il y a longtemps que nous n'avons parlé du cadastre. Jean-Jacques semblait oublier que là était sa profession et son gagne-pain. Il n'allait plus à son bureau qu'à contre-cœur; il y travaillait mal; la fureur de la musique l'absorbait. Il aurait bien voulu, non pas s'y livrer tout entier, il le faisait déjà; mais en faire sa profession régulière et avouée. Mme de Warens, en mère prudente, s'y opposait de tout son pouvoir. L'état de musicien était si précaire; les perspectives en étaient si peu brillantes! Cependant les prières, les caresses, une insistance constante firent ce que n'avaient pu faire les raisons. Aussitôt sa permission obtenue, ou plutôt extorquée, Jean-Jacques alla fièrement prendre congé de son directeur, encore plus content de quitter le cadastre qu'il ne l'avait été d'y entrer, moins de deux ans auparavant.

II

Grâce à la faiblesse de Mme de Warens, Jean-Jacques en était arrivé à ses fins et allait devenir un musicien de profession. Avant toutefois de faire part de sa science aux autres, il jugea prudent d'en acquérir lui-même. Il savait déchiffrer passablement, il voulut devenir compositeur. Pour cela, il lui fallait un maître. La Savoie n'en possédait pas, mais il avait entendu parler à son ami Venture de l'abbé Blanchard, maître de chapelle à Besançon. Il résolut d'aller suivre son cours [1].

Il part, il passe par Annecy, espérant y trouver Venture, qui n'y était plus ; par Genève, où il avait des parents ; par Nyon, où il revoit son père, qui le reçoit comme à l'ordinaire. Il était à cheval ; il prit les devants, et son père se chargea de lui faire parvenir son bagage. Mais il avait laissé par mégarde, au fond d'une de ses poches, un petit pamphlet. Les commis de la douane jugèrent que cet écrit, assez innocent d'ailleurs, était janséniste, qu'il venait de Genève et qu'il était introduit en France pour y être imprimé et répandu ; l'écrit fut confisqué, et la malle avec l'écrit.

Cependant Rousseau, qui ne se doutait de rien, était arrivé à Besançon. L'abbé Blanchard lui fit, paraît-il, un accueil parfait, le retint à dîner, le fit chanter, le questionna et lui trouva un talent merveilleux pour la composition. Un obstacle imprévu l'empêchait, à la vérité, de lui donner des leçons, car il devait partir un mois après pour Paris, afin de remplacer le maître de chapelle du Roi, qui était âgé et malade ; mais comme il espérait bien hériter de sa charge, Rousseau n'avait qu'à se féliciter de cet empêchement. L'abbé lui promettait en effet de le caser avantageusement sous deux ans dans la chapelle ou dans la chambre du Roi. Qu'on juge comme ces belles espérances durent exalter la vanité du jeune homme. Dès le lendemain, il rendait à l'abbé son dîner et recevait avec lui quelques

---

[1] Le voyage de Besançon, auquel on attribue habituellement la date de 1735, eut lieu en réalité dès 1733 (MUGNIER, ch. VI).

officiers dont il avait déjà fait la connaissance. Il chanta, il se fit applaudir, il était plein de projets. Encore deux ans, et sa fortune était faite ; il n'avait, en attendant, qu'à se perfectionner dans la composition. Il songea même à aller tout de suite à Paris, avec l'abbé Blanchard, et consulta sur ce point Mme de Warens[1].

Ce fut alors qu'une lettre de son père, lui apprenant la confiscation de sa malle, l'arracha brusquement à ses espérances. Il courut aussitôt à la frontière, réclama, insista, et finit par se perdre si bien dans le labyrinthe des formalités, qu'il se décida à tout abandonner. La conclusion fut qu'au lieu de prendre la route de Paris, il retourna tranquillement à Chambéry, résolu de s'attacher uniquement à sa chère maman et de partager sa fortune. C'étaient 800 francs de perdus ; mais au milieu des joies du retour, ce malheur, tout grand qu'il était dans leur situation, fut bientôt oublié.

Rousseau ne pouvant donc avoir de maître, chercha dans le travail le moyen de s'en passer. Il étudia Rameau, parvint à l'entendre et fit quelques essais de composition, dont le succès l'encouragea. Il entreprit aussi de donner des leçons ; ses talents n'étaient pas grands, sans doute ; mais dans la petite ville de Chambéry, il n'y en avait pas d'autres pour les éclipser. Il passa là pour un bon professeur, parce qu'il n'y en avait que de mauvais.

Il ne dit pas s'il eut ou non des écoliers, mais les écolières ne lui manquèrent pas. Nous pouvons nous dispenser de le suivre dans les portraits qu'il trace de plusieurs d'entre elles : nous y verrions une

---

1. *Lettre à Mme de Warens*. 29 juin 1733.

nouvelle preuve du sensualisme habituel de ses pensées. Mais toutes ces dames et demoiselles n'ayant rien à faire avec l'histoire, nous n'avons qu'à les laisser dans l'oubli dont, fort sagement, la plupart ne demandaient pas à sortir. Toutes n'étaient pas également réservées ; quant au jeune professeur, si nous voulions le croire, sa simplicité aurait été telle qu'il ne comprenait rien à leurs agaceries et à leurs avances, et que, plus d'une fois, il se sauva de leurs intrigues à force de bêtise. Toutefois, s'il ne voyait pas le péril, une autre personne, dit-il, s'en inquiétait à sa place, et elle imagina, pour le prévenir, un moyen que lui-même qualifie du plus singulier dont jamais femme se soit avisée en pareille occasion.

Ici nous touchons à un de ces événements caractéristiques et répugnants qui déconcertent la pensée et sont capables d'étonner jusqu'aux cœurs corrompus. Jean-Jacques lui-même en fut effrayé et ne comprit qu'avec peine les propositions qui lui étaient faites. La femme, la bienfaitrice, nous dirions presque la mère, oubliant son sexe, sa position, ses devoirs, se plaça moralement au-dessous de l'aventurier sans principes, de l'étourdi sans raison que nous connaissons. Elle le disposa par un air plus grave et un *propos plus moral !* à l'importante communication qu'elle voulait lui faire ; à sa gaîté folâtre succéda un ton toujours soutenu, qui n'était ni familier, ni sévère ; enfin elle fit tout ce qu'il fallait pour amener une explication, prépara la scène, y apporta une sorte de solennité, et c'est seulement au bout de tous ces préliminaires qu'elle en vint à dévoiler son projet. Mais ce ne fut pas tout : par une autre sorte de fantaisie, et afin de paraître donner plus de sérieux et de réflexion à ce qui en comportait si peu, elle remit gravement son interlocuteur à huit jours.

Nous savons trop le respect que nous devons à nos lecteurs pour leur exposer, d'après notre auteur, la manière dont il passa cette semaine d'attente, calculée peut-être pour exciter davantage ses désirs. Nous pouvons dire cependant pour son excuse, qu'à l'en croire, il ne fut pas, pendant ce temps-là, sans inquiétude et sans une sorte d'effroi. Était-ce remords ou incertitude? Nullement. Il craignait le moment attendu; il aurait voulu, dit-il, s'y dérober, s'il l'avait pu avec bienséance; mais au fond, il n'hésita pas un instant. Au moins cette proposition inouïe lui fit-elle perdre quelque peu de l'estime qu'il portait à celle qui la lui faisait, ou bien des faveurs partagées avec l'ancien domestique lui semblèrent-elles moins enviables? Pas davantage. Son affection et son estime ne ressemblaient pas à celles du commun des mortels et ne se laissaient pas arrêter par d'aussi minces détails? Et pourtant il est effrayé et troublé. C'est que Mme de Warens n'est pas pour lui une femme comme une autre; elle est plus qu'une bienfaitrice, plus qu'une amie, plus qu'une maîtresse adorée; elle est une mère[1].

Il connaissait trop *son cœur chaste* et son tempérament froid pour croire que le plaisir des sens ait aucune part à cet abandon d'elle-même; elle ne songeait qu'à une chose, l'arracher à des dangers presque inévitables, le conserver à ses devoirs. Hélas! que viennent faire ici la chasteté et les devoirs?

---

1. D'après M. MUGNIER (ch. v), le rôle de Jean-Jacques aurait été, dans cette circonstance, moins passif qu'il ne le prétend, et il n'aurait pas manqué d'aspirer aux mêmes faveurs que Claude Anet auprès de Mme de Warens.

Que Mme de Warens ait eu toute sa vie des amants par indifférence ou par passion, c'est une triste manière de l'excuser que de prétendre qu'elle n'attachait aucune importance à ces sortes d'actions, et qu'elle n'honora jamais du nom de vertu une abstinence qui lui coûtait si peu, mais qu'elle pratiqua si mal. On excuse quelquefois le coupable sur la violence de la passion; il appartenait à Rousseau de l'excuser aussi sur l'absence de passion. De cette façon, tout le monde sera excusé; il n'y aura plus de coupables.

M. de Tavel avait été à la fois le professeur de philosophie et le premier amant, dit-on, de Mme de Warens; celle-ci se fit, à son tour, l'institutrice et la maîtresse de Rousseau. Elle lui enseigna la morale, une morale en exemples, assez facile, sans doute, que l'élève dut trouver à son gré, car il déclare qu'il tira de ses entretiens de grands avantages pour son instruction. Est-ce à cette époque qu'elle le chargea de lui composer une prière ? Musset-Pathay croit qu'ils devaient alors beaucoup négliger leurs prières. Oui, s'ils avaient su ce qu'ils faisaient; mais avec la tête et les principes de Mme de Warens, on ne peut répondre de rien. La prière composée par Rousseau n'était pas, dans tous les cas, celle du publicain : « Souveraine puissance de l'univers, Être des êtres, sois-moi propice; jette sur moi un œil de commisération; vois mon cœur, il est pur, il est sans crime... Je suis prêt à paraître aux marches de ton trône, pour y recevoir la destinée que tu m'as promise en me donnant la vie, et que je veux mériter en faisant le bien et en accomplissant ta loi[1]. »

---

[1]. MUSSET-PATHAY, *Œuvres inédites de J.-J. Rousseau.*

Mme de Warens entreprit encore de montrer à son élève un art dans lequel elle était très expérimentée, l'art de se présenter et de faire son chemin dans le monde. Elle avait jugé que, malgré son air gauche, Jean-Jacques valait la peine d'être cultivé pour la société. Cependant elle ne réussit que fort imparfaitement à le dégrossir. Elle lui donna aussi un maître de danse et un maître d'armes ; mais ces sortes d'exercices ne convenaient ni à ses aptitudes physiques, ni à ses dispositions morales ; bientôt il y fallut renoncer.

On doit penser que Claude Anet n'avait pas été consulté sur certaines questions. Jean-Jacques suppose néanmoins qu'il fut instruit de tout. C'était un si bon caractère, un homme si parfait, qui était entré si pleinement dans les principes de sa maîtresse, qu'il ne put la désapprouver. Sa place, d'ailleurs, n'était pas perdue pour cela, mais seulement partagée. On sait, de reste, que Mme de Warens n'était pas effrayée d'avoir deux amants à la fois ; Jean-Jacques ne dit-il pas quelque part qu'elle se prodiguait de toute façon ? Loin donc d'avoir retiré à Claude Anet la plus petite parcelle de son attachement, elle s'appliqua à le faire partager à celui qui l'avait en partie supplanté. « Combien de fois, dit Rousseau, elle attendrit nos cœurs et nous fit embrasser avec larmes, en nous disant que nous étions nécessaires tous deux au bonheur de sa vie... Ainsi s'établit entre nous trois une société sans autre exemple peut-être sur la terre... Tous nos vœux, nos soins, nos cœurs étaient en commun... les tête-à-tête nous étaient moins doux que la réunion ; ce qui prévenait entre nous la gêne était une extrême confiance réciproque. » Est-ce une pastorale ? Est-ce une comédie? Il est certain que les exemples d'une amitié pareille sont rares; si rares même que nous nous permettons de révoquer en doute celui qui nous est proposé.

Rousseau signale un autre moyen qui maintenait l'harmonie dans ce singulier ménage, et celui-là était en effet assez bon, c'était une vie active et sans cesse occupée. L'oisiveté engendre bien des vices; ce n'est pas Rousseau qui a inventé ce proverbe. Avec Mme de Warens, on était toujours sûr d'être préservé de l'ennui, et si, le plus souvent, ses travaux procuraient peu de profit, ils étaient au moins des travaux. « La pauvre maman n'avait pas perdu son ancienne fantaisie d'entreprises et de systèmes. Au contraire, plus ses besoins domestiques devenaient pressants, plus, pour y pourvoir, elle se livrait à ses visions. Moins elle avait de ressources présentes, plus elle s'en forgeait dans l'avenir... La maison ne désemplissait pas de charlatans, de fabricants, de souffleurs, d'entrepreneurs de toute espèce, qui, distribuant par millions la fortune, finissaient par avoir besoin d'un écu. Aucun ne sortait de chez elle à vide, et l'un de mes étonnements est qu'elle ait pu suffire aussi longtemps à tant de profusions sans en épuiser la source et sans lasser ses créanciers. »

Son projet du moment, et ce ne fut pas un des plus mauvais, était de faire établir à Chambéry un jardin royal des plantes, avec un démonstrateur appointé. Claude Anet était naturellement désigné pour remplir cette fonction. Puis, comme un projet en amène un autre, elle y joignit celui d'un collège de pharmacie, où sans doute Jean-Jacques devait aussi trouver sa place. Elle se remua beaucoup pour mener à bien ces beaux desseins, vint à bout d'apprivoiser des personnages impossibles et posa avantageusement son ancien domestique. Mais un événement inattendu renversa tous ces plans ; Claude Anet gagna une pleurésie en revenant d'une course botanique et en mourut au bout de cinq jours [1].

Jean-Jacques se trouvait être l'héritier désigné de ses nippes, notamment d'un bel habit noir qui lui avait donné dans la vue. Il eut la bassesse d'en ressentir un mouvement de joie. Ce sentiment était condamnable, assurément ; mais quand on considère qu'il avait été précédé des soins les plus touchants pour le mourant, qu'il fut suivi des pleurs et des regrets les plus amers après sa mort, on se demande s'il valait le remords dont Rousseau l'accompagne. Pourquoi donc, lui qui passe souvent si légèrement sur les actes les plus coupables, sur les habitudes les plus odieuses, se prend-il de scrupules pour des peccadilles ? Est-ce pour dérouter le moraliste et lui donner à penser que celui qui se reproche ainsi les moindres fautes ne peut en avoir de bien lourdes sur la conscience ? Est-ce par amour du paradoxe et par perversion du sens moral ? Ne serait-ce pas plutôt pour avoir occasion d'ajouter que, depuis ce jour, jamais un sentiment bas ou malhonnête n'est entré dans son cœur ? Pas un sentiment malhonnête dans une période de plus de quarante ans ! Heureux Rousseau ! les plus saints pourraient envier sa perfection !

---

1. Le 14 mars 1734. Voir EUG. RITTER, *Nouvelles Recherches sur les* Confessions. Jean-Jacques prétend qu'Anet était allé pour cueillir du ginepi ; mais le ginepi est une plante de hautes montagnes, qui se récolte au mois d'août. Au mois de mars, d'ailleurs les montagnes sont couvertes de neige.

Le résultat le plus clair de la mort de Claude Anet fut d'augmenter la gêne de cette maison, déjà si gênée. Tant qu'il avait vécu, il avait pu, à force d'exactitude et d'expédients, suffire, tant bien que mal, aux besoins du ménage. Nous n'apprendrons rien à personne en disant que Jean-Jacques n'avait pas ce qu'il fallait pour continuer ses fonctions. Il y fut cependant bien forcé. Il voyait le désordre, il en gémissait, mais il n'avait ni l'expérience ni l'autorité nécessaire pour y remédier. Ce n'est pas qu'il fût habituellement prodigue ; il l'était à ses moments, mais il était plus naturellement économe, et il dit qu'à partir de cette époque, il devint enclin à l'avarice. Mais que pouvait son économie ; que pouvaient les innocentes supercheries du jeune chargé d'affaires contre la folle imprévoyance de la maîtresse ? Un de ses moyens favoris était d'enfermer dans des cachettes l'argent qu'il pouvait mettre de côté, afin de le réserver pour le moment du besoin; mais il le cachait si mal (pourquoi ne le cachait-il pas mieux ?) que Mme de Warens ne tardait pas à le découvrir et à l'employer en futilités pour lui-même.

Dans l'état de pénurie de la maison, il devait, sans doute, lui être pénible de se voir entièrement à la charge de sa bienfaitrice. Pourquoi son père ne contribuait-il en rien à son entretien ? Mme de Warens lui écrivit pour l'en prier ; le bonhomme, toutefois, faisant la sourde oreille, Jean-Jacques ne craignit pas de le rappeler aux convenances. Avec une dame du mérite et du rang de Mme de Warens, qui était en correspondance avec les plus grands seigneurs, à laquelle le Roi lui-même répondait exactement, il y aurait mauvaise grâce et ingratitude à s'obstiner dans le silence. Les fâcheuses nouvelles que Jean-Jacques ajoutait sur sa santé, les menaces de phtisie dont il parlait touchèrent-elles son père ? Toujours est-il que ce dernier ne tarda pas à s'exécuter, sinon en argent, ce dont nous n'avons aucune preuve, du moins en politesses. C'était déjà quelque chose. Le jeune homme lui en témoigna sa reconnaissance, tout en lui avouant une nouvelle escapade, un nouveau départ, sur lequel nous n'avons aucun détail [1].

III

Mme de Warens, avec toutes les affaires, toutes les entreprises qu'elle avait un peu partout, se trouvait être une femme très répandue. Son jeune protégé, avec elle ou par elle, dut faire beaucoup de connaissances. Parmi les relations qu'il cultiva vers cette époque, citons Gauffecourt, qui resta toujours son ami ; le marquis d'Entremont, dont la liaison, longtemps interrompue, se renoua pour ne plus cesser qu'à la mort ; de Conzié, dont l'influence fut plus actuelle, mais qui demeura surtout, jusqu'à la fin, le voisin et l'ami de Mme de Warens. De Conzié eut la fantaisie d'apprendre la musique ; mais comme il était plus littérateur que musicien, et de plus d'un caractère très liant, le temps des leçons se passait à tout autre chose qu'à solfier. Rousseau dit qu'ils lurent ensemble la Correspondance de Voltaire avec Frédéric, qui venait de monter sur le trône de

---

1. *Lettres de Rousseau à son père*, 1735 et 26 juin 1735. —
2. *Lettre à Mme de Warens*, 14 décembre 1737.

Prusse, et quelques lignes plus bas, que bientôt après parurent les *Lettres philosophiques*. Ces détails montrent que Rousseau n'était pas toujours bien servi par ses souvenirs. Frédéric ne devint roi de Prusse qu'en 1740 ; les lettres que lui adressa Voltaire sont comprises entre les dates du 8 août 1736 et du 18 mai 1740 ; mais elles ne furent réunies qu'en 1745 ; enfin les *Lettres philosophiques* avaient paru dès 1734. Cet ouvrage, le seul de Voltaire que Rousseau put lire alors, l'enthousiasma et lui donna ce goût pour la belle littérature qui devait faire de lui dans la suite un auteur éminent.

Au nombre des amitiés que Jean-Jacques se fit encore, citons, pendant que nous y sommes, Perrichon, Parizot, Mme Deybens, la présidente de Bordonanche, M. de la Closure, qui, comme nous savons, avait connu sa mère, et qui lui parlait souvent d'elle ; enfin les deux Barillot, père et fils, qui, dans une émeute à Genève, sortirent armés de la même maison, pour se jeter dans les deux partis opposés, au risque de s'égorger l'un l'autre. « Ce spectacle affreux, dit Rousseau, me fit une impression si vive que je jurai de ne tremper jamais dans aucune guerre civile, et de ne soutenir jamais au dedans la liberté par les armes, ni de ma personne, ni de mon aveu, si jamais je rentrais dans mes droits de citoyen. Je me rends le témoignage d'avoir tenu ce serment dans une occasion délicate ; et l'on trouvera du moins, je pense, que cette modération fut de quelque prix. »

Plusieurs des personnes dont nous venons de parler étaient de Lyon, de Grenoble, de Genève, presque aucune n'était de Chambéry. Jean-Jacques s'était, en effet, mis à voyager beaucoup. Le désordre des finances de Mme de Warens le désolant, l'impuissance où il était d'y remédier le décourageant, il avait pris le parti de se soustraire à ce spectacle par l'absence. Ses courses continuelles allaient, à la vérité, contre son but, puisqu'elles occasionnaient un surcroît de dépenses; mais un peu plus, un peu moins de gaspillage, il fallait toujours que tout y passât; autant valait que ce fût lui qu'un autre qui en profitât. Mme de Warens avait d'ailleurs tant de commissions à donner à quelqu'un de sûr, qu'elle ne demandait qu'à envoyer son chargé d'affaires, tandis que lui-même ne demandait qu'à aller.

Isaac Rousseau ne pouvait ignorer cette vie sans régularité et sans issue pratique. Quoiqu'il en prît fort à son aise des devoirs de la paternité, il s'ennuya à la fin de voir que son fils, essayant de tout et n'aboutissant à rien, restait toujours, malgré ses vingt-quatre ans, incapable de se suffire. Jean-Jacques, mis en demeure de s'expliquer sur son avenir, ne le fit pas sans réflexion; mais il ne pouvait, avec toute la bonne volonté du monde, présenter que des projets, c'est-à-dire, rien d'actuel et de réel. Trois carrières s'ouvraient devant lui : la musique, qui lui avait déjà servi et pouvait lui servir encore, ne fût-ce qu'en attendant mieux; un poste de secrétaire chez quelque grand seigneur; ses talents de style, sa prudence, sa fidélité, sa discrétion, le rendaient suffisamment propre à remplir cette fonction; enfin, et c'est là ce qu'il aurait préféré, une place de précepteur dans une grande famille; ses études de sciences et de belles-lettres, le soin qu'il avait donné par-dessus tout à celles qui peuvent former le cœur à la sagesse et à la vertu, l'avaient préparé à cette difficile mission ; il chérissait les bonnes mœurs ; il avait de la religion et de la crainte de Dieu ; que fallait-il davantage ? Il ne parle pas de la profession de médecin, vers laquelle Mme de Warens le poussait, mais dont il n'avait jamais voulu essayer[1]. Sans prendre au mot les éloges qu'il se donne, on doit croire que c'est l'état de précepteur qu'il va choisir. Il n'en est rien, et, toujours dans la même lettre, il trouve dans l'irrégularité de son passé et dans la nécessité d'acquérir quelques années d'expérience un motif d'attendre. Ou plutôt, ce n'est plus d'une simple attente qu'il va parler, mais d'un projet tout nouveau, complètement différent des trois autres : il veut passer le reste de ses jours auprès de Mme de Warens. Il lui doit tout ce qu'il est, ses mœurs, son instruction, jusqu'à son existence ; il est juste qu'il lui consacre sa vie et lui paie par son attachement et ses soins la dette de reconnaissance qu'il a contractée envers elle[2]. Ce dernier parti n'était ni le plus raisonnable, ni surtout le plus moral ; mais alors, comme d'habitude, on prit conseil de la passion plutôt que de la raison.

L'oncle Bernard étant venu à mourir et ayant été suivi dans la tombe de très près par son fils, ce fut une occasion pour Jean-Jacques de fureter dans ses livres et dans ses papiers. Il y trouva des choses curieuses, dont il fait peut-être trop d'étalage, mais il était content de montrer qu'il appartenait par sa famille aux notables de Genève. Il en tira encore un

---

1. *Notice de* M. DE CONZIÉ DES CHARMETTES *sur* Mme *de Warens et J.-J. Rousseau*, 1856. — 2. Lettre de J.-J. Rousseau à son père (1736).

autre profit plus certain, ce fut d'étudier les mathématiques et l'art des fortifications, connaissances fort superficielles sans doute, et qu'il n'eut guère le loisir de pousser loin. Il avait d'ailleurs trop d'études en tête pour se perfectionner dans aucune. Il se livrait à la littérature avec M. Simond, le magistrat bossu dont nous avons parlé. Il fit précisément à cette époque une traduction qu'on peut voir dans ses œuvres[1]. La valeur en étant nulle, ou à peu près, nous n'avons rien à en dire. Puis il s'occupa de physique avec un moine jacobin, qui en était professeur. Par malheur, il voulut aussi s'en occuper seul. Un jour qu'il avait rempli une bouteille avec de la chaux, de l'orpiment et de l'eau, l'effervescence subite du mélange fit éclater le vase entre ses mains ; il avala de l'orpiment et de la chaux ; pas beaucoup sans doute, car l'orpiment, qui n'est autre chose que du sulfure d'arsénic, l'aurait infailliblement empoisonné ; ses yeux surtout furent atteints. Toujours est-il qu'il faillit mourir, et qu'il resta aveugle, dit-il, pendant plus de six semaines. Le jour même de l'accident, 27 juin 1737, il fit son testament. Il est naturel d'y chercher le secret de ses sentiments et de ses idées. Il y proteste de sa volonté de mourir dans la religion catholique et laisse de l'argent afin de faire dire des messes pour le repos de son âme. D'un autre côté, il n'a rien perdu de sa tendresse pour Mme de Warens, qu'il prie très humblement de vouloir bien accepter son hoirie, comme le seul témoignage qu'il lui puisse donner de la vive reconnaissance qu'il a de ses

---

1. Traduction de l'*Ode* de J. PUTHOD, chanoine d'Annecy, sur le mariage de Charles Emmanuel, roi de Savoie, avec Élisabeth de Lorraine (avril 1737).

bontés. Le legs n'était pas considérable, et ses dettes une fois payées, ainsi que la *légitime* de son père, il est peu probable qu'il fût resté à la légataire de quoi se remplir des deux mille livres que Jean-Jacques reconnaît lui devoir pour sa pension et son entretien pendant dix ans. Mais l'intention y était; c'est ce que nous considérons avant tout. Or, ne trouvons-nous point ici deux sentiments qui s'excluent : la religion d'une part, et des affections qui n'étaient rien moins que religieuses? Sans taxer, comme on l'a fait, les protestations catholiques de Rousseau de formalités insignifiantes, nous n'y voudrions pourtant pas voir non plus une hypocrisie et un mensonge, mais plutôt une de ces contradictions dont le cœur humain est hélas! si coutumier. Rousseau n'est pas le premier qui ait voulu servir deux maîtres, accorder Dieu et le monde, le devoir et la passion. Il faut convenir d'ailleurs que si Mme de Warens avait été pour lui une occasion de chute, il lui devait, d'un autre côté, de la reconnaissance pour les services matériels qu'elle lui avait rendus, et qu'il était tenu à lui en payer le prix, si cela lui était possible [1].

Nous ne voudrions pas trop épiloguer sur les récits de Rousseau. Il nous faut pourtant remarquer que, s'il faillit mourir de son accident, chose impossible à contrôler, il est au moins certain qu'il n'en resta pas aveugle pendant six semaines. Un mois après, en effet, il était à Genève, pour y recueillir l'héritage de sa mère [2]. Son père, dont l'exil n'était pas bien rigoureux, y vint aussi. Jean-Jacques crai-

---

1. Le testament de Rousseau est rapporté par MUSSET-PATHAY, *Histoire de J.-J. Rousseau*, t. I, p. 15. — 2. *Lettre à Mme de Warens*, écrite de Genève.

gnait que son changement de religion ne fût une cause de difficultés ; il n'en éprouva aucune. Il toucha pour sa part 1,500 florins, un peu plus de 3,000 livres de France[1].

Qu'on joigne à cette vie ambulante, à ces travaux multiples, à ces exaltations de l'imagination et des sens, à ces craintes, à ces désirs, les distractions d'une maison bruyante, livrée à des allées et venues continuelles, et enfin la musique, qu'il n'abandonna jamais, quoiqu'il eût cessé de l'enseigner, et l'on arrivera à une vie fort occupée, mais passablement décousue. Il avait du reste une manière à lui de prendre toutes choses, et l'on dirait vraiment que, dans tout son être, il n'y avait que des passions. Écoutons-le : « Mes passions m'ont fait vivre et mes passions m'ont tué. Quelles passions, dira-t-on ? Des riens, les choses du monde les plus puériles..., toutes les folies qui passent dans mon inconstante tête, les goûts fugitifs d'un seul jour, un voyage, un concert, un souper, une promenade à faire, un roman à lire, une comédie à voir, tout ce qui était prémédité le moins du monde dans mes plaisirs ou dans mes affaires devenait pour moi tout autant de passions violentes qui, dans leur impétuosité ridicule, me donnaient un vrai tourment. » Parmi ces riens, on doit s'attendre que les femmes figurent en première ligne. Le moyen *héroïque* de Mme de Warens s'était trouvé insuffisant. Jusque dans l'ivresse des sens, le malheureux était dévoré par les ardeurs de son imagination et de ses désirs. Faut-il mettre encore au nombre de ses passions son amour pour les échecs ? Pourquoi non ? Il

---

1. Sa quittance notariée est du 31 juillet 1737. (E. RITTER, *Nouv. Recherches*. — MUGNIER ch. VI.

y passa les jours et les nuits, il y consuma sa vie ; tout devenait passion pour sa nature impressionnable.

Sa santé ne put résister à tant de secousses. Il devint triste, languissant, mélancolique ; il pleurait, il soupirait sans cesse ; enfin il tomba tout à fait malade. Les soins que lui donna Mme de Warens furent tendres et empressés, tels qu'on devait les attendre de sa nature dévouée et agissante. Les sentiments qu'il s'attribue à lui-même ne nous semblent pas aussi certains. L'occasion de faire de l'émotion était trop tentante. C'est le cas de répéter ce mot : je disais les choses comme il me semblait qu'elles avaient dû être. Donc, il lui semble qu'il dut avoir la paix du cœur, la résignation aux décrets de la Providence, nul regret de la vie ; enfin un calme parfait, tempéré seulement par la douleur de laisser derrière lui sa tendre amie. De repentir de ses fautes, de remords sur le scandale de sa vie avec cette tendre amie, pas un mot. Nous sommes porté à croire toutefois, en dépit de lui-même, qu'à l'époque où il était alors, il valait un peu mieux qu'il ne le prétend, et nous en avons pour preuve l'attitude qu'il avait eue, peu de temps auparavant, à l'occasion de son accident. Nous croyons que, s'il était vicieux sans réserve, il ne l'était pas encore sans remords. En un mot, son récit nous donne l'auteur des *Confessions*, le Rousseau de cinquante-cinq ans, plutôt que celui de vingt-cinq.

En dépit des *Confessions*, l'ordre des dates nous engage à placer ici certains événements que Rousseau reporte à une époque plus tardive[1]. Seule-

---

[1]. Voir *Confessions*, l. VI. — Rousseau rapporte son voyage de Montpellier à l'époque où il habitait les Charmettes ; or,

ment, à qui nous demanderait quelle garantie nous avons qu'il n'altère pas la vérité des faits aussi bien que l'ordre qu'il leur assigne, il nous faudrait bien répondre que nous n'en avons aucune qui soit absolument satisfaisante. Aussi ne donnons-nous son récit que comme une indication probable, qu'on est forcé d'accepter, faute de mieux, mais où le vrai et le faux peuvent et doivent se mêler, sans qu'il soit possible de les bien débrouiller. Afin toutefois de ne pas ajouter de notre fait une cause d'erreur de plus, nous aurons soin de nous rapprocher le plus possible des *Confessions*.

IV

Ne prenons pas trop à la lettre le calme et la résignation dont se vante Jean-Jacques. La preuve qu'il n'était pas si tranquille, c'est que, malgré son antipathie pour les médecins, il se mit à lire des livres de médecine. Les malades aiment ces sortes d'ouvrages ; mais il faut pour en supporter impunément la lecture, une dose de connaissances spéciales et de force d'esprit que n'avait pas Rousseau. Bientôt il crut avoir toutes les maladies ; peut-être n'avait-il que des vapeurs. Il se trouva surtout tous les symptômes d'un polype au cœur ; et ce qu'il y a de plus fâcheux, c'est que lui qui paraissait jadis si détaché de la vie, se sentit pris d'un ardent désir

---

toutes les lettres qu'il écrivit de Montpellier sont datées de novembre et de décembre 1737, tandis que Mme de Warens ne loua les Charmettes que le 24 juin 1738, et n'alla les habiter qu'un peu plus tard. (*Notice* de M. DE CONZIÉ. — MUGNIER, ch. VII.

de guérison. Au lieu donc d'attendre paisiblement la mort, qu'il avait si souvent appelée, il résolut, au prix de beaucoup de fatigues et de dépenses, d'aller chercher au loin la santé. Il avait entendu parler d'un médecin de Montpellier qui avait guéri un semblable polype; il partit pour Montpellier.

Dans ce temps-là, où l'on n'avait pas la vapeur à sa disposition, on voyageait à petites journées. De Chambéry à Montpellier, on avait tout le temps d'avoir des aventures. Jean-Jacques en eut en effet, et de plus d'une sorte [1].

En passant par Grenoble, il assista à une représentation d'*Alzire*, ce qui augmenta encore ses palpitations; tant il était sensible aux choses *pathétiques et sublimes*[2]. Il eut aussi la chance de trouver dans la même ville une chaise de poste qui retournait à Montpellier. On lui offrit de le conduire à bon compte, la fatigue et sa santé délabrée le déterminèrent à accepter. Jusque-là, il était venu à cheval.

Mais il avait à peine fait quelques lieues qu'il se rencontra avec cinq ou six autres chaises. Laissons-en quatre ou cinq, pour n'en considérer qu'une seule. Notre malade se sentait peu disposé à faire des frais pour une société, quelle qu'elle fût; on en serait donc resté aux rapports de politesse qui s'échangent d'ordinaire entre personnes fréquentant les mêmes auberges, si une des voyageuses, Mme de Larnage, n'avait réclamé plus que des politesses, et n'avait positivement entrepris le pauvre garçon. Rousseau

---

1. Voir sur ce voyage : *J.-J. Rousseau à Montpellier*, par A. GRASSET, vice-président du Tribunal civil de Montpellier, 1854. — 2. *Lettre à Mme de Warens*, datée de Grenoble, 13 septembre 1737.

aime à dire que les femmes du monde l'ont recherché et courtisé; ici, il ne demandait qu'à rendre les armes. Dès le premier jour, les charmes de Mme Larnage lui avaient tourné la tête, et, à tout hasard, afin de rendre sa situation plus piquante, il s'était, sans savoir un mot d'anglais, fait passer pour un Anglais jacobite, et avait pris le nom de Dudding. Il paraît pourtant que ce ne fut pas sans bien des peines que la dame vint à bout de vaincre la timidité du jeune homme et de lui faire comprendre ses intentions. Enfin il lui fallut se rendre à l'évidence, et un tendre baiser lui expliqua ce que n'avaient pu lui faire entendre les phrases les plus claires. A partir de ce moment, il n'est plus le même : adieu niaiserie et timidité; adieu fièvre, vapeurs et polype ; jamais il ne s'était trouvé tant d'esprit; jamais il ne fut si gai ni si bavard.

Le reste se devine. Le voyage déjà si lent, devint plus lent encore; Jean-Jacques fier de ses exploits, fier d'être un homme, comme il dit, oublia Mme de Warens dans les bras de sa nouvelle maîtresse. Chaque jour resserrait ces liens honteux. D'abord la présence d'un vieux marquis jaloux imposa une certaine réserve. Le marquis une fois parti, on ne se cacha plus et l'on ne se quitta plus. On s'attardait à plaisir; on resta trois jours entiers à Montelimart; enfin on arriva au Pont Saint-Esprit. Mme de Larnage habitait près de là ; il fallut se séparer. Il en était temps; le malheureux, épuisé de plaisirs, n'aurait pu résister plus longtemps à une telle vie. Mais on ne se dit pas adieu sans se faire des promesses, et l'on convint que Rousseau, ou Dudding, viendrait passer l'hiver avec sa maîtresse. On supposait qu'il aurait besoin de cinq à six semaines pour se soigner ; de son côté, Mme de Larnage n'avait pas trop de ce temps pour préparer l'opinion ; sans doute aussi pour disposer sa fille ; car cette femme, qui n'était plus jeune, avait une fille de quinze ans, qu'elle idolâtrait et à qui, comme on voit, elle donnait de beaux exemples. En attendant, on devait s'écrire ; en effet l'on n'y manqua pas ; mais cette curieuse correspondance n'est pas venue jusqu'à nous.

La fin de la route fut surtout remplie par les souvenirs du commencement. Pas tout à fait cependant : voyez l'inconstance et la mobilité de Jean-Jacques ; le Pont du Gard, qui n'est pourtant pas bien loin du Pont Saint-Esprit, suffit presque à lui faire oublier ses amours. Stupéfait, ravi d'admiration en face du magnifique ouvrage des Romains, il se disait en soupirant : « Que ne suis-je né Romain ! » Mme de Larnage avait bien songé à le prémunir contre les filles de Montpellier, mais non contre le Pont du Gard. Les arènes de Nîmes, qu'il vit peu de temps après, lui firent bien moins d'impression. Le premier était en pleine campagne, les autres dans une ville et entourées de vilaines maisons. Il s'arrêta ensuite un jour entier au pont de Lunel, pour se régaler à son aise dans le cabaret le plus estimé de l'Europe : Mme de Larnage l'avait rendu sensuel. Enfin il ne se rappela qu'il était malade qu'en mettant le pied à Montpellier. Dès son arrivée, il alla consulter M. Fizes, et se mit en pension chez un autre médecin qui tenait une sorte d'hôtel à l'usage des étudiants. La table y était maigre, mais la société vive et enjouée ; cette gaîté lui fit plus de bien que toutes les drogues qu'on lui prodiguait. Son temps passait vite, quoique sans grande utilité : il écrivait à Mme de Larnage; il se promenait en compagnie de quelqu'un de ses commensaux; l'après-midi, il allait voir jouer au mail; l'exercice qu'il prenait, rien qu'à suivre les joueurs et les boules, lui était encore des plus salutaires. En fait d'études, il voulut faire de l'anatomie, mais la puanteur des cadavres le dégoûta. Il avait parmi ses amis des Irlandais; il apprenait d'eux, par précaution, quelques mots d'anglais, afin de se mettre en état de soutenir, tant bien que mal, chez Mme de Larnage, le nom de Dudding, qu'il avait pris assez imprudemment. Le moment d'aller la rejoindre approchait; elle le rappelait avec instance; il s'apercevait d'ailleurs qu'on le traitait à Montpellier en malade imaginaire, et qu'on en voulait surtout à sa bourse. Il jugea donc qu'il trouverait au Pont Saint-Esprit un régime plus sain, plus agréable et moins coûteux.

Il fixe son départ à la fin de novembre, après six semaines ou deux mois passés à Montpellier; mais il y resta plus longtemps. Nous avons une lettre de lui à Mme de Warens, datée de Montpellier, 14 décembre 1737. Dans une autre, il lui parle de son projet de quitter cette ville vers la fin de décembre. Quoique la correspondance de ce côté se soit ralentie, et pour cause, elle conserve, du moins en apparence, le même abandon. Rousseau se plaint beaucoup de la vie de Montpellier; sa santé, loin de se rétablir, va de mal en pis. Il ne craint pas de consulter Mme de Warens sur son projet d'aller, pendant deux mois, prendre le lait d'ânesse, à deux lieues du Pont Saint-Esprit, dans une charmante famille, dont il a fait la connaissance en chemin. Mme de Warens, de son côté, lui donnait si rarement de ses nouvelles que, tout inquiet de son silence, il écrivit à un ami commun pour en avoir[1].

Rousseau n'était pas homme à garder bien longtemps dans son cœur un amour dont l'objet était absent. Ses infidélités, doublées d'ingratitude, envers Mme de Warens lui pesaient; les difficultés qu'il allait chercher auprès de Mme de Larnage ne l'inquiétaient pas moins. Sans parler de son rôle d'Anglais, qui pouvait devenir embarrassant, Mme de Larnage avait une famille ; comment serait-il reçu par elle? Elle avait surtout une fille, quel visage lui ferait-elle? Et lui-même saurait-il résister à ses jeunes appas de quinze ans, en face de la beauté un peu mûre de la mère? Irait-il, pour prix des bontés de cette dernière, jeter le déshonneur et la dissension dans sa maison? Il pourrait se vaincre ; le ferait-il? Le plus sûr était d'échapper par la fuite à toutes ces chances d'affronts, de tourments, de scandales et de remords. Tout en faisant ces réflexions, il approchait du Pont-Saint-Esprit. La volupté, un reste de passion, les engagements pris l'attiraient; d'autres considérations le retenaient ; il brûla l'étape sans s'arrêter.

Il est très fier de cette résolution héroïque ; et tout en se disant que l'orgueil d'être conséquent à ses maximes de sagesse et de vertu n'y fut pas étranger, il en attribue le plus grand honneur à ses nouveaux principes de philosophie. « Voilà, dit-il, la première obligation véritable que j'aie à l'étude... Cette résolution, je l'exécutai courageusement, avec quelques soupirs, je l'avoue,

---

[1]. *Lettres*, datées de Montpellier, *à Mme de Warens* et à *M. de Conzié*, 23 octobre 1737; *à M. X.*, 4 novembre 1737; *à Mme de Warens*, 14 décembre 1737.

mais aussi avec cette satisfaction intérieure, que je goûtais pour la première fois de ma vie, de me dire : j'ai mérité ma propre estime ; je sais préférer mon devoir à mon plaisir. » Comme c'est beau d'avoir de la philosophie, et, par surcroît, de grandes phrases pour la faire valoir ; mais, qu'un peu de vieille et simple moralité vaudrait bien mieux ! Il évitait Mme de Larnage, rien de mieux ; mais pourquoi retournait-il auprès de Mme de Warens? Quel beau mérite de n'échapper à une faute que pour tomber dans une autre, pour le moins aussi grave !

Après un si haut fait, il n'aspirait plus qu'à monter encore ; car, dit-il, « un des avantages des bonnes actions est d'élever l'âme et de la disposer à en faire de meilleures. » Celles qu'il rêvait alors se bornaient à une fidélité, que nous appellerons criminelle, envers Mme de Warens. Mais le sort n'allait-il pas lui refuser jusqu'à cette prétendue vertu et lui ménager l'occasion d'en pratiquer une à laquelle il ne manquait que d'être volontaire pour être plus réelle ?

Depuis le Pont-Saint-Esprit, il lui tardait d'arriver, et le cœur lui battait fort en approchant des lieux fortunés dont il gardait un si doux souvenir, et de *cette chère maman si tendrement, si vivement, si purement aimée!* Il entre tout essoufflé, il se précipite ; quel accueil, hélas! Il s'attendait à une petite fête ; c'est à peine si l'on se dérange pour lui. Mme de Warens était avec un jeune homme qui paraissait établi dans la maison ; en un mot, sa place était prise.

Mais nous continuons le récit de Jean-Jacques, sans songer que son heureux rival était là depuis plusieurs mois, qu'il le savait, et que s'il trouva, en effet, sa place prise, ce dut être au retour d'un autre voyage, sans doute de celui de Genève. Une fois de plus, donc, les *Confessions* sont encore en défaut ; mais Jean-Jacques aura pensé que ce dénouement inattendu de son action héroïque ferait un bon effet dans son histoire.

Le personnage qui le supplantait s'appelait Vintzenried. Il appartenait à une bonne famille, et, comme sa maîtresse, était de nationalité suisse et nouveau converti. Il n'était pas d'ailleurs sans instruction ni sans mérite ; mais convenons que Jean-Jacques était assez dans son rôle en faisant de lui un portrait qui n'est rien moins que flatteur. C'était, à l'en croire, un garçon perruquier, sot et ignorant, autant que vain et présomptueux, qui avait, sans trop de peine, profité de l'extrême facilité de la dame. Cette dernière, toujours en veine d'entreprises, ayant jugé à propos d'étendre sa culture, l'avait pris comme piqueur pour ses ouvriers et intendant pour ses affaires. Son garçon perruquier pouvait être tout cela, et bien d'autres choses encore ; car il n'y avait rien dont il ne se crût capable. Aussi n'avait-elle pas tardé à le payer de la monnaie qui lui coûtait le moins ; mais le galant n'était pas homme à s'en contenter, et tout en gaspillant et grapillant dans la maison de la maîtresse, il ne manquait pas d'ajouter aux faveurs qu'elle lui accordait, celles d'une vieille et laide femme de chambre.

Le coup était rude. Le jour où Jean-Jacques avait appris de la bouche même de Mme de Warens la nature de ses relations avec Vintzenried, il en avait été comme étourdi ; et quand elle lui proposa tranquillement de partager avec lui, son âme se révolta. « Non, maman, lui dit-il avec transport, je vous aime trop pour vous avilir ; votre possession m'est trop chère pour la partager. » Et il tint sa résolution « avec une constance digne du sentiment qui la lui avait fait former. » Le voilà donc transformé, sous le feu de l'adversité, en modèle des plus hautes vertus. Il s'oublie, pour ne songer qu'à celle qu'il aime d'une façon si désintéressée ; il veut la rendre heureuse en dépit d'elle-même. Non content de refouler tout sentiment de haine et d'envie, il entreprend de former le cœur de son rival, de travailler à son éducation, enfin de le rendre digne de celle qui a voulu l'élever jusqu'à elle. On peut remarquer, en effet, dans ses lettres, qu'il ne paraît pas garder à cet homme la moindre rancune. Il l'appelle son frère (n'avaient-ils pas la même mère et maîtresse) ; il est gai, spirituel, affectueux plus que jamais. Cependant il ne fut pas longtemps à s'apercevoir qu'il se donnait une peine inutile ; qu'il avait affaire à un sot impertinent qui n'avait que du babil, qui savait cogner, charroyer, fendre du bois avec gloire, crier à tue-tête, trancher avec cela du gentilhomme campagnard ; mais à qui il ne fallait pas demander autre chose.

Nous suivons ici, sans trop y croire, le récit des *Confessions*. Cette situation inouïe, incroyable, et la manière non moins incroyable dont Rousseau semble la prendre, exigeraient des preuves plus convaincantes que sa simple affirmation.

Ne savons-nous pas d'ailleurs qu'à maintes reprises, Mme de Warens avait eu des sujets de mécontentement contre lui ; que, plus d'une fois, il avait dû recourir à des amis communs, pour se ménager une réconciliation, que son cœur, nous voulons le croire, désirait sincèrement, mais dont son intérêt surtout lui imposait le besoin? Dès le temps de Claude Anet, la mésintelligence régnait souvent, soyons-en sûrs, dans cette maison prétendue si unie. C'était alors Claude Anet qui pouvait se dire l'offensé; maintenant que lui-même subissait la même injure qu'il avait faite autrefois à son rival, c'était à son tour à se trouver offensé.

Étant donnés toutefois, d'un côté son intérêt et son affection, et d'un autre côté la facilité de Mme de Warens, on peut admettre qu'il la retrouva, sinon aussi tendre, du moins aussi bien disposée, et surtout aussi affairée qu'il l'avait laissée en partant; qu'il put oublier, dans son intimité, Mme de Larnage; qu'enfin, elle lui fit goûter la médecine qui convenait le mieux à son état, non celle des médecins, mais celle des attentions et de l'amitié.

Bientôt même, il se fit dans leur vie un changement qui dépassait presque ses rêves: ils allèrent s'établir à la campagne. On ordonnait le lait à Jean-Jacques, Mme de Warens voulait étendre sa culture; ce projet de campagne leur donnait ainsi satisfaction à l'un et à l'autre. Ils abandonnèrent la vilaine maison de Chambéry et ils louèrent dans un vallon délicieux, à la porte de la ville, une terre retirée et solitaire. Elle se nommait les Charmettes. C'est là qu'ils résolurent de se fixer [1]. « Au devant, un jardin en terrasse, une vigne au dessus, un verger au dessous; vis-à-vis, un petit bois de châtaigniers, une fontaine à portée; plus haut, dans la montagne,

---

1. *Notice de M. de Conzié*, etc. Le bail est du 6 juillet 1738. Quoique M. de Conzié fût seigneur des Charmettes, ce n'est pas lui, mais un nommé Noerey, qui était propriétaire de l'habitation que loua Mme de Warens.

des prés pour l'entretien du bétail; enfin tout ce qu'il fallait pour le petit ménage champêtre que nous y voulions établir... J'étais transporté. Le premier jour que nous y couchâmes : O maman ! dis-je à cette chère amie en l'embrassant et l'inondant de larmes d'attendrissement et de joie, ce séjour est celui du bonheur et de l'innocence. Si nous ne les trouvons pas ici l'un avec l'autre, il ne faut les chercher nulle part. »

CHAPITRE VI

Du mois de juillet 1738 à l'été de 1741[1].

Sommaire : I. Établissement aux Charmettes. — Le *Verger des Charmettes*. — Rousseau se croit très malade. — Ses craintes de la mort et son retour au sentiment religieux.
II. Hiver passé à Chambéry. — Le médecin Salomon. — Partage de la journée aux Charmettes. — Fausse méthode de travail.
III. *Mémoire au Gouverneur de Savoie*. — Refroidissement avec Mme de Warens.
IV. Rousseau devient précepteur des enfants de M. de Mably. — Son inaptitude et son insuccès. — Son *Projet pour l'éducation de M. de Sainte-Marie*. — Il compose la *Découverte du Nouveau-Monde* et d'autres morceaux littéraires. — Son retour aux Charmettes. — Son départ pour Paris.

I

La petite maison des Charmettes, qui abrita pendant trois étés les amours de Rousseau et de Mme de Warens, est restée célèbre. Les guides l'indiquent aux touristes presque à l'égal d'un pèlerinage pieux; elle a sa notice spéciale; le propriétaire a voulu lui conserver son aspect historique et jusqu'aux moindres souvenirs de son passé; on y trouve des vers et de la prose, des sentences et des noms propres. Citons l'inscription placée par Hérault de Séchelles, commissaire de la Convention au département du Mont-Blanc; elle peut être regardée comme le cachet officiel de la Révolution, apposé

---

1. *Confessions*, l. VI.

sur le séjour d'un de ses plus illustres précurseurs :

> Réduit par Jean-Jacques habité,
> Tu me rappelles son génie,
> Sa solitude, sa fierté,
> Et ses malheurs et sa folie.
> A la gloire, à la vérité
> Il osa consacrer sa vie.
> Il fut toujours persécuté,
> Ou par lui-même ou par l'envie.

Mais en fait de vers, mieux vaut citer ceux que Rousseau composa lui-même pour célébrer son Éden. Sa pièce du *Verger des Charmettes* mériterait assez peu l'examen, si elle n'avait un côté historique qui doit nous intéresser. Tout le séduisait dans ce lieu des Charmettes. Si donc, comme il le dit, « les vers qu'il a faits sont l'ouvrage de son cœur et non de son esprit, » ceux-ci devraient être parfaits. Cependant, quand on les compare à ses descriptions en prose, à celle de l'île Saint-Pierre, par exemple [1]; ou même, sans aller si loin, à celle du même lieu des Charmettes, dans les *Confessions*, on est étonné de la différence. C'est que la forme du vers, qui aide si puissamment certains esprits, gênait au contraire celui de Rousseau. Lui-même, du reste, se rendait justice à cet égard : « de fréquentes répétitions dans les mots, et même dans les pensées, et beaucoup de négligence dans la diction n'annoncent pas, dit-il, un homme fort empressé d'être un bon poète. » Signalons encore, quoique ce ne soit pas le défaut habituel de Rousseau, l'air pédantesque qui règne dans cette pièce. Ces études de toute sorte, ces noms propres se

---

1. *Rêveries d'un Promeneur solitaire*, 5ᵉ promenade.

suivant par douzaines, rappellent autant, à notre avis, le programme du professeur ou le catalogue du libraire que l'inspiration des muses. Enfin, n'oublions pas non plus les vers heureux. Mais quelques citations en apprendront plus long que toutes les remarques :

> Verger cher à mon cœur, séjour de l'innocence,
> Honneur des plus beaux jours que le ciel me dispense,
> Solitude charmante, asile de la paix,
> Puissé-je, heureux verger, ne vous quitter jamais.

Il parle de ses occupations : il apprend à jouir de la vie, à méditer sur la vanité des mortels et à se déprendre de leurs goûts frivoles ; il fait des promenades philosophiques et astronomiques, en compagnie de Montaigne, La Bruyère, Socrate, Platon, La Hire, Cassini, Huyghens, Fontenelle. Puis arrivant, si nous ne nous trompons, au but principal de son œuvre, il célèbre les vertus et les bienfaits de Mme de Warens et s'applique à répondre aux détracteurs de sa conduite :

> Ils voudraient d'un grand roi vous ôter les bienfaits ;
> Leur basse jalousie et leur fureur injuste
> N'arriveront jamais jusqu'à son trône auguste ;
> Et le monstre qui règne en leurs cœurs abattus
> N'est pas fait pour braver l'éclat de ses vertus...
> . . . .
> Et vous, sage Warens, que ce héros protège,
> En vain la calomnie en secret vous assiège ;
> Craignez peu ses effets, bravez son vain courroux ;
> La vertu vous défend, et c'est assez pour vous.
> Ce grand roi vous estime, il connaît votre zèle ;
> Toujours à sa parole il sait être fidèle ;
> Et pour tout dire enfin, garant de ses bontés,
> Votre cœur vous répond que vous les méritez.
> . . . .

> Vous donc, dès mon enfance, attachée à m'instruire,
> A travers ma misère, hélas ! qui crûtes lire
> Que de quelques talents le ciel m'avait pourvu,
> Qui daignâtes former mon cœur à la vertu,
> Vous que j'ose appeler du tendre nom de mère,
> Acceptez aujourd'hui cet hommage sincère,
> Le tribut légitime et trop bien mérité
> Que ma reconnaissance offre à la vérité.
> Oui, si quelques douceurs assaisonnent ma vie,
> Si j'ai pu jusqu'ici me soustraire à l'envie,
> Si le cœur plus sensible et l'esprit moins grossier,
> Au-dessus du vulgaire on m'a vu m'élever;
> . . . .
> Si, dis-je, en mon pouvoir, j'ai tous ces avantages,
> Je le répète encor, ce sont là vos ouvrages.
> Vertueuse Warens, c'est de vous que je tiens
> Le vrai bonheur de l'homme et les solides biens.

La liste des auteurs qui contribuent à lui faire ce bonheur et à lui dispenser ces biens est assez longue, et il fait défiler sous les yeux : Leibnitz, Malebranche, Newton, Locke, Kepler, Wallis, Barrow, Raynaud, Pascal, Archimède, L'Hôpital, le mathématicien Descartes, Pline, Nieuwentit, Fénelon, Cléveland, Spon, Racine, Horace :

> Clarville, Saint-Aubin, Plutarque, Mézerai,
> Despréaux, Cicéron, Pope, Rollin, Barclai,
> Et vous, trop doux Lamothe, et toi, touchant Voltaire.
> Ta lecture à mon cœur restera toujours chère.

Décidément, si Rousseau n'avait pas d'autres titres pour passer à la postérité, il y a longtemps qu'il serait oublié.

Il eut encore une autre fois recours à la poésie pour célébrer « l'adorable bienfaitrice » à qui il devait son salut. Les vers sont médiocres ; mais, comme il le dit, « maman n'a pas voulu que je les fisse meilleurs, disant qu'il n'est pas bon que les malades aient tant d'esprit[1]. »

On peut assurément aller aux Charmettes, sans qu'une pensée d'hommage aux hôtes qui les habitèrent s'attache à cette visite. Autrement, non seulement le chrétien, mais l'homme, mais surtout la femme qui se respectent devraient fuir ce lieu, comme on fuit une société corrompue. Tel qu'il est, nous dirions volontiers que la curiosité est déjà de trop, quand il s'agit d'une retraite qui n'est connue que par les outrages qu'y subit la morale[2].

Le *Verger des Charmettes* nous fait pénétrer assez intimement dans la vie de Rousseau. Nous y voyons ses méditations et ses promenades, le fouillis de ses études, ses inquiétudes de santé, ses embarras d'argent, les accrocs à la réputation de Mme de Warens, accrocs qui menaçaient d'aller jusqu'à compromettre son existence, en lui faisant sup-

---

[1]. Vers à Fanie et lettre d'envoi à M. de Conzié. On donne ordinairement à cette lettre la date du 14 mars 1738 ; M. Mugnier la croit de 1739.—
[2]. Aucune inscription n'indique la maison des Charmettes, et quoi qu'en disent les propriétaires, elle semble assez peu fréquentée. Le salon, la chambre de Mme de Warens et celle de Rousseau sont encore tels qu'ils étaient alors, et presque avec les mêmes meubles. Dans le salon est un mauvais portrait de Rousseau, le portrait classique, et un autre de Mme de Warens. On y voit aussi un tableau allégorique, Hercule aux pieds d'Omphale : Omphale est Mme de Warens en son costume ordinaire, robe très décolletée ; mais la figure d'Hercule ne nous a pas paru être celle de Rousseau. Sur deux portes, les bustes de Rousseau et de Voltaire, se regardant comme deux chiens de faïence. Que fait là Voltaire, qui n'a jamais pu souffrir Rousseau ? On montre encore aux Charmettes quelques autres souvenirs, un cerisier dont il est parlé dans les *Confessions*, etc.

primer sa pension. Les *Confessions* ne font que répéter les mêmes choses avec plus de détails et en meilleur style. Il y avait dans tout cela bien des causes de soucis. Sans parler de ceux qui tenaient à l'argent et à la santé, Jean-Jacques lui-même nous laisse entrevoir, sous les fleurs dont il entoure le vice, qu'une félicité empoisonnée par le remords a de tristes retours, et que le plaisir condamné par le devoir n'est pas digne de l'homme. Cependant il se déclare heureux. Heureux de quoi? D'un bonheur senti, goûté, mais qui ne saurait être exprimé. Malheur à celui qui sentirait comme Rousseau! Ce bonheur des Charmettes, presque le seul qu'il reconnaisse avoir éprouvé dans sa vie, est resté si profondément gravé dans sa mémoire que quarante ans après, et jusqu'à son dernier jour[1], il lui semblait encore présent. Il en voudrait prolonger la peinture. Nous, au contraire, pour des raisons faciles à comprendre, nous ne demanderions pas mieux que de l'abréger. Cela semble facile au premier abord : des joies qui ne consistent ni en faits, ni en paroles, ni, pour ainsi dire, en pensées, ne valent guère que par le style, et seraient bientôt dites, s'il ne venait s'y mêler de petits événements qu'il nous faut raconter.

Jean-Jacques avait compté sur l'air de la campagne pour le rétablissement de sa santé; au bout de quelque temps, il fallut renoncer à cette espérance. La mode était alors au système de l'eau pour unique remède; il abandonna le lait pour se mettre à l'eau : il en but des quantités énormes; mais ce

---

1. Voir la dernière page des *Rêveries*, le dernier des ouvrages de Rousseau, interrompu par sa mort.

régime débilitant ne fit que le rendre plus malade. Son estomac, qui avait été bon jusque-là, lui refusa son service; il digérait mal; puis, un matin, il se sentit pris tout à coup de battements d'artères et de bourdonnements dans les oreilles. Il se crut mort, se mit au lit, appela l'homme de l'art, subit pendant plusieurs semaines ses drogues et ses médecines; mais à la fin, ne se sentant pas mieux, il se remit à ses occupations ordinaires, préférant, plutôt que de continuer une cure aussi dégoûtante, garder toute sa vie ses battements d'artères et ses bourdonnements. En effet, il n'en guérit jamais bien et en resta même un peu sourd. A ces accidents vint se joindre une insomnie complète. Pour le coup, il n'avait plus qu'à se préparer à la mort; mais ici nous allons le retrouver encore avec ses idées fausses. Il avait dû négliger beaucoup la religion; il n'avait cependant jamais été un impie. Ses fautes venaient plutôt de son éducation manquée et de ses passions que d'une hostilité déclarée. Mais la passion, si forte qu'elle soit pendant la vie, devient faible à la mort. Il n'avait guère songé depuis quelque temps qu'à chercher son paradis auprès de sa maîtresse; il se prit à penser que ce paradis éphémère pourrait bien n'être que l'antichambre de l'enfer éternel.

A l'en croire, il serait tombé dans le scrupule, et il aurait fallu que le P. Hémet, un brave jésuite, qui était son confesseur, combattît ses frayeurs. Nous laisserons, bien entendu, Jean-Jacques se confesser tout seul; mais, sans entrer dans des secrets qu'il ne nous appartient pas de lever, les *Confessions* (qu'il ne faut pas confondre avec la confession) nous appartiennent, et nous y voyons de reste que le scrupule fut toujours le moindre défaut de leur auteur. Il avait d'ailleurs, dans la personne de Mme de Warens, une autre directrice de conscience, « plus utile que tous les théologiens », qui veillait sur ses principes, aussi bien que sur sa conduite. Cette aimable femme, qui « eût couché tous les jours avec vingt hommes, en repos de conscience, et sans même en avoir plus de scrupule que de désir », avait aussi sa religion à elle, faite tout exprès pour ne pas gêner sa moralité. Elle croyait au purgatoire, mais elle ne croyait pas à l'enfer; elle se soumettait *en général* à tous les enseignements et à toutes les prescriptions de l'Église, sauf à en interpréter chaque point *en particulier* tout autrement que l'Église : au demeurant, bonne chrétienne et bonne catholique, du moins à ce qu'elle prétendait. Elle inspira ses faciles maximes à son disciple ; et comme celui-ci ne demandait qu'à être persuadé, il eut bientôt banni ses frayeurs et résolut d'attendre la mort en toute sécurité [1].

II

Jean-Jacques ne mourut point et, l'hiver venu, il lui fallut retourner traîner à la ville son corps languissant. Ce ne fut pas sans regrets qu'il dit adieu aux Charmettes. Ayant perdu depuis longtemps ses écolières, n'ayant jamais eu de goût pour le monde, il avait peu de chose à faire à la ville. Il y partagea son temps entre sa maman et son médecin, M. Sa-

---

1. Tous ces détails de santé doivent-ils s'appliquer à cette période de la maladie de Rousseau ou à celle qui avait dé- terminé son voyage de Montpellier ? C'est ce que nous ne saurions décider.

lomon, lequel était de plus un homme instruit, spirituel et grand partisan de Descartes. Les conversations qu'il eut avec lui sur le système du monde l'intéressèrent et lui rendirent son ancien goût pour l'étude. Il lui semblait qu'il étudiait pour l'autre monde, mais il n'en étudiait pas moins. Enfin l'application de l'esprit, qu'on lui croyait préjudiciable, le détournant de la pensée de ses maux, en fut peut-être le meilleur remède. Salomon lui en procura un autre également excellent, en le délivrant de ses drogues et le rendant à la manière de vivre de tout le monde. De sorte qu'il se trouva tout étonné au printemps de pouvoir, muni d'une respectable cargaison de livres, reprendre le chemin des Charmettes.

C'était trop de bonheur; il ne songea plus à mourir. Ne pensant donc qu'à mettre à profit les joies qui s'offraient à lui, il se plut à mêler les lettres et les sciences avec les soins du jardin et du colombier. Mais il avait une mauvaise manière de travailler. Persuadé que, pour lire un ouvrage avec fruit, il fallait posséder toutes les connaissances qu'il suppose, il était arrêté à chaque instant et forcé de courir incessamment d'un livre à un autre; de sorte que quelquefois, avant d'être arrivé à la dixième page de celui qu'il voulait étudier, il lui aurait fallu épuiser des bibliothèques. Cette extravagante méthode lui fit perdre un temps infini et faillit lui brouiller complètement la cervelle. Salomon le tira de ce mauvais pas. « J'ai bien réfléchi à vos observations, lui écrivit Jean-Jacques; je faisais fausse route; la marche était trop compliquée; je ne m'y embarrasse plus[1]. » Se sentant alors

---

1. *Lettre à Salomon*, sans date.

plus alerte et plus dégagé, il voulut se faire un plan, trop vaste sans doute, mais convenant assez bien à son esprit, qui exigeait de la variété et ne comportait pas une longue application sur un même objet. La littérature, le latin, l'histoire, les sciences exactes, la physique, la philosophie, la religion, tout y passe. « Ne rien savoir à près de vingt-cinq ans, dit-il, et vouloir tout apprendre, c'est s'engager à bien mettre le temps à profit. » Il s'appliqua en conséquence à partager ses journées de la façon la plus utile. Il se levait avant le soleil et allait en se promenant élever son cœur jusqu'à l'auteur de l'aimable nature. C'était dans l'ordre. « Mes prières étaient pures, dit-il, et dignes par là d'être exaucées. » Sans croire d'une façon absolue à ce compliment, il est certain que sa prière se recommandait par la beauté de la forme, et même par une exacte orthodoxie. Adoration, foi, reconnaissance, repentir, amour, attente de la grâce, demande des biens spirituels et temporels, ferme propos de ne plus offenser Dieu et confiance en sa miséricorde, prière pour les parents, les bienfaiteurs, les étrangers même, Rousseau y exprime en très bons termes tout ce qui fait la grandeur et la puissance de la prière. Que n'a-t-il été plus fidèle à ces beaux sentiments! Cette prière, qu'il s'est bien gardé d'insérer dans ses *Confessions*, faisait partie des papiers réunis pour la première édition de Genève. Pourquoi ne l'a-t-on pas utilisée alors[1]? A-t-on craint de laisser voir un Rousseau trop religieux?

Après sa prière, il allait rendre visite à sa maman. Nouvelle occasion de vanter, malgré le flagrant

---

1. SAYOUS, *Le XVIIIe siècle à l'étranger*, 1861, t. I, ch. IV.

démenti des faits, sa pureté et son innocence. Ils déjeunaient longuement, et ce n'est qu'après une ou deux heures de causerie que Jean-Jacques prenait ses livres jusqu'à midi. Il lisait des philosophes, qui, selon leur habitude, ne s'accordaient pas entre eux. Il se mit en tête de les concilier ; peine bien inutile, à laquelle il dut renoncer. Il voulut alors les lire en s'abstenant de les juger, dans le but unique d'approfondir leurs idées, sans y mêler les siennes. Ces essais montrent qu'il n'était pas encore en possession de la vraie méthode. Ses études de géométrie et d'algèbre étaient plus faciles ; il ne dépassa pas du reste les éléments et ne fit qu'effleurer la géométrie analytique. Il rencontra dans l'étude du latin de sérieuses difficultés ; il en vint à le comprendre passablement, mais jamais à l'écrire ni à le parler. Il scanda presque tout Virgile pour se familiariser avec le rythme, et ne sut jamais la prosodie ; il apprenait par cœur de longues tirades du même auteur pour exercer sa mémoire, mais il la trouva toujours rebelle.

Le dîner était fixé à midi. S'il n'était pas prêt, le jardin et le colombier offraient un excellent moyen de passer le temps en attendant. Les repas avec Mme de Warens étaient longs ; puis venaient les doux entretiens, les conversations d'affaires, le soin des fleurs et des légumes, la visite aux ruches. Jean-Jacques avait tous les goûts de la campagne. Il aimait les animaux et savait se faire aimer d'eux. Il fallait le voir au milieu de ses abeilles, admirant leurs travaux. Il en avait sur les mains, il en avait sur la figure ; mais aucune ne le piquait.

Ses occupations du soir étaient moins sérieuses que celles du matin et consistaient plutôt en lectures qu'en études proprement dites. L'histoire et la géographie en faisaient les plus grands frais. Il cultivait aussi la cosmographie, et, la nuit venue, aimait à observer les étoiles. Il plaçait une chandelle au fond d'un seau, bien à l'abri du vent, établissait au-dessus un planisphère au moyen de quatre piquets et considérait le ciel à travers une petite lunette, seul instrument qu'il possédât. Un jour, ou plutôt une nuit, que, couvert d'un grand chapeau et d'un pet-en-l'air de Mme de Warens, il se livrait à ses observations, des paysans l'aperçurent en ce grotesque équipage ; ils le prirent pour un sorcier et ne doutèrent pas qu'on ne dansât le sabbat dans le jardin.

Ces nombreuses études ne l'empêchaient pas de se donner avec une égale ardeur à l'horticulture et à l'agriculture : la terre, le verger, la vigne l'occupaient tour à tour. Malheureusement ses forces physiques n'étaient pas au niveau de son zèle ; malheureusement aussi, ces soins, qui auraient dû être un délassement pour son esprit, ne faisaient que le fatiguer davantage. Tout en travaillant des mains, il prétendait en effet ne pas se reposer de la tête. Partout il emportait avec lui des livres, sauf aussi à les oublier et à les perdre un peu partout. Il n'était pas un instant sans se creuser la cervelle, sans réciter des vers, sans faire des efforts inouïs pour se remettre en mémoire ce qu'il avait lu ou appris ; mais tous ses efforts n'eurent d'autre résultat que de le rendre, pour ainsi dire, stupide et hébété.

Parmi les livres qui lui passaient par les mains, il affectionnait spécialement ceux de Port-Royal et de l'Oratoire. Il raconte que ces ouvrages l'inclinèrent vers le Jansénisme ; mais on dirait qu'il ne voit dans cette erreur que la crainte de l'enfer, crainte très catholique à coup sûr, quand elle n'est pas exagérée, et que lui en particulier avait bien des motifs d'éprouver. « Dans quel état suis-je, se demandait-il avec terreur, et si je mourais à l'instant même, serais-je damné? Selon mes jansénistes, la chose était indubitable ; mais selon ma conscience, il me paraissait que non. » Toutefois, sa conscience n'était pas bien sûre de ce qu'elle disait, car *malgré sa vie innocente,* il continuait à s'effrayer. Mme de Warens le tranquillisait ; cela n'a rien d'étonnant. Le P. Hemet contribuait aussi à calmer ses inquiétudes. Il nous semble pourtant que si le Révérend Père était instruit des habitudes de son pénitent, il ne devait le rassurer que sous condition. Enfin Jean-Jacques eut recours aux expédients les plus puérils. Il se mit en face d'un gros arbre, avec une pierre dans la main. Si je touche le tronc, dit-il, ce sera un signe de salut ; si je le manque, un signe de damnation. Il toucha le but et ne douta plus de son salut éternel. Il eût mieux fait de se croire sauvé s'il changeait de vie ; mais ce point était plus difficile que l'autre.

En attendant la mort, il se mit à jouir de la vie le plus doucement possible. Les épanchements avec Mme de Warens devinrent plus tendres, plus affectueux, s'il est possible ; il était heureux de prolonger avec elle ses promenades et ses entretiens. A en juger par la longueur des courses qu'ils faisaient ensemble, et aussi par l'événement, nous avons peine à croire qu'il fût aussi mourant qu'il le dit.

III

Vers le même temps, il écrivit au gouverneur de Savoie pour l'intéresser à son sort et lui demander une pension. Cette démarche, concertée et étudiée avec Mme de Warens, n'était rendue que trop nécessaire par l'état financier de la maison [1]. Le mémoire de Rousseau, qui paraît péniblement travaillé, n'est pas sans valeur au point de vue de la forme. L'auteur avait pour but de toucher le cœur de Son Excellence, désir très permis assurément, s'il n'avait employé que des moyens avoués par la vérité. Il raconte l'histoire de sa vie; mais pour se rendre plus intéressant, il la raconte d'une façon tellement fantaisiste que c'est tout juste si on la reconnaît. Comme conclusion, il demande que Son Excellence veuille bien lui accorder une pension telle qu'elle la jugera raisonnable, et supplie que le prix en soit remis en ses mains ou en celles de Mme de Warens. « Ainsi, dit-il en terminant, jouissant pour le peu de jours qu'il me reste des secours nécessaires pour le temporel, je recueillerai mon esprit et mes forces pour mettre mon âme et ma conscience en paix avec Dieu, pour me préparer à commencer avec courage et résignation le voyage de l'éternité, et pour prier Dieu sincèrement et sans distraction pour la parfaite prospérité et la très précieuse conservation de Son Excellence [2]. » Tout à l'heure nous plai-

---

1. *Lettre de Rousseau à Mme de Warens*, 3 mars 1739. — 2. *Mémoire au Gouverneur du Savoie.* Aux Œuvres de J.-J. Rousseau. M. MUGNIER est porté à croire que le *Verger des Charmettes* était destiné à être présenté au Roi avec le *Mémoire.*

dions en faveur des sentiments religieux de Jean-Jacques ; mais ici il en affecte beaucoup trop pour qu'ils soient vrais. Dans son testament, il pouvait être sincère ; dans son mémoire, il n'est qu'un hypocrite qui ment pour avoir de l'argent.

Deux lettres, auxquelles on donne la date de 1739, fixent l'époque de ce mémoire. Toutes deux sont adressées à Mme de Warens ; l'une est du 3 mars, l'autre du 18. Rousseau était alors seul aux Charmettes, pendant que Mme de Warens était à Chambéry. Il y montre l'abandon le plus tendre, et même y affecte un ton de gaîté qui ne lui est guère habituel, et qui peut sembler d'autant plus étonnant qu'un nouveau motif de tristesse, le refroidissement de Mme de Warens, ne tarda pas à lui arriver.

Vintzenried, ou si l'on aime mieux, M. de Courtilles, car il avait pris ce nom pour se donner plus d'importance, remplissait la maison de sa ridicule et bruyante personnalité; le pauvre Jean-Jacques, plus modeste et moins tapageur, n'était plus rien. Vintzenried le lui faisait sentir en toute occasion: Mme de Warens en fit bientôt autant, quoique avec plus de discrétion [1]. Ce changement qui, d'une simple diminution d'intimité, devait en venir presque à l'indifférence, ne se produisit que progressivement, et eut pour effet d'attacher de plus en plus Rousseau à ses livres : il n'avait pas d'autre consolation. Que de fois, seul, en compagnie d'un auteur préféré, il alla pleurer dans les bois! L'hiver surtout, qu'on passait à la ville, devait lui être pénible. Toutefois, s'il n'y possédait pas la ressource de la campagne

---

[1]. Il est facile de s'en apercevoir dès le commencement de 1739. (Voir une *Lettre* assez dure *de Mme de Warens*, 15 mars, et la *Réponse* très soumise *de Rousseau*, 18 mars 1739.)

pour se dérober à ses chagrins, il dut y retrouver des amis, qui l'aidaient à les supporter. Il s'attacha à la théorie et à l'histoire de la musique ; c'étaient deux nouvelles faces d'un goût ancien qui continuait à lui être cher. Il répondit à un mémoire paru au *Mercure* sur la sphéricité parfaite de la terre [1]. Son travail, sage et clair, mais sans originalité, ne s'élève pas au-dessus des connaissances élémentaires et montre simplement qu'il se tenait au courant des questions scientifiques du jour. Celle-ci était alors très actuelle ; on était au moment où La Hire, Picard et Cassini allaient publier les résultats de leurs observations et de leurs calculs sur l'aplatissement des pôles. C'est aussi vers cette époque qu'il commença la tragédie-opéra d'*Iphis* [2]. Cette ébauche est trop incomplète pour qu'il soit utile d'en rendre compte. Dans un genre très différent, il proposa, dit-on, au ministre du roi de Sardaigne un plan de diligences pour le commerce du transit. Il espérait, si l'entreprise était mise à exécution, en être nommé le directeur [3]. Enfin, si l'on en croit Grimm, il inventa une espèce de machine pour s'élever dans les airs [4].

IV

Son état d'isolement et de contrainte dura toute une année. Jean-Jacques sentait qu'il ferait mieux de s'y soustraire par l'absence ; mais il était arrêté par l'habitude, par l'affection, par l'embarras de

---

1. Voir aux *Œuvres*. — 2. Id. — 3. SENNEBIER, *Histoire littéraire de Genève*, 1786, article J.-J. Rousseau. — 4. *Correspondance littéraire*, 15 juin 1762. —

trouver le moyen de vivre ailleurs. Mme de Warens ne le renvoyait pas; elle ne faisait rien non plus pour le retenir. Il finit sans doute par juger que c'était peu; que sa situation devenait trop fausse et trop pénible; car il prit la résolution de partir. Mme de Warens s'employa aussitôt dans ses nombreuses connaissances pour lui trouver une position. Elle ne tarda pas à lui obtenir, par l'entremise de M. Deybens, le préceptorat des enfants de M. de Mably, grand prévôt de France et frère du fameux Condillac[1].

Rousseau avait du goût et se croyait des dispositions pour ces délicates fonctions; l'expérience ne tarda pas à montrer qu'il avait trop présumé de ses forces. Il avait deux élèves, d'humeurs fort différentes. L'aîné, enfant de huit ou neuf ans, appelé Sainte-Marie, d'un esprit assez ouvert, était vif, étourdi et malin; l'autre, qui s'appelait Condillac, comme son oncle, était presque stupide, musard, têtu et ne pouvait rien apprendre. Nous ne savons si le futur auteur de l'*Émile* profita pour son grand ouvrage des observations et des expériences personnelles qu'il put faire alors, mais il est certain que son apprentissage ne fut pas heureux. « Je ne savais employer, dit-il, auprès de mes élèves que trois instruments, toujours inutiles et souvent dangereux : le sentiment, le raisonnement, la colère. » Les deux premiers étaient à l'usage de l'aîné; mais l'enfant ne faisait que rire à part lui des tirades sentimentales de Monsieur son professeur, ou répondre à ses raisons par d'autres raisons, et rien n'était gagné.

---

1. *Lettre de Rousseau à M. Deybens* (avril 1740). Ses appointements furent fixés à 350 livres par an, plus 30 livres d'étrennes.

Avec le petit Condillac, c'était bien pis, et l'élève ne triomphait jamais mieux que quand le maître était en colère. Rousseau voyait son erreur, se rendait compte du caractère des enfants, mais, faute de savoir diriger le sien, ne réussissait à rien.

Parlons maintenant de son *Projet pour l'éducation de M. de Sainte-Marie*[1]. Ce travail est de la fin de 1740. Six ou huit mois, passés auprès de ses élèves l'ont mis à même de les bien connaître et de se faire un plan. M. le Gouverneur renonçait-il déjà à tirer parti du petit Condillac, ou respectait-il le droit d'aînesse au point de ne pas s'occuper du cadet? Quoi qu'il en soit, c'est à peine s'il fait mention de ce dernier. Les règles qu'il pose sont très sages pour la plupart; quelques-unes sont contestables; mais en général, elles n'ont rien de neuf. Songer aux mœurs avant de songer aux études; — en religion et en morale, préférer les principes solides à la multiplicité des préceptes; — cultiver l'habitude de l'observation et de la réflexion; — montrer l'influence des bons sentiments du cœur sur les lumières de l'esprit; — donner de la vigueur à l'esprit par l'exercice du raisonnement; — préparer l'élève, par l'enseignement et l'observation, à acquérir la connaissance des hommes.

Il est à croire que Rousseau espérait rester longtemps chez M. de Mably, car il expose en terminant un plan complet d'études: latin, histoire, géographie, histoire naturelle, mathématiques, physique, morale et droit naturel, belles-lettres, poésie, peu de rhétorique et de philosophie, des versions, pas de thèmes; il y est question de toutes les con-

---

1. Voir aux *Œuvres*.

naissances humaines, ou à peu près : la religion seule y est à peine mentionnée. Au xviii° siècle, on n'avait pourtant pas encore inventé l'enseignement sans Dieu.

Si encore il eût mis en pratique les préceptes qu'il donnait ; mais on dirait qu'il n'en avait voulu faire qu'un exercice d'esprit. Rousseau a eu dès sa jeunesse la manie écrivassière ; il ne faut donc pas s'étonner qu'avant ses chefs-d'œuvre, il ait produit des œuvres médiocres et banales. On peut dire toutefois à sa décharge que c'est peut-être à force de faire des œuvres banales, qu'il a fini par faire des chefs-d'œuvre.

Sans le projet ci-dessus, l'année qu'il passa chez M. de Mably serait plus connue par les faits étrangers à ses fonctions que par les soins qu'il donna à ses élèves. Il est fastidieux de se répéter ; mais s'il retombe sans cesse dans la même ornière, il faut bien le redire sans cesse. Donc, il se prit d'une belle passion pour Mme de Mably. Celle-ci s'en aperçut ; elle ne lui fit pas même l'honneur d'en avoir l'air ; de sorte que le pauvre amoureux, ennuyé de se morfondre sans profit, finit par où il aurait dû commencer : il cessa ses œillades et calma ses soupirs. On était d'accommodement dans la famille de Mably ; on en donna bientôt une nouvelle preuve, et de même qu'on avait toléré auprès des enfants un gouverneur peu scrupuleux sur les lois de la morale et de la bienséance, on ne se montra pas moins facile sur l'article de la probité.

Ce n'est pas que Jean-Jacques fût positivement un fripon ; mais, l'occasion aidant, il fut toujours faible contre la tentation. On servait de temps en temps à table un certain vin d'Arbois qui lui plaisait fort. Il aurait aimé à en boire plus souvent ; mais comment faire ? En demander était difficile ; il trouva plus commode d'en prendre. Ses ruses pour se faire préposer à la cave et pour déguiser son larcin, sa joie de déguster à lui seul son bon petit vin, tout en lisant un roman, ses inquiétudes d'être surpris forment un tableau peu digne de ses graves fonctions. Il ne pouvait manquer d'être découvert ; mais au lieu de lui faire des reproches ou de le chasser, on se contenta de lui retirer sans rien dire la direction du caveau. Tant de discrétion le toucha et le disposa à rester plus longtemps qu'il ne l'aurait fait ; d'autres, poussés par la confusion, n'auraient eu rien de plus pressé que de s'en aller.

Pendant qu'il était à Lyon, il se fit dans cette ville un certain nombre d'amis ; malheureusement il alla surtout les chercher parmi les libres penseurs ; ses sentiments religieux, déjà peu ardents, en furent encore amoindris[1]. On doit citer parmi les hommes qu'il vit avec le plus de plaisir, Bordes, à qui il dédia deux épîtres en vers ; le chirurgien Parisot, à qui il en dédia une aussi[2] ; le musicien David, un riche Lyonnais nommé Perrichon, et plusieurs autres encore[3].

Un précepteur qui fait de la littérature et des vers est dans son rôle ; Rousseau n'y manqua pas. Il reste de lui plusieurs morceaux, principalement en vers, qui datent de cette époque. Citons d'abord la *Découverte du Nouveau-Monde*, tragédie, ou plutôt opéra en trois actes, dont il fit même la musique du prologue et du premier acte[4]. Colomb,

---

1. E. RITTER, *Nouvelles recherches*, etc., p. 213. — 2. Voir aux Œuvres. — 3. *Confessions*, l. VIII, au commencement. — 4. Voir aux Œuvres.

à son arrivée en Amérique, se trouve en présence d'un cacique, modèle de bravoure, de fidélité conjugale et de toutes les vertus. Ce héros de la simple nature est résolu à sauver au moins son honneur par les armes, s'il ne peut sauver sa vie et ses états ; mais une femme dont il a repoussé les feux, ne craint pas, pour se venger, de porter son amour dédaigné à un des lieutenants de l'étranger. Colomb vainqueur se laisse toucher par le repentir de la femme, la noble fierté du cacique et pardonne à tous. Les passions, même les passions violentes ne manquent pas dans cette pièce ; elle est, sous ce rapport, plus vivante que celle de *Narcisse*, et, sans être irréprochable, lui est d'ailleurs supérieure de toute façon ; mais on y voudrait plus d'originalité dans l'invention et des effets mieux amenés. Les caractères, plutôt indiqués que suivis, ont à peine le temps de se développer. Celui de Colomb est absolument nul. On peut encore remarquer dans cette œuvre le germe des idées que l'auteur soutint si brillamment plus tard, sur la vie sauvage ; témoin les vers de la fin :

> Vante-nous désormais ton éclat prétendu,
> Europe, en ce climat sauvage,
> On éprouve autant de courage ;
> On y trouve plus de vertu.

Mais en voilà assez sur un travail que son auteur avait fini, après quelque hésitation, par jeter au feu [1].

L'*Épître à M. Bordes* est consacrée, du moins en

---

1. *Confessions*, l. VII.

partie, à défendre une thèse analogue, l'union de la vertu avec la pauvreté [1] :

> Restes trop précieux de ces antiques temps
> Où des moindres apprêts nos ancêtres contents,
> Recherchés dans leurs mœurs, simples dans leur parure,
> Ne sentaient de besoins que ceux de la nature,
> Illustres malheureux, quels lieux habitez-vous ?
> Dites quels sont vos noms ; il me serait trop doux
> D'exercer mes talents à chanter votre gloire.

Ce qui ne l'empêche pas de célébrer, en attendant, les merveilles de l'industrie lyonnaise. Il a pris évidemment dans cette épître Boileau pour modèle ; il en affecte la manière dans ses professions de brusque franchise et d'amour de la vérité ; mais il ne saurait en atteindre la verve et la correction élégante. Du reste, il se rend justice, quand il dit :

> ... Dès les premiers pas, inquiet et surpris,
> L'haleine m'abandonne et je renonce au prix.

Il dit encore dans cette épître :

> Mon cœur sincère et franc abhorre la satire...
> . . . .
> Je dis la vérité, sans l'abreuver de fiel.

Une autre pièce, adressée peu de temps auparavant au même M. Bordes, n'était pourtant pas autre chose qu'une satire des plus mordantes [2]. Il y prend à partie les dévots et les dévotes qui courent les églises et les reposoirs à la fin du carême.

---

1. Voir aux Œuvres. — 2. Id.

et les déchire à belles dents. Tout y passe : le luxe et la pompe mondaine des autels, les parfums, la musique, les chanteuses, le moine ignorant et ses oremus, « la dévote piquante »

> Au teint frais, à l'œil tendre et doux,
> Qui, pour éloigner tout scrupule,
> Vient à la Vierge, à deux genoux,
> Offrir, dans l'ardeur qui la brûle,
> Tous les vœux qu'elle attend de nous.

Sans donner à cette pièce plus d'importance qu'elle ne mérite, est-il bien convenable à un précepteur de jeter le ridicule sur les choses saintes et les personnes pieuses, dans des vers pour le moins légers ?

On voit par ces citations que les idées, le caractère, le talent de Rousseau se développent et prennent le pli que le temps devait leur assurer. Il n'est pas jusqu'à sa manière de se croire toujours malheureux qui ne se produise dès lors :

> Mes maux se comptent par mes jours,

dit-il, dans un compliment à Mme de Fleurieu [1].

Il semble, d'après l'*Épître à Parisot*, que Jean-Jacques l'avait pris pour conseiller et pour modèle. Quoique Mme de Warens l'eût formé précédemment de plusieurs manières qu'il indique, et d'autres encore, dont il ne parle pas, il le remercie dans ses vers d'avoir adouci la rigueur de ses mœurs, et, par son commerce aimable, de grossier qu'il était, de l'avoir rendu traitable. Cette pièce répand un

---

[1]. Vers pour Mme de Fleurieu ; aux *Œuvres*.

certain jour sur sa manière de vivre à Lyon, pendant qu'il y remplissait ses fonctions de précepteur [1].

> Je reconnus alors combien il est charmant
> De joindre à la sagesse un peu d'amusement.
> . . . .
> L'amour, malgré mes soins, heureux à m'égarer,
> Auprès de deux beaux yeux m'apprit à soupirer.

Ce qui ne l'empêche pas d'ajouter :

> L'innocence est le bien le plus cher à mes yeux.

Mais aussi,

> Rien ne doit être outré, pas même la vertu.

Celle de Parisot n'était pas outrée, en effet, et sa tranquille vie avec la « douce Godefroi » qu'il entretenait depuis plus de dix ans, fait l'admiration du jeune poète. Celui-ci n'était pas précisément un novice. Il manquait toutefois de la légèreté de mœurs, de la volupté élégante, de la recherche des plaisirs faciles, alors si prisées dans un certain monde, et que le bon Parisot lui enseigna sans doute.

On peut remarquer que, dans cette pièce, il se montre nettement républicain. Cela lui était permis, ne fût-ce que parce qu'il était citoyen d'une république. Cependant le portrait qu'il fait de la sienne

---

1. Aux *Œuvres*.

n'était pas très ressemblant dès cette époque, et ne l'est pas devenu depuis.

> Être juste est chez nous l'unique politique.

Quel changement quand il a été obligé d'avoir recours à des grands arrogants et vicieux! Il était bien tenté de rejeter dès lors toute inégalité; mais Mme de Warens lui a appris, malheureusement pas pour toujours,

> Qu'il ne serait pas bien dans la société
> Qu'il fût entre les rangs moins d'inégalité.

Avec de telles dispositions, il serait un triste solliciteur.

> Il en coûterait trop de contrainte à mon cœur.
> A cet indigne prix, je renonce au bonheur.

Il préfère retourner auprès de Mme de Warens, lui porter sa reconnaissance, ou du moins partager son destin et ses tourments.

> Et le bonheur en vain s'obstine à se cacher;
> Puisqu'enfin je connais où je le dois chercher.

La dernière tirade indique que cette épître fut composée à Lyon peu de temps avant le retour aux Charmettes.

Il est étonnant que Rousseau, souvent si poétique dans sa prose, le soit si peu dans ses vers. Il était, avec le temps, arrivé à peu près à la correction, mais il ne pouvait s'élever plus haut. Ses vers sont sur les pieds, ils n'ont pas d'ailes.

Pendant ce temps-là, il continuait par correspondance ses relations avec Mme de Warens. Aussitôt après son arrivée chez M. de Mably, il lui avait fait part de ses premières impressions[1]. Il lui faisait parvenir une partie de ce qu'il gagnait; elle, de son côté, lui envoyait des livres, des chemises, des effets, et, toujours dans la gêne, toujours réduite aux expédients, le chargeait de vendre quelques pièces d'argenterie[2].

Cette correspondance, tout en le consolant, renouvelait ses douleurs et ses regrets. Son cœur était toujours aux Charmettes. Les usages du monde et les habitudes aristocratiques d'une grande maison l'embarrassaient; son inaptitude et son insuccès auprès de ses élèves étaient manifestes, et il fallait toute la condescendance, ou plutôt toute la négligence de la famille de Mably pour ne pas s'en préoccuper. Enfin, au bout d'un an, n'y pouvant plus tenir, il partit.

Il espérait retrouver le passé, mais le passé ne saurait renaître. Quelle place pouvait-il occuper entre Mme de Warens et Vintzenried. Il ne lui restait qu'à reprendre sa vie d'étude et d'isolement.

Ne possédant pas dans ses connaissances littéraires les moyens de venir en aide à sa bienfaitrice, il espéra que la science théorique et les idées particulières qu'il avait eu musique lui ouvriraient une voie plus heureuse. Il travailla dans ce sens et inventa un système de notation par les chiffres, qui lui parut aussi exact, aussi précis et infiniment plus facile que l'ancien procédé. Il crut avoir rencontré

---

1. *Lettre à Mme de Warens,* 1er mai 1740. — 2. *Id.*, 24 octobre 1740.

d'un seul coup la gloire pour lui, la fortune pour
Mme de Warens. Mais il ne pouvait exploiter une si
belle mine dans la petite ville de Chambéry. Il se
hâta de vendre ses livres, de réaliser les petites
épargnes qu'il avait pu faire à Lyon, et il partit
pour Paris. Il n'y avait pas plus de trois ou quatre
mois qu'il était de retour aux Charmettes; il avait
alors vingt-neuf ans.

Au moment où il va quitter Mme de Warens pour
toujours, un mot encore à propos des relations
qu'il avait entretenues avec elle pendant plusieurs
années. Nous n'avons rien à retirer de ce que nous
avons dit, et nous ne présumons pas qu'aucun moraliste soit tenté de nous contredire. Il n'en faudrait
pas conclure pourtant que le scandale ait été ce
qu'il devint plus tard. Certainement la réputation
de Mme de Warens n'était pas intacte, et celle de
Rousseau pouvait avoir aussi ses taches; mais
sans les révélations de ce dernier, il est probable
que personne ne se serait douté des graves désordres qui se commettaient dans cet intérieur. La
situation particulière de Mme de Warens vis-à-vis de
son protégé, les bienfaits dont elle l'avait comblé,
l'espèce d'adoption maternelle qu'elle lui avait accordée, la différence des âges, tout contribuait à
détourner d'eux les soupçons et donnait une sorte
de légitimité à leur affection, par cela même qu'elle
en rendait les écarts plus odieux. Si le public avait
soupçonné la vérité, auraient-ils pris le soin bien
inutile de continuer leurs habitudes extérieures de
religion? Le P. Hemet, et autres, les auraient-ils
honorés de leurs visites? Rousseau aurait-il osé se
vanter, dans une circonstance solennelle, que « personne n'avait sur sa conduite, ses sentiments et ses

mœurs que de favorables témoignages à rendre [1] ? »
M. de Mably l'aurait-il pris pour précepteur de ses
enfants ? En 1751, le P. Boutet faisait encore l'éloge
de la piété et des vertus de Mme de Warens [2]. Quand
elle mourut, Conzié, un ami, à la vérité, et faisant
œuvre d'ami, continue à vanter ses qualités [3]. Seul,
celui qui aurait dû dissimuler ses hontes, ne fût-ce
que par reconnaissance, se fait une sorte de gloire
de les étaler au grand jour. Il est vrai qu'il se déshonore avec elle, mais le coupable qui dénonce son
complice n'est pas généralement approuvé. Quels
ont été ses motifs ? Nous pouvons nous dispenser
de les rechercher. Explique qui pourra ce phénomène de franchise ou de cynisme ; nous constatons,
nous n'expliquons pas. On a dit, ce qui est pour le
moins douteux, que la vérité de ses *Confessions*
l'obligeait à divulguer ces désordres ; mais s'il ne
pouvait écrire ses mémoires qu'à ce prix, qui l'obligeait à les écrire ? Quel besoin l'Univers avait-il de
savoir qu'un certain auteur, nommé J.-J. Rousseau,
avait fait sa maîtresse de la femme qui lui avait
tenu lieu de mère ?

1. *Mémoire au gouverneur de Savoie.* — 2. *Vie de M. de Rossillon de Bernex*, 1751. — 3. DE CONZIÉ, *Notice*, etc.

CHAPITRE VII

Depuis l'été de 1741 jusqu'à l'été de 1743[1].

SOMMAIRE : I. Séjour de Rousseau à Lyon. — Mlle Serre. — *Épître à Parisot*. — *Mémoire* au P. Boulet.
II. Accueil que Rousseau reçoit à Paris. — Il lit à l'Académie des sciences son *Projet concernant les nouveaux signes de musique*. — Exposé de son système. — Jugement de l'Académie.
III. Importance naissante de Rousseau. — Ses premières relations avec Diderot. — Il obtient la protection de plusieurs grandes dames. — Sa maladie. — Ses *Prisonniers de guerre*. — L'ambassadeur de Venise le prend pour secrétaire.

I

Avec le livre VII des *Confessions*, on entre dans ce qu'on pourrait appeler la vie publique de Rousseau. Désormais la critique aura à s'exercer d'une façon plus suivie, et l'abondance des documents permettra de soumettre les faits, devenus eux-mêmes plus nombreux, à la contre-épreuve de témoignages puisés à des sources différentes ; soit que nous confrontions l'auteur avec lui-même dans ses productions diverses, soit que nous le contrôlions au moyen des mémoires ou des rapports des contemporains. Comme conséquence, nous devons cesser de suivre les *Confessions* pas à pas dans la division de nos chapitres, ainsi que dans la disposition de notre travail.

1. *Confessions*, l. VII.

Rousseau composa cette seconde partie de ses Mémoires deux ans après la première, c'est-à-dire de 1768 à 1770, pendant la période la plus troublée de sa vie, ne voyant autour de lui que des ennemis, se croyant traqué, espionné, persécuté par eux. Mais cette disposition maladive de son esprit n'a, quoi qu'il en dise, affecté en rien son talent.

Nous l'avons laissé se disposant à partir pour Paris. A moins de circonstances exceptionnelles, il goûtait peu les voyages rapides. Rien ne l'obligeant alors à se hâter, il ne dérogea pas à ses habitudes. Il s'arrêta à Lyon pendant un temps assez long; il avait des commissions à y faire, des amis à y voir, des recommandations à y prendre. Il fut bien accueilli chez M. de Mably, dont le frère, l'abbé de Mably, lui donna plusieurs lettres, une entre autres pour Fontenelle.

Les loisirs dont il disposait lui permirent de voir souvent Mlle Serre. Il se prit pour elle d'une affection de plus en plus vive. Tant qu'il ne s'était donné que comme une simple connaissance, on l'avait bien accueilli; mais du moment qu'il laissa supposer des projets d'union, ses avances furent très froidement accueillies. La jeune fille elle-même, qui avait d'autres vues, cessa presque de le recevoir et fit tout ce qu'elle put pour décourager ses espérances. Sans fortune, sans état, sans usage du monde, n'ayant à son actif qu'un passé beaucoup trop accidenté, il était au fond un maigre parti. Il ne pouvait s'empêcher de s'en apercevoir lui-même; mais comme si l'amour suppléait à tout et devait renverser tous les obstacles, il ne se rebuta pas et prit le procédé employé par les amants dans l'embarras, il écrivit. Il espérait sans doute renouer ainsi des relations qui lui échappaient; mais Mlle Serre persista dans son refus, et elle fit bien [1].

Ce rôle d'amoureux éconduit déplaisant sans doute à Jean-Jacques, il a préféré, dans les *Confessions*, s'en donner un plus généreux. « Mon cœur se prit, dit-il, et très vivement. J'eus quelque lieu de penser que le sien ne m'était pas contraire ; mais elle m'accorda une confiance qui m'ôta la tentation d'en abuser. Elle n'avait rien, ni moi non plus ; nos situations étaient trop semblables pour que nous pussions nous unir ; et, dans les vues qui m'occupaient, j'étais bien éloigné de songer au mariage. Elle m'apprit qu'un jeune négociant, appelé M. Genève, paraissait vouloir s'attacher à elle. Je le vis chez elle une ou deux fois ; il me parut honnête homme ; il passait pour l'être. Persuadé qu'elle serait heureuse avec lui, je désirai qu'il l'épousât, comme il a fait dans la suite, et pour ne pas troubler leurs innocentes amours, je me hâtai de partir. »

« J'arrivai à Paris, dit-il encore, dans l'automne de 1741, avec quinze louis d'argent comptant, ma comédie de *Narcisse* et mon projet de musique pour toute ressource. » Il descendit rue des Cordiers, près de la Sorbonne, à l'hôtel de Saint-Quentin, aujourd'hui hôtel Jean-Jacques Rousseau. Jean-Jacques prétend que c'était une vilaine rue, qu'en dirait-il aujourd'hui ? L'hôtel, qui n'était pas plus beau que la rue, avait cependant logé des hommes de mérite, Gresset, Bordes, Mably, Condillac. Jean-Jacques n'y trouva pour le moment qu'un hobereau boiteux,

---

1. *Lettre à Mlle X.*, s. d. (1741). Plusieurs auteurs rapportent cette lettre à l'année 1735 ou 1736 ; Musset-Pathay et Petitain la placent, avec raison, selon nous, en 1741.

plaideur et puriste, qui le mit en relations avec Roguin, et par lui avec Diderot.

Ici se place, suivant l'ordre des temps, le *Mémoire à M. Boutet, pour servir à la vie de l'évêque d'Annecy*[1]. Jean-Jacques était alors dans le feu de ses inventions et beaucoup plus occupé de musique que de miracles. Cependant cette occasion s'étant offerte à lui de relever la réputation de Mme de Warens, il ne manqua pas de la saisir et raconta en détail, avec le ton de la plus tendre dévotion, la conversion, la vie de piété, de détachement et de charité de sa bienfaitrice, ainsi que l'affection quasi paternelle dont le saint évêque l'avait entourée jusqu'à sa mort. Si le P. Boutet forma d'après ce mémoire son opinion sur Mme de Warens, il n'est pas étonnant qu'il ait fait son éloge.

II

Ce que Rousseau avait de plus pressé en arrivant à Paris, c'était de faire valoir ses recommandations. Elles lui procurèrent un accueil favorable dans plusieurs maisons, mais ses protecteurs, bienveillants plutôt que zélés, n'avaient rien à lui offrir de bien effectif. Une place de secrétaire, aux appointements de 800 francs et quelques leçons de composition avaient tout au plus l'avantage de le faire patienter en faisant durer ses quinze louis. Enfin Réaumur, avec qui il avait dîné plusieurs fois, obtint que son mémoire sur la notation musicale en chiffres serait lu à l'Académie des sciences, et le jour dit, 22 août

---

[1]. Voir la *Vie de M. Rossillon de Bernex*. — Le mémoire de Rousseau porte la date du 19 avril 1742.

1742, le fit inviter à le présenter lui-même. C'était un grand avantage pour l'inventeur que d'être admis aux honneurs de la lecture; mais ce n'était qu'un premier pas; l'important était de tirer parti de ce commencement. Rousseau fut assez content de lui; la docte assemblée ne l'intimida pas trop; il lut bien, répondit passablement; enfin son mémoire réussit et lui attira les compliments les plus flatteurs. Il en pouvait à peine croire ses yeux et ses oreilles. Trois commissaires furent nommés; ce furent MM. de Mairan, Hellot et de Fouchy, « tous trois de mérite assurément, dit Rousseau, mais dont pas un ne savait la musique, assez du moins pour être en état de juger de mon projet. » Cette ignorance de ses juges donna bien des soucis à l'inventeur; elle fut, à l'en croire, l'unique cause de son peu de succès.

Le système de notation musicale de Rousseau est exposé dans deux ouvrages, dont le second n'est, pour ainsi dire, que l'explication du premier[1]. Le mémoire à l'Académie étant fait pour des savants et étant destiné à être lu en séance, devait être court et très sobre de développements. Les objections à résoudre et le désir de mettre le public de la partie inspirèrent bientôt à l'auteur le désir de faire une seconde édition, plus détaillée, de son premier travail. Nous n'aurons pas à les séparer dans notre examen.

Rousseau, malgré son goût pour la musique, avait eu beaucoup de peine à l'apprendre. Plus tard, lorsqu'il l'enseigna, il put constater que les obstacles qui l'avaient arrêté, arrêtaient aussi ses élèves.

---

[1]. *Projet concernant les nouveaux signes pour la musique.* — *Dissertation sur la musique moderne.*

Du reste, quand on considère l'immense quantité de lignes, de notes, de clefs, de signes de toute espèce, de combinaisons en nombre presque infini, qui encombrent une partition, on n'a pas le droit de s'étonner des difficultés de l'exécution ; on devrait plutôt être surpris qu'il soit possible de se mettre tant de choses dans la tête. L'exécution du chant, qui devrait être le tout de la musique, n'en est que la moindre partie ; l'observation des règles a, pour ainsi dire, tout absorbé.

Mais ces règles sont-elles dans la réalité aussi compliquées qu'elles en ont l'air, et ne serait-il pas possible d'inventer des signes équivalents, mais plus simples et moins nombreux? Rousseau l'a pensé ; qui plus est, il prétend avoir réussi. Il n'avait point à changer la musique ; elle est ce que la font les compositeurs ; sous ce rapport, elle est une affaire d'inspiration et échappe en quelque sorte à toutes les règles ; mais il pouvait proposer un moyen meilleur et plus facile de la noter.

La science de la musique n'est autre chose qu'une science de rapports : rapports de hauteur ou de gravité des sons, correspondant à des nombres de vibrations plus ou moins grands ; rapports de durée, correspondant aux temps plus ou moins prolongés des sons ou des silences. Or les chiffres sont l'expression naturelle des rapports ; le système de notation par les chiffres semble donc indiqué par la nature elle-même comme le plus logique et le meilleur.

Rousseau avait deux objets à considérer, deux choses à exprimer : les sons et les durées.

En ce qui concerne les sons, il a pris pour son fondamental celui qui est donné par un tuyau ouvert, long de seize pieds, c'est l'*ut* naturel. Il en a fait en quelque sorte son unité, unité arbitraire, mais qui, une fois fixée, entraîne tout le reste. Il l'exprime par le chiffre 1.

Les autres notes de la gamme sont données par les harmoniques, comme dans la musique ordinaire; il les désigne par les chiffres 2, 3, 4, 5, 6, 7.

Arrivé là, on peut recommencer une nouvelle octave, et les mêmes chiffres pourront servir à l'exprimer. Il suffit pour cela de leur ajouter un signe qui permette de reconnaître du premier coup d'œil à quelle octave ils appartiennent. Rousseau donne le choix entre deux moyens : ou bien mettre un point au-dessus du chiffre pour indiquer l'octave supérieure, un point au-dessous pour indiquer l'octave inférieure; ou bien ranger les chiffres de l'octave moyenne sur une même ligne, et placer au-dessus et au-dessous ceux des octaves supérieure et inférieure. On pourrait, s'il en était besoin, employer plus d'un point et plus d'une ligne.

Il est bon de remarquer que, dans son mémoire à l'Académie, Rousseau ne parle que du premier de ces moyens. Il est présumable que le second lui fut suggéré par une objection que lui fit Rameau, la seule, du reste, qu'il ait considérée comme sérieuse. « Vos signes, lui dit Rameau, sont très bons en ce qu'ils déterminent simplement et clairement les valeurs, en ce qu'ils représentent nettement les intervalles et montrent toujours le simple dans le redoublé, toutes choses que ne fait pas la note ordinaire; mais ils sont mauvais en ce qu'ils exigent une opération de l'esprit, qui ne peut toujours suivre la rapidité de l'exécution. La position de nos notes, continua-t-il, se peint à l'œil sans le concours de cette opération. Si deux notes, l'une très haute, l'autre très basse, sont jointes par une tirade de notes intermédiaires, je vois du premier coup d'œil le progrès de l'une à l'autre par degrés conjoints ; mais pour m'assurer chez vous de cette tirade, il faut nécessairement que j'épelle tous vos chiffres l'un après l'autre ; le coup d'œil ne peut suppléer à rien. » Cette objection est encore aujourd'hui la principale qu'on oppose au système de Rousseau et qu'on peut opposer à tous les systèmes analogues nés ou à naître[1]. Cependant la manière dont Rousseau a, sinon supprimé, du moins atténué l'inconvénient signalé par Rameau, montre que la notation par les chiffres pouvait se prêter aux améliorations. Si, au lieu de l'abandonner, on l'avait étudiée et suivie, qui sait si elle ne serait pas devenue l'origine de grands perfectionnements et si son inventeur ne serait pas rangé parmi les fondateurs de la science musicale ? Mais il se heurtait à des habitudes prises ; rien de plus difficile à déraciner qu'une habitude.

Un des grands avantages du système est dans la facilité de la transposition. On sait que les intervalles entre les différentes notes ne sont pas égaux, mais qu'ils sont tantôt d'un ton, tantôt d'un demiton ; de sorte que les sept intervalles de la gamme font ensemble douze demi-tons. Les douze sons renfermés dans l'étendue de l'octave, forment une série continue, appelée les douze cordes du système chromatique, et servent de fondements ou de toniques aux douze tons majeurs. Sept de ces sons correspondent aux sept notes ; les cinq autres sont représentés par les dièzes et les bémols, qui divisent

---

[1]. Voir FÉTIS, *Biographie générale des musiciens*, 2ᵉ édit., 1864, t. VII.

par moitié l'intervalle entre certaines notes. Ces douze cordes partagent donc l'octave en douze parties égales, ou réputées égales ; car il y a bien quelques différences ; mais elles sont si légères qu'on peut les négliger sans inconvénient.

Supposons qu'on ait effectué le partage et qu'on l'ait prolongé indéfiniment en haut et en bas ; rien n'empêche de prendre un quelconque de ces sons pour en faire l'*ut* d'une nouvelle gamme. Chaque note de cette nouvelle gamme aura sa note correspondante dans l'ancienne, et tombera nécessairement sur une des cordes, soit sur une note naturelle, soit sur une note diézée. Les dièzes se reconnaissent à un trait oblique qui traverse les chiffres.

Le nom d'une note écrit au commencement d'une ligne ou d'un morceau de musique, indique que cette note devenant l'*ut*, les autres suivent régulièrement, en tenant compte des différences d'intervalles.

L'élève de Rousseau devra s'exercer à lire et à exécuter couramment les douze notes de la gamme chromatique, d'abord de la façon normale, puis en faisant de chacune de ces notes l'*ut* de nouvelles gammes. Cela s'appelle transposer. Avec un peu d'exercice, il ne tardera pas à improviser ces transpositions sur un simple signe du maître ; et un orchestre entier jouera en *mi* ou en *sol* une pièce notée en *fa*, en *la*, en *si bémol*, ou en tout autre ton imaginable.

Rousseau a donné, dans son système, une grande importance aux intervalles et à la transposition. Il a la prétention d'avoir apporté à cette partie de la musique des perfectionnements importants.

Voyons maintenant comment il a satisfait aux conditions exigées par les durées.

Il se plaint qu'on ait multiplié comme à plaisir les espèces de mesures. On en comptait quatorze, il les réduit à deux, la mesure à deux temps et la mesure à trois temps. Toute mesure indiquée par un multiple de deux se ramène à la mesure à deux temps ; et de même pour l'autre.

On indique l'espèce de mesure par un chiffre plus grand, placé au commencement de la ligne ou du morceau. Quant aux divisions par temps et par mesures, rien de plus facile que de les marquer. Chaque mesure est renfermée entre deux lignes verticales ; chaque temps est séparé par une virgule. S'il y a plusieurs notes dans un temps, il peut arriver que ces notes soient d'inégale durée ; on réunit alors par un trait, ou même au besoin par deux traits, toutes celles qui, par leur ensemble, représentent une seule unité de durée.

Les tenures ou syncopes s'expriment par un point placé dans la ligne des chiffres. Il est seul, si le son précédent doit se prolonger pendant un temps ou une mesure ; il est réuni avec d'autres notes, si le son ne doit se prolonger qu'une partie aliquote du temps ou de la mesure.

Enfin le zéro est naturellement indiqué pour exprimer les silences, soupirs, demi-soupirs. Il tient la place du chiffre et marque le temps que doit durer le silence, de même que le chiffre marque le temps que doit durer le son.

Ce que nous avons dit suffit pour donner une idée du système de notation de Rousseau. En résumé, sa musique est exprimée par des signes moins nombreux et plus simples ; elle conserve toujours le même nom aux mêmes caractères ; elle représente les intervalles et leurs rapports par les caractères mêmes des notes ; elle distingue plus nettement les notes, les temps et les silences ; elle indique mieux le mode ; elle est à la fois plus logique, plus claire, plus facile à noter, plus aisée à apprendre, moins volumineuse et moins diffuse, moins coûteuse à acheter.

Et pourtant elle n'eut pas de succès. Les trois académiciens chargés de l'examiner eurent de nombreuses conférences avec l'auteur ; ils lui posèrent des objections ; celui-ci y répondit victorieusement, à ce qu'il lui semblait ; mais allez donc persuader un savant ! Ils lui opposèrent notamment un certain P. Souhaitti, qui avait aussi imaginé un procédé de notation par les chiffres. Il est vrai que le système du P. Souhaitti était très incomplet et différait notablement de celui de Rousseau ; il est vrai encore que celui-ci ignorait jusqu'à l'existence du P. Souhaitti ; ces messieurs n'en conclurent pas moins que l'invention de Rousseau n'était pas une invention. Ils trouvèrent aussi, par d'autres raisons qui ne valaient pas mieux, des inconvénients et des défauts, là où ils auraient mieux fait de voir des avantages. Enfin, comme conclusion, ils donnèrent à l'auteur force compliments et prononcèrent que son système n'était ni neuf ni utile. Rousseau ne pouvait accepter un tel jugement ; il en appela au public, et composa à cet effet sa *Dissertation sur la musique moderne,* dont nous avons parlé ci-dessus.

III

Cependant, si ses rapports avec l'Académie lui furent peu utiles pour le but précis qu'il se proposait, ils lui servirent beaucoup dans un autre sens : ils le firent connaître. Des éloges décernés par l'Académie des Sciences ne sont jamais à dédaigner. Rousseau arrivait d'ailleurs dans un monde et dans un moment des plus favorables. On était en plein xviiie siècle. Les esprits, surtout à Paris, étaient agités par une sorte de fermentation universelle ; on était las des vieilles idées et de l'ancien régime ; on voulait à tout prix du nouveau, quel qu'il fût ; il n'y avait pas d'utopie qui n'eût ses admirateurs, pas de projet qui n'eût ses adhérents, pas de charlatan qui n'eût ses prôneurs. La religion avec ses dogmes, la morale avec ses principes, la société avec ses bases, tout était repris en sous-œuvre ; la littérature, la philosophie, les sciences, et jusqu'aux questions économiques et financières captivaient l'intérêt et excitaient les passions, comme le font aujourd'hui la politique et les affaires ; les hommes de lettres étaient les arbitres des salons, aussi bien que des académies. Jean-Jacques avait su tirer parti de ses recommandations ; la nouveauté de son système, l'accueil demi-flatteur de l'Académie, l'amitié de Diderot et de quelques hommes influents lui acquirent une sorte de notoriété ; bientôt il fut en relations avec tout ce que Paris possédait de plus distingué ; il n'était pas encore un personnage, mais à la première occasion il pouvait le devenir. Il comptait à cet effet sur sa *Dissertation*. Il avait dû, pour la faire, dire adieu, pendant deux ou trois mois, à toute autre préoccupation ; il s'obstinait à croire que là était pour lui la gloire et la fortune. L'événement donna le change à ses espérances ; la célébrité, que ne lui procura jamais la musique, devait lui arriver d'un tout autre côté. Pour commencer, il fallait trouver un libraire. Jean-Jacques n'avait pas le moyen de faire publier son ouvrage à son compte, et les libraires n'ont pas l'habitude de prodiguer leurs faveurs aux débutants. Il finit par obtenir avec peine un traité à moitié frais. Cette difficulté une fois résolue, il attendait quelque argent de son œuvre ; mais, malgré l'appui de l'abbé Desfontaines et d'autres journalistes, elle eut un médiocre succès, et il dut s'estimer heureux de n'y perdre que le prix du privilège.

Un des reproches qu'on faisait à son invention était qu'elle manquait de la sanction de l'expérience ; une jeune Américaine, Mlle des Roulins, qu'il mit en trois mois en état de déchiffrer et de chanter la musique, même difficile, fut la réponse victorieuse qu'il fit à l'objection. Mais il aurait fallu lancer ce succès aux quatre vents du ciel ; Jean-Jacques déclare qu'un tel effort était au-dessus de son pouvoir. Il avait jeté d'abord tout son feu, avait épuisé toute l'activité compatible avec sa nature nerveuse, capable d'un premier mouvement énergique, mais incapable de le soutenir. Il retomba ensuite dans son indolence naturelle, et l'effort inutile qu'il avait fait n'eut d'autre résultat que d'y ajouter le dégoût. Il lui restait encore quelques louis ; il se mit tranquillement à les manger, sans souci du lendemain et sans songer qu'avant trois mois il serait à bout de ressources. Il passait la moitié de ses journées à apprendre des vers, l'autre à jouer aux échecs. Il voulait arriver à une supériorité quelconque, ne fût-ce qu'au jeu d'échecs. « Primons, n'importe en quoi, se disait-il, je serai recherché ; les occasions se présenteront, et mon mérite fera le reste. » Idée ridicule, qu'il appelle le sophisme de son indolence ; on pourrait l'appeler plus justement encore le sophisme d'un caractère égoïste, qui ne veut pas voir que l'homme est sur la terre, non pour primer, mais pour remplir ses devoirs dans la situation où la Providence l'a placé et pour être utile à la société La nécessité même où il était de se faire une position n'était pas capable de le décider à presser ses protecteurs. Mably, Fontenelle et Marivaux furent presque les seuls qu'il continua à voir de temps en temps. Il dit que ce dernier loua sa comédie de *Narcisse* et consentit à la retoucher ; cela ferait peu d'honneur au goût de Marivaux. On peut remarquer d'ailleurs que les premières pièces de Rousseau sont tout à fait, sauf la grâce, dans le goût de cet écrivain. La Bibliothèque de Neuchâtel en possède une entre autres, *Arlequin amoureux malgré lui,* trop insignifiante pour qu'il soit utile d'en parler, mais qui n'est qu'une mauvaise imitation de Marivaux [1].

L'abbé Desfontaines lui fut plus utile, par les justes et sévères critiques qu'il lui adressa et qu'il parvint même à lui faire goûter. L'abbé journaliste lui démontra pertinemment qu'il ne savait encore rien, pas même écrire en français, et qu'il ferait bien de lire d'abord, afin d'apprendre à écrire [2]. Mais Jean-Jacques se lia surtout avec Diderot. Diderot était du même âge que lui, aimait la musique, en savait la théorie ; il ne tarda pas à acquérir sur son ami un ascendant considérable, et eut à coup sûr sa part de responsabilité dans les paradoxes révolutionnaires et impies qui font une partie

---

[1]. *Revue des Deux Mondes,* 15 décembre 1883 ; article de M. F. Brunetière sur Marivaux. — [2]. De Conzié, *Notice,* etc.

de la célébrité de Rousseau. Celui-ci, faible comme il était, plus facile à mener qu'un enfant, se serait évité bien des erreurs s'il eût su mieux choisir ses conseillers et ses amis.

Le P. Castel, un jésuite, contribua aussi à le tirer de sa léthargie. Il le détermina à user d'un nouveau moyen qui ne devait guère convenir à son antipathie pour le monde ; ce moyen consistait à faire son chemin par les femmes. Le P. Castel le recommanda lui-même à deux ou trois grandes dames : Mme Dupin, Mme de Buzenval, Mme de Broglie, fille de Mme de Buzenval. Le Révérend Père lui rappela plus tard ce temps de sa jeunesse et les bons conseils qu'il lui avait donnés alors[1].

Rousseau n'eut qu'à se louer de sa docilité pour son protecteur. Mme de Buzenval et sa fille l'accueillirent bien. Cette dernière surtout, allant à son clavecin, lui fit le compliment le plus flatteur de son système, en lui montrant qu'elle s'en était occupée. Dès sa première visite, on le retint à dîner, en compagnie du président de Lamoignon. Le pauvre Jean-Jacques ne faisait pas grande figure au milieu de cette brillante société. Après le dîner, il essaya de se relever en lisant son *Épître à Parisot*. Son moyen réussit, et, à l'en croire, il arracha des larmes à ses trois auditeurs. Passe encore pour les deux dames, mais pour le grave président, la chose est difficile à admettre.

L'entrevue avec Mme Dupin fut plus romanesque. Mme Dupin, malgré ses trente ans passés, était encore d'une grande beauté. La première fois que

---

[1]. *L'Homme moral opposé à l'homme physique de M. Rousseau...*, par le P. CASTEL, 1756.

Rousseau vint chez elle, elle le reçut à sa toilette, usage qui paraîtrait aujourd'hui déplacé, mais que suivaient alors les femmes les plus comme il faut et du plus grand monde, et Mme Dupin était incontestablement l'un et l'autre. Cet abord, auquel Jean-Jacques n'était pas accoutumé, fut plus que n'en pouvait supporter sa pauvre tête, et en quelques minutes, en un clin d'œil, il était devenu amoureux. Il sentit pourtant qu'il n'était pas en situation de faire à l'instant même une déclaration; mais au risque de se fermer, par son indiscrétion, une maison qui pouvait lui être très utile pour son avenir, il usa et abusa de l'accueil bienveillant qu'on lui fit; il multiplia ses visites; il venait dîner deux ou trois fois la semaine; enfin, n'y tenant plus et ne sachant comment se déclarer, il écrivit. On voit qu'il n'était timide qu'à ses heures. Mme Dupin fit comme Mme de Mably; elle ne prit pas au sérieux la lettre de Rousseau, la lui rendit au bout de trois jours, avec accompagnement d'une petite exhortation bien froide, et continua à le recevoir et à le protéger. Jean-Jacques aurait dû se tenir pour averti; il devint plus réservé, mais ne diminua pas ses visites; il fallut que M. de Francueil, fils de M. Dupin, lui fît comprendre que sa belle-mère les trouvait trop fréquentes. Le coup lui fut sensible, mais il ne pouvait s'en prendre qu'à lui-même.

Les salons de Mme Dupin étaient des plus brillants de Paris. Sa fortune, ou plutôt celle de son mari, qui était fermier général, sa beauté, son esprit, son amabilité, attiraient l'élite aristocratique et littéraire de la capitale. « On ne voyait chez elle que ducs, ambassadeurs, cordons bleus; » les Rohan, les Mirepoix s'y rencontraient avec Fontenelle, l'abbé de Saint-Pierre, Buffon, Voltaire et d'autres. Jean-Jacques, tout perdu qu'il était au milieu de ces splendeurs, se flattait d'en réfléchir tôt ou tard quelques rayons, et d'en retirer de l'éclat pour son propre compte.

Mme Dupin avait deux sœurs, qui ne la valaient pas, et dont l'une, Mme d'Épinay, jouera plus tard un rôle important dans la vie de Rousseau. Pour le moment, il dut se contenter de l'amitié de M. de Francueil[1]. La musique fut le lien qui les unit d'abord. Ils étaient amateurs l'un et l'autre, ils travaillèrent ensemble. Bientôt ils se mirent aussi à faire de la chimie. Jean-Jacques, pour se rapprocher de Francueil, quitta même son hôtel de la rue des Cordiers et vint habiter rue Verdelet, dans le quartier Saint-Honoré. Il ne tarda pas à y être pris d'une fluxion de poitrine. « Oh ! s'écria-t-il, si l'on pouvait tenir registre des rêves d'un fiévreux, quelles grandes et sublimes choses on verrait sortir quelquefois de son cerveau ! » Ce qui en sortit fut un opéra-ballet assez agréable, mais qui ne mérite pas une telle exclamation. Nous voulons parler des *Muses galantes*, « œuvre, dit Gérusez, d'un écolier qui ne promet pas un maître[2]. » Il fut empêché de la terminer alors par d'autres soins plus importants, ce qui fait que nous remettons à plus tard à en parler.

Il avait composé peu de temps auparavant une petite pièce de circonstance, en prose, intitulée : *Les Prisonniers de guerre*. Il y a peu de chose à en dire au point de vue littéraire. Elle est sans pré-

---

1. Francueil est le grand-père de Mme George Sand. —
2. *Biographie Michaud*, article J.-J. ROUSSEAU.

tention ; c'est là sa plus grande qualité. Dorante, jeune officier français, prisonnier en Hongrie, se montre à la fois brave, galant et spirituel, et finit par épouser la fille d'un gentilhomme du pays, en supplantant un gros et lourd Allemand. Cette petite intrigue est agrémentée de la part du valet de Dorante par ce langage alsacien qui fait les délices des petits théâtres. Rien en tout cela de bien extraordinaire, ni pour le fond, ni pour la forme. Mais, en qualité de Français, nous ne pouvons refuser à cette pièce au moins le mérite de l'intention. Les Français venaient d'éprouver, dans la guerre de succession d'Autriche, une suite de défaites en Bavière et en Bohême. Rousseau, qui avait toujours eu de l'amour pour la France, et qui, par position, en devait avoir alors plus que jamais, eut la bonne pensée de le manifester. Sa pièce venait à propos. Des parents, des amis de ses protecteurs étaient engagés dans cette malheureuse guerre. « Jamais, dit-il, le Roi, ni la France, ni les Français ne furent peut-être mieux loués, et de meilleur cœur que dans cette pièce. » Il en conclut qu'il n'osa, lui républicain et frondeur par vocation, ni l'avouer, ni la montrer. Cette pudeur est de trop, et nous avons peine à croire qu'il s'y soit soumis, au moment où son œuvre pouvait lui être si utile. Pourquoi l'aurait-il faite, s'il ne voulait la montrer à personne, et pourquoi, après trois ou quatre ans, l'aurait-il donnée à un officier de mousquetaires, s'il l'avait tenue cachée jusque-là.

On peut croire, d'après ces détails, que Rousseau ne négligeait pas autant ses intérêts qu'il en avait l'air ; mais d'autres que lui y pensaient également. Un nouvel ambassadeur, M. de Montaigu, ayant été nommé à Venise, Mmes de Buzenval et de Broglie lui firent proposer leur protégé en qualité de secrétaire. L'affaire ne se traita pas sans peine. Montaigu, bon militaire peut-être et ayant fait beaucoup de campagnes, mais assez pauvre homme d'ailleurs, jugeait que, s'il avait besoin de Rousseau, celui-ci, vu sa position précaire, avait encore plus besoin de lui, et il n'aurait pas été fâché de s'en faire un employé à bon marché. Rousseau demandait 1,200 francs, l'ambassadeur n'en offrait que 1,000. Francueil, qui aimait son collaborateur, l'entretenait dans sa résistance; si bien que Montaigu partit avec un autre secrétaire. Mais celui-ci, à peine arrivé à Venise, se brouilla avec son patron, de sorte qu'on en revint à Rousseau. On finit par s'arranger pour 1,000 francs, plus 20 louis d'indemnité de route. Et voilà comment, après avoir essayé de dix professions, Rousseau se trouva engagé dans une nouvelle à laquelle il n'avait jamais songé sérieusement, et entra dans la diplomatie.

CHAPITRE VIII

Du mois de mai 1743 à la fin de 1744[1].

Sommaire : I. Départ pour Venise. — Le lazaret de Gênes. — Rousseau exerça-t-il les fonctions de secrétaire d'ambassade? — Manière dont il s'acquitta de ces fonctions. — Ses premières difficultés avec Montaigu. — Rousseau quitte l'ambassadeur.
II. L'affaire de Rousseau avec Montaigu est portée au ministère à Paris. — Vie privée de Rousseau à Venise. — Son retour à Paris. — Sympathie universelle qui l'accompagne à Paris. — Inutilité de ses efforts pour obtenir justice. — Intimité de Rousseau et d'Altuna.

I

Jean-Jacques regrette que la guerre, l'état de sa bourse, l'impatience de l'ambassadeur l'aient privé du bonheur d'aller par Chambéry, pour embrasser en passant sa pauvre maman. Ses regrets sont ici de trop : il y alla en effet et le voyage de Chambéry figure sur la note de frais qu'il présenta plus tard à Montaigu[2]. Il est difficile d'admettre que cette erreur soit involontaire et que cette visite si désirée, dit-il, n'ait pas laissé dans son cœur un souvenir plus profond. Les *Confessions* ne seraient-elles donc en définitive qu'un roman plus ou moins historique, dans lequel l'auteur se serait préoccupé de littérature beaucoup plus que de vérité?

---

1. *Confessions*, l. VII. — 2. Lettre du comte de Montaigu à l'abbé Alary, citée par P. Faugère, dans son article : *J.-J. Rousseau à Venise* (*Correspondant*, 10 et 25 juin 1888).

De Chambéry, il alla s'embarquer à Toulon, ou plutôt à Marseille ; mais en arrivant à Gênes, un incident imprévu le retarda plus que ne l'aurait fait l'autre voie ; le bateau qui le portait fut soumis à une quarantaine de vingt-et-un jours.

Une quarantaine n'est jamais agréable ; celle-ci était particulièrement pénible. On avait donné aux passagers le choix de la subir sur le bateau ou au lazaret ; Rousseau seul choisit le lazaret. Il fut en conséquence transporté dans un vaste bâtiment, où il trouva juste les quatre murs, car on n'avait pas eu le temps de le meubler. Il s'y arrangea une sorte de vie de Robinson, se faisant un matelas et une couverture avec ses vêtements, des draps avec des serviettes cousues ensemble, un siège d'une de ses malles, et une table de l'autre. Il avait des livres, du papier, de l'encre, ses repas lui étaient servis régulièrement, quoique avec les précautions exigées. Il aurait ainsi atteint sans trop d'ennui le terme fixé ; il ne fut pas fâché néanmoins de voir sa détention abrégée d'une semaine, grâce à l'intervention de l'envoyé de France, M. de Jonville. Il alla passer chez celui-ci le reste de son temps, se promena, s'amusa, se livra aux charmes de la société. Cela valait mieux que le lazaret.

A son arrivée à Venise, il trouva un tas de papiers que M. l'ambassadeur lui avait religieusement conservés, faute de savoir les déchiffrer et les apprécier. Rousseau, qui ignorait ce que c'était qu'un chiffre de ministre, vit que ce n'était qu'un jeu ; et pour le reste, il se mit rapidement au courant ; de sorte qu'au bout de huit jours, il avait constaté que toutes ces paperasses étaient fort insignifiantes. Cela du reste n'avait rien d'étonnant, car l'ambassade de Venise était peu importante. Montaigu n'était pas d'ailleurs un homme à qui on pût confier la moindre négociation. Cependant il lui était d'autant plus difficile de se passer de secrétaire qu'il ne savait ni dicter ni écrire [1]; aussi, avait-il été obligé tout d'abord, quoique bien à contre-cœur, d'avoir recours au consul. Aussitôt qu'il eut un homme à lui, il s'empressa de remercier le consul et de lui substituer Jean-Jacques [2]. De cette façon, ce dernier qui n'avait en vue que les fonctions de secrétaire de M. de Montaigu, se trouva élevé du premier coup à celles de secrétaire d'ambassade.

Ce point a son importance. Voltaire abusant de quelques expressions équivoques de Rousseau [3], prétendit publiquement à Genève que ce dernier avait été simplement le valet de M. de Montaigu. « Si M. de Voltaire, répondit Rousseau, a dit qu'au lieu d'avoir été secrétaire de l'ambassadeur de France à Venise, j'ai été son valet, M. de Voltaire en a menti comme un impudent. Si dans les années 1743 et 1744, je n'ai pas été premier secrétaire de l'ambassadeur de France ; si je n'ai pas fait les fonctions de secrétaire d'ambassade ; si je n'en ai

---

1. Plusieurs de ses lettres, qui sont conservées au ministère des affaires étrangères, sont aussi ridicules pour le fond qu'incorrectes dans la forme. Il fut heureux pour l'ambassadeur que l'arrivée de Jean-Jacques vînt lui apporter le secours d'une rédaction plus française et même, malgré son inexpérience, d'une habileté moins insuffisante (P. FAUGÈRE, J.-J. Rousseau à Venise). — 2. Rousseau dut arriver à Venise au commencement de septembre ; la première dépêche que l'on trouve écrite de sa main, au ministère, porte la date du 14 septembre (P. FAUGÈRE). — 3. Voir Lettres de Rousseau à Dutheil, chargé par intérim des affaires étrangères, 8 et 15 août, septembre et 11 octobre 1744.

pas eu les honneurs au Sénat de Venise, j'en aurai menti moi-même [1]. »

« Il est vrai, dit-il ailleurs, que j'ai été domestique [2] de M. de Montaigu, ambassadeur de France à Venise, et que j'ai mangé son pain, comme ses gentilshommes étaient ses domestiques et mangeaient son pain ; avec cette différence que j'avais partout le pas sur les gentilshommes, que j'allais au Sénat, que j'assistais aux conférences et que j'allais en visite chez les ambassadeurs et ministres étrangers, ce qu'assurément les gentilshommes de l'ambassadeur n'auraient osé faire. Mais bien qu'eux et moi fussions ses domestiques, il ne s'ensuit pas que nous fussions ses valets [3]. »

Voltaire fit faire, au ministère des affaires étrangères, des recherches qui, malgré ses dires, n'étaient pas concluantes. Rousseau, de son côté, en appela au témoignage de plusieurs de ses collègues, qui étaient revenus à Paris à l'époque où il écrivait. Il aurait pu citer de même tout ce qu'il fit à Venise, ses actes comme sa correspondance. Ses lettres à son confrère M. Dupont, secrétaire de M. de Jonville [4], à Mme de Warens [5], à Mme de Montaigu elle-même [6], protestent contre ce titre de valet ; ses querelles avec M. de Montaigu après qu'il l'eut quitté, ses réclamations au ministre des affaires étrangères, ne sont point disputes de valet à maître ; enfin les

---

1. *Billet à M. de Voltaire*, 31 mai 1765. — 2. Le mot domestique se disait anciennement des individus attachés à une grande maison, même quand ils étaient gentilshommes et que l'emploi était important. (*Dictionnaire de* Littré.) — 3. *Réponses aux questions faites par M. de Chauvel*, 5 janvier 1767. — 4. 23 juillet 1743. — 5. 5 octobre 1743. — 6. 23 novembre 1743.

archives diplomatiques elles-mêmes serviraient au besoin à lui donner raison contre son contradicteur. M. de Bourquenay a découvert au consulat de France à Constantinople une pièce qui montre l'importance du rôle de Rousseau. Saint-Marc Girardin, qui la cite, en fait ressortir la portée [1]. Mais qu'importaient les preuves à M. de Voltaire, il n'en continua pas moins ses mensonges [2].

Non seulement donc Rousseau fut (sans titre officiel toutefois) secrétaire d'ambassade, mais il manifesta, dans cette position, des qualités qu'on ne lui aurait pas soupçonnées : il fut à la fois probe et habile. Il se vante, non sans raison, de s'être montré le défenseur impartial, mais inflexible, des droits de la France, et de les avoir, quoique étranger, soutenus avec plus d'énergie et d'efficacité que bien des Français. Ainsi, l'ambassade jouissait d'une espèce de privilège de franchise ou d'asile, il le maintint ; certains profits revenaient au secrétaire sur les passeports, il en dispensa les Français, mais les exigea rigoureusement de tous les étrangers, quels qu'ils fussent. Cela faillit lui causer des désagréments, non seulement de la part de quelques étrangers influents, mais aussi de celle de Montaigu qui, toujours mesquin, prétendit entrer en compte avec lui. Rousseau en fut quitte pour prendre à sa charge les frais de bureau ; ce qui ne l'empêcha pas de faire au sous-secrétaire, l'abbé de

---

1. *Revue des Deux Mondes*, 1er janvier 1852. Voir aussi un autre article du même auteur, sur le séjour de Rousseau à Venise, *Journal des Débats*, 22 janvier 1862, et surtout l'article de M. P. Faugère, dans le *Correspondant*. — 2. *Lettres de Voltaire à Damilaville*, 11 auguste, 29 auguste et 7 novembre 1766.

Binis, sa petite part de profits. Son exactitude d'ailleurs était telle qu'il aimait mieux supporter personnellement les conséquences d'une négligence que de donner la moindre prise contre lui.

On voit que Montaigu, qui était incapable d'avoir une idée par lui-même, aurait pu sans inconvénient prendre son secrétaire pour conseil. Sa vanité s'y opposant, il préféra se mettre à la remorque de l'ambassadeur d'Espagne. A tant faire que d'avoir un directeur, le choix était sensé, les deux cours ayant à peu près les mêmes intérêts. Par une conséquence assez naturelle, les deux secrétaires ne tardèrent pas à se prendre d'affection, et Carrio, le secrétaire de l'ambassadeur d'Espagne, resta jusqu'à la fin un des amis les plus intimes de Rousseau.

Cependant, l'insuffisance présomptueuse et entêtée de Montaigu était une cause permanente d'embarras pour le secrétaire. Quoique celui-ci n'eût pas la responsabilité des sottises qui lui étaient imposées, il lui en coûtait néanmoins de s'y soumettre. Il est vrai que Montaigu, signant souvent sans lire, ou même ne signant pas du tout, laissait à son subordonné bien des moyens de réparer ses maladresses. Rousseau n'avait garde de négliger les occasions d'être utile à la France et aux Français. Les circonstances lui auraient même permis dit-il, de le faire dans un ou deux cas assez graves. Après la mort de Philippe V, l'Autriche avait élevé des prétentions sur le royaume de Naples. Don Carlos était dans une situation assez précaire et n'avait pu encore se faire reconnaître par les Puissances. Sur ces entrefaites, l'ambassade de Venise fut informée qu'un agent désigné était parti de Vienne et se rendait dans les Abruzzes, afin de les soulever en faveur des

Autrichiens. Il était urgent de prévenir le marquis de l'Hôpital, ambassadeur à Naples ; mais, suivant sa coutume, Montaigu n'était pas là ; Rousseau écrivit la dépêche et la signa. Peut-être est-ce à elle, ajoute-t-il, que la maison de Bourbon doit la conservation du royaume de Naples. Cet avis servit à Jean-Jacques auprès de l'Hôpital, qui ne s'en cacha pas ; il lui nuisit auprès de Montaigu, qui regardait les compliments faits à un homme sous ses ordres comme un vol commis contre lui-même.

L'histoire est jolie et ferait honneur à Rousseau, si elle était vraie ; malheureusement elle ne l'est pas. Il eut, dit M. P. Faugère, l'imprudence de la raconter à un grand dîner, chez Mme d'Épinay ; mais un ancien diplomate lui représenta fort sèchement qu'il n'avait pu remplir aucune fonction publique à Venise, étant simple secrétaire de l'ambassadeur, et non de l'ambassade. Jean-Jacques rougit beaucoup et se tut[1]. Faut-il, par la même raison, reléguer également parmi les contes une anecdote analogue, quoique de moindre importance, qui lui serait arrivée avec l'ambassadeur de Constantinople ?

Malgré cela, laissons-le se rendre le témoignage qu'il servit l'ambassadeur, dont il était l'employé, et la France, à qui il ne devait rien, d'une façon irréprochable ; qu'il mérita et obtint l'estime de la République et de tous les ambassadeurs avec lesquels il fut en relations ; qu'il gagna l'affection de tous les Français, y compris le consul qu'il avait supplanté. Sauf les réserves que nous venons d'indiquer, ces éloges pompeux sont en effet à peu près vrais. Ils doivent suffire à sa gloire ; on préférerait

---

1. P. Faugère, *J.-J. Rousseau à Venise.*

pourtant les entendre d'une autre bouche que la sienne.

Ces occupations ne lui faisaient pas oublier Mme de Warens. Il lui écrivit par plusieurs voies différentes. « Quand Rousseau fut parti, dit Conzié, je portais à Mme de Warens de ses nouvelles [1]. » Mais pourquoi Jean-Jacques avait-il besoin d'un intermédiaire auprès de Mme de Warens? Pourquoi n'obtenait-il d'elle aucune réponse? Est-ce que les rapports avec elle continuaient à être tendus? « Je compte pour rien, écrivait-il, les infirmités qui me rendent mourant (il était, comme on sait, toujours mourant) au prix de la douleur de n'avoir aucune nouvelle de Mme de Warens [2]. » Cela ne l'empêchait pas d'écrire quinze jours après à Mme de Warens elle-même : « Je me porte bien et vous aime plus que jamais... O! mille fois chère maman, il me semble déjà qu'il y a un siècle que je ne vous ai vue. En vérité, je ne puis vivre sans vous [3]. »

Il s'habituait pourtant à Venise et s'attachait à son état : il y réussissait et y faisait du bien. Ses succès lui donnaient de l'importance. Un tel début était plein de promesses pour l'avenir; mais il était écrit que la voie de la diplomatie ne serait pas encore la dernière qu'il tenterait.

Une année ne s'était pas écoulée que déjà les points noirs se formaient à son horizon. Il est difficile de juger à distance les querelles de ménage dont il nous entretient. Est-il vrai que Montaigu se soit appliqué à peupler sa maison de *canaille*, et que Jean-Jacques ait été, au milieu de ces fripons,

---

1. DE CONZIÉ, *Notice*, etc. —
2. *Lettre à M. de Conzié*, 21 septembre 1743. — 3. 5 octobre 1743.

la plupart italiens, le seul honnête homme ou à peu près? Est-il vrai que ces domestiques infidèles, forts de la complaisance ou de l'appui de leur maître, aient résolu de perdre le censeur inexorable de leurs vices, le seul qui ait osé leur tenir tête? Est-il vrai que la crapule et la débauche introduites dans le palais, presque dans la chambre de l'ambassadeur, aient soulevé les scrupules du secrétaire, que la lésinerie et la malpropreté des repas aient offensé sa délicatesse, que les passe-droits et les impolitesses aient éveillé sa susceptibilité? Est-il vrai qu'il ait montré dans ces circonstances une dignité, une décence, une fierté qu'on ne lui avait pas connues jusque-là? Peut-être. Mais il est vrai aussi que Rousseau avait une profonde antipathie pour Montaigu; il est vrai qu'il avait une faculté d'exagération qui l'empêchait de voir la moindre chose dans ses véritables proportions, une susceptibilité qui le rendait bien mauvais juge dans sa propre cause, une inconstance qui le dégoûtait promptement des choses qui l'avaient le plus séduit d'abord. Il est vrai aussi que le pudique Jean-Jacques, un moment après avoir fait parade de ses sentiments d'honnêteté et de décence, ne se gêne pas pour raconter certaines aventures assez égrillardes auxquelles il prit part. Qu'on tempère donc (et Jean-Jacques semble y consentir [1]) les torts de l'un par les susceptibilités de l'autre, les prétentions aristocratiques du grand seigneur par la morgue démocratique du Citoyen de Genève, les exagérations de

---

1. *Lettre à Dutheil*, 8 août 1744. Voir aussi la *lettre* dans laquelle Montaigu explique à l'abbé Alary ses griefs contre Rousseau. (P. Faugère.)

l'imagination et du souvenir par la réalité simple et prosaïque, et l'on aura plus de chances d'approcher de la vérité. Mais après cette opération, et sans attacher une importance excessive à des misères, on n'en devra pas moins laisser la plus grande somme de torts au compte de M. de Montaigu. Jean-Jacques, vraisemblablement, ne se dépouilla pas de ses défauts en prenant la livrée de l'ambassadeur; mais, sans avoir eu la conduite exemplaire et irréprochable dont il se vante, il fut suffisamment intelligent et honnête; c'est déjà beaucoup; il y en a bien d'autres dont on ne pourrait pas faire le même éloge.

La première querelle un peu sérieuse entre Jean-Jacques et son patron eut pour motif une question d'étiquette. L'ambassadeur devant avoir un jour à dîner le duc de Modène, prétendit que Rousseau, qui n'était pas même gentilhomme, n'aurait, pas plus que les gentilshommes de sa maison, place à sa table. Rousseau soutint que son titre de secrétaire lui donnait le pas sur tous les gentilshommes, et que l'usage lui donnait le droit de dîner, en grande cérémonie, avec le doge lui-même. Le duc de Modène ne vint pas. Cela trancha la difficulté, mais n'arrêta pas les taquineries et les injustices de Montaigu. Cependant, comme celui-ci avait besoin d'un secrétaire intelligent et sachant l'italien, et pensait qu'il aurait de la peine à remplacer celui qu'il possédait, il ne voulait que le mater et non le renvoyer. Il avait même trouvé, pour y réussir, un excellent procédé, c'était de lui enlever les moyens de s'en aller en ne lui payant pas son traitement. Jean-Jacques avait beau réclamer, demander son compte et son congé, son insistance était inutile. A la fin, il se fâcha tout à fait, et écrivit au frère même de Montaigu. La réponse fut faite à l'ambassadeur; on put juger à sa colère de ce qu'elle devait être. Le malheur est qu'elle ne procura pas à Rousseau son traitement, et qu'elle ne fit qu'envenimer le différend ; de sorte qu'il n'eut d'autre ressource que de prendre ou de recevoir son congé; car, sur ce point, ses lettres ne sont pas d'accord avec ses *Confessions*.

Il se donne naturellement le beau rôle dans la scène qui eut lieu à cette occasion. Quand on songe que tous, ou presque tous les faits qu'il rapporte sont confirmés par sa correspondance du moment[1], on ne peut guère révoquer en doute sa sincérité, tout en tenant compte de sa passion. C'est encore, il est vrai, son témoignage, mais donné dans des circonstances qui en augmentent l'autorité, alors que la présence de son contradicteur et de ses témoins eût rendu facile la constatation d'un mensonge. A la fureur du maître, il opposa la dignité hautaine et calme de l'homme sûr de son droit. Montaigu ne trouva rien de mieux que de l'accuser d'avoir vendu ses chiffres. Vos chiffres, lui répondit Rousseau d'un ton moqueur, vous trouveriez difficilement un homme assez sot pour en donner un écu. Puis, voyant que Montaigu faisait mine d'appeler ses gens pour le jeter par la fenêtre; trouvez bon, ajouta-t-il en fermant la porte, que cette affaire se passe entre nous; et, lui faisant ses adieux, il s'en alla, la tête haute, avec la gravité d'un sénateur romain. Il était resté quatorze mois chez M. de Montaigu.

1. Voir ses *Lettres à Dutheil*.

II

Rousseau, sans argent, et, par surcroît, chargé des malédictions de l'ambassadeur, aurait pu se trouver dans l'embarras. Mais, par une singularité qui ne lui fait pas moins d'honneur qu'à ses amis, il ne rencontra partout que sympathie et bon accueil. Le consul de France le retint à dîner. Tous les Français de distinction vinrent à ce repas, lui firent fête, lui ouvrirent leur bourse. Montaigu, de son côté, s'oublia jusqu'à demander au Sénat de le faire arrêter ; il n'obtint pas même l'honneur d'une réponse, et Jean-Jacques, pour le braver, resta quinze jours de plus, se montrant partout, faisant des visites. Comment arriva-t-il que des fonctionnaires, des hommes qui avaient besoin de l'ambassadeur, oubliant dans cette circonstance la crainte de se compromettre, aient pris parti pour le secrétaire? Celui-ci ne prend pas la peine de nous en informer ; mais le fait, tout vraisemblable qu'il est, paraît constant.

Rousseau n'avait pas seulement à se faire bien voir à Venise, qu'il allait quitter ; il avait surtout à ménager sa situation à Paris, où il pouvait retourner. Il ne négligea pas ce point important. Il chercha à mettre dans ses intérêts l'abbé Alary, celui-là même qui l'avait présenté à la famille de Montaigu. Après s'être fait auprès de lui un mérite de sa réserve et des excès qu'il avait endurés avant de prendre la résolution de se défendre. « Aujourd'hui, ajoute-t-il, que les procédés de Son Excellence ont rendu l'éclat nécessaire, je suis obligé d'agir différemment.

Insulté publiquement, la défense de mon honneur veut que je me justifie devant le public; et c'est ce que je ferai avec l'ardeur et la fermeté qui convient en pareil cas à un honnête homme [1]. »

Il eut soin d'envoyer directement ses informations et ses réclamations au premier commis, chargé par intérim des affaires étrangères. Dès le surlendemain de sa sortie, il commençait cette correspondance. Elle est nette, ferme, et ne fait que répéter ce que nous savons déjà. « Au reste, dit-il, s'il se trouve que j'aie ajouté un seul mot à la vérité dans l'exposé que j'ai l'honneur de vous faire, et cela ne sera pas difficile à vérifier, je consens à payer de ma tête ma calomnie et mon insolence. »

Huit jours après, nouvelle lettre. L'ambassadeur continue à traiter son ancien secrétaire comme on traiterait à peine le dernier des scélérats; il le fait poursuivre de maison en maison et défend aux habitants de le loger; il lui a envoyé le compte le plus inique et a voulu le lui faire accepter de force, le menaçant, s'il ne partait sur-le-champ de Venise, de le faire assommer de coups; non content de lui refuser ses gages, il lui retient ses hardes sous les prétextes les plus odieux. Mais Rousseau ne se laissera pas décourager par toutes ces ignominies. Malgré les préjugés capables de déconcerter un serviteur demandant satisfaction contre un maître puissant, il ose en appeler à la voix publique, à l'estime des honnêtes gens, à l'équité, à la clémence du Roi contre les injustices et les outrages sanglants par lesquels M. l'ambassadeur a prétendu signaler son autorité, en diffamant un homme d'honneur qui

---

1. *Lettre à l'abbé Alary,* août 1744.

ne peut se reprocher d'autre faute à son sujet que celle d'être entré dans sa maison [1].

Avant de suivre Rousseau à Paris, où il continua cette correspondance et cette petite guerre, restons encore un peu à Venise. Nous avons vu jusqu'ici le fonctionnaire grave et digne, il est à propos de voir aussi l'homme privé.

La première et la plus douce de ses récréations était, dit-il, la société des gens de mérite. Il en cite trois ou quatre, il a oublié les autres, ce qui prouve que leur mérite n'était pas bien frappant. Dans ces réunions, passablement mêlées, on faisait de la musique, on dansait, on jouait quelquefois. Chacun amenait sa femme, son amie, sa maîtresse, et, ce qui paraîtra étonnant dans ce pays italien, célèbre par ses jalousies, tout ce monde s'amusait et faisait bon ménage. Jean-Jacques était arrivé avec les préjugés de tout bon Français contre la musique italienne, mais il ne tarda pas à changer d'avis et se prit pour cette musique d'une passion qui ne le quitta plus. Son bonheur était de s'enfermer seul dans une loge à l'Opéra et de savourer à son gré les airs délicieux qu'on y chantait. Mais il mettait encore bien au-dessus de la musique d'opéra celle des *Scuole*. Les *Scuole* étaient des maisons de charité établies pour donner de l'éducation à des jeunes filles pauvres. Tous les dimanches, à vêpres, ces jeunes filles, cachées dans des tribunes grillées, exécutaient des motifs à grand orchestre. Rousseau ne concevait rien de plus admirable que leurs chants. Il aurait bien voulu joindre au plaisir de l'oreille celui des yeux. Son ami Carrio lui procura cette satisfaction

---

1. *Lettres à Dutheil*, 8 et 15 août 1744.

et lui fit voir ces enfants ; la plupart étaient horribles ; il n'en continua pas moins à se les figurer charmantes toutes les fois qu'il les entendit. Enfin, tout cela ne lui suffisant pas, s'il n'exécutait lui-même, il trouva moyen de faire, avec quatre ou cinq symphonistes, de petits concerts. Il y répétait les plus beaux morceaux des opéras qu'il avait entendus. Il y essaya aussi plusieurs airs de ses *Muses Galantes*. Pour comble de bonheur, il eut la joie d'en voir jouer et danser deux ballets au célèbre théâtre de Saint-Jean-Chrysostome.

Heureux s'il s'était borné à ces distractions ; mais il voulut goûter aussi d'autres plaisirs. Les plaisirs de Venise sont, hélas ! les plaisirs de partout. Le consul avait deux filles ; Jean-Jacques ne pouvait décemment jeter ses vues sur elles ; les maîtresses étaient trop chères pour sa bourse ; il eut la pensée d'en avoir une de moitié avec son inséparable Carrio. Ils commencèrent à cet effet à faire élever une toute jeune fille, trop jeune même pour servir à leurs passions ; mais la pauvre enfant leur fit pitié ; ils l'auraient plutôt protégée que déshonorée. Jean-Jacques partit sur ces entrefaites, et la chose n'eut pas de suites.

Restent deux aventures de courtisanes, assez malpropres et qu'il est difficile de présenter aux lecteurs honnêtes. Les détails d'anatomie physique et morale qu'elles contiennent sont également répugnants et seraient plus à leur place dans l'*Assommoir* que dans un livre sérieux. Rousseau, qu'on regarde avec raison comme un des pères du Romantisme, était bien aussi réaliste à ses moments. Les romans et le théâtre ont l'habitude d'idéaliser le vice. Jean-Jacques l'idéalise et le matérialise tout à la fois. C'est la nature, dira-t-on. — Oui, mais c'est la nature corrompue ; on doit se garder de la dévoiler au public. Nous pourrions donner en preuve de ce que nous avançons *la Padoana* et *Zulietta*; nous croyons mieux faire de les passer sous silence.

Il était temps, ne fût-ce que par crainte pour sa peau, que Jean-Jacques partît de Venise. Il se rendit à Genève; il eut même, à ce qu'il prétend, l'intention de s'y arrêter, afin de se ménager un retour auprès de Mme de Warens. Cependant, s'il avait un si grand désir de vivre avec elle, comment, passant si près de sa demeure, ne l'honora-t-il pas seulement d'une visite? Son affection pour Mme de Warens avait reçu de rudes atteintes, cela n'est pas douteux ; mais alors qu'il ne continue pas à en faire parade.

Il traversa Nyon sans voir son père. Non par indifférence, grand Dieu ! mais uniquement parce qu'il craignait les reproches de sa belle-mère. A Genève, un ami commun, le libraire Duvillard, lui fit sentir son tort. Afin de le réparer, ils reprirent ensemble la route de Nyon et descendirent au cabaret. Duvillard alla chercher le père Rousseau ; tous trois soupèrent de compagnie, passèrent une soirée délicieuse, et de cette façon, Jean-Jacques eut la satisfaction de voir son père, et celle, non moins vive, de ne pas voir sa belle-mère. Enfin, il arriva à Paris avec l'intention bien arrêtée d'employer tous les moyens pour obtenir justice.

Le bruit de son histoire l'avait devancé. Il avait écrit, vraisemblablement de Genève, une nouvelle lettre au ministre ; il lui en remit une dernière aussitôt qu'il fut à Paris. De son côté, Montaigu avait envoyé aussi ses informations. Jean-Jacques, du reste, ne se posait point en solliciteur ; il ne demandait pas d'emploi ; mais il lui importait que le public sût si, oui ou non, il avait mérité son sort. Rien de plus facile, disait-il, que de s'en assurer. « S'agit-il de l'intérêt ; le compte que j'aurai l'honneur de vous remettre, écrit de la propre main de M. le comte de Montaigu, est un témoignage sans réplique, qui ne fera pas honneur à sa bonne foi. S'agit-il de l'honneur ; tout Venise a vu avec indignation les traitements honteux dont il m'a accablé[1]. »

Tout Paris le voyait également et ne se faisait pas faute de le dire ; mais qu'il y avait loin de cette sympathie platonique à la réparation effective ! Montaigu était l'ambassadeur, Rousseau n'était que le secrétaire ; Montaigu était Français, Rousseau était étranger ; Rousseau surtout étant l'employé personnel de Montaigu, l'affaire semblait devoir s'arranger entre eux ; le Gouvernement avait peu de chose à y voir. Aussi le malheureux Jean-Jacques fut-il en définitive abandonné à la discrétion de son contradicteur. On convint que c'était inique, mais les mœurs du temps le voulaient ainsi.

Il espérait qu'à force de crier, de tempêter, de traiter publiquement Montaigu comme il le méritait, il éveillerait l'attention et en profiterait pour réclamer un jugement. Au lieu de cela, on le laissa crier ; on fit même chorus avec lui ; si bien qu'à la fin, las d'avoir toujours raison et de n'obtenir jamais justice, il perdit courage et en resta là. Mais on peut se figurer l'indignation qui lui monta au cerveau « contre ces sottes institutions sociales, où le vrai bien public et la véritable justice sont toujours sacrifiés à je ne sais quel ordre apparent, destructif

---

1. *Lettres à Dutheil*, fin de septembre et 11 octobre 1744.

en effet de tout ordre, et qui ne fait qu'ajouter la sanction de l'autorité publique à l'oppression du faible et à l'iniquité du fort. »

Le concert d'approbation qui entoura Rousseau eut pourtant sa note discordante. M™ª de Buzenval, entichée de sa noblesse, ne put se mettre dans la tête qu'un ambassadeur pût avoir tort contre son secrétaire et ne cacha pas son sentiment à son ancien protégé. Il en fut si piqué qu'en sortant de chez elle, il lui écrivit une des plus vives lettres qu'il ait faites, et ne retourna jamais la voir. Sa lettre même est tellement mordante qu'on douterait presque qu'il ait osé l'envoyer à son adresse [1].

Quoiqu'il ait été reçu par le P. Castel mieux que par M™ª de Buzenval, il le trouva partial et cessa de le voir. Il n'eut plus désormais de relations avec les Jésuites.

Peu de temps après ces événements, Montaigu fut destitué. Jean-Jacques se flatte que les difficultés qu'il avait eues avec lui ne furent pas étrangères à sa destitution. Il eut alors la joie tardive d'être payé de son traitement. Il en employa l'argent à s'acquitter de ses dettes, notamment de celles qu'il avait contractées à Venise, et se retrouva la bourse aussi vide qu'auparavant, mais avec un grand poids de moins sur l'esprit.

Nous avons fini de raconter les hauts faits de Rousseau dans la diplomatie. Il y fit preuve de qualités utiles; s'il avait eu un meilleur chef, il aurait pu s'y fixer, peut-être y réussir. Faut-il regretter néanmoins qu'il ait abandonné cette carrière, comme il en avait abandonné tant d'autres. Nous

---

1. *Lettre à M™ª de Buzenval,* novembre 1744.

ne le croyons pas. Comme à tous les hommes d'imagination, toutes choses d'abord lui semblaient belles; il s'élevait facilement, mais il ne savait pas se soutenir. Il aurait été dans la diplomatie ce qu'il avait été dans l'éducation, pour laquelle aussi il s'était cru des dispositions. Il fit longtemps sa profession de la littérature, parce qu'elle est la variété même, encore finit-il par l'abandonner comme le reste. Rousseau donc n'aurait jamais été un ambassadeur habile, parce qu'il aurait porté avec lui dans ses ambassades son imagination exaltée, sa sensibilité maladive, son inconstance, ses passions. Voyez-le donc menant les affaires de la politique comme il mena ses propres affaires; voyez ce mélange de laisser-aller et de raideur, ce caractère inquiet, qui se trouble pour rien, cette sauvagerie, cette indépendance incapable de se plier aux usages les plus simples. Voyez encore Rousseau fatalement amoureux, comme Ruy Blas, d'une reine ou d'une impératrice, et ne sachant pas même contenir ses sentiments. C'est là que Voltaire aurait eu raison de s'écrier que ce serait un opprobre pour un ministère qu'un homme tel que J.-J. Rousseau eût été ambassadeur [1].

Ayant dit adieu de bon cœur à toutes les ambassades, Jean-Jacques fut heureux de trouver dans le sein de l'amitié des consolations à ses ennuis. Il s'était lié à Venise avec un Biscayen nommé Altuna. Ce jeune homme était, paraît-il, un modèle de toutes les vertus et de toutes les perfections. Il était venu en Italie pour y étudier les beaux-arts,

---

1. *Lettre de Voltaire au Secrétaire d'ambassade de France*, 6 novembre 1766.

mais Rousseau lui ayant reconnu un merveilleux talent pour les sciences, l'engagea à aller passer quelque temps à Paris. Ils s'y retrouvèrent en effet, et comme Altuna avait un logement trop grand pour lui seul, il en offrit la moitié à son ami. Altuna n'aurait pas été parfait, s'il n'avait été un chrétien convaincu et fervent; mais il était aussi tolérant pour les idées des autres qu'il était affermi dans les siennes. Aussi les divergences de pensées qui existaient entre les deux amis, n'altéraient pas l'harmonie de leurs cœurs. Sa tolérance toutefois n'était pas de l'indifférence, et quoique Rousseau ne le dise pas formellement, il semble clair qu'Altuna essaya de le convertir. Toujours est-il que malgré, ou peut-être à cause de leurs discussions, ils étaient devenus inséparables. Pourquoi nous séparer, disait Altuna? Venez avec moi en Biscaye; nous vivrons ensemble, ensemble nous serons heureux. Ils convinrent en effet de se réunir, mais les événements, peut-être aussi la nécessité de mener avec Altuna une vie régulière empêchèrent Rousseau d'accepter ces offres généreuses. Altuna partit seul. Pendant plusieurs années, il continua ses instances pour attirer Rousseau. La réponse de ce dernier est curieuse et bien capable d'attrister un cœur chrétien. « A quelle rude épreuve mettez-vous ma vertu, en me rappelant sans cesse un projet qui fait l'espoir de ma vie. ...Mais vous connaissez mes sentiments sur un certain point; ils sont invariables... Vous cherchez par zèle à me tirer de mon état; je me fais un devoir de vous laisser dans le vôtre... Vous voyez donc que, de toute manière, la dispute sur ce point est interdite entre nous. Du reste, ayez assez bonne opinion du cœur et de l'esprit de votre ami, pour croire qu'il a réfléchi plus d'une fois sur les lieux communs que vous lui alléguez, et que sa morale de principes, si ce n'est celle de sa conduite, n'est pas inférieure à la vôtre, ni moins agréable à Dieu. Je suis donc invariable sur ce point. Les plus affreuses douleurs ni les approches de la mort n'ont rien qui ne m'affermisse, rien qui ne me console, dans l'espérance d'un bonheur éternel que j'espère partager avec vous dans le sein de mon Créateur[1]. » Les liens honteux dans lesquels Jean-Jacques était engagé à l'époque où il écrivit cette lettre lui donnent une triste signification. Est-il absolument sincère et serait-ce juger témérairement que de donner pour première cause à sa prétendue fermeté la crainte d'être obligé de changer de vie en changeant de principes? Quoi qu'il en soit, il n'alla point en Espagne comme il en avait eu le désir. Altuna se maria, eut des enfants, mourut jeune, et Jean-Jacques poursuivit son existence décousue.

1. 30 juin 1748.

CHAPITRE IX

1745-1749 [1].

Sommaire : I. Thérèse Le Vasseur. — Opéra des *Muses galantes.* — Difficultés avec Rameau.
II. Les *Fêtes de Ramire ;* premiers rapports de Rousseau avec Voltaire. — Rousseau perd son père. — Il devient la proie de la famille de Thérèse. — Il reprend ses fonctions de secrétaire de Mme Dupin et de M. de Francueil. — Liaison avec Diderot et Condillac. — Le *Persifleur*.
III. Le château de Chenonceaux. — L'*Engagement téméraire.* — L'*Allée de Sylvie*.
IV. Rousseau met ses enfants aux Enfants-Trouvés.
V. Le château de la Chevrette. — Liaison avec Mme d'Épinay. — Rousseau fait des articles sur la musique pour l'*Encyclopédie*.

I

Jean-Jacques était retourné loger à son petit hôtel de la rue des Cordiers. « Là, dit-il, m'attendait la seule consolation que le ciel m'ait fait goûter dans ma misère, et qui seule me la rend supportable. » Il est bon d'ajouter pour ceux qui ne s'en douteraient pas, que ces paroles s'appliquent à une liaison de bas étage qui, de l'aveu de tous, amis et ennemis, pesa sur sa vie entière, pour la tourmenter, la perdre et la flétrir. Son récit, digne du fait lui-même, peut passer pour un chef-d'œuvre de sophistique. Pendant que, dans sa chambrette, il travaillait à son opéra des *Muses galantes,* Thérèse Le Vasseur, car c'est d'elle qu'il est question,

---

1. *Confessions,* l. VII.

était employée à raccommoder le linge de la maison. La jeune servante, comme c'était l'usage dans les auberges de cette importance, mangeait avec les hôtes, et trop souvent était en butte aux plaisanteries de la société. Rousseau, qui n'était plus un jeune homme, il avait trente-deux à trente-trois ans, fut frappé de son air modeste, de sa douceur, de sa timidité ; il se fit le défenseur de l'innocence, et tout en détournant sur lui une bonne part des quolibets, y gagna la reconnaissance de la pauvre enfant. Que dire enfin ? Voulant la sauver, pour mieux y parvenir, il se donna à elle ; en d'autres termes, il la corrompit lui-même. Ce procédé rappelle assez bien l'homme charitable qui, dans la crainte qu'on ne vole la bourse du voisin, s'en empare le premier. Admirons ce merveilleux talent qui, volontiers, ferait passer la séduction pour une bonne œuvre. Dans cette société, qui pouvait être assez mêlée et se permettre des propos parfois épicés, il n'y avait, à entendre Jean-Jacques, que lui d'honnête ; c'est pourquoi il en donna la preuve que nous venons de voir. Cependant, afin de se montrer absolument délicat, il déclara à Thérèse qu'il ne l'abandonnerait pas, mais aussi qu'il ne l'épouserait jamais. Voilà son maximum en fait de morale. D'autres trouveront que de tels engagements n'engagent pas beaucoup. Lui-même n'avait, en effet, cherché d'abord qu'à se donner un amusement ; mais, ajoute-t-il, un peu d'habitude avec cette excellente fille et un peu de réflexion lui firent sentir qu'en ne songeant qu'à ses plaisirs, il avait beaucoup fait pour son bonheur.

Quel fut donc ce grand bonheur que lui procura Thérèse ? Ici, nouvelles contradictions. Le motif de leur liaison n'est pas difficile à trouver, ce fut sa facilité : Thérèse était à sa portée. Il était timide, maladroit, paresseux ; il ne se donna pas la peine d'aller chercher ailleurs ce qu'il avait rencontré sous sa main. Il est permis de croire qu'il en aurait fait autant pour toute autre. Il prit une fille laide et bête, laissant à son imagination le soin de lui façonner un esprit et une beauté factices. On se souvient du temps où il lui fallait un beau teint, des mains blanches, de la distinction dans les manières; mais il était écrit que les trois quarts de ses actes seraient le démenti de ses déclarations antérieures ou de ses principes.

Ce vrai motif, Rousseau l'exprime avec une franchise encore plus brutale que nous ne pouvons le faire : « il fallait, pour tout dire, un successeur à ma maman. » L'intimité de l'esprit et du cœur, et aussi les liens honteux qui l'avaient uni à Mme de Warens demeuraient dans son imagination et dans ses désirs. Mais si sa nouvelle liaison, toute criminelle qu'elle était, n'eut pas du moins la circonstance aggravante d'une sorte d'adoption maternelle, quelle différence d'ailleurs avec ses premières amours! Au lieu de la grande dame spirituelle, philosophe, distinguée, sensible, entreprenante, une servante d'auberge, ignorante, sans beauté, sans esprit, sans distinction, bonne, si l'on veut, mais de cette bonté niaise, qui est à peine un mérite. La chute était grande. Aussi, M. de Conzié ne pardonna-t-il jamais à Jean-Jacques d'avoir « préféré une femme telle que Thérèse à une maman aussi respectable que l'était Mme de Warens[1]. » Bien d'autres le blâ-

---

[1]. DE CONZIÉ, *Notice*.

mèrent également, et lui-même ne fut pas sans se repentir plus d'une fois de son choix ; mais l'ornière était tracée, il alla jusqu'au bout.

Élève de Mme de Warens, il rêva de reporter sur sa seconde maîtresse les bienfaits de l'éducation qu'il tenait de la première. Le terrain était neuf ; on pouvait espérer qu'il n'attendait qu'une culture intelligente ; cependant il resta rebelle à tous les soins. Thérèse ne savait ni parler, ni lire, ni compter, et après des années d'efforts, son esprit demeura, pour ainsi dire, aussi fermé que le premier jour. Elle apprit à écrire d'une façon passable, mais elle ne sut jamais lire couramment ; elle ne parvint ni à connaître les heures sur un cadran, ni à suivre l'ordre des douze mois de l'année, ni à compter l'argent, ni à se rendre raison du prix d'aucune chose. Le mot qui lui venait en parlant était souvent l'opposé de celui qu'elle voulait dire, et son amant fit, pour amuser Mme de Luxembourg, un dictionnaire de ses phrases et de ses quiproquos. Rousseau, si susceptible, devait souffrir cruellement d'avoir sans cesse à rougir de sa maîtresse ; s'il paraissait en rire, c'est que, ne pouvant avoir pour lui l'opinion, il prenait le parti de la braver. « Mais, ajoute-t-il, cette personne si bornée et, si l'on veut, si stupide, est d'un conseil excellent dans les occasions difficiles. Souvent en Suisse, en Angleterre, en France, dans les catastrophes où je me trouvais, elle a vu ce que je ne voyais pas moi-même ; elle m'a donné les avis les meilleurs à suivre ; elle m'a tiré des dangers où je me précipitais aveuglément ; et devant les dames du plus haut rang, devant les grands et les princes, ses sentiments, son bon sens, ses réponses et sa conduite lui ont attiré l'estime universelle, et à moi, sur son mérite, des compliments dont je sentais la sincérité. » Si ces éloges ridicules n'étaient qu'invraisemblables, on pourrait hésiter à les croire; mais autant que le rôle effacé de Thérèse permet d'en juger, ils ne sont pas plus vrais qu'ils ne sont vraisemblables. C'est d'ailleurs assez l'habitude de Jean-Jacques de vanter Thérèse d'une façon générale et de la déprécier dans les cas particuliers. Après avoir dit d'elle quelque chose de désavantageux, il est rare qu'il ne conclue pas à son avantage. L'amour, il est vrai, explique bien des choses ; mais si l'amour résiste à une foule de laideurs physiques et morales, c'est ordinairement parce qu'il ne les aperçoit pas. Jean-Jacques voyait tout suivant la vérité, c'est-à-dire en laid, et il concluait comme s'il avait vu tout en beau ; explique qui pourra cette anomalie.

La mère Le Vasseur commençait bien dès lors à jeter sa note aigre dans ce doux concert; mais le bel esprit et l'astuce de la mère ne faisaient qu'enflammer les sentiments pour la fille. Tout était donc pour le mieux.

Il n'était pas jusqu'au travail que cet amour ne favorisât à sa manière, en rendant toute autre distraction superflue. Rousseau se remit pour la troisième fois à ses *Muses galantes*; au bout de trois mois elles étaient achevées.

Les opéras de Rousseau ne se sont jamais beaucoup joués et sont oubliés depuis longtemps ; cela peut nous dispenser de les apprécier longuement. Jean-Jacques a d'ailleurs parlé lui-même de son œuvre de manière à désarmer la critique. « Cet ouvrage, dit-il, est si médiocre en son genre, et le genre en est si mauvais que, pour comprendre comment il m'a pu plaire, il faut sentir toute la force de l'habitude et des préjugés[1]. » L'idée en était pour le moins singulière. L'auteur se proposait d'offrir, en trois actes détachés, trois genres différents de musique. En bonne règle, on aurait dû appeler cela trois pièces. Mais la donnée une fois admise, on a pu soutenir que l'unité se retrouve dans l'exécution, et par le fait, on ne peut désirer une analogie plus complète que celle qu'on trouve dans ces trois actes, en quelque sorte coulés dans le même moule, et se répondant point pour point.

Les amours de trois poètes fournissent à Rousseau les sujets de ses trois parties. Le Tasse, auquel plus tard il substitua Hésiode, convenait à la musique forte et élevée; Ovide représentait à merveille le genre tendre, et Anacréon était naturellement indiqué pour inspirer des airs vifs et légers. Le tout était précédé d'un prologue et accompagné de danses. Ces personnages allégoriques ou mythologiques, Apollon, la Gloire, l'Amour, les Muses, ces ballets soi-disant héroïques, ces vers langoureux, cette musique énervante sont assez pauvres au fond; mais c'était la mode : Molière lui-même avait payé son tribut à ce mauvais genre. Cette excuse en vaut bien une autre; mais elle ne peut faire que le mauvais goût devienne de l'art véritable.

L'opéra étant composé, il s'agissait de le faire jouer; besogne difficile, qui donna bien du mal à l'auteur. S'il parvenait à placer son œuvre sous le patronage de Rameau, le succès en était assuré : il ne désespéra pas d'y réussir. Il avait justement accès auprès de ce musicien par la famille de la Po-

---

1. *Les Muses galantes.* Avertissement.

plinière, dans laquelle Gauffecourt l'avait introduit. M. de la Poplinière était le Mécène de Rameau, Mme de la Poplinière sa très humble écolière ; mais il fallait compter avec les mauvaises humeurs de Rameau.

D'abord celui-ci refusa de voir la pièce. Il ne se décida même pas sans impatience à l'entendre. Alors se montrant également prodigue de louanges et de critiques, il conclut à la fin que l'auteur n'était qu'un petit pillard sans talent et sans goût ; que ses partitions étaient parfois d'un homme consommé dans l'art, et d'autres fois d'un ignorant qui ne savait pas même la musique. « Et il est vrai, dit Rousseau, que mon travail, inégal et sans règle, était tantôt sublime et tantôt très plat, comme doit être celui de quiconque ne s'élève que par quelques élans de génie, et que la science ne soutient point. » De cette époque date ce que Rousseau appelle la jalousie de Rameau ; mais comment admettre que le grand musicien ait été jaloux de Rousseau ?

Rameau a raconté la même anecdote ; on pense bien que les deux récits diffèrent sensiblement. « Je fus frappé, dit Rameau, d'y trouver de très beaux airs de violon, dans un goût absolument italien, et en même temps tout ce qu'il y de plus mauvais en musique française... Ce contraste me surprit ; mais je vis bientôt qu'il n'avait fait que la musique française, et qu'il avait pillé l'italienne. » « Si le ballet eût été représenté, ajoute Rameau, et que le public eût jugé comme moi, Rousseau n'aurait pas manqué d'en tirer avantage en faveur de la musique italienne ; mais cela aurait prouvé simplement que de la bonne musique italienne vaut mieux que de la mauvaise musique française [1]. »

1. RAMEAU, *Erreurs sur la musique dans l'Encyclopédie.* 1756.

Tout le monde, du reste, ne fut pas aussi sévère que Rameau. Mme de la Poplinière, en élève docile de l'auteur de la *Princesse de Navarre*, opina du bonnet et se montra mécontente; M. de la Poplinière, au contraire, fut enchanté et parla autour de lui du nouveau maëstro; si bien que le duc de Richelieu voulut entendre l'œuvre, et qu'elle fut exécutée à grand orchestre en sa présence, aux frais du Roi. « M. Rousseau, dit le duc quand elle fut terminée, voilà de l'harmonie qui transporte. Je n'ai jamais rien entendu de plus beau; je veux donner cet ouvrage à Versailles. » Les *Muses Galantes* ne furent pourtant pas représentées devant le Roi. Deux ans après, en 1747, elles passèrent à l'Opéra, et en 1761, elles furent jouées devant le prince de Conti. Après la mort de Rousseau, Thérèse resta en possession de l'unique manuscrit contenant la partition; elle n'en tira aucun parti[1]. On ne peut pas dire que la gloire de l'auteur ait eu à souffrir de cette négligence.

II

Pour se consoler des retards apportés à l'exécution de son opéra, il se mit à en faire un autre, auquel il n'aurait pas même songé, si la faveur de Richelieu ne le lui avait imposé. Malheureusement, il y rencontra de nouveau l'opposition de Rameau. Tout Versailles fut en fêtes à l'occasion de la vic-

---

1. *Note sur les manuscrits de J.-J. Rousseau remis au Comité d'Instruction publique* par le citoyen René GIRARDIN père. Cette note est en tête des *Lettres autographes de J.-J. Rousseau à Mme de Luxembourg*, conservées à la bibliothèque de la Chambre des députés. —

toire de Fontenoy. On joua au théâtre des Petites-Écuries plusieurs opéras, entre autres *la Princesse de Navarre*, dont les paroles étaient de Voltaire et la musique de Rameau. On voulut toutefois pour la circonstance, réformer la pièce, et on lui donna le nom de *Fêtes de Ramire*. Voltaire et Rameau étant l'un et l'autre empêchés, Richelieu chargea Rousseau de faire les remaniements. Celui-ci sentant que c'était une grosse responsabilité, mais aussi que cela pourrait être une bonne fortune pour lui de toucher aux vers de Voltaire, désira s'assurer de son assentiment. Sa lettre, comme on le pense bien, est toute pleine du témoignage de sa propre faiblesse et de son admiration pour le grand homme. On peut remarquer cependant que lorsqu'il l'écrivit, son travail qui, d'après lui, dura deux mois, devait être fort avancé. La lettre, en effet, est du 11 décembre, et la représentation eut lieu le 22 [1].

Voltaire ne pouvait voir en Rousseau un futur rival et un contradicteur; peut-être crut-il découvrir au contraire dans sa naissante célébrité un satellite de plus pour sa personne. Aussi, sa réponse est-elle aimable et louangeuse. « Vous réunissez, Monsieur, deux talents qui ont toujours été séparés jusqu'à présent. Voilà deux bonnes raisons pour moi de vous estimer et de chercher à vous aimer. Je suis fâché pour vous que vous employiez ces deux talents à un ouvrage qui n'en est pas trop digne... Heureusement il est entre vos mains; vous en êtes le maître absolu; j'ai perdu tout cela de vue [2]. »

1. Voir *Lettre de Rousseau à Voltaire*, 11 décembre 1745. —
2. *Réponse de Voltaire*, 15 décembre 1745.

Rousseau ménageait moins Rameau, et Rameau était plus exigeant et plus maussade; double motif pour que l'affaire ne se passât pas aussi aisément de ce côté. Mme de la Poplinière, éternelle prôneuse de son maître, se montrait impitoyable. Rameau remania les remaniements de Rousseau, sauf l'ouverture, qu'il n'eut pas le temps de refaire et que Jean-Jacques avait refusé de lui communiquer. Enfin, disent les *Confessions*, Rameau aima mieux faire supprimer son nom du livret que de le voir associé à celui de Rousseau[1]. Le malheureux Jean-Jacques, ballotté entre le duc de Richelieu, qui le favorisait, et Mme de Poplinière, qui l'avait pris en aversion, ne pouvait arriver à rien. Il tomba malade de chagrin et de dépit. Quand il fut en état de sortir, Richelieu avait quitté le ministère. Que pouvait-il sans lui? Son temps, ses honoraires, ses dépenses, les fruits et l'honneur de son travail, tout était perdu; ses espérances étaient encore une fois déçues.

Mais en ce moment un autre événement, nous ne savons si nous devons dire une autre peine, détourna ses soins; son père vint à mourir. Il avoue lui-même que les embarras de sa situation l'empêchèrent de ressentir cette perte comme il l'aurait fait dans un autre moment. Ce qui signifie qu'il avait besoin d'argent, et que le plaisir d'hériter compensa ou tempéra sa douleur. La somme qu'il toucha s'éleva à 1,500 florins, comme pour la succession de sa mère[2]. Il craignait que le défaut de preuves juri-

---

1. C'est une erreur; le seul nom cité est celui de Laval, auteur du ballet. — Voir le livret, 14 p. in-4°. — 2. MUGNIER, ch. VI.

diques de la mort de son frère ne suscitât des difficultés. Il pria son ami Gauffecourt d'être son mandataire officieux et s'en trouva bien.

Dieu nous garde de passer sous silence les actions vertueuses de Rousseau! Un soir donc, en rentrant chez lui, il trouva une lettre qui devait contenir l'heureuse nouvelle du règlement de sa succession. Laissons-le parler : « Je la pris pour l'ouvrir avec un tremblement d'impatience dont j'eus honte au-dedans de moi. Eh quoi! me dis-je avec dédain, Jean-Jacques se laisserait-il subjuguer à ce point par l'intérêt et par la curiosité? Je remis sur-le-champ la lettre sur la cheminée ; je me déshabillai, me couchai tranquillement, dormis mieux qu'à mon ordinaire et, le lendemain, me levai assez tard, sans plus penser à ma lettre. En m'habillant, je l'aperçus ; je l'ouvris sans me presser. J'y trouvai une lettre de change. J'eus bien des plaisirs à la fois ; mais je puis jurer que le plus vif fut celui d'avoir su me vaincre. »

N'en déplaise à Jean-Jacques, cet acte est tout chrétien, et, qui plus est, appartient à la haute spiritualité catholique. Il a son nom dans la langue de l'ascétisme et s'appelle la mortification. Il serait difficile à la raison d'en rendre complètement compte ; en revanche, les livres de piété et les vies de saints sont émaillés à chaque page de semblables traits. Rousseau ajoute qu'il en pourrait citer vingt à son actif ; tant mieux pour lui ; cela prouve qu'il se laissait parfois emporter au-dessus de la raison, jusque dans les régions du surnaturel. Que ne l'a-t-il fait plus souvent!

Pendant qu'il était en veine de bonnes œuvres, il envoya à Mme de Warens une petite part de l'héritage qu'il venait de recueillir. Il aurait bien désiré lui donner davantage, mais d'abord il fallait vivre. D'ailleurs la malheureuse femme était tombée si bas qu'on ne pouvait savoir si les secours qui lui étaient destinés ne serviraient pas plutôt à engraisser ses exploiteurs qu'à satisfaire ses besoins. Elle avait même manœuvré de telle façon, que la pension du Roi de Sardaigne ne lui était plus payée, si même elle ne lui était officiellement retirée. Jean-Jacques s'employa auprès des gouvernements de France et d'Espagne pour lui en obtenir une autre; mais n'avait-il pas plutôt besoin d'être protégé, qu'il ne pouvait protéger ses amis[1]? S'il pouvait toutefois essayer de venir en aide à son ancienne maîtresse, il était moins à l'aise pour la sermonner, étant lui-même dans une situation analogue à la sienne : dans la misère comme elle, engagé comme elle dans d'indignes liens, et peut-être non moins exploité qu'elle, quoique d'une autre manière.

Il apprenait en effet à ses dépens que le désordre des mœurs coûte cher. Passe encore s'il n'avait eu à sa charge que Thérèse ; mais avec elle s'était abattue, comme une nuée de vautours, toute une famille avide de profiter de la curée que lui promettait la faiblesse de caractère du nouveau couple. Ils n'étaient guère plus capables de se défendre l'un que l'autre, et la mère Le Vasseur était insatiable.

---

1. *Lettres à Mme de Warens*, 25 février 1745 et fin de 1745, avec *Mémoire* à l'appui. — Deux *Lettres* de février 1747. La pension subit, en effet, de longs retards, pendant l'occupation espagnole (1743-1749) ; mais l'arriéré fut payé et Mme de Warens ne perdit rien. Quant à ses entreprises ruineuses, il est sûr que, presque jusqu'à son dernier jour, aussitôt qu'elle était forcée d'en laisser une, c'était pour se jeter dans une autre. Voir MUGNIER, ch. VII, et *passim*.

Sœurs, fils, filles, petites-filles, tout vint, hors une sœur mariée, à Angers. On ne peut voir sans dégoût celui qu'on devrait nommer le philosophe de Genève, en proie à cette bande d'affamés, se faisant l'un d'eux, les appelant des noms de tantes, de nièces; se laissant appeler oncle ou neveu. Mais le malheureux était engagé dans le fatal engrenage; il lui aurait fallu, pour s'en arracher, une dose d'énergie qu'il ne possédait pas. Au lieu donc de planter là Thérèse et sa suite, il se mettait en peine de les nourrir tous. Il essaya de nouveau, mais en vain, de faire représenter son opéra. Il eut meilleur espoir pour sa pièce de *Narcisse* et la fit recevoir aux Italiens, mais il ne put la faire jouer. Enfin il dut s'estimer heureux de reprendre, chez Mme Dupin et M. de Francueil, ses fonctions de secrétaire à 8 ou 900 francs.

Francueil s'était engagé à faire répéter les *Muses galantes,* il tint strictement parole; la pièce fut répétée; mais il fit en sorte, dit Rousseau, qu'elle ne fût pas jouée. Une de ces répétitions eut lieu sur le Grand Théâtre, devant un nombreux auditoire. Elle fut applaudie; cependant l'auteur vit qu'elle était défectueuse sous plusieurs rapports; lui-même la retira sans rien dire.

Désabusé de la gloire, il prit le parti de s'attacher à ses fonctions. Elles l'obligèrent à avoir un logement dans le quartier Saint-Honoré (rue Jean-Saint-Denis, près de l'Opéra) mais il tenait encore davantage à conserver celui qu'il avait loué pour Thérèse, au haut de la rue Saint-Jacques. Il y allait souper presque tous les soirs. Le jour, il écrivait sous la dictée de Mme Dupin et l'aidait à un ouvrage qu'elle préparait avec son mari, sur le mérite des femmes, ou bien il faisait de la chimie avec Francueil. On a encore à Chenonceaux des liasses de manuscrits de la main de Rousseau [1].

Le surplus de son temps, quand il lui en restait, était pour ses amis. Le principal et le plus connu était Diderot. Diderot avait sa Nanette, comme lui sa Thérèse; c'était entre eux une conformité de plus. Jean-Jacques se lia également avec Condillac, qu'il représente ici comme un homme obscur et ignoré dans la littérature, peut-être pour se donner le plaisir de le tirer, en paroles du moins, de son obscurité.

Il se vante même d'avoir contribué à trouver un libraire à l'auteur de l'*Essai sur l'origine des connaissances humaines*, et de l'avoir mis en relations avec Diderot. Tous trois venaient dîner ensemble un jour chaque semaine au Palais-Royal, à l'hôtel du *Panier fleuri*. C'est dans une de ces réunions que fut conçu entre Rousseau et Diderot le projet de publier à tour de rôle, sous ce titre, *le Persifleur,* une revue critique des productions littéraires françaises et étrangères. Jean-Jacques se chargea du premier numéro; il n'en parut jamais d'autre [2].

Cet essai aurait sans doute eu du retentissement s'il avait duré. Tel qu'il est, on n'y peut voir qu'une boutade assez spirituelle et une sorte de programme. L'auteur, afin de se donner le droit de persifler les autres, commence par se persifler lui-même. Dide-

---

1. *Mémoires de Mme d'Épinay*, édit. Boiteux, t. I, ch. VIII, en note. — G. SAND, *Histoire de ma vie*, ch. II. Le château de Chenonceaux appartenait à Mme Dupin. — 2. Voir aux Œuvres.

rot montra à d'Alembert ce petit écrit de son ami. Rousseau entra ainsi en relations avec d'Alembert ; tel fut sans doute pour lui le résultat le plus clair de son *Persifleur*.

III

Francueil ayant été passer l'automne de 1747 à Chenonceaux, Jean-Jacques l'y accompagna. La vie opulente et facile du grand seigneur à la campagne lui était inconnue ; il n'eut pas de peine à s'y faire et devint en peu de temps « gras comme un moine. » Malgré, ou peut-être à cause de son originalité, il entra fort avant dans les bonnes grâces des dames, et fut bientôt leur ami et leur conseiller. Sa sauvagerie servait d'excuse à son sans-gêne et à son manque d'usages.

Il lui fallait cependant payer sa bienvenue. Il le fit à sa manière et composa deux ou trois morceaux littéraires qui lui donnèrent une grande importance. On sait la considération dont on entourait à cette époque les hommes de lettres. Il n'y avait pas de maison aristocratique qui n'eût les siens ; on leur faisait presque la cour ; les dames les comblaient de prévenances. Eux, de leur côté, recevaient ces honneurs comme une dette, et non contents de traiter, en quelque sorte, d'égal à égal avec les plus hauts seigneurs et les femmes du plus grand monde, affectaient souvent une espèce de supériorité qu'on subissait sans se plaindre. Les productions de Rousseau étaient donc bien venues à Chenonceaux. On y jouait la comédie, on y faisait de la musique, on y récitait des vers ; quelle heureuse fortune d'avoir à côté de soi un homme qui était à la fois auteur dramatique, poète et musicien !

Parmi les œuvres que Rousseau composa à Chenonceaux, on doit citer l'*Engagement téméraire*[1]. Un des plus grands reproches qu'on puisse faire à cette comédie, c'est d'être de son époque. Voilà bien le xviiie siècle, avec son goût du convenu, son ton sentimental, son genre faux et fade, qui rappelle la nature à peu près comme les bergers de Florian. L'intrigue, qui n'est pas sans défauts, est encore, à notre avis, ce que la pièce contient de meilleur. Isabelle qui, malgré ses résolutions, se sent prise d'amour pour Dorante, lui fait contracter l'engagement de se tenir en garde pendant vingt-quatre heures contre un seul objet qu'elle lui désignera; elle lui laisse d'ailleurs toute liberté de fixer ensuite le prix de la gageure, s'il parvient à la gagner. Or, cet objet pour lequel il a promis de ne témoigner que de l'indifférence, c'est... elle-même. Là-dessus, ruses d'Isabelle pour exciter l'amour et la jalousie de son amant et le forcer à se déclarer; désespoir et incertitude de Dorante, qui n'ose montrer ses sentiments, dans la crainte de perdre son pari. Enfin, Lisette vient à son secours, et lui dit de se prêter à tout, même à signer le contrat d'Isabelle avec Valère son rival, car le nom de l'époux doit être en blanc. C'est alors au tour d'Isabelle de se prendre d'étonnement et de rage, en présence de l'indifférence apparente de Dorante. Il signe le contrat; il a gagné son pari; il demande

la liberté d'écrire.

---

1. Voir aux *Œuvres*.

ISABELLE

D'écrire!

LISETTE

Il est donc fou!

VALÈRE

Que demandes-tu là?

DORANTE

Oui, d'écrire mon nom dans le blanc que voilà.

ISABELLE

Ah! vous m'avez trahie.

Dorante se jette aux pieds d'Isabelle; Isabelle accorde sa main; c'est elle qui a contracté l'engagement téméraire.

Il y avait là de quoi faire une jolie pièce; mais ce cadre, qui prêtait à des situations intéressantes, a été rempli d'une manière bien insuffisante. L'action elle-même, qu'il n'y avait qu'à laisser aller, se complique et se dégage difficilement. De caractères, il n'y en a pas l'ombre. La versification est facile, et on rencontre des vers bien frappés, de la gaîté par moments et de l'esprit presque partout. Cette comédie donc ne manque pas d'agrément, quoiqu'elle soit plus froide que ne le ferait supposer notre analyse; mais elle ne sort pas de la foule des médiocrités agréables. L'heure de Rousseau n'était pas encore venue. Il commence son avertissement par ces mots : « Rien n'est plus plat que cette pièce. » Que n'aurait-il pas dit si on l'avait pris au mot? Mais quand il parle du temps qu'elle lui a coûté, nous nous inscrivons en faux contre son affirmation. Rousseau, qui écrivait si difficilement, était, à coup sûr, incapable de faire cet ouvrage en trois jours, comme il le prétend dans son *avertissement*, ni même en quinze, suivant la variante des *Confessions*. Si la pièce ne fut pas jouée alors, car elle fut réservée pour une autre occasion, ne serait-ce point parce qu'elle n'était pas terminée?

L'Allée de Sylvie[1] est également datée de Chenonceaux. Elle est incontestablement la meilleure pièce de vers de Rousseau; ce qui n'empêche pas Saint-Marc-Girardin d'y reconnaître à peine quelques vers harmonieux et respirant la rêverie[2]. Quoique Rousseau ne soit jamais moins poète que dans ses vers, on s'attache néanmoins à la plupart de ses productions, quelles qu'elles soient. L'historien a d'ailleurs un motif particulier de s'en occuper, car presque toujours on y découvre, non seulement la marque de son talent, mais un coin de l'histoire de son âme. Bien différent du statuaire qui se demande en face de son bloc de marbre: sera-t-il Dieu, table ou cuvette, Rousseau (et c'est là un de ses mérites littéraires) se peint toujours lui-même dans ses œuvres. *L'Allée de Sylvie* ne déroge point à cette loi. On y retrouve Jean-Jacques au naturel, son amour de la campagne et de la rêverie solitaire, ses plaintes sur son malheureux sort, et cet amalgame de sentiments, de passions et de philosophie, qui était chez lui non une simple attitude, mais un des traits les plus réels de son caractère:

> Qu'à m'égarer dans ces bocages
> Mon cœur goûte de voluptés!
> Que je me plais sous ces ombrages!
> Que j'aime ces flots argentés!

---

1. Voir aux *Œuvres*.
2. *Revue des Deux Mondes*, 1er janvier 1852.

> Douce et charmante rêverie,
> Solitude aimable et chérie,
> Puissiez-vous toujours me charmer.
> De ma triste et lente carrière,
> Rien n'adoucirait la misère,
> Si je cessais de vous aimer.
>
> . . . .
>
> Passions, source de délices,
> Passions, source de supplices,
> Cruels tyrans, doux séducteurs,
> Sans vos fureurs impétueuses,
> Sans vos amorces dangereuses,
> La paix serait dans tous les cœurs.

En 1763, cette pièce, restée jusqu'alors inédite, tomba par hasard entre les mains de Fréron : « Vous connaissez, dit-il, la prose énergique et brûlante de cet écrivain; je doute que vous soyez aussi content de sa versification[1]. »

IV.

Pendant que Jean-Jacques menait joyeuse vie à Chenonceaux, Thérèse portait, à Paris, les tristes fruits de leur inconduite. Lorsqu'il alla l'y rejoindre, en décembre 1747[2], il trouva son ouvrage plus avancé qu'il ne l'avait cru. Le cas était délicat, et, vu l'insouciance des parents, presque imprévu. La naissance d'un enfant, une des plus pures joies de la famille, une des plus douces bénédictions accordées par la Providence à un jeune ménage, n'est

---

1. FRÉRON, *Année littéraire* de 1763, t. V. — 2. *Lettre à* Mme *de Warens*, 17 décembre 1747.

pour les unions irrégulières qu'un déshonneur et une gêne, dont trop souvent on se débarrasse par une nouvelle faute. Tout le monde sait le moyen qu'employa Rousseau ; l'histoire lui répètera éternellement ce reproche dont on ne se relève pas : il a mis ses enfants à l'hôpital. « Je m'y déterminai, dit-il, gaillardement, sans le moindre scrupule. » Et près de trente ans plus tard, après avoir fait un gros traité de l'éducation, où il s'étend doctement sur les devoirs de la paternité ; après avoir prononcé ces paroles décisives : « Celui qui ne peut remplir les devoirs de père n'a point le droit de le devenir. Il n'y a ni pauvreté, ni travaux, ni respect humain qui le dispensent de nourrir ses enfants et de les élever lui-même [1] ; » après avoir été honoré du titre d'éducateur des peuples et de directeur du genre humain, il ne trouve rien de mieux que de redire : « Je le ferais encore si c'était à faire [2]. »

Il est vrai qu'il gémit sur la dure nécessité qui le pressait ; qu'il assure que nul père n'aurait été plus tendre que lui, pour peu que l'habitude eût aidé la nature [3] ; qu'il verse sur sa faute des larmes amères et n'en sera jamais consolé [4] ; qu'il se reproche d'avoir négligé des devoirs dont rien ne pouvait le dispenser [5]. Et il continue follement sa vie de désordre ; et une première, une seconde faute ne l'éclairent ni ne le corrigent ; et cinq fois il renouvelle ce coupable abandon de ses enfants, sauf à l'accompagner des mêmes gémissements.

Thérèse, qui n'était qu'une pauvre fille sans esprit et sans éducation, mais qui était inspirée par son

---

1. *Émile*, l. 1. — 2. *Rêveries...*, 9ᵉ promenade. — 3. *Id.* — 4. *Émile*, l. Iᵉʳ. — 5. *Confessions*, l. XII.

cœur de mère, se montra, dans cette circonstance, supérieure au philosophe du sentiment et de la nature. Elle voulait à toute force garder son enfant; mais sa mère venant ajouter ses motifs intéressés aux subtilités de l'amant, finit par vaincre sa résistance. Au moment de porter l'enfant aux Enfants-Trouvés, on se contenta d'attacher à ses langes un signe de reconnaissance. Nous verrons plus tard l'inutilité de cette précaution, qu'on oublia d'ailleurs, ou qu'on négligea dès le second enfant. Il faut croire que l'affaire, aux yeux de Rousseau, n'en valait pas la peine.

Il semblerait, d'après Mme d'Allard, qui dit le savoir par Mme d'Houdetot, que c'était Thérèse qui aurait voulu se débarrasser de ses enfants[1]; mais cette version ne saurait tenir contre les présomptions de la situation, contre les dires de Rousseau et d'autres personnes encore, enfin contre le bruit public. Car, quoique Jean-Jacques ait prétendu que son secret n'avait pu être divulgué que par les faux amis à qui il l'avait confié, le fait était connu dans tout le quartier. On y plaignait ouvertement Thérèse, et l'on blâmait Rousseau de cet envoi barbare de ses enfants aux Enfants-Trouvés.

Une citation encore sur le même sujet. Elle est tirée du *Manuscrit de ma mère,* publié par Lamartine. Mme des Roys, mère de Lamartine, tenait le fait de sa mère à elle-même, qui était très liée avec Mme de Luxembourg. « La maréchale de Luxembourg, dit-elle, sut que la femme avec laquelle il vivait était enceinte. Elle craignit que Rousseau ne

---

[1]. Voir MUSSET-PATHAY, Histoire de la vie et des ouvrages de J.-J. Rousseau, t. I, p. 209.

voulût jeter, comme il l'avait déjà fait trois fois, cet enfant aux Enfants-Trouvés. Elle alla trouver M. Tronchin, de Genève, ami particulier de Jean-Jacques Rousseau, et le pria instamment de lui faire apporter cet enfant, dont elle prendrait soin. M. Tronchin en parla à Rousseau, qui parut y donner son consentement. Il le dit aussi à la mère qui fut ivre de joie. Aussitôt qu'elle fut accouchée, cette pauvre femme fit avertir Tronchin. Il vint, il vit un bel enfant, qui était un garçon plein de vie. Il prit l'heure avec la mère pour revenir le lendemain chercher l'enfant; mais à minuit, Rousseau, vêtu d'un manteau de couleur sombre, s'approcha du lit de l'accouchée et, malgré ses cris, emporta lui-même son fils pour le perdre, sans marque de reconnaissance, dans un hospice [1]. »

Nous ne rapportons, toutefois, ce témoignage qu'avec hésitation, parce qu'il prête par certains côtés à la critique. Le fait n'aurait pu avoir lieu qu'à partir du mois de mai de 1759, époque où Rousseau a connu Mme de Luxembourg. Or, il paraît admis (nous ignorons à la vérité sur quelles preuves) qu'à cette époque il avait eu son quatrième, et même son cinquième enfant.

L'idée d'abandonner ses enfants ne lui serait sans doute pas venue, si elle ne lui avait été suggérée par d'autres personnes, dans des conjonctures qu'il raconte longuement, afin peut-être de donner le change et de plaider les circonstances atténuantes. Écoutons ce récit *essentiel,* qu'il entend faire simplement et sans commentaires, afin de ne se charger ni de s'excuser.

---

1. *Le Manuscrit de ma mère,* 1879, p. 121.

Après son retour de Venise, il allait ordinairement prendre ses repas près de l'Opéra, dans une maison qui se recommandait par sa société plutôt que par sa cuisine. A la tête de cette *bonne et sûre compagnie* trônait un vieux commandeur débauché, plein de politesse et d'esprit, mais ordurier, chevalier de toutes les filles de l'Opéra et grand conteur de nouvelles scandaleuses. Autour de ce soleil, papillonnait une brillante jeunesse composée d'officiers aux gardes, de mousquetaires, de commerçants, de financiers, enfin d'une foule de viveurs habitués à se retrouver chaque jour et à ne pas se contraindre. Le commandeur donnait le ton ; à en croire Jean-Jacques, c'était celui de la politesse et de l'honnêteté. On s'amusait, on polissonnait beaucoup, mais sans grossièreté, et la grâce de la forme faisait passer la crudité du fond. Et puis, quand les conversations ne suffisaient pas, le magasin voisin d'une modiste, avec ses jolies ouvrières, fournissait un supplément toujours à la disposition de ces Messieurs. Enfin, « celui qui peuplait le mieux les Enfants-Trouvés était toujours le plus applaudi. » Jean-Jacques se vante d'avoir pris les maximes du lieu, sans en prendre les mœurs ; c'était déjà beaucoup trop ; mais, en pareille matière, il est rare qu'on s'en tienne à la théorie. Il ne prévoyait pas alors que cet expédient des Enfants-Trouvés aurait à lui servir un jour. L'occasion se présentant, il se trouva que la leçon avait germé ; il en profita.

Il aime mieux, d'ailleurs, suivant son habitude, se plaindre du sort que de lui-même. Il avait commencé par s'excuser ; plus tard il en vint à tenter un essai de justification en règle. Quoique la question qu'il nous soumet soit facile à résoudre, elle est assez sérieuse pour que nous écoutions au moins ses raisons. « Tandis que je philosophais sur les devoirs de l'homme, dit-il au VIII⁰ livre des *Confessions,* un événement vint me faire mieux réfléchir sur les miens. Thérèse devint grosse pour la troisième fois. Trop sincère avec moi, trop fier en dedans pour démentir mes principes par mes œuvres, je me mis à examiner la destination de mes enfants et mes liaisons avec leur mère sur les lois de la nature, de la justice, de la raison, de la religion... Si je me trompai sur les résultats, rien n'est plus étonnant que la sécurité d'âme avec laquelle je m'y livrai... Non, je le sens, et je le dis hautement, jamais un seul instant de sa vie Jean-Jacques n'a pu être un homme sans sentiments, sans entrailles, un père dénaturé. J'ai pu me tromper, mais non m'endurcir. Si je disais mes raisons, j'en dirais trop... Je me contenterai de dire que mon erreur fut telle qu'en livrant mes enfants à l'éducation publique, faute de pouvoir les élever moi-même, en les destinant à devenir ouvriers ou paysans plutôt qu'aventuriers et coureurs de fortunes, je crus faire un acte de citoyen et de père, et je me regardai comme un membre de la République de Platon. Plus d'une fois depuis lors, les regrets de mon cœur m'ont appris que je m'étais trompé ; mais loin que ma raison m'ait donné le même avertissement, j'ai souvent béni le ciel de les avoir garantis par là du sort de leur père et de celui qui les menaçait, quand j'aurais été forcé de les abandonner. Mon troisième enfant fut donc mis aux Enfants-Trouvés ainsi que les premiers ; et il en fut de même des deux suivants ; car j'en ai eu cinq en tout. Cet arrangement me parut si bon, si sensé, si légitime, que, si je ne m'en vantai pas ouvertement, ce fut uniquement par égard pour la mère ; mais je le dis à tous ceux à qui j'avais déclaré nos liaisons... En un mot, je ne mis aucun mystère à ma conduite, non seulement parce que je n'ai jamais rien à cacher à mes amis ; mais parce qu'en effet je n'y voyais aucun mal. Tout pesé, je choisis pour mes enfants le mieux, ou ce que je crus l'être. J'aurais voulu, je voudrais encore avoir été élevé et nourri comme ils l'ont été. »

Jean-Jacques vient de dire qu'il a dévoilé sa conduite à ses amis. En ce qui concerne ses rapports avec Thérèse, ils étaient publics ; il n'avait donc rien à dévoiler. Quant à l'envoi de ses enfants à l'hôpital, le fait, paraît-il, resta longtemps ignoré. Pas si ignoré pourtant que plusieurs personnes ne l'aient connu. Tronchin en fut instruit, et ne garda sans doute pas la nouvelle pour lui seul[1]. Il est curieux d'ailleurs de voir en quels termes Rousseau en informa les personnes auxquelles il crut devoir en faire part. Sa lettre à Mme de Francueil, à ce sujet, mérite d'être citée : « Oui, Madame, j'ai mis mes enfants aux Enfants-Trouvés. J'ai chargé de leur entretien l'établissement fait pour cela. Si ma misère et mes maux m'ôtent le pouvoir de remplir un soin si cher, c'est un malheur dont il faut me plaindre, et non pas un crime à me reprocher... Vous connaissez ma situation : Je gagne, au jour la journée, mon pain avec assez de peine. Comment nourrirais-je encore une famille? Et si j'étais obligé de recourir au métier d'auteur, comment les soucis domestiques

---

[1]. *Lettre de Tronchin au pasteur Vernes*, 20 mai 1763. Cité par G. MAUGRAS, *Voltaire et J.-J. Rousseau*, ch. XII, p. 289.

et le tracas des enfants me laisseraient-ils dans mon grenier la tranquillité nécessaire pour faire un travail lucratif?... Que ne me suis-je marié, me direz-vous? Demandez-le à vos injustes lois, Madame. Il ne me convenait pas de contracter un engagement éternel, et jamais on ne me prouvera qu'aucun devoir m'y oblige. Ce qu'il y a de certain, c'est que je n'en ai rien fait, et que je n'en veux rien faire. — Il ne faut pas faire des enfants quand on ne peut pas les nourrir? — Pardonnez-moi, Madame, la nature veut qu'on en fasse, puisque la terre produit de quoi nourrir tout le monde ; mais c'est l'état des riches, c'est votre état qui vole au mien le pain de mes enfants [1].... »

Plus tard cependant, le remords devint si vif que Jean-Jacques aima mieux se condamner à l'abstinence que d'exposer Thérèse à se voir derechef dans le même cas ; mais il avoue qu'il ne tint pas toujours sa résolution [2].

Enfin, dans les derniers jours de sa vie, il devient encore plus explicite. « Il est sûr, dit-il, que c'est la crainte d'une destinée pour eux mille fois pire, qui m'a le plus déterminé dans cette démarche. Plus indifférent sur ce qu'ils deviendraient, et hors d'état de les élever moi-même, il aurait fallu, dans ma situation, les laisser élever par leur mère, qui les aurait gâtés, et par sa famille, qui en aurait fait des monstres. Je frémis encore d'y penser... Je savais que l'éducation pour eux la moins périlleuse était celle des Enfants-Trouvés, et je les y mis. Je le ferais encore avec bien moins de doute aussi, si la chose était à faire... [3] »

1. 20 avril 1751. — 2. *Confessions*, l. XII. — 3. *Rêveries*. 9ᵉ Promenade. — Voir aussi *Confessions*, l. IX.

Ces déclamations sonnent assez bien, mais elles ne sont pas même spécieuses. N'aviez-vous pas, peut-on dire à Rousseau, un moyen bien simple d'empêcher que vos enfants ne fussent élevés par leur mère et sa famille, ou livrés à l'*éducation publique* (le mot est joli et mérite d'être conservé), c'était de ne pas contracter des liens honteux également condamnés par la nature, la justice, la raison et la religion? Si Thérèse et sa famille étaient un obstacle insurmontable à l'accomplissement de vos devoirs de père, pourquoi l'avez-vous prise? Pourquoi l'avez vous gardée? Pourquoi vous êtes-vous embarrassé de cette famille? Pourquoi vous êtes-vous laissé dominer par elle? N'est-ce pas vous qui avez dit que « celui qui ne peut remplir les devoirs de père n'a pas le droit de le devenir? » Mais vous vous êtes engagé, vous avez des devoirs que vous tenez à remplir; enfin le mal est fait, les enfants sont venus; il n'est pas possible de revenir sur le passé. — Eh! mon Dieu, qu'au lieu de mettre en avant vos obligations vis-à-vis de Thérèse, parce que celles-là vous plaisent, vous feriez bien mieux de songer aux malheureux petits êtres auxquels vous imposez le fardeau d'une naissance illégitime et d'une éducation de hasard! Vous n'avez, dites-vous, que l'alternative de les abandonner ou d'en faire des aventuriers ou des coureurs de fortunes. Eh! pourquoi n'en feriez-vous pas des honnêtes gens? Quant à Thérèse, donnez-lui une réparation suffisante, cela vaudra mieux que de la déshonorer; si vous n'en connaissez pas d'autres que le mariage, épousez-la. Vous aurez ainsi l'avantage de remplir par la même occasion vos devoirs envers vos enfants et de réparer l'infamie de leur naissance ; vous y trouverez, soyez-en sûr, le moyen, nous dirions la grâce, si vous étiez chrétien, de leur procurer une éducation honnête et une situation dont ils n'aient pas à rougir ; enfin, vous pourrez prétendre à ces joies de la famille, après lesquelles vous semblez avoir aspiré toute votre vie et qui constamment vous ont fui par votre faute.

S'il y a une excuse en faveur de Rousseau, on la trouverait, tout au plus, dans les vices de son éducation. Ni son père, ni Mme de Warens, ni Diderot, sans parler des autres, n'étaient propres à lui inspirer la pratique du devoir. Et, depuis qu'il était engagé dans une société plus aristocratique, il y voyait plus d'élégance, mais non moins de corruption.

Les déclarations si précises, si réitérées de Rousseau semblaient défier la critique. Cependant, après plus d'un siècle, une voix s'est inscrite en faux contre ces preuves, réputées jusque-là sans réplique : Jean-Jacques Rousseau, d'après le Docteur Roussel, n'aurait pas eu, n'aurait pas pu avoir d'enfants. Deux obstacles s'y opposaient : sa maladie d'une part, ses tristes habitudes de l'autre. Deux raisons, plus ou moins probables ; deux à peu près qui ne feront jamais une certitude. Ils auraient pu produire quelque impression avant l'événement, mais ils sont absolument sans valeur du moment que les faits sont venus les démentir.

Sans discuter à fond la dissertation médicale du Docteur Roussel, rôle qui ne nous convient nullement, qu'il nous soit permis de lui demander si cette maladie constitutionnelle, compliquée, dit-il, d'uréthrite et d'orchite, il en connaît bien l'existence, la nature et la gravité. Jean-Jacques avait une maladie, dont, soit dit en passant, les médecins n'ont découvert aucune trace après sa mort[1]; il avait de déplorables habitudes : voilà deux faits certains. Le reste n'est qu'inductions, rapports sans consistance, bouts de phrases pris de divers côtés. Un diagnostic reconstruit après un siècle, dans de telles conditions, peut-il prévaloir contre des faits certains?

V

Un coup d'œil sur le genre de vie que Rousseau menait alors, tout en nous rappelant au cours des événements, nous aidera à comprendre tout ce qu'il y avait de dangers pour la vertu, de hontes, d'infamies dans ce milieu réputé honnête et poli. Sauf Mme Dupin, qui était presque un phénomène de vertu, que d'exemples déplorables autour du malheureux Jean-Jacques! Il fait dater de cette époque sa liaison avec Mme d'Épinay. En 1748, Francueil l'ayant emmené en effet passer une partie de l'été à la Chevrette, château situé près de celui d'Épinay et appartenant à M. de Bellegarde, père de Mme d'Épinay, celle-ci, qui s'y trouvait également, eut occasion de voir Rousseau tout à son aise. Francueil était l'amant attitré de Mme d'Épinay; l'intimité du patron amena celle du secrétaire. Rousseau venait d'être deux fois malade, si même il ne l'était encore[2]; l'existence large à la campagne était un remède fort à son gré. La vie à la Chevrette rappelle celle de Chenonceaux :

---

1. *Procès-verbal d'autopsie dressé après la mort de Rousseau.* — 2. *Lettre à Mme de Warens*, 26 août 1748.

la musique, la comédie en faisaient le fond; il y faut joindre les intrigues. La plupart des femmes avaient là leurs amants, à la barbe des maris. Rousseau, tout nouveau venu qu'il était, se vante d'avoir été honoré de bien des confidences. M. de Francueil et Mme d'Épinay l'avaient, chacun de leur côté, instruit de leurs relations, et, ce qui est plus fort, Mme de Francueil l'entretenait de ses chagrins. Il est fier de l'habileté avec laquelle il sut mener sa barque entre ces deux femmes, sans les trahir, mais aussi sans les servir jamais; car il ne leur dissimulait pas l'attachement qu'il avait pour toutes deux. Il appelle cela de la droiture et de la fermeté, et attribue à ces qualités l'amitié, l'estime et la confiance qu'il leur inspira jusqu'à la fin; mais un ami véritable eût eu quelque chose de mieux à donner qu'une complaisance banale, qui ne remédie à rien, parce qu'elle ne sait rien blâmer.

La première comédie qu'on joua sur le théâtre de la Chevrettre fut l'*Engagement téméraire*. On eut la malencontreuse idée de donner un rôle à l'auteur. Il passa des mois à l'apprendre, le joua mal, et il fallut le lui souffler d'un bout à l'autre. « Quoique ce ne soit qu'une comédie de société, dit Mme d'Épinay, elle a eu un grand succès. Je doute cependant qu'elle pût réussir au théâtre; mais c'est l'ouvrage d'un homme de beaucoup d'esprit, et peut-être d'un homme singulier. Je ne sais pas trop cependant si c'est ce que j'ai vu de l'auteur ou de la pièce qui me le fait juger ainsi. Il est complimenteur, sans être poli, ou au moins sans en avoir l'air. Il paraît ignorer les usages du monde, mais il est aisé de voir qu'il a infiniment d'esprit. Il a le teint brun, et des yeux pleins de feu animent sa physionomie. Lorsqu'il a parlé et qu'on le regarde, il paraît joli; mais lorsqu'on se le rappelle, c'est toujours en laid. On dit qu'il est d'une mauvaise santé, et qu'il a des souffrances, qu'il cache avec soin, par je ne sais quel principe de vanité; c'est apparemment ce qui lui donne de temps en temps l'air farouche [1].

De son côté, Mlle d'Ette, méchant esprit et méchante langue, écrivait à son amant le chevalier de Valory : « Vous auriez été content de la comédie au-delà de ce que vous pouvez imaginer... Nous avons eu vraiment une pièce nouvelle, et Francueil a présenté le pauvre diable d'auteur, qui vous est pauvre comme Job, mais qui a de l'esprit et de la vanité comme quatre. Sa pauvreté l'a forcé de se mettre quelque temps aux gages de la belle-mère de Francueil, en qualité de secrétaire. On dit toute son histoire aussi bizarre que sa personne, et ce n'est pas peu. J'espère que nous la saurons un jour... Francueil vint nous apprendre que c'était un homme d'un grand mérite. Cela pourrait bien être vrai. Il est certain que sa pièce, sans être bonne, n'est pas d'un homme ordinaire [2]. »

Ces jugements, écrits au moment même, montrent qu'à cette époque on n'était pas fixé sur le mérite de Rousseau. Il n'était pas encore un grand homme, mais il pouvait être en train de le devenir.

Mme d'Épinay se proposait de profiter beaucoup de sa conversation; elle se tint parole. « Vous n'imaginez pas, écrivait-elle à Francueil, combien j'ai de douceur à causer avec lui... J'ai encore l'âme attendrie de la manière simple et originale en

---

1. *Mémoires de Mme d'Épinay*, t. I, ch. IV. — 2. *Id.*

même temps dont il raconte ses malheurs. Il est de retour à Paris depuis trois ans ; c'est la nécessité d'essuyer une injustice et la perspective d'être pendu, dit-il, qui l'y a ramené[1]. » En effet, sous prétexte de raconter son histoire à Mme d'Épinay, il lui avait fait le conte le plus fantaisiste qu'il soit possible d'imaginer[2].

L'année suivante, Mme d'Épinay était séparée d'avec son mari. Elle restreignit beaucoup sa société. Nous retrouvons cependant à la Chevrette nos principaux personnages : Francueil, Rousseau, Gauffecourt, le chevalier de Valory, Mlle d'Ette ; et de plus, Duclos, spirituel, libertin, cynique, bourru, capable, ce qui n'est pas peu dire, d'effaroucher la pudeur de Mme d'Épinay ; au demeurant, honnête homme et fidèle ami, ou du moins passant pour tel[3]. Duclos à qui, selon le mot de la comédienne Quinault, il ne fallait que du pain, du fromage et la première venue[4], devint le personnage important de la maison. Il tranchait sur tout. Mme d'Épinay, en l'absence de Jean-Jacques, le consultait sur l'éducation de son fils, et en obtenait les conseils les plus détestables[5]. Francueil et Rousseau faisaient de lui le plus grand cas ; lui-même, à l'occasion, les servait à sa manière. « Depuis quand, demandait-il un jour à Mme d'Épinay, connaissez-vous Rousseau ? — Il y a un an à peu près ; c'est à M. de Francueil que je dois l'agrément de le connaître. — Quoi ! pour jouer la comédie ! Il valait

---

1. *Mémoires de Mme d'Épinay*, t. I, ch. IV. — 2. *Lettre de Mme d'Épinay à Francueil* ; tirée de la *Jeunesse de Mme d'Épinay*, par L. PEREY et G. MAUGRAS. — 3. *Mémoires de Mme d'Épinay*, t. I, ch. V. — 4. *Id.*, ch. VIII. — 5. *Id.*, ch. VI et VII.

mieux l'employer à autre chose, car il est méchant acteur. — Cela est vrai, mais il faut lui savoir gré de sa complaisance. — De la complaisance? c'est chose nouvelle pour lui; profitez-en tandis que le jeu lui plaît; ou, pour mieux dire, ne vous accoutumez pas à de petits soins de sa part; car je vous avertis qu'il n'est pas homme à femmes. — Qu'est-ce que vous entendez par là? — Parbleu, de ces bonnes gens, qui se prêtent à vos plaisirs tant que vous voulez. — Mais est-ce que Rousseau vous aurait fait des plaintes? — Lui? point du tout; il sait trop à qui il a affaire pour venir me porter des plaintes des gens qu'il sait que j'aime, et il a trop d'esprit pour ne pas les ménager avec d'autres. — Ah! pour de l'esprit, on n'en a pas davantage. — Diable! vous avez senti cela; le public ne voit pas si bien que vous; mais donnez-lui le temps, et vous verrez cet homme faire un bruit du diable. — Je suis étonnée qu'avec toutes les ressources qu'il pourrait trouver dans son génie, sa situation soit encore si malheureuse. Que n'écrit-il? — Donnez-lui le temps de se reconnaître. Que diable voulez-vous qu'il écrive? Il faut être heureux pour bien écrire; sans quoi on ne fait rien de bon. Mais je lui ai dit au moins; c'est peut-être plus sa faute que celle des autres, s'il n'est pas mieux. Pourquoi aussi a-t-il de l'humeur comme un dogue[1]?... »

Jean-Jacques se plaisait à la Chevrette, parce que la Chevrette, c'était la campagne; qu'on y jouissait d'une grande liberté d'allures; qu'il pouvait s'y isoler, y exhaler ses humeurs, y laisser voir ses singularités. A Paris, il y avait plus d'étiquette et de

---

1. *Mémoires de Mme d'Épinay*, t. I, ch. VI.

tenue ; aussi allait-il rarement y faire visite à Mme d'Épinay. « Ne désirant voir que vous, lui disait-il, que voulez-vous que je fasse au milieu de votre société. Je figurerais mal dans ce cercle de petits mirliflores [1]. »

Il ne dédaigna pas, toutefois, de se montrer poli et même louangeur à l'occasion, et cultiva sans trop d'embarras l'amitié que voulut bien lui offrir Mme de Créqui. Il savait qu'il verrait chez elle d'Alembert ; mais sauf cette exception nécessaire, il exprima le désir de ne trouver qu'elle. Elle le chargea de lui faire la traduction d'une épître d'Horace. Tout en se reconnaissant peu propre au métier de traducteur, il finit par lui donner une espèce de traduction libre ou d'imitation que nous ne possédons plus. Mme de Créqui essaya de lui faire accepter des présents ; il avait son parti arrêté à cet égard ; il refusa. « Je me suis bien étudié, lui écrit-il, et j'ai toujours senti que la reconnaissance et l'amitié ne sauraient compatir dans mon cœur. Permettez donc que je le conserve pour un sentiment qui peut faire le bonheur de ma vie, et dont tous vos biens, ni ceux de personne ne sauraient me dédommager [2]. » La reconnaissance ne pèse, dit-on, qu'aux âmes basses. Elle parut toujours à Jean-Jacques d'un poids intolérable.

Il se posait parmi les femmes ; l'amitié de Diderot lui ouvrant la collaboration de l'*Encyclopédie*, lui promettait d'avancer ses affaires d'une autre façon. Il put espérer trouver là une mine inépuisable et un moyen lucratif de s'occuper pendant des années. Il

---

1. *Mémoires de Mme d'Épinay*, t. I, ch. VIII. — 2. *Lettre à Mme de Créqui*, vers 1751 ou 1752.

fit, en effet, des articles sur la musique, qui lui coûtèrent quelques frais et ne lui furent jamais payés. Il ne s'en tenait pas là, et malgré ses souffrances vraies ou supposées, il continuait à étudier. Il voulait percer, d'abord pour lui-même sans doute, mais aussi, car c'était déjà sa manie, pour confondre ses ennemis. « Je bouquine, écrivait-il à Mme de Warens, j'apprends le grec. Chacun a ses armes. Au lieu de faire des chansons à mes ennemis, je leur fais des articles de dictionnaires ; l'un vaudra bien l'autre, et durera plus longtemps[1]. » Hélas ! il se flattait. Il vécut assez pour voir qu'il ne travaillait guère alors pour la postérité. Non que ses articles fussent pires que la plupart ; ils étaient même meilleurs que plusieurs d'entre eux ; mais, et c'est assez pour en faire justice, ils étaient dignes de la place à laquelle ils étaient destinés, lourd recueil où il y a de tout excepté de la critique.

On avait accordé à Jean-Jacques trois mois pour livrer son travail ; il fut prêt à l'époque prescrite. Des collaborateurs mieux payés ne se piquaient pas d'autant d'exactitude. Ses articles, toutefois, devaient se ressentir de la hâte avec laquelle ils avaient été composés. Rameau en signala les contradictions et les ignorances[2]. Les éditeurs de l'*Encyclopédie* réclamèrent ; mais Rameau leur adressa une réplique victorieuse. La partie n'était pas égale ; tout autre que Rousseau ne se serait pas relevé du coup. Pour lui, cela ne l'empêcha pas de revoir plus tard ses articles, et d'en faire un livre tout au plus passable[3]. Il avait du goût, quelques connaissances,

---

1. *Lettre à Mme de Créqui*, 17 janvier 1749. — 2. *Erreurs sur la musique dans l'Encyclopédie*, 1756. — 3. Le *Dictionnaire de musique*, qui ne parut qu'en 1767.

mais pourquoi s'entêtait-il à vouloir être un grand musicien ?

Il ne resta pas très longtemps à l'*Encyclopédie*. Son esprit original et indépendant, pas plus que son caractère susceptible ne pouvaient s'arranger des entraves d'une collaboration en sous-œuvre. Ajoutons que ses idées, tout impies qu'elles aient été, ne cadraient pas avec les doctrines dégradantes du matérialisme et de l'athéisme qui s'étalaient dans l'*Encyclopédie*. Il laissa l'œuvre et finit par se brouiller avec les chefs. Nous ne pouvons que le féliciter de s'être retiré de cette entreprise, aussi malsaine au point de vue moral et religieux qu'insuffisante au point de vue strictement scientifique.

CHAPITRE X

1749-1753[1].

Sommaire : DISCOURS SUR LES SCIENCES ET LES ARTS. — I. Rousseau va visiter Diderot à Vincennes. — Il lit, chemin faisant, l'annonce d'un sujet de prix sur l'influence morale des sciences et des arts. — Le parti qu'il adopta fut l'erreur fondamentale de toute sa vie. — Rousseau rapetisse et mutile l'homme. — Motifs intéressés de Rousseau.
II. Les sciences et les arts préparent, d'après Rousseau, la décadence et l'asservissement des nations. — Enseignements de l'histoire. — Les sciences et les arts condamnés dans leur origine, dans leurs objets, dans leurs effets. — Ils ruinent la Religion et faussent l'éducation. — Rousseau ennemi de l'imprimerie et de l'instruction du peuple.
III. Réfutations du *Discours* de Rousseau. — Lettre de l'abbé Raynal. — Réfutation de Gautier et réponse de Rousseau. — Réfutation du roi de Pologne et réponse de Rousseau.
IV. Polémique entre Bordes et Rousseau. — Fausse austérité de Rousseau. — Préface de *Narcisse*. — Rousseau forme le projet d'accorder son genre de vie avec ses principes.
V. Rousseau entre définitivement dans la carrière littéraire. — Ses nouvelles amitiés. — Son effervescence. — Sa manière de travailler. — *Discours sur la vertu la plus nécessaire aux héros.* — *Oraison funèbre du duc d'Orléans.*

I

Rousseau, qui passa sa vie à se plaindre de ses amis, tient à se donner lui-même comme ayant toujours été un excellent ami. Jusqu'à quel point cette prétention était-elle fondée ? Il est trop tôt pour résoudre cette question ; mais nous savons au moins qu'il se passionnait vite et que ses amitiés étaient ardentes, si elles n'étaient pas durables. Il eut à

---

1. *Confessions*, l. VIII.

cette époque une occasion mémorable de montrer la vivacité de ses sentiments.

Diderot, son intime, presque son patron, avait eu le malheur d'offenser dans son dernier ouvrage quelques hauts personnages. Ses *Pensées philosophiques* lui avaient déjà attiré des désagréments ; mais les plaisanteries assez inoffensives de la *Lettre sur les aveugles,* où M. de Réaumur et Mme du Pré-Saint-Maur purent se reconnaître, semblèrent bien plus graves que les maximes philosophiques qui n'attaquaient que Dieu et la morale. L'auteur fut, pour ce méfait, enfermé au donjon de Vincennes. De là, de grandes angoisses pour Jean-Jacques. Son imagination exaltée ne lui découvre que malheurs ; enfin, il se monte si bien la tête, qu'il écrit incontinent une belle lettre à Mme de Pompadour, pour lui demander la grâce de son ami ou la faveur d'aller partager sa captivité. Cette lettre est perdue ; Jean-Jacques la qualifie de peu raisonnable ; cela doit nous suffire. Il n'ose attribuer à sa tentative l'adoucissement apporté peu de temps après au sort de Diderot. On donna au prisonnier la permission de se promener dans le parc, de recevoir sa femme et ses amis. Quels moments pour Rousseau, quand il put le serrer dans ses bras, l'arroser de ses larmes ! Diderot était moins expansif ; mais Jean-Jacques, tout entier à ses transports, n'avait rien plus à cœur que de renouveler ses bienheureuses visites trois ou quatre fois la semaine. Le plus souvent il allait à pied, seul moyen de transport à la portée de sa bourse. Une de ces excursions est restée célèbre à cause de l'influence considérable qu'elle a eue sur sa destinée.

Un jour donc que, par une chaleur accablante, il

arpentait péniblement la route de Vincennes, un numéro du *Mercure de France*, qu'il avait emporté pour se distraire, lui apprit que l'Académie de Dijon proposait pour sujet de prix la question suivante : « le rétablissement des sciences et des arts a-t-il contribué à épurer les mœurs? » « A l'instant de cette lecture, dit-il, je vis un autre univers, et je devins un autre homme! — Si jamais quelque chose a ressemblé à une inspiration subite, dit-il ailleurs[1], c'est le mouvement qui se fit en moi à cette lecture. Tout à coup je me sens l'esprit ébloui de mille lumières ; des foules d'idées vives s'y présentent à la fois avec une force et une confusion qui me jettent dans un trouble inexprimable ; je sens ma tête prise par un étourdissement semblable à l'ivresse. Une violente palpitation m'oppresse, soulève ma poitrine. Ne pouvant plus respirer en marchant, je me laisse tomber sous un des arbres de l'avenue et j'y passe une demi-heure dans une telle agitation qu'en me relevant, j'aperçus tout le devant de ma veste mouillé de mes larmes, sans avoir senti que j'en répandais. »

« Voilà, dit Marmontel, qui cite ce passage, une extase éloquemment décrite. Voici le fait dans sa simplicité ; tel que me l'avait raconté Diderot, et tel que je le racontai à Voltaire. J'étais (c'est Diderot qui parle) j'étais prisonnier à Vincennes. Rousseau venait m'y voir. Il avait fait de moi son Aristarque, comme il l'a dit lui-même. Un jour, nous promenant ensemble, il me dit que l'Académie de Dijon venait de proposer une question intéressante, et qu'il avait envie de la traiter. Cette question était :

---

1. *Quatre lettres à M. de Malesherbes*; lettre II.

le rétablissement des sciences et des arts a-t-il contribué à épurer les mœurs? Quel parti prendrez-vous, lui demandai-je? — Il me répondit : le parti de l'affirmative. — C'est le pont aux ânes, lui dis-je ; tous les talents médiocres prendront ce chemin-là, et vous n'y trouverez que des idées communes ; au lieu que le parti contraire présente à la philosophie et à l'éloquence un champ nouveau, riche et fécond. — Vous avez raison, me dit-il, après y avoir réfléchi, et je suivrai votre conseil[1]. »

Entre les deux versions, on pourrait être embarrassé, si l'on n'avait un interprète de Diderot plus autorisé que Marmontel, c'est Diderot lui-même. Voici ses paroles : « Lorsque le programme de l'Académie de Dijon parut, il (Rousseau) vint me consulter sur le parti qu'il prendrait. — Le parti que vous prendrez, lui dis-je, c'est celui que personne ne prendra. — Vous avez raison, me répliqua-t-il[2]. » Rien donc ne s'oppose à ce qu'on laisse à Rousseau la responsabilité de l'opinion qu'il a adoptée.

Lui-même y tient, et ses partisans y tiennent encore plus que lui. Il n'y a là rien d'étonnant ; car elle contient en germe presque tous ses systèmes. Il est fier de cette théorie ; libre à lui, quoique à notre sens elle ne mérite pas tant d'estime ; il la regarde comme absolument neuve, originale et accuserait volontiers de larcin quiconque y prétendrait quelque chose. Il est piquant, en effet, de voir ce littérateur de profession, ce limeur de phrases, qui cherche ses effets et retourne ses périodes à

---

1. *Mémoires de Marmontel*, l. VII. La Harpe, à l'article Rousseau : Dans le *Lycée*, raconte l'histoire de la même façon ; mais il pourrait bien n'être que l'écho de Marmontel. — 2. Diderot, *Vie de Sénèque*, § 66.

nuits entières, ce philosophe, cet artiste, cet auteur de comédies et d'opéras, condamner les sciences et les arts, rendre les littérateurs, les savants et les artistes responsables des maux et des crimes de l'humanité, employer les charmes d'une belle parole pour démontrer à une académie les inconvénients des académies et des belles paroles. La critique ne pouvait manquer de lui reprocher ces contradictions entre ses principes et sa conduite ; nous verrons comment il y répondit. Mais remarquons dès maintenant que ce qu'il prenait pour une nouveauté courait depuis des siècles les carrefours de la littérature ; de sorte qu'avec la prétention de faire un paradoxe, il tomba plutôt dans le lieu commun. Cent fois avant lui on avait signalé les abus de la science. Que de textes à citer dans ce sens, depuis Salomon jusqu'à nos jours, en passant par Platon, Horace, saint Augustin, Montaigne, etc. Tout au plus donna-t-il à ces maximes une portée absolue, qu'elles n'avaient pas toujours dans la pensée de leurs auteurs. Lui-même ne cite-t-il pas à l'appui de sa thèse Socrate, Sénèque, Montaigne, Montesquieu ?

Il aurait bien eu, s'il l'avait voulu, un moyen facile de donner du nouveau, tout en faisant une œuvre vraiment démocratique, c'était de parler sérieusement de l'instruction populaire. Cette question aurait prêté, sous sa plume, à de beaux développements ; elle lui aurait donné l'occasion de témoigner de ses sympathies pour les petits et les ignorants, sans l'obliger à maltraiter les grands et les savants. Au XVIII° siècle, l'instruction populaire était généralement condamnée. Cette époque, qu'on a appelée le siècle des lumières, entendait faire de l'instruction le privilège d'une aristocratie d'élite, et Voltaire, félicitant La Chalotais « d'avoir proscrit l'étude chez les laboureurs [1], » se faisait simplement l'écho des philosophes de son temps. Seule, l'Église, fidèle à ses traditions séculaires, tenait pour l'instruction du peuple.

Mais si Jean-Jacques attaquait les philosophes, ce n'était pas pour se jeter dans les bras des prêtres. Il rêva bien l'égalité : il en fut toute sa vie le grand apôtre ; seulement au lieu de prendre son niveau en haut, il préféra le prendre en bas ; au lieu d'appeler le peuple au partage des enseignements donnés au petit nombre, il voulut confondre tout le monde dans une commune et universelle ignorance ; il prit pour idéal l'ignorance, comme d'autres auraient pris le savoir.

Ce n'est pas qu'il tînt à persuader qui que ce fût. Le philosophe, le littérateur Rousseau n'en était pas venu, au prix de mille expédients, au point où il était arrivé, pour faire de son passé et de son avenir un sacrifice qui eût été un véritable suicide. Il espérait bien ne convertir personne, pas plus qu'il n'avait l'intention de se convertir lui-même ; aux livres qu'il lui prendrait fantaisie de composer, il comptait trouver, comme par le passé, des lecteurs et des partisans.

Une chose, dans tous les cas, qu'on ne saurait lui contester, ce sont les formes séduisantes dont il revêtit des maximes plus que contestables. En faut-il conclure, comme le veut la lettre à Malesherbes, et comme cela paraît admis par presque tout le monde, à une transformation complète du talent et

---

1. *Lettre* du 28 février 1763.

des idées de Rousseau à ce point de sa vie? Franchement, nous n'en voyons pas la raison. Qu'il se soit montré dans son mémoire supérieur à ce qu'il avait été jusque-là, cela n'est pas douteux; mais depuis longtemps déjà, il apprenait son métier d'écrivain. Chaque étape marquait chez lui un nouveau progrès; celle-ci fut plus sensible que les autres, elle ne fut pourtant pas la dernière. Au point de vue doctrinal, la différence est encore moins grande, si même elle n'est tout à fait nulle. Qu'on se reporte à ce que nous avons dit des productions antérieures de Rousseau, de ses épîtres à Parisot et à Bordes, de ses pièces en prose et en vers, et l'on reconnaîtra dans le mémoire présenté à l'Académie de Dijon, comme dans les ouvrages qui l'ont suivi, le développement progressif d'une pensée qui, d'abord confuse, s'affirme de plus en plus, jusqu'à ce qu'elle arrive à l'état d'idée fixe. Cette pensée qu'on peut formuler ainsi: L'HOMME EST BON NATURELLEMENT, ET TOUT CE QUE LUI AJOUTE LA SOCIÉTÉ NE FAIT QUE LE PERVERTIR, se retrouve dans tous les ouvrages de Rousseau et déborde dans plusieurs. Les plus célèbres n'en sont que l'application systématique et, d'après lui, la confirmation, dans les conditions diverses de l'humanité. De même que, dans son premier mémoire, il met la perfection originelle de l'homme en opposition avec la littérature et les arts; dans le *Discours sur l'Inégalité* et le *Contrat social*, il la mettra en opposition avec la société et ses lois; dans *l'Émile*, en opposition avec l'éducation; dans la *Nouvelle Héloïse*, en opposition avec le monde, ses usages et ses préjugés.

Lui-même veut bien nous édifier sur cette marche progressive de ses idées. « Dès sa jeunesse, il s'était souvent demandé pourquoi il ne trouvait pas tous les hommes bons, sages, heureux, comme ils lui semblaient faits pour l'être... En admirant les progrès de l'esprit humain, il s'étonnait de voir croître en même temps les calamités publiques. Il entrevoyait une secrète opposition entre la constitution de l'homme et celle de nos sociétés... Une malheureuse question d'académie, qu'il lut dans un *Mercure*, vint tout à coup dessiller ses yeux, débrouiller ce chaos dans sa tête, lui montrer un autre univers, un véritable âge d'or, des sociétés d'hommes simples, sages, heureux, et réaliser en espérance toutes ses visions, par la destruction des préjugés qui l'avaient subjugué lui-même, mais dont il crut en ce moment voir découler les vices et les misères du genre humain. De la vive effervescence qui se fit alors dans son âme sortirent des étincelles de génie, qu'on a vu briller dans ses écrits durant dix ans de délire et de fièvre[1]. »

Ainsi c'est de cette époque qu'il date la création de son système. S'il ne le développa que progressivement, ce fut parce que, dans ce premier exposé de sa doctrine, il ne pouvait tout dire, ni le public tout accepter. « Si le seul discours de Dijon, dit-il dans une réplique qu'il avait préparée contre un de ses contradicteurs, a tant excité de murmures et tant causé de scandales, qu'eût-ce été, si j'avais développé du premier instant toute l'étendue d'un système vrai, mais affligeant, dont la question traitée dans ce discours n'est qu'un corollaire[2]. »

---

1. *Rousseau Juge de Jean-Jacques*, 2ᵉ Dialogue. — 2. Préface d'une *Seconde lettre projetée à Bordes*, sur le Discours de Dijon (*Œuvres et discours inédits de J.-J. Rousseau*, publiés par STRECKEISEN-MOULTOU).

« Ne parlez donc pas, dit Villemain, du paradoxe de Rousseau. Ne voyez pas dans ce discours un caprice, un calcul, mais son génie même, ce génie fait pour préparer à la fois une révolution politique et une réforme morale... Ce n'est plus l'opposition fine et modérée de quelques académiciens; ce ne sont plus les épigrammes profondes, mais discrètes, de l'*Esprit des Lois;* ce n'est plus cette indépendance, qui flattait parfois les vices de la cour, et ne lui demandait que d'être favorable aux lettres. Sous ce beau langage de Rousseau perce une rancune démocratique qui s'en prend à la philosophie comme aux abus, aux lettres comme aux grands seigneurs, et frappe les premières pour mieux atteindre les seconds [1]. »

Cette thèse, toute fausse qu'elle est, prêtait à des développements sophistiques de nature à piquer la curiosité. Le plus souvent elle était restée à l'état de boutade ou de jeu de l'imagination, jamais elle n'avait été traitée avec l'ampleur que lui donna Rousseau. Mais il ne faudrait pas croire qu'elle ait été difficile à soutenir, par cela seul qu'elle était un paradoxe. Sans parler de l'esprit paradoxal de Jean-Jacques, de son caractère, toujours porté à voir le mauvais côté des choses, ne sait-on pas qu'il est plus aisé de démolir que d'édifier? Si les objections sont possibles même contre la vérité absolue, elles sont surtout spécieuses contre les institutions, toujours sujettes à des abus, toujours représentées par des hommes imparfaits. On a beau jeu de signaler les abus de la science;

---

1. VILLEMAIN, *Tableau de la littérature au* XVIIIe *siècle*, 23e leçon.

il n'y a pour les voir qu'à ouvrir les yeux ; mais il en est de même de tout ce qui tient à l'homme. Pour supprimer ses vices, il en faudrait venir à le supprimer lui-même. Faites un bon usage de vos facultés, vous vous perfectionnez ; faites-en un mauvais usage, vous vous pervertissez ; mais n'en concluez pas que la faculté elle-même soit mauvaise. Faudra-t-il arracher la langue à tous les enfants, parce que beaucoup d'hommes s'en servent pour médire ? Et pourquoi pas les yeux et les oreilles ? Et pourquoi pas les mains et les pieds ? Et pourquoi pas surtout la tête et le cœur, principes de tous nos actes. Rousseau, ne pouvant songer à détruire l'homme (il aurait trouvé trop difficilement des disciples), a au moins tenté de le mutiler et de l'amoindrir. Qu'est-ce que la littérature, qu'est-ce que la science, qu'est-ce que l'art, sinon le développement des facultés de l'homme ? Qu'est-ce que l'éducation, sinon la propagation de ce développement ? Qu'est-ce que la société, sinon la multiplication, en quelque sorte, de ses facultés et de son pouvoir, au moyen de l'association ? Qu'est-ce que la civilisation, en un mot, sinon la culture de l'homme ? Culture qui peut être bien ou mal dirigée, qui, par suite, grandira l'homme pour le bien ou pour le mal, mais qui lui est nécessaire, s'il ne veut rester perpétuellement dans l'enfance et dans l'impuissance. Un esprit généreux veut l'homme grand, un esprit sain le veut grand dans le bien ; Rousseau le veut petit et misérable. Rousseau, qui passe pour un hardi novateur, et qui a bien parfois ses audaces, n'est au fond qu'un poltron, qui ne voit dans les choses que leurs inconvénients, et supprime le bien lui-même, de peur qu'on n'en abuse.

Ah! si Rousseau s'était contenté de s'élever contre les abus du savoir; s'il avait montré que la science n'est pas tout l'homme, qu'elle ne remplace pas la vertu, qu'elle est un moyen qui peut aider à atteindre le but, qui peut aussi en éloigner, qui par conséquent n'est pas le but lui-même ; s'il avait prouvé, l'histoire à la main, qu'un peuple qui préfère l'art de bien dire au mérite de bien faire, et demande à un orateur ou à un livre, non ce qu'il dit, mais comment il le dit, est un peuple corrompu, qu'une civilisation qui, comme il l'a écrit lui-même ailleurs, prise une belle statue au-dessus d'une bonne action, est une civilisation menteuse, il aurait assurément fait une œuvre utile, ce qui ne l'aurait pas empêché de la faire éloquente. Mais quel mérite de démontrer ce que tout le monde pense ou doit penser? Un brillant sophisme avait bien plus de charmes pour Jean-Jacques.

Saint-Marc Girardin lui trouve encore une autre intention plus particulière qui, pour être inavouée, n'en est pas moins évidente : elle consistait à attaquer les contemporains et à se faire un rôle à part. Rousseau était envieux, mécontent, déclassé. Ces défauts, qui ne firent que croître avec le temps, qui devinrent à la fin une véritable folie, faisaient dès lors son tourment, obscurcissaient sa raison, déterminaient la plupart de ses jugements et de ses actes. Il n'en était plus à compter ses déceptions, mais il aimait mieux les attribuer aux injustices du sort ou des hommes qu'à ses maladresses ou à ses fautes. Également incapable d'accepter sa situation et de combattre pour l'améliorer, les luttes de la vie et les inégalités sociales échauffaient sa bile, excitaient sa mauvaise humeur, sans parvenir à exalter son courage. Jaloux de toute supériorité chez les autres, embarrassé de celle qu'on lui reconnaissait souvent, il ne savait ni recevoir, ni rendre un hommage. Les grands, les heureux du siècle, les philosophes surtout lui déplaisaient, à cause de leurs doctrines et de leurs succès. Il était obscur, gêné, gauche, pauvre, campagnard, spiritualiste ; ils étaient célèbres, à l'aise, honorés, brillants, un peu tyrans, matérialistes, incrédules. Aussi les vices des sociétés civilisées qu'il énumère avec le plus de complaisance, sont les défauts du monde et des salons. Sa satire s'exerce surtout sur ses contemporains; on dirait presque qu'elle est personnelle. Du reste, il n'est pas le premier qui se soit fait frondeur et utopiste par envie, et il a eu, sous ce rapport, de nombreux successeurs [1].

Donc, Rousseau déclara que les sciences, les lettres et les arts sont les pires ennemis de la morale; il appela à son secours, pour le prouver, toutes les ressources de l'érudition, du raisonnement et de l'éloquence, et il trouva une académie pour lui décerner un prix.

II

Nous nous sommes étendu longuement sur l'idée fondamentale du Mémoire, parce que nous la regardons comme la clé de presque toutes les opinions de l'auteur. Nous voudrions aussi donner un aperçu de la manière dont il a développé sa thèse.

Rousseau s'adressant à une académie, il lui im-

---

1. *Revue des Deux Mondes*, 15 février 1832.

portait d'accorder « le mépris pour l'étude avec le respect pour les vrais savants. » Quelques formules polies, qui n'engagent à rien et ne trompent personne, pouvaient, à la rigueur, suffire à lui rendre sa liberté d'allures. Mais il y avait un préjugé plus gênant, dont il fallait se débarrasser avant tout. La civilisation toute entière est fondée sur la culture des lettres, des sciences et des arts. Avec l'ignorance et l'état sauvage, que deviennent la politesse des mœurs, la bienveillance des rapports, les charmes de la société, le bien-être de la vie? Jean-Jacques ne pouvait nier ces avantages; qu'en va-t-il faire? Des pièges pour la liberté, des hypocrisies, des œuvres de dépravation. « Tandis que le gouvernement et les lois, dit-il, pourvoient à la sûreté et au bien-être des hommes assemblés, les sciences, les lettres et les arts, moins despotiques et plus puissants peut-être, étendent des guirlandes de fleurs sur les chaînes dont ils sont chargés, étouffent en eux le sentiment de cette liberté originelle pour laquelle ils semblent être créés, leur font aimer leur esclavage, et en font ce qu'on appelle des peuples policés. Le besoin éleva les trônes, les sciences et les arts les ont affermis... Les princes voient avec plaisir le goût des arts agréables et des superfluités... ils savent bien que tous les besoins que le peuple se donne sont autant de chaînes dont il se charge... Quel joug imposerait-on à des hommes qui n'ont besoin de rien?... qui, comme les sauvages de l'Amérique, vont tout nus et ne vivent que du produit de leur chasse?... Avant que l'art eût façonné nos manières et appris à nos passions à parler un langage apprêté, nos mœurs étaient rustiques, mais naturelles, et la différence des procédés annonçait au premier coup d'œil celle des caractères... » Actuellement, au contraire, au milieu de « ce troupeau qu'on appelle société... plus d'amitiés sincères, plus d'estime réelle, plus de confiance fondée. Les soupçons, les ombrages, les craintes, la froideur, la réserve, la haine, la trahison se cacheront sans cesse sous ce voile uniforme de politesse... Ici l'effet est certain, la dépravation réelle, et nos âmes se sont corrompues à mesure que nos sciences et nos arts se sont avancés à la perfection... On a vu les vertus s'enfuir, à mesure que leur lumière s'élevait sur notre horizon; et le même phénomène s'est observé dans tous les temps et dans tous les lieux. »

A l'appui de ces affirmations l'histoire apporte le témoignage de tous les peuples l'un après l'autre : les Romains des premiers temps, avec leur rude simplicité, et ceux de la décadence, avec leur corruption élégante; la Grèce victorieuse de la Perse amollie par les arts et le luxe; l'austère Sparte gardant sa liberté, en face d'Athènes livrée à l'éloquence et à la tyrannie; les Scythes barbares, donnant des leçons de vertu à leurs vainqueurs civilisés; les Germains presque sauvages, si supérieurs, d'après Tacite, aux Romains de l'Empire; Constantinople, subtile et philosophe, tombant au pouvoir du croisé bardé de fer ou du farouche musulman; la Chine lettrée en proie à tous les vices; l'Amérique et la Suisse heureuses de leur simplicité et de leur ignorance. Les exemples abondaient; l'embarras était de les choisir et de se restreindre. La réponse non plus n'était pas douteuse; Sénèque l'a résumée en deux mots : *Postquam docti prodierunt, boni desunt*[1].

1. SÉNÈQUE, *Ép.* 95.

Depuis que les savants ont paru parmi nous, les gens de biens se sont éclipsés. On aurait pu à la vérité, avec non moins de raison, choisir d'autres exemples et obtenir des réponses tout opposées; d'où il aurait fallu conclure que les uns comme les autres ne prouvent qu'une chose, qui n'a rien de bien surprenant, c'est que les peuples savants comme les peuples ignorants, les sauvages comme les civilisés ont chacun leur mélange de qualités et de défauts.

Au milieu de ces énumérations historiques, la prosopopée de Fabricius est restée célèbre. Si, comme le dit Rousseau, elle s'échappa de son âme à l'instant où il se trouva saisi et transporté par son sujet, on peut la proposer comme le modèle de cette éloquence passionnée qu'il regardait comme son triomphe et qu'il ne produisait que dans ses moments de première et subite inspiration.

« O Fabricius ! Qu'eût pensé votre grande âme, si, pour votre malheur, rappelé à la vie, vous eussiez vu la face pompeuse de cette Rome sauvée par votre bras, et que votre nom respectable avait plus illustrée que toutes ses conquêtes? Dieux, eussiez-vous dit, que sont devenus ces toits de chaume et ces foyers rustiques, qu'habitaient jadis la modération et la vertu? Quelle splendeur funeste a succédé à la simplicité romaine? Quel est ce langage étrange? Quelles sont ces mœurs efféminées? Que signifient ces tableaux, ces statues, ces édifices? Insensés, qu'avez-vous fait? Vous, les maîtres des nations, vous vous êtes rendus les esclaves des hommes frivoles que vous avez vaincus! Ce sont des rhéteurs qui vous gouvernent! C'est pour enrichir des architectes, des peintres, des statuaires, des histrions que vous avez arrosé de votre sang la

Grèce et l'Asie! Les dépouilles de Carthage sont la proie d'un joueur de flûte! Romains, hâtez-vous de renverser ces amphithéâtres, brisez ces marbres, brûlez ces tableaux, chassez ces esclaves qui vous subjuguent, et dont les funestes arts vous corrompent...

« Voilà comment le luxe, la dissolution et l'esclavage ont été de tout temps le châtiment des efforts orgueilleux que nous avons faits pour sortir de l'heureuse ignorance où la Sagesse éternelle nous avait placés. »

Enfin il n'est pas jusqu'aux épines de la science que Jean-Jacques ne tourne contre elle. « Peuples, sachez donc une fois que la nature a voulu vous préserver de la science, comme une mère arrache une arme dangereuse aux mains de son enfant; que tous les secrets qu'elle vous cache sont autant de maux dont elle vous garantit, et que la peine que vous trouvez à vous instruire n'est pas le moindre de ses bienfaits. Les hommes sont pervers; ils seraient pires encore, s'ils avaient le malheur de naître savants. »

« Quoi, la probité serait fille de l'ignorance! La science et la vertu seraient incompatibles! » — Certainement. Si vous en doutiez encore, voyez plutôt, dût votre orgueil en souffrir, la seconde partie du Mémoire. Rousseau y resserre et y généralise à la fois la question; les faits, qu'il a amassés et triés avec soin, lui servent à étendre ses observations historiques à un genre de considérations plus précises et plus élevées. Il ne va plus voir seulement ce qu'ont été les sciences ici ou là, en tel ou tel temps, mais ce qu'elles sont partout et toujours, ce qu'elles sont en elles-mêmes.

Il examine les sciences et les arts dans leur origine. Tous doivent leur naissance à nos vices. L'astronomie est née de la superstition ; l'éloquence de l'ambition, de la haine, de la flatterie, du mensonge ; la géométrie, de l'avarice ; la physique, d'une vaine curiosité ; la morale elle-même, de l'orgueil humain.

Il les étudie dans leurs objets. « Que ferions-nous des arts sans le luxe qui les nourrit? Sans les injustices des hommes, à quoi servirait la jurisprudence? Que deviendrait l'histoire, s'il n'y avait ni tyrans, ni guerres, ni conspirations? »

Mais c'est surtout dans leurs effets qu'il poursuit les sciences et les arts. Ils nourrissent l'oisiveté. Quand nous ne saurions pas les théories des savants et des philosophes, « en serions-nous moins nombreux, moins bien gouvernés, moins redoutables, moins florissants ou plus pervers?... » Ils sont donc inutiles. Si encore ils n'étaient qu'inutiles? mais ne sapent-ils pas par leurs funestes paradoxes les fondements de la foi et de la vertu? Et le luxe, qui est l'opposé des bonnes mœurs ; et les mots de commerce et d'argent substitués à ceux de morale et de devoir ; et cet amollissement des courages ; tout cela n'est-il pas l'effet propre du perfectionnement des sciences et des arts? Il est d'expérience que les peuples livrés au luxe ont toujours été conquis par des peuples pauvres ; que les commodités de la vie et les études sédentaires énervent les âmes et détruisent les vertus militaires.

L'auteur était amené à parler de l'éducation, par laquelle se perpétuent ces déplorables effets. « C'est dès nos premières années, dit-il, qu'une éducation insensée orne notre esprit et corrompt notre jugement. Je vois de toutes parts des établissements immenses, où l'on élève à grands frais la jeunesse, pour lui apprendre toutes choses, excepté ses devoirs. Vos enfants ignoreront leur propre langue, mais ils en parleront d'autres, qui ne sont en usage nulle part; ils sauront composer des vers, qu'à peine ils sauront comprendre ; sans savoir démêler l'erreur de la vérité, ils possèderont l'art de les rendre méconnaissables aux autres par des arguments spécieux. Mais ces mots de magnanimité, d'équité, de tempérance, d'humanité, de courage, ils ne sauront ce que c'est ; ce doux nom de patrie ne frappera jamais leur oreille..... Que faut-il donc qu'ils apprennent ? Voilà certes une belle question ! Qu'ils apprennent ce qu'ils doivent faire étant hommes, et non ce qu'ils doivent oublier. »

Ce tableau fantaisiste de l'éducation au XVIII° siècle contient en germe une partie de l'*Émile* ; la phrase suivante prépare le *Discours sur l'Inégalité* : « D'où naissent tous ces abus, si ce n'est de l'inégalité funeste introduite entre les hommes par la distinction des talents et par l'avilissement des vertus[1]. »

Avec une telle théorie, l'imprimerie ne pouvait trouver grâce aux yeux de Jean-Jacques. « Le paganisme, dit-il, livré à tous les égarements de la raison humaine, a-t-il laissé à la postérité rien qu'on puisse comparer aux monuments honteux que lui a préparés l'imprimerie sous le règne de l'Évangile ? » Et dans une note ajoutée après coup, il appelle le moment où les souverains banniront cet art terrible de leurs états.

---

1. Rousseau déclare dans l'*Avertissement* avoir fait postérieurement deux additions à son *Discours*. Cette phrase en pourrait bien être une.

Qu'on ne s'y trompe pas, d'ailleurs ; si Jean-Jacques permet la science à quelques génies exceptionnels, il l'interdit absolument au grand nombre. « Que penserons-nous, dit-il, de ces compilateurs d'ouvrages qui ont indiscrètement brisé la porte des sciences et introduit dans leur sanctuaire une populace indigne d'en approcher, tandis qu'il serait à souhaiter que tous ceux qui ne peuvent avancer loin dans la carrière des lettres eussent été rebutés dès l'entrée et se fussent jetés dans des arts utiles à la société. »

Il est indigné qu'on demande à un homme, non s'il a de la probité, mais s'il a des talents ; à un livre, non s'il est utile, mais s'il est bien écrit. Est-ce sur ces maximes qu'il ouvre à Voltaire seul, en compagnie de Socrate, ce sanctuaire de la science, qu'il ferme impitoyablement au simple vulgaire ?

III

Nous n'avons pas à réfuter Rousseau ; d'autres s'en sont chargés. Il aurait tort d'ailleurs de se plaindre d'avoir été combattu. C'est toujours un ennui de souffrir la critique, mais c'est aussi une garantie de notoriété. Combien d'auteurs voudraient être contredits et ne trouvent personne qui les prenne au sérieux. Rousseau aimait à occuper le public. A l'époque où nous sommes, il n'était déjà plus tout à fait un inconnu ; son *Discours*, achevant de le tirer de l'obscurité, lui obtint un succès d'originalité, presque de scandale. Peut-être était-ce précisément celui-là qu'il recherchait de préférence. Une longue et cruelle maladie (il n'en avait jamais d'autres) avait retardé l'impression [1]; Diderot, qui s'était chargé de la préparer, mandait à son ami, aussitôt que l'ouvrage eut paru : « Il prend tout par-dessus les nues; il n'y a pas d'exemple d'un succès pareil. » La critique, il est vrai, n'était pas l'élément le moins important de ce succès; mais sous ce rapport encore, Jean-Jacques put être fier de la qualité, aussi bien que du nombre de ses contradicteurs [2].

Le *Mercure* avait rendu compte du *Mémoire* dès le mois de janvier, mais l'avait jugé très sommairement. Quelque temps après (juin 1751), dans le même recueil, l'abbé Raynal est plus explicite; cependant il se contente encore de faire prévoir les attaques, plutôt qu'il n'attaque lui-même. Jean-Jacques profita de ces escarmouches pour s'assurer sur ses étriers et faire son plan de bataille. « Quand il sera question de me défendre, dit-il, je suivrai sans scrupule toutes les conséquences de mes principes. Je sais d'avance avec quels grands mots on m'attaquera : lumières, connaissances, lois, morale, raison, bienséance, égards, douceur, aménité, politesse, éducation, etc. A tout cela, je ne répondrai que par deux autres mots, qui sonnent encore plus fort à mon oreille : Vertu, vérité, m'écrierai-je sans cesse; vérité, vertu[3] ! » Parfaitement; mais la question est de savoir si, pour être vertueux, il faut être nécessairement ignorant, grossier, impoli, sans éducation et sans lumières.

---

1. *Lettre de Rousseau à M. Petit*, secrétaire de l'Académie de Dijon, 19 janvier 1751. — 2. Une grande partie de la polémique engagée à propos du *Discours sur les sciences et les arts* est au *Mercure* de 1751 et des années suivantes. — 3. *Lettre de Rousseau à l'abbé Raynal* (*Mercure* de juin 1751).

Un certain M. Gautier, professeur de mathématiques et d'histoire, et membre de l'Académie royale des Belles-Lettres de Nancy, tenta une réfutation en règle du *Discours* de Rousseau[1]. Ses critiques, qui valent à notre avis bien mieux que leur réputation, ne manquent pas de bonnes raisons, exposées en assez bons termes. Rousseau voulut lui faire sentir néanmoins qu'il le regardait comme un adversaire indigne de lui. Avec la désinvolture d'un homme sûr de sa supériorité, il se contenta de répondre, en quinze ou vingt pages, qu'il ne répondrait pas[2]. C'est qu'en même temps que la réfutation de Gautier, et même un peu auparavant, en avait paru une autre infiniment plus flatteuse. Le duc de Lorraine, Stanislas, roi de Pologne, protecteur éclairé des arts et des lettres, n'avait pas dédaigné en effet de prendre la plume contre Rousseau. Avoir un roi pour adversaire; voilà un honneur qui n'arrive pas tous les jours à un homme de lettres.

Le Roi de Pologne fit paraître sa *Réponse*[3] sous le voile d'un anonyme facile à pénétrer. Jean-Jacques soupçonna, non sans raison peut-être, un jésuite, le P. Menou, d'avoir prêté une large collaboration à l'œuvre du monarque. Il se flatta même de démêler ce qui était du prince et ce qui était du moine, se promettant bien de se dédommager sur le dos du dernier des ménagements auxquels il se croyait tenu à l'égard du premier. Mais il avait affaire à forte partie et put se convaincre qu'il ne lui suffirait pas de faire briller son esprit dans un tournoi littéraire où le talent suppléerait à la rai-

---

1. *Mercure* d'octobre 1751. — 2. *Lettre de Rousseau à Grimm, sur la réfutation de son Discours*, par M. Gautier. (*Mercure* de novembre 1751.) — 3. *Mercure* de septembre 1751.

son. Il eût été mal venu de répondre par une fin de non-recevoir, comme il l'avait fait avec le professeur Gautier. Il ne pouvait même décemment se plaindre, tant on était aimable à son égard. Ses talents, personne ne les révoquait en doute; on en pouvait juger par son œuvre; de même aussi qu'on pouvait juger de ses vertus par ses déclarations. Il ne s'agissait donc, lui disait-on poliment, que d'effacer une contradiction démentie par les faits, et de mettre d'accord son esprit avec son cœur.

Rousseau avait, et pour cause, laissé prudemment de côté les principes généraux; la *Réponse* de Stanislas n'avait point à garder la même réserve. Les sciences et les arts, considérés en eux-mêmes, n'étant en effet que la connaissance du vrai, du bon, de l'utile, il serait par trop extraordinaire qu'ils fussent incompatibles avec la vertu. Autant vaudrait dire que la connaissance est incompatible avec son objet. La nature est fort belle assurément; deviendrait-elle moins belle parce qu'on l'étudierait davantage? une stupide contemplation serait-elle préférable à une admiration éclairée?

L'instinct a ses avantages, mais il nous est commun avec les animaux; bientôt nous serions confondus avec eux, si nous n'y ajoutions le secours de la raison. La raison elle-même nous dirigerait-elle sûrement, si elle n'était aidée par la réflexion? La terre serait-elle longtemps en état de nourrir des populations de plus en plus pressées, si les progrès de l'agriculture ne la forçaient à multiplier ses produits? Que deviendrait la société, sans les lois qui y maintiennent l'ordre, la subordination, la sûreté, l'abondance?

La civilisation a ses excès, la science a ses dangers; l'état sauvage en a-t-il moins? Le sauvage est-il moins voleur, moins fourbe, moins intempérant, moins corrompu? Est-il plus respectueux des droits, de la réputation, de la vie de son semblable que l'homme civilisé? Les peuples ignorants sont-ils plus exempts des attentats contre la nature et l'humanité? Ont-ils moins de guerres sans merci, moins de tueries sans pitié? Et quand ils auraient moins de vices que l'homme policé, ont-ils autant de vertus? Trouve-t-on chez eux notamment ces qualités sublimes, cette pureté de mœurs, ce désintéressement magnanime, ces actions surnaturelles qu'enfante la religion?

Qu'on laisse donc ces tableaux fantaisistes d'une innocence qui n'existe que dans l'imagination, ces parallèles odieux, où il entre moins de zèle et d'équité que d'humeur et d'envie. Tant qu'on n'aura pas pesé exactement les qualités et les défauts des différents peuples, tant qu'on n'aura pas prouvé que les vices des uns ont leur principe dans leur civilisation, les vertus des autres dans leur état d'ignorance; tant qu'on n'aura pas fait surtout la distinction entre la science et ses abus, on aura peu avancé la question.

Mais qu'est-ce que la civilisation? Le royal écrivain la confond volontiers avec le progrès des mœurs; il est incontestable en effet que ces deux choses, si elles ne sont pas identiques, ont au moins de grandes affinités. Il semble avoir devancé cette belle définition d'un penseur moderne : la civilisation est le développement de l'activité sociale et le développement de l'activité intellectuelle [1].

---

1. GUIZOT, *Histoire de la Civilisation en Europe*, 1re leçon; et *Histoire de la Civilisation en France*, 1re leçon.

La réfutation de Stanislas indiquait nettement la voie à suivre ; Rousseau, dans sa *Réponse*, semble d'abord s'y engager, mais ce n'est pas pour longtemps. Il est bien vrai que la science en soi est excellente ; il n'a jamais dit autre chose ; il est vrai qu'on en abuse beaucoup ; son adversaire en convient. La seule différence donc, c'est que l'un dit qu'on en abuse souvent, l'autre qu'on en abuse toujours. C'est entre ce *souvent* et ce *toujours* que roule la discussion. La science, toute belle, toute sublime qu'elle est, n'est pas faite pour l'homme ; il a l'esprit trop borné pour y faire des progrès, trop de passions dans le cœur pour n'en pas faire un mauvais usage. Voilà qui s'appelle étouffer son ennemi sous les fleurs. Au point de vue pratique, autant valait dire que la science est mauvaise. Telle est, en effet, la thèse qu'il reprend, sans arguments bien nouveaux, mais avec un véritable talent de polémiste.

Ce débat a perdu de son importance. Il y avait, du reste, dès cette époque, plus de tendance à exagérer les droits de la science qu'à les restreindre. Il est instructif néanmoins de voir de quel côté sont les champions de l'ignorance.

Jean-Jacques avait peu de mérite à confesser sa profonde estime pour un aussi aimable contradicteur. Mais s'il tenait à se montrer respectueux, il tenait encore plus à étaler sa fierté. Il se rend le témoignage d'avoir su allier ces deux sentiments et d'avoir appris au public « comment un particulier peut défendre la cause de la vérité contre un souverain même. » C'était facile dans la circonstance. Ses amis lui conseillaient de ne pas publier sa réponse sans l'agrément du prince, et lui promettaient la Bastille en récompense de ses libertés de langage. Il ne les écouta point. Loin de s'en trouver plus mal, il y gagna les bonnes grâces du monarque, et en eut par la suite des marques formelles.

Il prétend que ce bon prince, après avoir vu sa réponse, aurait dit : j'ai mon compte, je ne m'y frotte plus. Mais Stanislas eût été vraiment trop bon et trop modeste s'il eût tenu ce propos. Sans prétendre qu'il ait eu dans cette affaire la palme du talent, il eut au moins, avec un mérite littéraire très réel, l'avantage du côté de la raison. Mais, aux yeux de certaines gens, le talent dispense de tout, même de la raison. Seulement ces gens-là ont mauvaise grâce à suivre Jean-Jacques dans sa campagne contre les lettres et les sciences, puisqu'ils en admettent jusqu'aux abus.

Parmi les curiosités de la *Réponse* de Rousseau, notons les points suivants :

Il fait un grand usage de l'Écriture, des Saints-Pères, des arguments théologiques ; il n'admet d'autre étude que celle de la religion, d'autre recherche que celle de nos devoirs. Auprès d'un roi chrétien, qu'il supposait aidé par un jésuite, cela ne pouvait faire qu'un bon effet.

Il tranche du moraliste austère, restreint les besoins aux limites de la plus stricte nécessité, condamne les penchants naturels, et confondrait volontiers la curiosité qui porte l'homme à apprendre avec les passions qui le poussent à mal faire. Chez cet amant de la nature qui, dans d'autres circonstances, se montre si plein d'indulgence pour ses faiblesses, un tel rigorisme est-il bien de saison? Stanislas avait dit, entre autres choses, que l'hypocrisie, toute détestable qu'elle est, présente, au point de vue social, moins d'inconvénients que le vice effronté, et rend indirectement hommage à la vertu en voulant la contrefaire. Quoi! prendre parti pour l'hypocrisie! Quelle horreur! Il est curieux de voir avec quel air de pudeur effarouchée les propositions les plus innocentes sont parfois accueillies par les puritains de la libre pensée et de la morale indépendante.

Venons à la conclusion : on pourra la trouver assez inattendue.

Rousseau avait commencé par dire que la science est bonne en soi; première proposition.

Aussitôt, il affirme qu'elle est mauvaise dans son usage; qu'elle n'a jamais causé que des crimes et des malheurs; deuxième proposition.

Cependant, quoique mauvaise, il faut la conserver, la protéger, la répandre; troisième proposition.

N'accusons pas trop ici Rousseau de contradiction. S'il veut bien faire grâce aux bibliothèques, aux universités, aux académies, ce n'est qu'à titre de maux nécessaires. « Nous ne ferions, dit-il, que replonger l'Europe dans la barbarie, et les mœurs n'y gagneraient rien.... On n'a jamais vu de peuple, une fois corrompu, revenir à la vertu. En vain prétendriez-vous détruire les sources du mal; en vain ôteriez-vous les aliments de la vanité, de l'oisiveté, du luxe; en vain même vous ramèneriez les hommes à cette première égalité, conservatrice de l'innocence et source de toute vertu; leurs cœurs, une fois gâtés, le seront toujours; il n'y aura plus de remède, à moins de quelque grande révolution, presque aussi à craindre que le mal qu'elle pourrait guérir, et qu'il est blâmable de désirer et impossible de prévoir. Laissons donc les sciences et les arts adoucir en quelque sorte la férocité des hommes qu'ils ont corrompus... Offrons quelque aliment à ces tigres, afin qu'ils ne dévorent pas nos enfants. »

Jean-Jacques aurait bien fait de formuler ces déclarations plus tôt. Tout le monde en effet s'était trompé, et avait dû se tromper sur ses conclusions pratiques : il n'est pas sûr qu'il ne s'y soit pas trompé comme tout le monde.

Quoi qu'il en soit, moyennant ce principe nouveau, qu'un peuple corrompu ne saurait revenir à la vertu, il n'a aucun souci de diminuer le fléau. Loin de là, il faut toujours qu'un prince protège les sciences et les arts. Jean-Jacques songera-t-il au moins à les épurer, à en corriger autant que possible les excès et les abus ? Pas davantage ; il signale le mal, puis il conseille de le favoriser sans réserve. Mais alors pourquoi son discours ? Pourquoi cette rude campagne contre un ennemi à qui on veut laisser toutes ses forces, même assurer toutes les faveurs ? Mieux valait se tenir tranquille que de soulever l'opinion en faveur d'une doctrine sans conclusion, où la pratique est en contradiction continuelle avec la théorie.

IV

Les adversaires de Rousseau se distinguent en général par un ton d'urbanité parfaite. Il y avait comme un courant d'admiration pour ce nouveau génie qui se révélait : on ne le combattait qu'à regret. Sa thèse en effet, dégagée des conséquences extrêmes qui n'apparurent que plus tard, n'était point encore classée parmi les questions irritantes et ne semblait intéresser que les littérateurs et les savants. Or, ceux-ci se croyaient parfaitement de taille à vaincre un confrère qui, quoi qu'il pût dire, était et restait des leurs, et passait pour se livrer à un jeu d'esprit plutôt qu'à une polémique bien sérieuse.

Bordes, qui, lui aussi, entra dans la lice, devait, plus que tout autre, se montrer fidèle à ces règles. Il avait été l'ami de Jean-Jacques; mais celui-ci l'avait négligé, comme cela lui arrivait souvent pour ses amis, quand il ne les avait plus sous la main. Bordes, qui connaissait peut-être par expérience le caractère ombrageux de son adversaire, avait employé toute la modération, toute la douceur possibles, pour ne pas blesser sa susceptibilité [1]. Rousseau, dans sa réponse, ne se piqua pas d'une semblable délicatesse [2]. L'autre répliqua. Cette polémique, courtoise dans la forme, au moins d'un côté, laissa dans les cœurs un levain de ressentiment qui se retrouvera plus tard.

Grimm avait admiré la réponse à Stanislas; il admira encore davantage celle qui fut faite à Bordes. Cette dernière est, à son avis, « égale, et même supérieure au discours même [3]. »

---

1. *Discours sur les avantages des sciences et des arts*, prononcé dans l'Assemblée publique des sciences et belles-lettres de Lyon, le 22 juin 1751 (*Mercure* de décembre 1751 et de mai 1752). — 2. Il l'a intitulée : *Dernière réponse à M. Bordes*; non parce qu'il en avait fait une auparavant; mais pour signifier qu'il n'en voulait plus faire d'autre à personne. Voir aussi la Préface de la *Seconde lettre à Bordes* qui resta à l'état de projet. — 3. *Correspondance littéraire*, 15 février 1754.

La discussion continuait à avoir ses effets ordinaires : elle obligeait Jean-Jacques à quelques concessions, mais elle l'attachait plus résolument aux points où il prétendait se fortifier. Abusant de quelques expressions justes de Bordes, il s'en fit, sans grande peine, une arme contre lui et un moyen de donner une nouvelle face à la question. Nos mœurs, avait dit Bordes, ne sont pas assez parfaites pour se montrer sans voile; la politesse sert à couvrir nos défauts de caractère; sans elle, la société n'offrirait que des disparates et des chocs. — Quoi, répondait Rousseau, vous prétendez donc que l'homme est méchant par nature ! Et à l'homme naturellement méchant, il oppose hardiment la bonté native et l'égalité originelle de tous. Les hommes méchants par nature! ce serait difficile à prouver. On cite des annales; mais « il faudrait bien des témoignages pour m'obliger de croire une absurdité. Avant que les mots affreux de tien et de mien fussent inventés; avant qu'il y eût de cette espèce d'hommes cruels et barbares qu'on appelle maîtres, et de cette autre espèce d'hommes fripons et menteurs qu'on appelle esclaves; avant qu'il y eût des hommes assez abominables pour oser avoir du superflu, pendant que d'autres hommes meurent de faim; avant qu'une dépendance mutuelle les ait tous forcés à devenir fourbes, jaloux et traîtres, je voudrais bien qu'on m'expliquât en quoi pouvaient consister ces vices, ces crimes, qu'on leur reproche avec tant d'emphase[1]. »

Nous sommes loin de la question restreinte des lettres et des arts. Il y avait là de quoi soule-

---

[1]. *Dernière réponse.*

ver bien des passions, bouleverser bien des sociétés.

En attendant, Jean-Jacques ne prêche plus seulement l'austérité, mais une sorte de vertu farouche, telle que les vieux Romains en fournissent quelques exemples. Qu'est-il besoin de rendre les hommes doux et sociables? Est-ce que la vertu est toujours douce? voyez Brutus, « qui n'a fait que son devoir, » voyez Caton, Lucrèce, Virginius, Scévola. — Qu'on n'objecte pas que le luxe nourrit les pauvres. — Sans le luxe, il n'y aurait pas de pauvres. — Que les sciences ne servent pas seulement au bien-être et à l'agrément, mais qu'elles sont nécessaires à la satisfaction des besoins. — Les besoins sont si peu de chose, quand on sait les réduire à l'indispensable. « On croit m'embarrasser en me demandant à quel point il faut borner le luxe. Mon sentiment est qu'il n'en faut point du tout. Tout est source de mal, au-delà du nécessaire physique. La nature ne nous donne que trop de besoins, et c'est au moins une très haute imprudence de les multiplier sans nécessité, et de mettre ainsi son âme dans une plus grande dépendance. Il y a cent à parier contre un que le premier qui porta des sabots était un homme punissable, à moins qu'il n'eût mal aux pieds. »

L'état animal lui-même n'effraie pas ce moraliste impitoyable. « Il ne faut pas tant craindre, dit-il, la vie animale : mieux vaut ressembler à une brebis qu'à un mauvais ange... Sous prétexte que le pain est nécessaire, faut-il que tout le monde se mette à labourer la terre? — Pourquoi non? qu'ils paissent même, s'il le faut. J'aime mieux voir les hommes brouter l'herbe dans les champs que s'entredévorer dans les villes... Pour répondre à cela, osera-t-on prendre le parti de l'instinct contre la raison ? C'est précisément ce que je demande[1]. »

Pourtant il ne propose pas plus de borner les hommes au strict nécessaire qu'il n'a proposé de brûler les collèges et les bibliothèques. « Je sens bien, dit-il, qu'il ne faut pas former le ridicule projet d'en faire d'honnêtes gens; mais je me suis cru obligé de dire sans déguisement la vérité, qu'on m'a demandée. J'ai vu le mal et j'ai tâché d'en trouver les causes ; d'autres, plus hardis ou plus insensés, pourront chercher le remède[2]. » Là-dessus, il ne lui reste plus qu'à se draper dans sa philosophie et à laisser les pauvres humains accomplir leur destinée.

La question semblait inépuisable. Formey, académicien de Berlin, vint clore la liste des écrits publiés à cette occasion et se posa en conciliateur[3]. Il prétendit que les sciences et les arts n'avaient fait aux mœurs ni bien ni mal. Il ne reste plus, dit Fréron, pour donner à cette question toutes les combinaisons dont elle est susceptible, que de dire que les sciences et les arts ont fait aux mœurs beaucoup de bien et beaucoup de mal. C'est, en effet, ce qu'on pouvait dire de plus vrai[4].

Cette querelle avait fait de Rousseau l'homme à la mode. Les réfutations, comme on voit, ne lui manquèrent pas. Outre les auteurs que nous avons

---

1. *Dernière Réponse.* — 2. *Dernière Réponse.* — 3. *Examen philosophique de la liaison réelle qu'il y a entre les sciences et les mœurs, dans lequel on trouvera la solution de la dispute de M. J.-J. Rousseau avec ses adversaires*, etc., par Formey. — 4. *Année littéraire*, 1755, t. V. Telle est, en effet, la véritable solution ; mais était-il bien vrai que personne ne l'eût dit jusque-là ?

cités, Leroy de Bonneval, Lecat, d'autres encore s'y essayèrent tour à tour. Ce dernier s'intitula faussement « un académicien de Dijon qui a refusé son suffrage. » L'Académie le désavoua[1]. Rousseau répondit à Lecat. Il n'avait pas attendu d'ailleurs les dernières attaques pour prendre situation d'une façon plus pratique, et avait profité pour le faire de sa pièce de *Narcisse*. La circonstance était d'autant plus singulièrement choisie, qu'il voulait surtout répondre au reproche de contradiction entre ses principes et sa conduite. Cet argument *ad hominem*, sans être le plus fort, était un de ceux qui l'avaient touché davantage. Laissons de côté ses raisons, il les a déjà données, prenons uniquement ce qui lui est personnel ; c'est d'ailleurs la partie la plus intéressante pour son biographe. « Je conseille donc, dit-il, à ceux qui sont si ardents à chercher des reproches à me faire, de vouloir mieux étudier mes principes et mieux observer ma conduite, avant que de m'y taxer de contradiction et d'inconséquence. S'ils s'aperçoivent jamais que je commence à briguer les suffrages du public ; ou que je tire vanité d'avoir fait de jolies chansons ; ou que je rougisse d'avoir fait de mauvaises comédies ; ou que je cherche à nuire à la gloire de mes concurrents ; ou que j'affecte de mal parler des grands hommes de mon siècle, pour tâcher de m'élever à leur niveau, en les rabaissant au mien ; ou que j'aspire à des places d'académie ; ou que j'aille faire ma cour aux femmes qui donnent le ton ; ou que j'encense la sottise des grands ; ou que, cessant de vouloir vivre

---

[1]. Délibération du 22 juin 1752, insérée au *Mercure* d'août 1752. Voir aussi sur la réfutation de Lecat le *Mercure* de juin 1752.

du travail de mes mains, je tienne à ignominie le métier que je me suis choisi et fasse des pas vers la fortune ; s'ils remarquent, en un mot, que l'amour de la réputation me fasse oublier celui de la vertu, je les supplie de m'en avertir, et même publiquement, et je leur promets de jeter à l'instant au feu mes écrits et mes livres, et de convenir de toutes les erreurs qu'il leur plaira de me reprocher.

« En attendant, j'écrirai des livres ; je ferai des vers et de la musique, si j'en ai le talent, le temps, la force et la volonté ; je continuerai à dire très franchement tout le mal que je pense des lettres et de ceux qui les cultivent et croirai n'en valoir pas moins pour cela. Il est vrai qu'on pourra dire quelque jour : Cet ennemi déclaré des sciences et des arts fit pourtant et publia des pièces de théâtre ; et ce discours sera, je l'avoue, une satire très amère, non de moi, mais de mon siècle[1]. »

Cette fastueuse déclaration mit le sceau à ce que quelques-uns ont appelé *la Conversion de Rousseau*. Le succès de son *Discours* en fut la cause déterminante, mais non la première origine. Quand il apprit qu'il avait remporté le prix, « cette nouvelle, dit-il, réveilla toutes les idées qui me l'avaient dicté, les anima d'une nouvelle force, et acheva de mettre en fermentation dans mon cœur ce premier levain d'héroïsme et de vertu que mon père, et ma patrie, et Plutarque y avaient mis dans mon enfance. Je ne trouvai plus rien de grand et de beau que d'être libre et vertueux, au-dessus de la fortune et de l'opinion, et de se suffire à soi-même. Quoique la mauvaise honte et la crainte des sifflets m'empê-

---

1. Préface de *Narcisse*, 1753.

chassent de me conduire d'abord sur ces principes et de rompre brusquement en visière aux maximes de mon siècle, j'en eus dès lors la volonté décidée, et je ne tardai à l'exécuter qu'autant de temps qu'il en fallait aux contradicteurs pour l'exciter et la rendre triomphante. » Ces lignes expliquent suffisamment la préface de *Narcisse*. En même temps, comme par une ironie du sort, Thérèse devint enceinte pour la troisième fois.

Rousseau reprochait aux lettres et aux sciences de faire naître la politesse qui donne les dehors des vertus qu'on n'a pas. Sa déclaration, qui n'était que l'aggravation de son discours, semblait avoir pour but de le mettre dans la nécessité d'être vertueux : par le fait, il s'appliqua surtout à le paraître. Aussi, à quiconque demanderait s'il fut toujours l'homme libre, fort et vertueux qu'il prétend, les faiblesses, les vices, les servitudes de toute sa vie, la grossesse de Thérèse, qui se manifestait à cet instant même, seraient là pour répondre.

V

Le *Discours* pour l'académie de Dijon, qui ne fut que le développement naturel des idées et des tendances de Rousseau, marque néanmoins un des points les plus saillants de sa carrière. Il était arrivé à trente-huit ans sans avoir pu, ou selon lui, sans avoir voulu sortir de son obscurité. Au moment même où il composait son fameux *Discours*, il déclarait qu'il avait « renoncé aux lettres et à la fantaisie d'acquérir de la réputation. Désespérant, écrit-il à Voltaire, d'y arriver à force de génie, j'ai dédaigné de tenter, comme les hommes vulgaires, d'y arriver à force de manège[1]. »

Son *Discours* fit de lui un littérateur, ou si l'on aime mieux, un philosophe de profession, car au XVIIIe siècle, c'était tout un. Il y avait longtemps qu'il aspirait à le devenir. Désormais il eut son rang dans la littérature. Beaucoup auraient été fiers de la place qu'il y occupa; lui-même ne le fut pas moins qu'un autre; mais toujours porté à être mécontent de son sort, il y vit surtout l'origine des tourments de toute sa vie. « Qu'est-ce que la célébrité, dit-il quelque part[2]? Voici le malheureux ouvrage à qui je dois la mienne. Il est certain que cette pièce, qui m'a valu un prix et qui m'a fait un nom, est tout au plus médiocre... Quel gouffre de misères n'eût point évité l'auteur, si ce premier écrit n'eût été reçu que comme il méritait de l'être! Mais il fallait qu'une faveur, d'abord injuste, m'attirât par degrés une rigueur qui l'est encore plus. »

Pour parler exactement, c'est moins la littérature que les littérateurs qu'il rend responsables de ses malheurs. Il s'était déjà fait parmi eux des connaissances et des appuis; du jour où il fut devenu un d'eux, et non des moindres, on pourrait croire qu'il étendit ses relations. Il continua cependant à rechercher les musiciens, encore plus que les hommes de lettres. Il avait fait, chez Mme Dupin, la connaissance du prince héritier de Saxe-Gotha; il ne tarda

---

1. *Lettre à Voltaire*, 30 janvier 1750. — Voir aussi *Lettre à l'abbé Raynal*, directeur du *Mercure*, 15 juillet 1750. —
2. Avertissement mis en tête du *Discours sur les sciences et les arts*, dans la première édition des *Œuvres de J.-J. Rousseau*.

pas à se lier avec son chapelain Klupffel, et cultiva surtout l'amité de Grimm, qui servait de lecteur au prince, en attendant mieux. Grimm était d'un abord peu aimable, mais il était musicien; c'était tout pour Jean-Jacques. Bientôt ils devinrent inséparables; ils passaient une partie des jours et les nuits presque entières à faire de la musique. Grimm ayant contracté pour une comédienne une sorte de mal d'amour, qui le prit on ne sait comment et le quitta de même, Jean-Jacques, de moitié avec l'abbé Raynal, le veilla sans relâche, jusqu'à sa guérison.

Rapporterons-nous un projet, que les trois amis Rousseau, Diderot et Grimm, auraient, dit-on, formé un jour. Il s'agissait d'un grand voyage en Italie, à pied, avec la carabine sur l'épaule, pour défendre au besoin sa bourse. La mise de chacun devait être de cent louis. On passerait par le mont Cenis ou le Saint-Bernard. On badinait d'avance sur les aventures que ne manquerait pas de faire naître l'intempérance de Diderot, et dont le pauvre Jean-Jacques devait être la victime. Je riais alors comme eux, disait Jean-Jacques; mais depuis, j'ai réfléchi. Le malheureux faisait remonter jusqu'à ces plaisanteries de jeunesse les complots qu'il croyait ourdis contre lui [1].

Citons encore parmi les amitiés que Rousseau contracta à cette époque, Saurin, avec qui il se brouilla plus tard, et l'abbé de l'Étang, vicaire de Marcoussis, près de Montlhéri. Il allait voir ce dernier de temps en temps avec Thérèse et Mᵐᵉ Le Vasseur, et faisait chez lui de la musique de sa fa-

---

[1]. *Anecdote* racontée par GARAT. Voir *Melchior Grimm*, par M. SCHERER, p. 37.

çon. Il lui adressa un peu plus tard une *Épître* en vers sur les ennuis et les tracas de Paris. Les vers de cette *Épître* sont naturels, sans pédanterie, mais aussi sans élévation[1]. Jean-Jacques allait souvent aussi à Passy, chez Mussard, ancien joaillier retiré des affaires, son compatriote et un peu son parent. Mussard, sans être de la haute société, aimait à recevoir et accueillait agréablement ses hôtes. On faisait de la littérature et de la conversation, on chantait, on jouait du clavecin.

Rousseau était assez content : on s'occupait de lui ; mais il avait bien aussi à s'occuper lui-même de sa personne, tant pour remettre à la raison ses critiques, que pour répondre à l'idée que l'on commençait à se faire de son génie. Il se passionna pour la littérature, comme il s'était passionné pour tant d'autres choses. « Mes sentiments, dit-il, se montèrent avec la plus inconcevable rapidité au ton de mes idées. Toutes mes petites passions furent étouffées par l'enthousiasme de la vérité, de la liberté, de la vertu ; et ce qu'il y a de plus étonnant est que cette effervescence se soutint dans mon cœur durant plus de quatre ou cinq ans, à un aussi haut degré qu'elle ait jamais été dans le cœur d'aucun autre homme. » Nous savons ce que signifient dans sa bouche ces grands mots de vérité, de liberté, de vertu ; mais si la valeur de ses sentiments peut être révoquée en doute, l'effervescence au moins est certaine.

Cette activité passionnée toutefois ne lui épargnait nullement les labeurs de la composition. Si parfois, dans les moments où il était monté, il com-

---

[1]. Voir aux *Œuvres* : *Épître au vicaire de Marcoussis*..

posait facilement, il lui fallait revenir après coup sur son œuvre et en limer péniblement les aspérités. Loin de notre pensée de lui en faire un reproche ; c'est le cas de répéter : le temps et le travail ne font rien à l'affaire.

Sa manière de composer mérite d'être citée : « Je travaillai ce discours, dit-il en parlant de son mémoire sur les sciences, d'une manière bien singulière, et que j'ai presque toujours suivie dans mes autres ouvrages. Je lui consacrais les insomnies de mes nuits. Je méditais dans mon lit, les yeux fermés, et je tournais et retournais mes périodes dans ma tête, avec des peines incroyables ; puis, quand j'étais parvenu à en être content, je les disposais dans ma mémoire, jusqu'à ce que je pusse les mettre sur le papier. Mais le temps de me lever et de m'habiller me faisait tout perdre, et quand je m'étais mis à mon papier, il ne me restait presque plus rien de ce que j'avais composé. Je m'avisai de prendre pour secrétaire Mme Le Vasseur. Je l'avais logée, avec sa fille et son mari, plus près de moi, et c'était elle qui, pour m'épargner un domestique, venait tous les matins allumer mon feu et faire mon petit service. A son arrivée, je lui dictais, de mon lit, mon travail de la nuit, et cette pratique, que j'ai longtemps suivie, m'a sauvé bien des oublis. » D'autres fois, Rousseau allait se promener seul, rêvant à son grand système, et notait ses pensées sur son carnet, à mesure qu'elles se présentaient à son esprit.

Malgré sa lenteur à produire et les soins d'une controverse incessante, il trouva encore le temps de se livrer très activement à la musique et de faire quelques compositions littéraires. Laissons de côté, pour le moment, la musique de Rousseau, et disons un mot de ses ouvrages de littérature. Comme si son succès de Dijon l'avait mis en veine, il songea, dès l'année suivante, à concourir pour l'académie de la Corse. Il s'agissait de rechercher *quelle est la vertu la plus nécessaire aux héros.* « Question frivole, dit-il, où il n'y avait pas de bonne réponse, mais où on aurait pu en faire une moins mauvaise[1]. » Aussi, soit que l'insuffisance du sujet ait paralysé le talent de l'auteur, ou que le souci de son autre discours ne lui ait laissé qu'une médiocre attention pour celui-ci, il fut si peu satisfait de son œuvre qu'il ne l'envoya même pas. Il l'avait oubliée depuis longtemps lorsque, en 1768, elle fut imprimée à Lausanne, à son insu, sans qu'il pût savoir à qui s'en prendre. Bientôt après, nouveau sujet d'étonnement, il apprit que ce *barbouillage académique,* ce *chiffon,* ce *torche-cul* avait aussi été imprimé à Paris. Il protesta énergiquement contre cette publication, qui ne pouvait que lui faire tort à tous les points de vue[2].

Disons un mot encore d'une autre œuvre qui tranche complètement sur toutes celles dont nous avons parlé jusqu'ici. Le duc d'Orléans étant venu à mourir, l'abbé Darti fut invité à prononcer son oraison funèbre. L'abbé, qui n'était sans doute pas bien fort, trouva commode de charger Rousseau de lui composer son discours. Celui-ci n'eut garde de refuser un travail qui lui donnait le moyen de remonter un peu sa bourse, et d'être agréable à Mme Dupin[3]. Le marché, il en faut convenir, n'était

---

1. Voir aux *Œuvres*, avertissement.— 2. *Lettres à Dupeyrou*, 18 janvier, et *à Lalliaud*, 4 et 28 février 1769. — *Année littéraire*, de 1768, t. VII. — 3. *Oraison funèbre de Mgr le duc d'Orléans*, aux *Œuvres de J.-J. Rousseau*. Le discours de Rousseau ne

bien honorable ni d'un côté ni de l'autre. L'ouvrage ne pouvait manquer d'avoir le grand défaut de n'être qu'un devoir de rhétorique, fait sans mission et sans conviction. L'auteur le qualifie de très faible. Ce travail prouve néanmoins que Jean-Jacques savait prendre les tons les plus divers. C'est merveille de voir comme il semble à l'aise au milieu des textes de l'Écriture sainte ; comme il se donne un air confit en dévotion, pour célébrer un prince jansséniste, qui affectait plutôt les allures d'un moine ou d'un savant que celles d'un grand seigneur.

fut jamais prononcé, parce qu'un autre que l'abbé Darti en fut chargé au dernier moment. Le même abbé avait déjà demandé à Voltaire de lui faire un panégyrique de saint Louis (*Lettre de Voltaire à Frédéric*, 23 juillet 1749). L'abbé Darti était beau-frère de Mme Darti, laquelle était, comme Mme Dupin, fille de Samuel Bernard. — Voir encore, sur l'*Oraison funèbre* du duc d'Orléans, *Lettres de Rousseau à Moultou,* 12 et 23 décembre 1761 ; *de Moultou à Rousseau*, 26 décembre 1761 et 19 mai 1762, et *Confessions*, l. XI.

CHAPITRE XI

1750-1754[1].

Sommaire : I. Vie intérieure de Rousseau : Thérèse, le père Le Vasseur, la mère Le Vasseur. — Mauvaise santé de Rousseau. — Il met à exécution ses grands projets de réforme. — Rousseau défenseur de l'existence de Dieu. — Lettre à Francueil à l'occasion de la mort de sa belle-sœur.
II. Le Devin du village. — Il est joué devant le Roi. — Rousseau évite d'être présenté au Roi. — Diderot et Grimm cherchent à indisposer Thérèse et sa mère contre Rousseau. — Jugement sur le *Devin*. — Parodie du *Devin*.
III. Querelle de la musique française et de la musique italienne. — *Lettre sur la musique française*. — Ennuis que le *Devin* occasionna à Rousseau. — Profits que cette pièce lui rapporta. — Portrait de Rousseau par Latour. — Première représentation de *Narcisse*.

I

On ne vit pas uniquement de littérature. Rousseau d'ailleurs avait deux autres passions qui empêchaient les lettres de l'absorber entièrement : ces passions étaient la musique et Thérèse.

Il arriva un moment où le service de M. de Francueil et de Mme Dupin, les travaux pour l'Académie de Dijon, les charmes de l'inséparable Grimm firent bien petite la part de la maîtresse. Jean-Jacques était obligé, pour aller la voir, de traverser tout Paris. Que ne l'avait-il auprès de lui ? Mais il serait forcé, par la même occasion, de prendre la lourde charge de toute sa famille ; on ne se met

---

1. *Confessions*, l. VIII.

pas, d'ailleurs, en ménage sans argent. Cependant Francueil et Mme Dupin ayant élevé son traitement de 900 à 1,200 livres, cet avantage le détermina. Mme Dupin lui donna quelque argent pour acheter des meubles ; Thérèse en avait quelques-uns de son côté ; on réunit le tout et on alla s'installer, tant bien que mal, dans un petit appartement, au quatrième étage, à l'hôtel du Languedoc, rue de Grenelle-Saint-Honoré, aujourd'hui, rue Jean-Jacques Rousseau, à l'angle de la rue Coquillère.

L'idylle que Jean-Jacques y coula fut-elle aussi parfaite qu'il le prétend? Commençons par Thérèse. Elle avait un cœur d'ange. — Soit. — Ils sentaient davantage chaque jour qu'ils étaient faits l'un pour l'autre. — C'est difficile à admettre. De petits soupers dans une guinguette ou à la fenêtre, des tête-à-tête jusqu'à minuit avec une fille presque idiote, pouvaient-ils convenir à un homme tel que Rousseau ? — Mais il craint que ces détails ne paraissent ridicules. Il a raison ; tenons-nous-en à ce mot de la fin.

Leur attachement, du reste, résistait à certains accrocs, qui auraient pu en troubler bien d'autres. Un soir, Jean-Jacques, en société de Grimm, eut une assez vilaine histoire avec une fille. Le lendemain, le bon ami Grimm n'avait rien de plus pressé que d'en informer Thérèse. Heureusement, Jean-Jacques lui avait tout avoué de son côté ; de sorte que Thérèse, qui n'avait eu que des paroles de douceur pour son amant, fut outrée de la perfidie de Grimm.

Le père Le Vasseur était un vieillard insignifiant. Il redoutait sa femme et ne l'appelait que le lieutenant criminel. Nous pourrions le laisser de côté.

s'il n'avait été une bouche de plus à nourrir.

Quant à Mme Le Vasseur, ses façons, qui ne manquaient pas d'esprit, mais avaient encore plus de prétentions, agaçaient Jean-Jacques. Elle avait bien voulu lui donner sa fille; à la condition toutefois de garder sur elle son pouvoir, de lui continuer ses conseils, qui n'étaient pas des meilleurs, et de la prendre pour complice de ses rapacités et de ses finesses. Elle fit à Mme Dupin beaucoup de confidences et trouva moyen de lui extorquer de nombreuses largesses. Jean-Jacques ne fut instruit de ces faits que plus tard et écrivit pour s'en excuser; mais il y en avait bien d'autres, dont il se doutait, et qu'il n'osait réprimer. Les *Gouverneuses*, comme on les appelait quelquefois, étaient sans cesse en commérages et en chuchoteries avec les uns et avec les autres, se faisaient valoir et acceptaient de toutes mains. Jean-Jacques, blessé de ces petits manèges, s'échappait pour rêver plus à son aise, et répandait dans ses livres une partie de la bile et de l'humeur qui débordaient de son cœur.

Nous voilà déjà loin de la félicité de tout à l'heure.

La santé de notre philosophe était pour lui un autre sujet de tourment. Des circonstances accidentelles, l'excès du travail, l'effervescence de son imagination, le tout joint à un état constitutionnel peu satisfaisant lui avaient occasionné des crises assez graves et des souffrances aiguës. Il vit quatre ou cinq célébrités médicales, qui le traitèrent chacune à sa mode, le soumirent aux sondages, aux bains, aux saignées, et finirent par déclarer qu'il n'en avait pas pour six mois à vivre. Un chrétien aurait profité de l'annonce de la mort pour s'y préparer; Jean-

Jacques ne songea qu'à utiliser pour le plus grand profit de son agrément les jours qui lui étaient comptés.

Sur ces entrefaites, M. de Francueil, qui était receveur général des finances, ayant eu besoin d'un caissier, proposa cet emploi à son secrétaire. Celui-ci en commença même les fonctions, afin de se mettre au courant; mais les misères de sa santé, l'ennui des chiffres et par-dessus tout la responsabilité l'effrayèrent. Il avait bien encore un autre motif de refuser, c'était le grand projet qu'il nourrissait depuis quelque temps de rompre en visière avec les usages du monde, et de mener la vie austère et indépendante qu'il avait préconisée dans son *Discours*. Comment accorder en effet ses sévères principes avec un état qui s'y rapportait si peu? De quel œil verrait-on un caissier, un homme de finance prêcher le désintéressement et la pauvreté? Ces idées de réforme avaient fermenté dans sa tête pendant le délire de la fièvre; il s'y confirma de sang-froid, renonça à tout projet de fortune et d'avenir, et, pour commencer, se mit en quête d'un métier qui pût lui assurer son pain de chaque jour et son indépendance. Il choisit la profession de copiste de musique, et écrivit à Mme Dupin et à M. de Francueil pour les remercier de leurs bontés passées et leur demander leur pratique. Il dut lui en coûter de quitter cette maison qu'il avait fini par regarder presque comme la sienne. Il s'était habitué à ses fonctions; il s'était surtout attaché à Mme de Chenonceaux, belle-fille de Mme Dupin : il lui trouvait de l'amabilité, des charmes, beaucoup de dispositions pour la philosophie. Il en avait fait son élève. Chose surprenante, il passa trois ou quatre heures chaque jour, pendant tout un été, avec cette jeune femme, qui n'avait pas vingt ans, sans laisser échapper une galanterie.

Quand Francueil reçut le billet de Rousseau, il le crut fou et accourut chez lui pour combattre sa résolution ; mais elle était irrévocable. Jean-Jacques laissa dire le monde et alla son train ; le premier article de son programme n'était-il pas de « briser les fers de l'opinion et de faire avec courage tout ce qui lui paraissait bon, sans s'embarrasser aucunement du jugement des hommes? » Il quitta la dorure et les bas blancs, prit la perruque ronde, posa l'épée et vendit sa montre, sous prétexte qu'il n'aurait plus besoin de savoir l'heure. Il n'avait gardé que son linge, qui était fort beau. Quelqu'un, qu'il soupçonna être le propre frère de Thérèse, lui rendit le bon office de le débarrasser de cette servitude, força la porte de son logement et le dépouilla de toute sa lingerie. Ce vol eut lieu le 25 décembre 1751, pendant les Vêpres. Cette date peut servir à fixer l'époque de la réforme de Rousseau. On força la porte d'un grenier au sixième étage, où couchait le vieux Le Vasseur, et l'on prit vingt-deux chemises fines, garnies de manchettes unies, brodées ou festonnées et d'autre linge. Il n'est, du reste, question de soupçons ni dans la déclaration de la femme Le Vasseur, ni dans l'information faite à la requête du procureur du Roi, ni dans la déposition de Rousseau et des trois Le Vasseur[1].

Si l'on se reporte à la préface de *Narcisse*, il faudra admettre que l'amour de la philosophie fut le prin-

---

1. Voir ces pièces aux *Archives nationales*, section judiciaire Y, 13779 à 13801.

cipal motif de la résolution de Jean-Jacques ; dans tous les cas, il ne fut pas le seul. Sans insister sur sa manie de fausse simplicité, qui pourrait bien n'être qu'un raffinement de son orgueil, et sur ce désir de se singulariser et de faire parler de lui, qui fut toujours un trait de son caractère, il avoue que la misanthropie ne fut pas étrangère à sa détermination. Dès l'époque où il était chez Mme de Warens, on remarquait son goût pour la solitude, son mépris inné pour les hommes, son penchant à blâmer leurs défauts et à se défier de leur probité [1]. Ces dispositions ne firent que croître avec le temps. « Jeté malgré moi dans le monde, dit-il, sans en avoir le ton, sans être en état de le prendre et de m'y assujettir, je m'avisai d'en prendre un qui m'en dispensât... Je me fis cynique et caustique par honte ; j'affectai de mépriser la politesse que je ne savais pas pratiquer. »

Si Jean-Jacques avait désiré véritablement fuir le bruit, le moyen était mauvais. Comme il était facile de le prévoir, il parvint à la notoriété par l'affectation à la simplicité, plus aisément qu'il n'y serait parvenu par le faste. Il suffisait qu'il ne voulût pas se montrer, pour que chacun s'efforçât de le voir ; il suffisait qu'il refusât les présents, pour que tout le monde lui en offrît. Il y gagna des pratiques, mais aussi bien des importunités. Sa chambre ne désemplissait pas ; les femmes employaient mille ruses pour l'avoir à dîner ; il se trouvait dans l'alternative ou de se faire des ennemis par ses refus, ou de se créer des ennuis par ses complaisances ; enfin il crut voir le moment où il lui faudrait se montrer comme Polichinelle.

---

1. DE CONZIÉ, *Notice sur Mme de Warens*, etc.

Il lui restait encore une servitude, l'amitié. Par malheur, il n'y avait pas songé. « Si, dit-il, j'avais aussi bien secoué le joug de l'amitié que celui de l'opinion, je venais à bout de mon dessein, le plus grand peut-être, ou du moins le plus utile à la vertu que mortel ait jamais conçu. Mais tandis que je foulais aux pieds les jugements insensés de la tourbe vulgaire des soi-disant grands et des soi-disant sages, je me laissais subjuguer et mener comme un enfant par de soi-disant amis qui, jaloux de me voir marcher seul dans une route nouvelle, tout en paraissant s'occuper beaucoup à me rendre heureux, ne s'occupaient, en effet, qu'à me rendre ridicule et commencèrent par travailler à m'avilir, pour parvenir dans la suite à me diffamer[1]. » Hélas! Jean-Jacques n'avait pas besoin de ses amis pour le rendre ridicule; il s'acquittait assez bien lui-même de cette fonction.

La réforme qu'il s'était imposée l'obligea sans doute à des sacrifices, mais il ne faudrait pas en exagérer la portée. Dans la réalité, il ne renonça qu'aux choses auxquelles il lui plut de renoncer. Il avait des goûts simples et savait se contenter de peu. « Je gagnerai ma vie, dit-il, et je serai heureux; il n'y a pas de fortune au-dessus de cela. » En revanche, il avait la passion de l'indépendance et du sans-gêne. A tort ou à raison, il se figura qu'il ne pouvait prétendre en même temps à la fortune et à l'indépendance, et sacrifia la première pour assurer la seconde. Mais il ne renonça ni à vivre avec Thérèse, ni à mettre ses enfants à l'hôpital, malgré tout ce qu'il avait dit et devait dire sur la famille;

---

1. *Lettre à Mme de Créqui*. 1752.

ni à cultiver les lettres et la musique, malgré ses déclamations contre les lettres et les arts; ni à faire jouer ses opéras, malgré ses critiques contre les spectacles; ni à vivre dans la société et non dans la meilleure, malgré sa campagne contre la société; ni à se faire accueillir par les grands, malgré ses paroles amères contre les grands. Bien plus, afin de n'être en aucun cas dupe de son marché, il s'arrangea de façon à profiter à la fois de deux situations opposées. Était-il aimable et poli, il fallait lui en savoir gré; était-il impoli et maussade, c'était la faute de ses principes. Il le dit bien, il prit la liberté du cynisme. Il changea peu ses manières; il se contenta de les ériger en règles. Il était sauvage avant sa réforme, il resta sauvage après; il y gagna seulement de l'être plus à son aise. Il est commode de se donner ainsi comme n'étant tenu à rien envers personne; de s'autoriser de sa vertu pour tout dire et tout faire à son gré, sans être arrêté par les bienséances; d'être fantasque, taciturne ou bavard, brusque et impoli, et d'appeler tout cela du nom de vertu.

Renonça-t-il même à la richesse? Non, car il ne la possédait pas. Tout au plus aurait-il renoncé à l'espoir de l'acquérir. Mais les amis qu'il avait dans la littérature et surtout parmi les grands, eurent toujours soin de le tenir à l'abri du besoin. Heureux quand il ne leur faisait pas payer par ses susceptibilités et ses brusqueries le plaisir de l'obliger!

Nous n'affirmons pas, bien entendu, que ces considérations soient entrées dans son esprit de la manière que nous venons de les exposer. Nous croyons que sa détermination fut surtout une affaire de caractère et de tempérament, mais tel fut au moins le résultat de son changement de vie, et cela suffit pour faire justice des motifs de morale transcendante qu'on pourrait être tenté d'y voir. Règle générale, il faut se défier des moralistes excentriques qui prétendent se faire une vertu pour eux seuls. Ils sont austères sur certains points qui leur coûtent peu; mais comme ils se rattrapent bien sur les autres! ils font ce qu'on pourrait appeler de la morale à côté. La morale, pour être sûre et complète, a besoin de prendre sa règle au-dessus de l'homme qu'elle doit diriger. C'est pour cela que toute morale personnelle ou *indépendante* est par cela même une morale facile. Quand on s'impose son joug à soi-même, on a soin de le prendre doux et léger.

Ainsi le grand changement de Rousseau consista surtout à le confirmer dans des habitudes qu'il ne demandait qu'à suivre. Marmontel fit sa connaissance précisément à ce moment, alors qu'il venait de remporter son prix et qu'il n'avait pas encore fait sa déclaration. Ils se voyaient chez d'Holbach, « à des dîners de garçons, où régnait une liberté franche; mais, continue Marmontel, c'est un mets dont Rousseau ne goûtait que très sobrement. Personne, mieux que lui, n'observait la triste maxime de vivre avec ses amis comme s'ils devaient être un jour ses ennemis... Dans sa réserve craintive, on voyait de la défiance; son regard en dessous observait tout avec une ombrageuse attention. Il se communiquait à peine, et jamais il ne se livrait[1]. »

Pourtant, comme il est content de lui! « Je ne bornai pas ma réforme, dit-il, aux choses exté-

---

1. MARMONTEL, *Mémoires*, l. IV.

rieures. Je sentis que celle-là même en exigeait une autre, plus pénible mais plus nécessaire, dans les opinions, et résolu de n'en pas faire à deux fois, j'entrepris de soumettre mon intérieur à un examen sévère, qui le réglât pour le reste de ma vie, tel que je voulais le trouver à ma mort[1]. » « Jusque-là j'avais été bon, dès lors je devins vertueux, ou du moins enivré de vertu... J'étais vraiment transformé ; mes amis ne me reconnaissaient plus. Je n'étais plus cet homme timide, et plutôt honteux que modeste, qui n'osait ni se présenter, ni parler, qu'un mot badin déconcertait, qu'un regard de femme faisait rougir. Audacieux, fier, intrépide, je portais partout une assurance d'autant plus ferme qu'elle était simple et résidait dans mon âme plus que dans mon maintien[2]. » Les faits plus encore que les paroles de Marmontel, démontrent qu'il faut beaucoup rabattre de ces fanfaronnades.

Jean-Jacques avait-il changé au moins sur les questions de doctrine? Non; encore moins que sur le reste. Cependant, il est à noter qu'avant comme après sa déclaration, ses principes, tout insuffisants qu'ils étaient, valaient encore mieux que ceux de ses amis. Au besoin même, il ne reculait pas, dans les limites restreintes de sa pensée, devant une profession de foi.

Un jour, il prenait sa part d'un dîner fort leste chez Mlle Quinault. Il venait de défendre contre Duclos la religion naturelle et la morale de l'Évangile. Il s'était toutefois contenu jusque-là ; mais Saint-Lambert ayant fait une déclaration d'athéisme,

---

1. *Rêveries*, 3e promenade. — 2. *Confessions*. l. IX. — Voir aussi la 2me *lettre à Malesherbes*.

Rousseau se fâcha; et, comme on le plaisantait. « Si c'est une lâcheté, dit-il, de souffrir qu'on dise du mal de son ami absent, c'est un crime de souffrir qu'on dise du mal de son Dieu qui est présent; et moi, Messieurs, je crois en Dieu. » Et un moment après : « Je sors, s'écria-t-il, si vous dites un mot de plus. » Il s'apprêtait, en effet, à fuir, quand l'arrivée d'un nouveau venu changea le cours de la conversation, et remplaça l'impiété par les *chansons poissardes*.

Mais il ne s'en tint pas là, et, après le dîner, prenant à part Mme d'Épinay. « Quoi! lui dit-il, seriez-vous de son avis? Gardez-vous de me le dire, car je ne pourrais m'empêcher de vous haïr. D'ailleurs, l'idée d'un Dieu est nécessaire au bonheur, et je veux que vous soyez heureuse. » Hélas! Mme d'Épinay avait trouvé que Saint-Lambert était *le plus fort;* et il faut convenir, en effet, que Jean-Jacques, malgré l'énergie de sa profession de foi, se montrait au fond faible et hésitant. Il avouait que souvent, au fond de son cabinet, les deux poings dans ses yeux et au milieu des ténèbres de la nuit, il ne savait trop que penser. « Mais, voyez cela, dit-il, en montrant d'une main le ciel, la tête levée, et avec le regard d'un inspiré; le lever du soleil, en dissipant la vapeur qui couvre la terre et en m'exposant la scène brillante et merveilleuse de la nature, dissipe en même temps les brouillards de mon esprit. Je retrouve ma foi, mon Dieu, ma croyance en lui; je l'admire, je l'adore et je me prosterne en sa présence. » Et comme Mme d'Épinay lui opposait ses hésitations et lui posait cette question catégorique : De quel côté trouvez-vous les preuves les plus claires? « Madame, nos lumières sont si courtes qu'il est presque impossible de prononcer ; » et il lui répondait *par un conte*. Un étranger jeté dans une île rencontre des vieillards, qui lui déclarent qu'il doit avant tout satisfaire le Génie, seigneur du lieu, dont ils lui remettent les volontés reliées dans une douzaine d'in-folio. L'étranger se trouve à la fin en présence du Génie, et voici le langage que celui-ci lui tient : « Il importe fort peu, mon ami, que vous et vos pareils croyiez en mon existence. Au reste, ce n'est ni pour votre bien, ni pour votre mal que vous avez habité et parcouru ces contrées. J'aurais sur tout cela de très belles choses à vous dire, mais vous croyez bien, mon enfant, que j'ai autre chose à faire qu'à instruire un polisson comme vous. Allez vous établir dans quelque coin, et laissez-moi en repos, jusqu'à ce que le temps et la nécessité disposent encore de vous. Bonsoir. L'étranger, en se retirant aura dit en lui-même : Je savais bien que, s'il y avait un génie sur cette terre, il était bon et indulgent, et que nous n'aurions rien à démêler ensemble [1]. »

Ce *conte* ou cette *parabole*, qui, par son ton sceptique et railleur, rappellerait plutôt la manière de Voltaire que le genre habituel de Rousseau, a été, à cause de cela, regardé par quelques personnes comme d'une authenticité douteuse. Mais on n'a pas de motifs sérieux de le révoquer en doute plutôt que le reste des *Mémoires* de Mme d'Épinay. Rappelons-nous que Rousseau était encore à cette époque l'admirateur de Voltaire, l'ami de Diderot, l'habitué des plus détestables sociétés. Il y avait bien là de

---

1. *Mémoires de Mme d'Épinay*, t. I, ch. VIII.

quoi ébranler le peu de bons sentiments qu'il gardait au fond du cœur. Il est triste, assurément, de débuter par une énergique profession de foi, pour aboutir à une si misérable conclusion. Tant il est vrai que Rousseau trouvait le moyen d'avoir tort, même quand il avait raison.

Cette scène dut avoir lieu en 1751, c'est-à-dire avant sa réforme. On y trouverait une nouvelle preuve que cet événement changea peu ses idées, et même sa manière brusque de les exprimer.

Il est douteux, toutefois, qu'avant d'être devenu un homme vertueux par profession, il se fût avisé d'écrire à Francueil la lettre de condoléances qu'il lui adressa à l'occasion de la mort de sa belle-sœur. Après quelques phrases assez lestes sur la douleur du mari et le superbe mausolée qu'il fait élever à sa femme, voici comment il continue : « Savez-vous qu'un habile artiste, en pareil cas, serait peut-être désolé que sa femme revînt. L'empire des arts est peut-être le plus puissant de tous. Je ne serais pas étonné qu'un homme, même très honnête, mais très éloquent, souhaitât quelquefois un beau malheur à peindre. Si cela vous paraît fou, réfléchissez-y et cela vous le paraîtra moins. En attendant, je suis bien sûr qu'il n'y a aucun poète tragique qui ne fût très fâché qu'il ne se fût jamais commis de grands crimes, et qui ne dît au fond de son cœur, en lisant l'histoire de Néron, de Sémiramis, d'Œdipe, de Phèdre, de Mahomet, etc. : La belle scène que je n'aurais pas faite, si tous ces brigands n'eussent pas fait parler d'eux! Eh! Messieurs nos amis des beaux-arts, vous voulez me faire aimer une chose qui conduit les hommes à sentir ainsi! Eh bien, oui, j'y suis tout résolu; mais c'est à condition que vous me prouverez qu'une belle statue vaut mieux qu'une belle action ; qu'une belle scène écrite vaut mieux qu'un sentiment honnête, et enfin qu'un morceau de toile peint par Wanloo vaut mieux que la vertu[1]. » Cette dernière phrase est digne de toute notre admiration ; elle peut servir à confondre les partisans de l'art pour l'art, de l'indépendance de la politique et du talent, et de toutes ces choses auxquelles on voudrait faire une place à part, en dehors de la morale. Elle n'a qu'un tort, c'est de tomber à faux et de ne prouver en aucune façon ce qu'elle a la prétention de prouver. Gravons-la en lettres d'or au seuil de nos académies ; mais n'en continuons pas moins à cultiver les sciences, les lettres et les arts.

II

Rousseau tout le premier ne se fit pas faute d'agir ainsi. Nous avons étudié les œuvres littéraires qu'il fit vers ce temps; c'est aussi celui qui vit éclore la meilleure de ses œuvres musicales, le *Devin du village*. Il dit que cette pièce fit époque, et il dit vrai. Elle fit époque, moins par son mérite réel, qui était médiocre, que par les circonstances qui l'accompagnèrent. A en croire l'auteur, elle lui aurait coûté fort peu de travail. Il avait besoin pour sa santé de l'air de la campagne. Il se retira à Passy, chez son parent et ami Mussard. On y faisait de la musique; on s'y passionnait surtout pour la musique italienne. Rousseau rêvant comment il

---

1. *Lettre à Francueil*, janvier 1753 ; aux *Mémoires de M*^{me} *d'É-pinay*, t. I, ch. IX.

pourrait en donner une idée à la France, jeta quelques vers sur le papier et y adapta des airs. Inutile de demander si ces essais furent goûtés et s'il fut difficile de sauver des flammes ces chiffons que, quoi qu'il en dise, il ne demandait sans doute pas mieux que de conserver. En six jours les vers étaient faits et la musique esquissée; en trois semaines la pièce était en état d'être jouée, sauf le divertissement de la fin, qui ne fut composé que l'année suivante. Il faut convenir que ce n'était pas mal pour un malade.

Restait à faire représenter ce chef-d'œuvre; c'était là le point difficile. Après le triste succès des *Muses galantes*, c'était aller au-devant d'un second échec que d'offrir sans précautions un drame qui tranchait si brusquement avec les habitudes françaises. Duclos se chargea de le faire essayer sous le voile de l'anonyme, mais l'enthousiasme que souleva la répétition rendit aussitôt le secret superflu. Dans toutes les sociétés, on ne parla plus d'autre chose. L'intendant des menus demanda, et sur le refus de Duclos, exigea la pièce pour la cour; de sorte qu'il fallut *se soumettre* à ce qu'elle fût jouée à Fontainebleau devant le Roi. Cependant le récitatif s'éloignait si complètement des usages reçus, qu'on pensa qu'il devait être changé. L'auteur y consentit, mais ne voulut pas s'en mêler; les changements furent faits par Francueil et Jeliotte.

Rousseau, dans la crainte de se déceler, n'avait pas osé assister à la répétition de l'Opéra; il fut plus heureux à Fontainebleau. Ces répétitions étaient une sorte de huis-clos très ouvert; on s'y pressait; on y étouffait; il n'y avait guère de différence avec les représentations ordinaires que dans le public, qui était plus connaisseur et plus choisi.

Le lendemain fut un grand jour. Un triomphe à la cour est toujours flatteur. Jean-Jacques voulut mieux, ou autrement, et sous prétexte de se montrer fidèle à ses principes et supérieur à sa gloire, inventa un nouveau raffinement de vanité. Il s'agissait de savoir si, pour ne pas se singulariser, il se départirait pendant un jour de son costume négligé. Difficile problème, qu'il finit par résoudre *intrépidement* en faveur de la grande barbe et de la perruque mal peignée. Cependant son intrépidité dut rester à l'état de simple intention; contrairement à ses prévisions, la cour attacha moins d'importance que lui-même à son manque d'usage, et ne parut pas seulement s'en apercevoir. Il en fut touché jusqu'aux larmes. N'eut-il pas aussi un peu de dépit d'avoir manqué son effet? Quoi qu'il en soit, au milieu d'une cour brillante et parée, juste en face de Louis XV et de Mme de Pompadour, il eut, dans son équipage plus que modeste, la joie de recueillir les murmures de surprise et d'applaudissement des jolies bouches, les larmes d'attendrissement des jolis yeux de toutes les femmes charmantes qui l'entouraient. Comme elles lui semblaient belles! Comme il était ravi et enivré!

Ce n'est pas tout. Après la représentation, le Roi, désirant exprimer sa satisfaction à l'auteur, le fit demander pour le lendemain. On supposait qu'il s'agissait d'une pension et que le Roi voulait la lui annoncer lui-même. Cette nouvelle fut pour Jean-Jacques un nouveau sujet de perplexité; il n'en dormit pas la nuit suivante. Il aurait pu se dispenser de nous parler à ce propos de son fréquent besoin de sortir, qui ne lui permettait pas de répondre à l'invitation royale. Sa présence à la longue représentation de la veille était la meilleure réponse à cette objection plus que prosaïque. Mais c'était le cas ou jamais de mettre en avant ses fameux principes. Accepter une pension! était-ce digne d'un philosophe qui faisait profession de désintéressement, de liberté et de courage? La refuser! n'était-ce pas une impolitesse? Et puis, à tant faire que d'aller devant le Roi, il fallait, se dit-il à lui-même, sans quitter l'air et le ton sévères qu'il avait pris, se montrer sensible à l'honneur que lui faisait un si grand monarque. Il fallait envelopper quelque grande et utile vérité dans une louange belle et méritée. Allez donc, avec la maudite timidité de Jean-Jacques, vous proposer un pareil programme! Soit qu'il se fie à l'inspiration du moment ou qu'il prépare une réponse heureuse, l'émotion risque fort de ne lui suggérer qu'une balourdise. Toute réflexion faite, il résolut de ne pas s'exposer à ce danger et partit dès le matin [1].

Son départ fut généralement blâmé. On l'accusa d'orgueil. Quel grand malheur, en effet, s'il n'avait pas rencontré, à point nommé, une phrase sublime à faire passer à la postérité. Mais il avait sacrifié sa pension; Diderot ne s'en consolait pas et voulait qu'il fît une demande. S'il était libre d'être désintéressé pour lui-même, ne devait-il pas songer à Thérèse et à sa mère? Jean-Jacques, toujours susceptible et soupçonneux, vit là des intentions malveillantes, qui pouvaient bien ne pas exister. « Depuis lors, dit-il, Diderot et Grimm semblèrent prendre à tâche d'aliéner de moi les Gouverneuses, leur faisant entendre que, si elles n'étaient pas plus

---

1. *Confessions*, l. VIII. — *Lettre à Lenieps*, 22 octobre 1752.

à leur aise, c'était mauvaise volonté de ma part; qu'elles ne feraient jamais rien avec moi. Ils tâchaient de les engager à me quitter, leur promettant un regrat de sel, un bureau de tabac, un je ne sais quoi encore, par le crédit de Mme d'Épinay. » Notons que Rousseau vient de dire que Diderot ne pouvait pas souffrir Mme d'Épinay, et ne consentit à aller la voir que beaucoup plus tard.

Le *Devin* n'était pas complet; Rousseau en fit l'ouverture et le divertissement, afin de le mettre en état d'être joué à l'Opéra l'hiver suivant. Il aurait voulu faire de ce divertissement un sujet suivi; il avait bien raison, mais on ne l'entendit seulement pas à l'Opéra, et il lui fallut se soumettre à la routine. Il rétablit aussi son récitatif. La pièce n'en fut pas plus mal reçue; au contraire. Enfin il fit une dédicace à Duclos. C'était justice; n'était-ce pas à lui qu'elle devait d'avoir vu le jour?

A propos du *Devin*, Rousseau eut un sujet de mécontentement contre d'Holbach. Celui-ci l'avait engagé à prendre dans sa propre musique quelques airs pour son divertissement, lui assurant qu'ils resteraient toujours connus de lui seul; Rousseau en accepta un par complaisance. Quel ne fut pas son étonnement de voir peu après ce même air étalé en pleines réunions chez Grimm et chez Mme d'Épinay. Il crut qu'on s'était moqué de lui et soupçonna ceux qui lui avaient joué ce vilain tour d'avoir répandu le bruit qu'il n'était pas l'auteur de sa pièce. Mais si jamais œuvre a porté la marque du maître, c'est bien celle-là. Il l'a, pour ainsi dire, créée sans précédents; de sorte que si l'on demandait à quel genre elle appartient, on pourrait répondre : au genre de Rousseau.

La musique du *Devin* a vieilli; aujourd'hui on l'apprécierait difficilement. La pièce elle-même est d'une extrême simplicité; elle est plutôt une série de chansonnettes agréables qu'une œuvre de musique savante. Un berger qui boude sa bergère, un vieillard qui les réconcilie, voilà tout. On y chercherait en vain des événements, une intrigue, des caractères, des mots d'esprit, de grands effets; elle n'a peut-être pas un vers à citer. C'est toujours la nature dans sa simplicité primitive et la bonté native de l'homme; là encore Rousseau reste fidèle à son système. On pourrait pourtant dire dans un autre sens que l'œuvre manque de naturel. On ne rencontre guère ailleurs que dans les livres des bergers frisés et pomponnés qui roucoulent des vers. Son succès cependant fut prodigieux et durable, au point d'étonner l'auteur lui-même. C'est qu'elle offre un charme de sentiments, un air de fraîcheur, une harmonie complète entre les paroles et la musique auxquels on n'était pas accoutumé [1].

Cette pastorale prêtait à la critique par sa nouveauté même. Favart en fit une parodie : *les Amours de Bastien et de Bastienne*. La parodie est une sorte de plante parasite, qui ne vit qu'aux dépens de l'œuvre qu'elle critique. Bastien et Bastienne rappelaient assez agréablement Colin et Colette; mais la pièce de Favart avait d'ailleurs un autre mérite, celui d'être jouée par sa femme.

---

1. La bibliothèque de la Chambre des députés possède un manuscrit autographe, paroles et musique du *Devin du village*. La Bibliothèque nationale en possède aussi un bon nombre de morceaux détachés, également autographes, mais sur de nouveaux airs, que Rousseau substitua plus tard à sa musique primitive.

Rousseau eut encore à subir une critique qui lui fut plus sensible. Un certain Bonneval publia une brochure intitulée : *Lettre d'un Ermite à J.-J. Rousseau*. S'il n'y avait eu que l'ermite, Jean-Jacques s'en serait peu préoccupé ; mais Fréron s'avisa de faire cause commune avec lui. Fréron était un adversaire redoutable, qui n'avait pas craint de s'attaquer aux rois du jour, même à Voltaire. Ses railleries ne visaient pas seulement le *Devin*, ni même le *Discours sur les arts et les sciences*; mais au-delà des ouvrages, elles allaient chercher l'homme, avec ses travers, ses ridicules et son orgueil. Rousseau fut blessé cruellement et fit une réponse à ces attaques; mais il ne l'envoya ni ne la publia. Il fit bien; elle ne manquait pas d'esprit, mais elle avait encore plus d'insolence; or, il ne faisait pas bon être insolent avec Fréron [1].

III

Quoique le *Devin* ne fût pas très italien, il eut pour effet de répandre le goût de la musique italienne; mais d'autres causes encore y contribuèrent, notamment une troupe de bouffons italiens, qui jouèrent à l'Opéra et qui, bien que détestables, firent grand tort au genre français. Seul, le *Devin du village*, dit Rousseau, soutint la comparaison et plut encore après la *Serva padrona*. Rousseau fit graver et publia cette belle pièce de Pergolèse [2]. Il

---

1. *Lettre à Fréron*, 2 juillet 1753. — 2. *Lettre à Lenieps*, 28 octobre 1752.

était devenu une autorité en musique. Il ne manqua pas de tenir sa partie dans les discussions musicales qui s'agitaient alors. On était précisément au moment le plus brûlant de la querelle des partisans de la musique française et des partisans de la musique italienne; autrement dit, du coin du Roi et du coin de la Reine, parce que les premiers se réunissaient à l'Opéra, sous la loge du Roi, et les autres sous la loge de la Reine. Grimm fit paraître contre le coin du Roi, entre autres choses, son *Petit Prophète*[1], un de ses meilleurs ouvrages, qu'on attribua faussement à Rousseau. Diderot fit au moins trois brochures dans le même sens[2]. Jean-Jacques avait évité jusque-là de se déclarer ouvertement. Sa *Lettre à M. Grimm, au sujet des remarques ajoutées à sa Lettre sur Omphale*[3], est encore pleine de ménagements pour la musique française et même pour Rameau. Mais il n'était pas homme à se contraindre longtemps. Entraîné par ses amis, aussi bien que par ses préférences, il se jeta dans la mêlée[4]. Dans sa *Lettre sur la Musique française* (1753), il sou-

---

1. Première moitié de 1753. — 2. *Œuvres de Diderot*, édit. Asserat, t. XII. — 3. *Œuvres de J.-J. Rousseau*, 1752. C'est le seul de ses ouvrages auquel Rousseau n'ait pas mis son nom. La *Lettre de Grimm sur Omphale* est antérieure de quelques mois à la *Querelle des Bouffons*. — 4. D'après M. René de Récy, cette querelle aurait eu pour cause principale le refus de Rameau de collaborer à l'*Encyclopédie*. Ce refus, en ce qui concerne Rousseau, se serait compliqué des dédains de Rameau pour ses pièces des *Muses galantes*, du *Devin*, et en général pour ses talents musicaux (*Revue des Deux Mondes*, 1er juillet 1886).— Voir aussi sur le même sujet: *La Querelle des Bouffons*, par A. POULET-MALASSIS, 1876, et les journaux du temps, notamment la *Correspondance littéraire de Grimm*, 11 décembre 1753 et 1er janvier 1754. — FRÉRON, *Lettres sur quelques Écrits du temps*, t. XII, etc.

tint que la France n'a pas de musique; la langue française, avec ses syllabes muettes, sourdes ou nasales, étant absolument impropre à l'expression de l'art musical. Il adoucit plus tard la sévérité de ce jugement; mais, en attendant, il put se vanter d'avoir soulevé l'opinion et, selon le mot de Grimm, d'avoir mis le feu aux quatre coins de Paris. Il dit que sa lettre empêcha une révolution d'éclater, par la diversion qu'elle apporta aux causes de troubles; qu'elle faillit le mener à la Bastille; enfin que l'orchestre de l'Opéra fit le complot de l'assassiner, ce qui ne l'empêcha pas d'aller au spectacle comme à l'ordinaire; de sorte qu'il ne dut la vie qu'à un officier de mousquetaires qui le fit escorter en secret. Tout en faisant la part de l'exagération, il est certain qu'on se prit d'une grande animosité à son égard. On ne saurait compter toutes les brochures qui furent publiées contre lui. On le brûla en effigie; on alla jusqu'à lui refuser brutalement et contre toute justice ses entrées à l'Opéra. Une telle iniquité lui ramena presque la faveur du public. Ce n'est pas après quatre-vingts représentations dans une seule année, qu'on traite ainsi un auteur. Il y en eut encore vingt autres à la suite d'une reprise donnée malgré lui. Les annales du théâtre ne présentaient peut-être pas d'exemple d'un tel succès. Jean-Jacques n'était pourtant pas satisfait : il avait stipulé que les quatre premières représentations seraient jouées par les bons acteurs; dès la troisième, la pièce était donnée à des doublures. C'était au point qu'il ne pouvait plus l'entendre. Mal joué, chassé, trompé, volé, c'en était trop; il redemanda sa pièce; ce fut en vain; on se borna à lui en envoyer le prix fort mesquinement calculé, cinquante louis[1]. D'un autre côté, le Roi lui donna cent louis, et Mme de Pompadour, pour une représentation à Bellevue, où elle-même joua le rôle de Colette, lui en fit remettre cinquante. Jean-Jacques, par respect pour ses oreilles, ne voulut pas aller à cette représentation de Bellevue ; il n'aurait pu supporter de s'entendre estropier par les seigneurs de la cour[2]. Pissot lui paya 500 francs pour la gravure. Tout compte fait, cette pièce, qui lui avait donné si peu de peine, lui rapporta presque autant que l'*Émile*, qui lui coûta vingt ans de méditations et trois ans de travail.

Rousseau, dans ce retour à une modeste aisance, n'oublia pas de faire la part de Mme de Warens, et lui envoya 240 livres, avec force plaintes sur la cherté du pain et sur sa santé[3]. Du reste, la plainte était déjà chez lui à l'état d'habitude. Il ne tarit pas sur les chagrins que lui causa cette œuvre du *Devin*, qui pourtant semblait devoir lui procurer tant de jouissance. Il s'imagina que ses amis étaient jaloux de le voir acquérir une gloire à laquelle ils ne pouvaient prétendre, et que ces hommes de lettres, qui lui auraient peut-être pardonné de faire des livres, ne pouvaient supporter ses succès musicaux. Son intimité avec Grimm et Diderot en souffrit ; il se fâcha tout à fait avec d'Holbach ; ses rapports avec Duclos restèrent seuls sans atteinte.

Rousseau, que ses travaux avaient fait connaître, fut à cette époque l'objet d'une distinction très flatteuse. Latour, le peintre des célébrités du temps,

---

1. *Lettre et Mémoire de Rousseau à d'Argenson*, 6 mars 1754. — Autre *Lettre avec Mémoire au comte de Saint-Florentin*, 11 février 1759. — 2. *Lettre à Mme de Warens*, 13 février 1753. — 3. *Id*., 13 et 28 février 1753.

celui dont on prisait si haut les pastels, exposa son portrait au Salon de 1753. Marmontel fit à cette occasion le distique suivant :

> A ces traits par le zèle et l'amitié tracés,
> Sages, arrêtez-vous ; gens du monde, passez.

Diderot, tout en rendant justice à la beauté de l'exécution, ne trouva pas l'œuvre de son goût. « M. de la Tour, dit-il, si vrai, si sublime d'ailleurs, n'a fait du portrait de Rousseau qu'une belle chose, au lieu d'un chef-d'œuvre qu'il pouvait faire. J'y cherche le censeur des lettres, le Caton et le Brutus de notre âge ; je m'attendais à voir Épictète, en habit négligé, en perruque ébouriffée, effrayant par son air sévère les littérateurs, les grands et les gens du monde, et je n'y vois que l'auteur du *Devin du village,* bien habillé, bien peigné, bien poudré, et ridiculement assis sur une chaise de paille [1]. »

Ces critiques de Diderot, aussi bien que les louanges qu'il prodigue à Rousseau, nous paraissent pour le moins exagérées. Diderot, qui connaissait son ami mieux que personne, aurait bien dû se rappeler qu'il n'était ni négligé, ni ébouriffé, mais toujours propre et soigné dans sa simplicité ; qu'il ne rappelait que de très loin Brutus ou même Caton. Ne parlons pas de la perruque d'Épictète ; il est difficile de se représenter affublée de cet ornement la tête du précepteur de Marc-Aurèle. Ces sortes de lapsus viennent de ce que Diderot improvisait ses livres, plutôt qu'il ne les écrivait, et n'empêchent pas le portrait de Latour d'être regardé comme le

---

1. *Essai sur la Peinture* (Œuvres de Diderot, t. X).

plus beau de ceux qui nous restent du philosophe de Genève. Il est encore aujourd'hui celui que l'on reproduit de préférence à tous les autres.

La musique aurait suffi pour occuper Rousseau. Quand on songe qu'elle marchait de front avec ses autres travaux de littérature et de polémique, avec la première représentation de sa comédie de *Narcisse*, avec des relations extérieures assez suivies, on ne voit pas le temps qui lui restait pour son métier de copiste. Il paraît qu'il y consacrait autant que possible ses matinées et devait, afin de pouvoir vivre, y gagner 40 sous par jour[1]. Mais ce que nous venons de dire du *Devin* montre que ses autres travaux n'étaient pas toujours improductifs.

Cette représentation de *Narcisse* mérite une mention spéciale. Il y avait une vingtaine d'années que la pièce était faite, et sept ou huit qu'elle courait après sa première représentation. Enfin, grâce à Lanoue, et sans doute aussi à la réputation de l'auteur, la Comédie française se montra plus facile que ne l'avaient été l'Opéra et le Théâtre Italien. Il faut croire que Rousseau lui-même n'avait pas grande idée de son œuvre, car il la fit jouer sans nom d'auteur et recommanda, quoique assez inutilement, le secret[2]. La pièce ne réussit pas et n'eut que deux représentations. « Toutefois, dit Rousseau, je fus surpris et touché de l'indulgence du public, qui eut la patience de l'entendre tranquillement d'un bout à l'autre, et d'en souffrir même une seconde représentation, sans donner le moindre signe d'impatience. Pour moi, je m'ennuyai tellement à la première,

---

1. *Lettre à Mme de Créqui*, samedi... 1752. — 2. *Lettre à Mussard*, 17 décembre 1752.

que je ne pus tenir jusqu'à la fin, et sortant du spectacle, j'entrai au café de Procope, où je trouvai Boissy et quelques autres, qui probablement s'étaient ennuyés comme moi. Là, je dis hautement mon *peccavi;* m'avouant humblement, ou fièrement, l'auteur de la pièce, et en parlant comme tout le monde en pensait. Cet aveu public de l'auteur d'une mauvaise pièce qui tombe fut fort admiré et me parut très peu pénible. J'y trouvai même un dédommagement d'amour-propre dans le courage avec lequel il fut fait, et je crois qu'il y eut en cette occasion plus d'orgueil à parler qu'il n'y aurait eu de sotte honte à se taire. » L'aveu est assez superflu; il est bon néanmoins d'en tenir compte à l'auteur. Combien d'autres n'en auraient pas été capables?

La comédie de *Narcisse*, que Rousseau ne jugeait pas assez intéressante pour affronter la scène, lui parut cependant digne d'être imprimée. Nous avons parlé au chapitre dernier de la préface qu'il mit en tête de cette édition.

CHAPITRE XII

De 1753 au 9 avril 1756 [1].

Sommaire : Discours sur l'Inégalité. — I. Jugements de La Harpe et de Marmontel. — Rousseau s'isole pour travailler dans la forêt de Saint-Germain. — Il demande le retour à la nature. — Qu'est-ce que la nature ? — Méthode hypothétique et fausse. — Négation de la distinction essentielle du bien et du mal. — Condition de l'homme comparée à celle des animaux. — Rôle de la pitié. — La société est naturelle et nécessaire à l'homme. — L'état sauvage est une dégradation de l'état primitif. — Perfectibilité. — Propriété. — Intérêt. — Premières sociétés. — Époque la plus heureuse. — Métallurgie ; Agriculture. — Danger actuel et pratique des théories de Rousseau. — Que serait l'homme sans la société ?
 II. Voyage de Rousseau à Genève. — Gauffecourt et Thérèse. — Rousseau revoit Mme de Warens. — Accueil fait à Rousseau par les Genevois. — Son retour au protestantisme. — Amitiés qu'il contracte. — Promenade de sept jours sur le lac. — Projets de travaux. — Tacite. — Sénèque. — Lucrèce.
 III. Retour de Rousseau à Paris. — Dédicace du *Discours sur l'Inégalité*. — Appréciation du *Mercure*. — Rapport de l'Académie de Dijon. — Ch. Bonnet, Philopolis. — Lettre de Voltaire et réponse de Rousseau. — Autres réfutations : le P. Castel. — Grimm. — Fréron. — Réfutation par Rousseau lui-même. — Impression de l'ouvrage. — Correspondance avec Rey.
 IV. *Essai sur l'origine des langues*. — Article *Économie politique* dans l'*Encyclopédie*.
 V. *Examen de deux principes avancés par Rameau*. — *La Reine fantasque*. — Comédie des *Originaux* par Palissot.
 VI. Projet d'établissement à l'Ermitage. — Rousseau refuse l'emploi de bibliothécaire à Genève. — Mme d'Épinay cherche à retenir Rousseau. — Intimité de Rousseau et de Mme d'Épinay. — Rupture avec d'Holbach.

I

Après le *Discours sur les Sciences et les Arts*, vient le *Discours sur l'Inégalité* [2] ; le passage de l'un à

---

1. *Confessions*, l. VIII. —
2. *Discours sur l'origine et les* | *fondements de l'inégalité parmi les hommes*. Aux Œuvres. Voir

l'autre est facile. C'était encore l'Académie de Dijon qui avait proposé le sujet de ce mémoire ; elle semblait avoir pris à tâche de fournir à Rousseau ceux qui devaient le mieux lui convenir. Cette fois pourtant elle ne poussa pas la condescendance jusqu'à lui décerner le prix [1].

D'après La Harpe, « le premier ouvrage de Rousseau est celui qui est le plus éloquemment écrit, et c'est le moins estimable de tous [2]. » Loin de nous associer à ce jugement, nous croyons, au contraire, qu'au double point de vue du mérite littéraire et du fond des doctrines, le *Discours sur les Sciences* ne fut que le point de départ et comme le premier terme d'une série qui devait se continuer pendant l'intervalle de plusieurs années et de plusieurs œuvres. Sans aller plus loin, le livre sur l'inégalité est à coup sûr beaucoup moins estimable, quoique nous le regardions comme plus fortement pensé et mieux écrit.

Mais les débuts de Rousseau avaient tellement frappé les contemporains, qu'on ne pouvait se lasser de le vanter, et, comme tout ce qui sort des proportions ordinaires, de l'exagérer encore.

Cet homme qui, depuis vingt ans, tournait autour de la renommée littéraire, sans en pouvoir découvrir la porte, et qui, pour son coup d'essai, prenait rang auprès des maîtres, forçait toutes les admirations. Marmontel lui-même, qui pourtant ne l'aimait pas, ne peut s'empêcher de comparer les talents de

---

aussi aux *Œuvres inédites*, publiées par STRECKEISEN-MOULTOU, un fragment inédit, probablement destiné à ce discours. — 1. Le sujet proposé était : *Quelle est la source de l'inégalité parmi les hommes, et si elle est approuvée par la loi naturelle ?* — 2. *Lycée*, article *Rousseau*.

Jean-Jacques, mûris et fécondés par vingt ans d'études et de méditations, dans le silence et la retraite, avec la triste précocité de la plupart des autres auteurs et de lui-même ; et telle est, à ses yeux, l'explication de la plénitude étonnante, de la virilité parfaite qui règne dans les premiers écrits de l'un, de la stérile abondance, de la facilité superficielle des autres[1]. Il n'est pas inutile de remarquer à ce propos que Jean-Jacques a reçu de ses ennemis eux-mêmes des louanges que n'a pas toujours ratifiées la postérité.

Rousseau, comme tous les hommes d'imagination, aimait les excitations extérieures, et en avait besoin pour bien écrire. Chez lui, le paysage, la mise en scène jouent un grand rôle et aident souvent à rendre compte du fond. Aussi, ce n'est pas en vain qu'il raconte la façon dont il composa son ouvrage. Il alla passer huit ou dix jours à Saint-Germain, et là, enfoncé dans la forêt, oubliant la société, ses usages, ses préjugés et ses lois, seul avec lui-même et avec la nature, il se créa par la pensée un monde nouveau, tout différent de celui que les hommes ont fabriqué après coup, une sorte de vie qu'il appela primitive, et il se mit en devoir d'en écrire l'histoire. Il prétendait ainsi expérimenter par lui-même l'état qu'il allait décrire ; mais l'expérience n'était ni complète, ni concluante. La société, qu'il fuyait pour quelques heures, le suivait dans ses promenades solitaires. Le littérateur amoureux de périodes, le philosophe en quête d'arguments, le chercheur de prix académiques ne rappelait que de bien loin l'être nu, muet et sauvage qu'il se figurait être

---

1. MARMONTEL, *Mémoires*, l. IV.

l'homme primitif. Et comme si cet essai, tout imparfait qu'il était, lui avait semblé encore trop difficile, il avait eu soin, outre Thérèse, d'emmener avec lui son hôtesse et une de ses amies. Il s'égayait avec elles ; il aimait à les retrouver à l'heure des repas. Cette promenade lui parut des plus agréables ; rien de plus simple ; mais qu'il cesse d'y chercher l'image des premiers temps et d'en faire le moyen d'investigation de tout un monde préhistorique. O puissance de l'imagination !

De ces méditations résulta le *Discours sur l'Inégalité*. Jean-Jacques ne fit à Saint-Germain que d'en arrêter le plan et d'en esquisser les lignes générales. Pour le reste, il prétend que Diderot l'aurait aidé de ses conseils, et même y aurait jeté méchamment des tirades de *son humeur noire*. Il convient que la manière de Diderot et la sienne se ressemblaient à cette époque, et il en conclut que Diderot aurait imité son style. Reste à savoir lequel des deux a imité l'autre. Que d'idées, que de tirades sur la nature et la société on trouverait également dans les deux auteurs [1]. A quiconque demanderait auquel on doit en attribuer la paternité première, peut-être devrait-on dire à l'un et à l'autre, tant ils étaient en perpétuelle communion de pensées et d'études. Ou plutôt ne devrait-on pas répondre, ni à l'un ni à l'autre ? Sans remonter le cours des âges pour trouver l'origine de ces idées, il est certain qu'elles étaient répandues au XVIIIe siècle : Rousseau ne fit que les développer et les faire passer de

---

1. Comparer notamment le *Discours sur l'Inégalité* de ROUSSEAU et le *Supplément au Voyage de Bougainville* de DIDEROT.

la classe des philosophes à celle du peuple. Par une réaction qui n'a rien de bien étonnant, ce siècle si raffiné, si esclave du convenu, se prit d'une belle passion pour la nature, pour les mœurs champêtres, même pour l'état sauvage. On ne parlait que des sentiments de la nature, de l'innocence des premiers âges; on déifiait les passions, qui sont la voix de la nature. Ne sachant pas bien ce que c'était que l'homme de la nature, on l'inventa, et l'on imagina l'homme abstrait, sorte d'être universel, sans réalité et sans vie, qui, en fait, n'a jamais existé. Beaucoup sans doute prirent peu au sérieux ce produit de leur imagination; à une certaine générosité de sentiments, se mêlait toujours, chez ces hommes du xviii° siècle, une forte dose de légèreté. Rousseau, lui, fut sérieux; ce fut son originalité; ce fut aussi sa force. Fut-il réellement convaincu, ou fit-il comme s'il l'était? En tout cas, il fut passionné et sut communiquer autour de lui sa passion. Même quand il prit les idées des autres, il eut encore l'art de les échauffer par le feu qui l'animait. Ainsi la deuxième partie de son discours rappelle presque d'un bout à l'autre le *Gouvernement civil* de Locke; mais comme la froide conception du publiciste anglais se relève et s'embellit sous la plume du philosophe de Genève!

Le *Discours sur l'Inégalité* n'a pas une longue histoire comme le *Discours sur les Sciences et les Arts*, mais l'ouvrage est autrement important. Il ne s'agissait plus en effet des ornements et des accessoires plus ou moins nécessaires de la société et de la civilisation, mais de la civilisation, de la société elles-mêmes dans leur essence. Droits et devoirs, vertus et vices, moralité et justice, bonheur et malheur de l'humanité : telles étaient les questions vitales qui se posaient devant Rousseau, et pour la solution desquelles il prétendait pénétrer jusqu'au fond et à l'origine de la nature humaine. Car le retour à la nature reste l'idée fondamentale de ce second discours, comme il avait été celle du premier. La nature, mot élastique, dont Rousseau fait l'opposé de tout progrès, de tout développement. Il n'a jamais compris que le progrès peut être naturel ; qu'un homme de trente ans n'est plus un enfant, et n'en est pas moins naturel. L'art lui-même n'est pas nécessairement l'artifice ; l'art peut et doit procéder de la nature ; la culture, loin d'être l'ennemie de la nature, en est plutôt la perfection et le complément. Mais ne nous attardons pas aux définitions.

Parlerons-nous de la méthode de Rousseau ? Elle est pour le moins singulière. L'histoire s'appuie sur les faits. Rousseau, qui prétend faire une histoire, commence par « écarter tous les faits, comme ne touchant point à la question[1]. » Convenons qu'il aurait eu de la peine à en découvrir beaucoup pour décrire un état « qui n'existe plus, qui n'a peut-être point existé, qui probablement n'existera jamais, et dont il est pourtant nécessaire d'avoir des notions justes, pour bien juger de notre état présent[2]. » Autrefois on allait du connu à l'inconnu, Jean-Jacques préfère le procédé contraire. Son histoire est donc une histoire *a priori*, toute hypothétique. Bien plus, il prend le soin de déclarer qu'elle est fausse. Il regarde, en effet, comme « évident, par la lecture des livres sacrés, que le premier homme, ayant reçu immédiatement de Dieu

---

[1]. *Discours*, etc. Préambule. — 2. *Id.*, Préface.

des lumières et des préceptes, n'était point lui-même dans cet état[1]. »

Quand Rousseau n'aurait eu d'autre but que d'écrire l'histoire du cœur humain, il aurait dû recourir à l'observation psychologique, et dans ce cas-là même, ne pas écarter les faits extérieurs, encore moins se mettre en contradiction avec eux. Lui-même, d'ailleurs, avait procédé d'une façon fort extérieure dans son voyage de Saint-Germain. Quoi qu'il en soit, il ne suffit pas de jouer au sauvage pendant huit jours, pour connaître l'état primitif de l'homme. C'était poser en principe ce qui était en question. L'homme a-t-il commencé par l'état sauvage ? Gros problème que l'auteur tranche par l'affirmative, mais qu'il ne prend pas la peine d'examiner. C'était encore remplacer les faits prouvés par des expériences artificielles ; c'était enfin substituer à l'observation les fantaisies de l'imagination.

D'autres avant lui, Platon dans sa *République*, Thomas Morus dans son *Utopie*, Campanella dans sa *Cité du Soleil*, avaient, à la vérité, parlé d'un état qui n'avait rien de réel ; mais leurs descriptions, que nous n'avons pas à juger ici, n'étaient que des allégories plus ou moins transparentes. Rousseau, au contraire, oubliant aussitôt les réserves qu'il a faites, expose jusque dans ses détails non seulement « ce qu'aurait pu devenir le genre humain, s'il fût resté abandonné à lui-même[2], » mais ce qu'il a été en effet à cette époque qui n'a jamais existé.

Une telle méthode peut mener loin ; nous allons voir jusqu'où elle conduisit notre auteur. Sans

---

1. *Discours*, Préambule. — 2. *Id.*, Préambule.

doute, on pourrait rejeter simplement les résultats auxquels il est arrivé comme non prouvés ; mais son système a eu un tel retentissement qu'il n'est pas inutile d'en considérer les détails.

Toute l'école spiritualiste regarde la distinction du bien et du mal, les notions de justice, de devoir, de vertu comme des idées fondamentales et primitives. Elle voit dans ces principes les suprêmes régulateurs et les juges en dernier ressort de nos actions, et aussitôt que deux hommes sont réunis, elle en fait la base des relations qui les unissent. De là les rapports d'époux, de père et d'enfants, de frères, d'amis ; de là tous les liens sociaux. Rousseau, qui n'a jamais été matérialiste ; Rousseau, qui a dit ces belles paroles : « Ce qui est bien et conforme à l'ordre est tel par la nature des choses et indépendamment des conventions humaines : toute justice vient de Dieu ; lui seul en est la source [1] ; » Rousseau qui prodigue sur tous les tons et en toute occasion les mots de vertu, de morale, de conscience ; Rousseau, dans son *Discours sur l'Inégalité*, s'est inspiré de tout autres maximes. La justice, loin de s'y montrer la cause des causes, n'est plus qu'un effet éloigné, auquel on arrive à travers mille détours et mille expériences. L'homme et la société s'en sont passés longtemps ; ils auraient mieux fait de s'en passer toujours.

« Dans le principe, dit Rousseau, les hommes n'ayant entre eux aucune sorte de relations morales ni de devoirs connus, ne pouvaient être ni bons, ni méchants, et n'avaient ni vices, ni vertus ; à moins que, prenant ces mots dans un sens physique,

---

1. *Discours*, Préambule.

on n'appelle vices, dans l'individu, les qualités qui peuvent nuire à sa propre conservation, et vertus celles qui peuvent y contribuer. »

Pour s'en convaincre, il suffit, suivant notre auteur, de jeter un coup d'œil sur l'état de l'homme primitif, probablement couvert d'une peau velue et armé de griffes en guise d'ongles. Peut-être cet homme n'était-il qu'un animal perfectionné. En tout cas, sa condition première différait assez peu de celle des animaux. Mais aussi, comme ses sens étaient parfaits! Comme il était fort, alerte et adroit, alors que, sans autres ressources que lui-même, sans instruments et sans auxiliaires, il lui fallait se procurer sa pâture et se défendre contre les bêtes de la forêt, ses compagnes habituelles!

Jusque-là il ne peut être question de morale. Les êtres humains, sans habits, sans maisons, sans agriculture et sans industrie, errant au hasard dans les bois, bornés à un petit nombre de besoins physiques, avaient bien assez à faire d'y pourvoir, sans songer à autre chose. En dehors des appétits des sens, ils n'éprouvaient, faute d'occcasions, ni désirs, ni passions. Si par hasard ils rencontraient quelques êtres semblables à eux, ils devaient les traiter de la même façon qu'un animal qui en rencontre un autre. Pourquoi un homme aurait-il plus besoin d'un autre homme, qu'un loup d'un autre loup, ou un singe d'un autre singe? Pourquoi leur auraient-ils parlé, et pourquoi se seraient-ils appliqués à rechercher l'usage de la parole? Ils n'avaient rien à leur dire et n'avaient plus qu'à les quitter après que les *mâles* avaient satisfait leur appétit auprès des *femelles*. Mais ces accouplements fortuits, qui ne se prolongeaient pas d'habitude au-delà d'une seule nuit, étaient bien insuffisants à fonder la famille. La mère allaitait ses enfants, d'abord pour son propre besoin, ensuite, l'affection venant, pour le leur. Puis ces derniers, devenus assez forts pour se suffire, quittaient celle qui leur avait donné le jour et ne la reconnaissaient bientôt plus.

Cette vie, dont l'état sauvage ne saurait donner une idée et qui ne peut être comparée qu'à celle des animaux, est l'objet des prédilections et des phrases les plus éloquentes de Rousseau. Ce sont les tableaux les plus séduisants de la simplicité, de la paix, du bonheur de ces êtres qui n'ont pas encore été courbés sous le joug de la société, de la justice et du droit. Comme la liberté dont ils jouissent est complète ! Dans l'isolement où ils se trouvent, l'oppression n'est pas même possible, faute d'avoir quelqu'un sur qui s'exercer. Les sauvages ne sont pas méchants, précisément parce qu'ils ne savent pas ce que c'est que d'être bons. En l'absence de lumières et de lois, le calme des passions et l'ignorance du vice les empêchent de mal faire. Ils ont d'ailleurs la pitié, cet aimable sentiment, qui se développe dans l'homme bien avant la raison et dont on constate la présence jusque chez les animaux. Elle tient lieu avec avantage de mœurs, de lois et de vertu ; elle produit les deux maximes fondamentales : Fais à autrui comme tu veux qu'on te fasse ; — Fais ton bien avec le moins de mal d'autrui qu'il est possible[1].

Quelle heureuse vie ! Nous comprenons peu toutefois cette qualité éminemment sociale de la pitié dans un état où il n'y a ni commerce entre les

---

1. *Discours*, première partie.

hommes, ni vanité, ni considération, ni estime, ni mépris, ni notion du tien et du mien, ni aucune véritable idée de la justice, où l'amour est une passion physique, sans ardeurs et sans préférences, où l'isolement est complet et la famille inconnue, où les pères ne connaissent même pas leurs enfants[1]. Nous ne voyons surtout dans un tel état rien qui ne fasse violence à la nature. Qu'on appelle cela un roman, une fiction, un jeu de l'imagination; mais une histoire, mais la nature, c'est-à-dire une chose réelle et existante ! — Jamais. Quand on songe aux montagnes d'inepties, d'horreurs, de misères, d'impossibilités qu'il a fallu entasser; aux frais d'esprit, aux longs raisonnements qu'il a fallu aligner pour démontrer qu'il eût beaucoup mieux valu que nous ne fussions que des bêtes, en est tenté de regarder l'ouvrage de Rousseau comme une sorte de réfutation, la réfutation par l'absurde, du système qu'il entend préconiser.

Si d'ailleurs l'état animal ou sauvage est si avantageux, la prétention qu'affichait Jean-Jacques de suivre ses principes jusqu'au bout avait là une belle occasion de se montrer. C'était le cas d'adopter le régime qu'il vantait, d'abandonner une société dépravée pour se mettre à courir tout nu dans les forêts et à disputer aux bêtes fauves quelques racines ou quelques pièces de chair palpitante; d'échanger son style pompeux contre les sons rauques de quelque idiome réputé primitif, ou le cri plus primitif encore du loup ou du singe. Son exemple eût été plus péremptoire que ses livres, et aurait permis de juger par expérience de l'efficacité de son

---

1. *Discours*, première partie.

système. En attendant, comme il s'est bien gardé d'en venir là, il nous autorise, non seulement à n'y pas croire, mais à supposer que lui-même n'y croyait pas. Il aurait craint de se faire passer pour fou s'il l'eût observé, ne devait-il pas craindre de se faire passer pour fourbe en ne l'observant pas ?

Ce n'est pas que l'objection lui ait échappé. Nous sera-t-il permis de dire qu'il s'en tire par une gasconnade ? Que ceux qui le pourront, dit-il, retournent dans les forêts vivre avec les ours et y reprennent, puisque cela dépend d'eux, leur antique et première innocence. Quant aux hommes semblables à moi, dont les passions ont détruit pour toujours l'originelle simplicité, qui ne peuvent plus se nourrir d'herbes et de glands, qui ont été honorés de lumières surnaturelles ou ont acquis des idées de moralité, ils en seront réduits, comme pis aller, à pratiquer la vertu, à respecter les liens sacrés des sociétés, à aimer et servir leurs semblables, à obéir scrupuleusement aux lois et à ceux qui en sont les ministres, à honorer les princes[1]. Autant valait dire que le livre qu'il avait commencé par adresser à tout le monde, ne convenait à personne.

On pourrait établir que l'état sauvage, loin d'être l'état primitif de l'homme, n'en est que la dégradation. Mais il n'est pas besoin, pour confondre Rousseau, de sortir de son hypothèse. Si tout autre que lui voulait nous ramener au régime des animaux ou des sauvages, on le traiterait avec raison d'ennemi des lumières et du progrès, et on l'enverrait tenir compagnie à ceux dont il vante la condition. Mais quelle que soit l'autorité de son talent, il aura de la

---

1. *Discours,* première partie, note 9.

peine à persuader aux peuples civilisés de rétrograder de quelques mille ans, ou d'aller chercher leurs modèles chez les Nègres et les Papous. Sans cesse, le monde tend à s'élever vers un état social plus parfait. Il donne à ce mouvement le nom de progrès et de civilisation. Or, il est absurde et ridicule de supposer que dans tous les temps, dans tous les lieux, dans tous les cas et de toutes les manières, tous les hommes ont constamment voulu ce qui devait faire leur plus grand malheur. Si l'état sauvage est si beau, pourquoi personne n'y veut-il revenir? Il y a eu des nations qu'une suite de circonstances, qui d'ordinaire ne sont ni glorieuses, ni heureuses, a ramenées à la vie sauvage ou barbare; c'est ce qu'on appelle la décadence; mais nous ne pensons pas qu'on cite beaucoup d'hommes, encore moins de nations, s'honorant de se rapprocher le plus possible des animaux.

Mais reprenons l'analyse des idées de notre philosophe. La marche du genre humain vers l'état social est due à la perfectibilité humaine, assez triste prérogative, qui distingue l'homme de l'animal, plutôt qu'elle ne l'élève au-dessus de lui. La perfectibilité est en effet, d'après Rousseau, la source de tous nos maux, et on ne voit pas pourquoi l'animal, qui ne se perfectionne pas, parce qu'il est parfait, vaudrait moins que l'homme, qui se dégrade sans cesse, sous prétexte de se perfectionner, qui détériore l'espèce en développant la raison de l'individu, qui devient méchant en devenant sociable[1].

Voyez plutôt la propriété, un des éléments les

1. *Discours*, première partie.

plus universels de la société ; elle peut servir ici d'exemple et de démonstration. « Le premier qui, ayant enclos un terrain, s'avisa de dire : *ceci est à moi*, et trouva des gens assez simples pour le croire, fut le vrai fondateur de la société civile. Que de crimes, de guerres, de meurtres ; que de misères et d'horreurs n'eût point épargnés au genre humain celui qui, arrachant les pieux ou comblant le fossé, eût crié à ses semblables : Gardez-vous d'écouter cet imposteur ! Vous êtes perdus, si vous oubliez que les fruits sont à tous et que la terre n'est à personne [1]. » Mais avant qu'on en soit venu à cette idée de propriété, il se passa bien des événements et bien des siècles.

Il serait fastidieux d'énumérer toutes les phases que l'homme dut traverser depuis le temps où la faim était son unique conseillère, jusqu'à celui où, se voyant entouré d'êtres qui lui ressemblaient et paraissaient se diriger par les mêmes règles que lui, il comprit par expérience que « *l'amour du bien-être est le seul mobile des actions humaines*, et se trouva en état de distinguer les occasions rares où l'intérêt commun devait le faire compter sur l'assistance de ses semblables, et celles, plus rares encore, où la concurrence devait le faire défier d'eux. » L'intérêt individuel fut ainsi la source de l'intérêt commun ; on ne se réunit plusieurs ensemble, soit en *troupeau*, soit en une sorte d'association libre, que parce que chacun y trouvait son avantage, et pour autant de temps que durait le besoin. Ces réunions donnèrent cependant à la longue une idée grossière des engagements communs et de l'utilité

1. *Discours*, deuxième partie.

de les remplir, et formèrent les premiers rudiments de la morale, morale tout intéressée, fondée uniquement sur le besoin, incapable d'obliger pour l'avenir, et n'exigeant pas un langage beaucoup plus perfectionné que celui des corneilles ou des singes, qui en effet s'attroupent à peu près de même.

Cependant cette vie et cette morale de singes met sur la voie de nouveaux progrès. L'amour paternel et l'amour conjugal commencent ; la famille, en se fondant, produit la première société, véritable modèle et origine de toutes les autres ; un langage commun, mais toujours très simple, les attraits de l'amour ou du plaisir, les exigences du besoin unissent plusieurs familles ; les relations, en s'étendant, forment des peuples, d'abord très petits, puis de plus en plus considérables.

Ces changements, qui furent les premiers pas vers l'inégalité et en même temps vers le vice, étaient funestes au bonheur et à l'innocence. Des idées de considération et d'estime naquirent celles de vanité et de mépris, de honte et d'envie ; on inventa les devoirs de la civilité, on ressentit les traits de l'offense, on éprouva les désirs de la vengeance. « Voilà précisément le degré où étaient parvenus la plupart des peuples sauvages qui nous sont connus ; et c'est faute d'avoir remarqué combien ils étaient déjà loin du premier état de nature, que plusieurs se sont hâtés de conclure que l'homme est naturellement cruel, et qu'il a besoin de police pour l'adoucir. »

Mais qu'on remonte un peu plus haut, et l'on trouvera un état moins avancé, sorte de juste milieu entre l'indolence de l'âge primitif et la pétulante activité de notre amour-propre. Cette époque doit être la plus heureuse et la plus durable. « L'exemple des sauvages, qu'on a presque tous trouvés à ce point[1], semble confirmer que le genre humain était fait pour y rester toujours, que cet état est la véritable jeunesse du monde, et que tous les progrès ultérieurs ont été en apparence autant de pas vers la perfection de l'individu, et en effet, vers la décrépitude de l'espèce. »

Que si quelqu'un veut connaître, afin d'en essayer, le point précis qui caractérise cet heureux état, qu'il apprenne que c'est celui où les hommes, contents de leurs cabanes rustiques, de leurs habits de peaux et de leurs ornements de plumes et de coquillages, de leurs instruments de pierre et de leurs canots en écorce, n'avaient aucun des arts qui exigent le concours de plusieurs personnes. « Mais, dès l'instant qu'un homme eut besoin du secours d'un autre ; dès qu'on s'aperçut qu'il était utile à un seul d'avoir des provisions pour deux, l'égalité disparut, la propriété s'introduisit, le travail devint nécessaire, et les vastes forêts se changèrent en des campagnes riantes, qu'il fallut arroser de la sueur des hommes, et dans lesquelles on vit bientôt l'esclavage et la misère germer et croître avec les moissons. »

Les deux instruments principaux de cette déplorable révolution furent la métallurgie et l'agriculture. Le blé est, en quelque sorte, le symbole de notre malheur. Pourquoi l'Europe est-elle plus policée, et partant plus malheureuse que les autres parties du monde ? Parce qu'elle produit plus de fer et plus de blé.

---

1. Nous venons de lire que la plupart des sauvages connus étaient en un tout autre état ; mais nous ne sommes pas chargé d'accorder ces contradictions.

A ces relations plus nombreuses, on conçoit qu'il faut des règles plus savantes. Tant que l'homme est sans rapports avec ses semblables, il ne prend conseil que de lui-même ; son droit n'a d'autres limites que son besoin ou son pouvoir ; il est le maître absolu, le seul juge des moyens de se conserver, le seul vengeur de ses offenses. Aussitôt, au contraire, que, pour sa propre utilité, il a abandonné une partie de sa liberté, il est indispensable de régler le nouvel intérêt qui s'est produit, l'intérêt commun ; la moralité devient nécessaire. Mais en quoi cette moralité diffère-t-elle de l'intérêt, et pourquoi s'étend-elle plus loin que l'utilité de chacun? C'est ce que Rousseau néglige de nous dire.

On pourrait être tenté de croire que l'état de nature n'ayant aucune réalité, les règles qui s'y appliquent n'ont aussi aucune portée. Mais le roman de Rousseau a la prétention d'être une histoire ; fût-il un idéal, tout idéal doit produire au moins des aspirations et des désirs ; et alors les actes ne sont pas loin. Quand on aura bien persuadé aux peuples que la famille n'a pas ses racines dans la nature, que la propriété est une injustice et la source de tous nos maux, la famille et la propriété conserveront-elles la même autorité? Que disent donc nos communistes et nos socialistes de plus effronté et de plus radical? « Rousseau, dit M. Paul Janet, est incontestablement le fondateur du communisme moderne. Jusqu'à lui, les attaques à la propriété et les hypothèses communistes n'étaient que théoriques, et très rares d'ailleurs. C'est de lui qu'est née cette haine contre la propriété et cette colère contre l'inégalité des richesses, qui alimentent d'une façon si terrible nos sectes modernes [1].

Maintenant disons adieu à cet heureux état, où il n'y avait ni vices ni vertus, ni bien ni mal. C'était le bon temps ; mais, puisque nous sommes en possession de la moralité, voyons l'usage qu'en va faire le philosophe de Genève.

D'abord il en fait uniquement un remède, au lieu d'en faire surtout une lumière. Le besoin d'apaiser les guerres et de punir les crimes, voilà, d'après lui, la principale, sinon l'unique raison de la morale. Elle n'a qu'une existence conditionnelle, et ne vient qu'à titre de nécessité sociale, pour rendre moins intolérable un état détestable. Assurément, il est du ressort de la morale de sévir contre le crime, aussi bien que de favoriser la vertu ; on doit dire pourtant que sa raison principale est de diriger plutôt que de punir, et même qu'elle n'a le droit de punir que parce qu'elle a commencé par éclairer. Ne serait-il pas ridicule de prétendre que de l'injustice serait née la justice, et que nous ne connaîtrions la vertu que par sa violation, c'est-à-dire, parce que nous ne l'aurions jamais vue?

Cependant il est nécessaire que la *moralité* (d'autres diraient la *répression*) augmente avec le vice. Elle se trouve, à ce qu'il paraît, bien impuissante ; car, dans cette concurrence perpétuelle entre le mal et le remède, c'est toujours le mal qui tient l'avance. A mesure que la raison, l'imagination, l'esprit, la force, l'adresse, la fortune acquièrent de nouveaux développements, toujours c'est aux dépens du bonheur et de la liberté ; toujours l'abus sur-

---

[1]. *Les Origines du Socialisme contemporain*, par M. Paul Janet (*Revue des Deux Mondes* 1er août 1880).

passe l'usage ; de sorte qu'à la fin, l'avarice des riches, l'oppression des puissants, les entreprises des ambitieux avertissent les faibles qu'il leur faut prendre des garanties contre les forts, et sacrifier une partie de leur indépendance, pour assurer la conservation de l'autre. Ils courent donc à l'envi au-devant des fers, croyant garantir leur liberté ; mais ils ne tardent pas à s'apercevoir qu'ils n'ont réussi qu'à se donner de nouveaux tyrans. Les lois de prétendue protection donnent de nouvelles forces aux puissants, l'affermissement de la propriété donne de nouveaux profits aux riches ; chaque pas dans la voie de la moralité et de la propriété est la source d'une nouvelle misère [1].

Comment obliger à respecter des lois ainsi viciées jusque dans leur racine ? Et pourtant il faut bien qu'on leur obéisse. On les a frappées de tous les anathèmes ; on les a déclarées contraires à la nature, à la raison, à la justice ; on les a dépouillées de tous leurs titres au respect ; il n'y a qu'un moyen de les sauver ; c'est de leur rendre en puissance extérieure et matérielle ce qu'on leur a enlevé en autorité intrinsèque. C'est ainsi que tous ces systèmes révolutionnaires, qui commencent invariablement par la liberté absolue et le droit à tout, finissent non moins invariablement par la servitude et l'emploi de la force. Mais Rousseau n'en était pas encore arrivé là.

Un auteur compare le gouvernement au cerveau. « Si mauvais, dit-il, que soit le gouvernement, il y a quelque chose de pire, c'est l'absence de gouvernement ; car c'est grâce à lui que les volontés hu-

---

1. *Discours,* deuxième partie.

maines font un concert, au lieu d'un pêle-mêle. Il sert dans une société à peu près comme le cerveau dans une créature vivante. Incapable, inconsidéré, dépensier, absorbant, il abuse de sa place, il surmène le corps, qu'il devrait ménager et guider ; mais à tout prendre, quoi qu'il fasse, il fait encore plus de bien que de mal, car c'est par lui que le corps se tient debout, marche et coordonne ses pas [1]. » Ce passage s'applique mot pour mot à la société, aussi bien et mieux qu'au gouvernement ; car la société est le premier, le plus naturel et le plus essentiel des gouvernements. La tête est souvent mauvaise et fait faire bien des sottises ; coupez-la ; que restera-t-il ? La société est imparfaite ; supprimez-la, et vous n'aurez même plus d'hommes. Rousseau n'a pas simplement la prétention d'améliorer la société, il voudrait la détruire ; il n'en faut pas davantage pour le juger.

II

Le *Discours sur l'Inégalité* ne fut publié que plus d'un an après qu'il eut été composé. Avant de terminer ce que nous avons à en dire, nous devons rapporter divers faits intéressants, et notamment un voyage à Genève, qui marque sous plus d'un rapport dans la vie de notre philosophe.

La direction qu'il donnait à ses études n'était pas de nature à lui inspirer un grand amour des hommes de son époque. Le train de Paris le rebutait, les gens de lettres lui étaient odieux, ses amis

---

1. Taine, *La Révolution*, t. I, l. I, ch. III, sect. 1.

eux-mêmes lui étaient à charge. Il soupirait après la vie des champs, et, ne pouvant l'embrasser tout à fait, il cherchait au moins à s'en rapprocher. Chaque jour, il faisait de longues promenades au Bois de Boulogne, rêvant à ses ouvrages, et tâchant d'oublier, dans la fuite du monde et dans la méditation, les cabales, les intrigues, les querelles des humains. Dans cet état d'esprit, il ne fallait qu'une occasion pour changer le cours de sa vie.

Gauffecourt, devant aller à Genève pour ses affaires, lui proposa de l'accompagner. Jean-Jacques accepta, mais comme il ne se trouvait pas en état de se passer des soins de Thérèse, il fut décidé qu'elle serait du voyage. Tous trois partirent ensemble le 1er juin 1754.

Gauffecourt était un bonhomme de plus de soixante ans, podagre, impotent, usé de plaisirs et de jouissances. Rousseau avait pleine confiance en lui et le laissait souvent seul avec Thérèse. S'il ne fut pas victime de son aveugle sécurité, ce ne fut pas la faute de son indigne compagnon. Il est vrai que Thérèse rejeta ses honteuses propositions, mais elle ne parvint pas sans peine à détromper Jean-Jacques. Quand celui-ci connut la vérité, sa déception fut grande et sa tristesse profonde. L'amitié n'était-elle plus de la terre, et lui fallait-il renoncer à ses dernières illusions? Il avait déjà rompu et devait rompre dans la suite avec plusieurs de ses amis pour des causes bien moins graves; dans cette circonstance pourtant, il jugea à propos de dissimuler. Il insinue que ce fut afin de ne pas jeter le trouble sur le reste du voyage; mais l'amitié tout exceptionnelle qu'il ne cessa jusqu'à la fin de témoigner à Gauffecourt dénient cette explication. Ses susceptibilités n'avaient-elles donc à s'exercer que sur des bagatelles, ou son récit n'est-il qu'une exagération de son imagination toujours portée à voir partout des trahisons[1]?

Il lui tardait d'atteindre Lyon, où il devait se séparer du misérable. La voix de la reconnaissance et de ses plus vieilles affections l'engageait, en effet, à se détourner un peu de sa route. Non loin de là, à Chambéry, végétait Mme de Warens. « Je la revis, dit-il, dans quel état, grand Dieu! Quel avilissement! Que lui restait-il de sa vertu première? » Hélas! la vertu première était bien loin. Jean-Jacques aurait au moins voulu tirer la malheureuse femme de sa misère. Il n'y avait pas d'autre moyen pour cela que de la dépayser. Il la pria, il la supplia de venir vivre avec lui; mais Mme de Warens refusa, alléguant sa pension, dont elle craignait de n'être pas payée en France. Il lui donna quelque argent, qu'il savait devoir lui être inutile, et partit. Quelque temps après, il reçut lui-même, près de Genève, la visite de Mme de Warens. Il renouvela alors ses instances et en resta là. Ce ne fut pas toutefois sans remords. N'aurait-il pas dû tout quitter pour elle et partager son sort, quel qu'il fût. Mais un autre attachement avait relâché les anciens liens. Il gémit sur Mme de Warens et ne la suivit pas.

Du moment que Rousseau était devenu une célébrité, sa patrie s'était souvenue de lui. Sa renommée l'avait précédé à Genève. A son arrivée, il fut entouré, fêté, caressé de tous côtés. Il n'en fallait

---

1. *Lettres à Mme d'Épinay*, 1756, 5 janvier 1757, janvier 1757; *à Mme d'Houdetot*, février 1757 (*Mémoires de Mme d'Épinay*, t. I, ch. IV et V).

pas tant pour lui tourner la tête. Genève n'était peut-être pas sous tous les rapports son idéal de république, mais c'était une république. L'enthousiasme républicain n'avait pas été étranger à son voyage, cet enthousiasme ne fit que s'accroître par l'accueil qu'il reçut.

Il y avait toutefois une ombre au tableau. Genève n'a jamais brillé par la tolérance religieuse. Non seulement elle avait sa religion d'État, mais elle excluait impitoyablement du titre de citoyen quiconque ne professait pas le culte de Calvin. Il serait de mode aujourd'hui chez les disciples de Rousseau de s'élever contre une telle oppression des consciences; Rousseau fut simplement honteux pour lui-même d'être déchu de ses droits, et, sans plus ample informé, résolut de reprendre « le culte de ses pères ». Il est permis de trouver la raison légère et d'un mince courage ; mais il ne manque pas de colorer son action par quelques bons sophismes, qui font aussi peu d'honneur à son instruction qu'à son bon sens, et en fin de compte, ses raisonnements aboutissent à cette banale conclusion : « Voulant être citoyen, je devais être protestant et rentrer dans le culte établi dans mon pays. »

Les registres du Consistoire de Genève prétendent que depuis longtemps Rousseau préparait son retour au protestantisme et « en fréquentait assidûment les assemblées de dévotion, à l'hôtel de l'ambassade de Hollande, à Paris. » Mais tous les faits connus, le témoignage de Rousseau lui-même s'élèvent contre cette affirmation. Dans tous les cas, il fut, sur sa demande, exempté de comparaître en consistoire, et renvoyé devant une commission particulière. Ainsi on simplifia pour lui les formalités, déjà très faciles, de son changement de culte. Son état de maladie, sa timidité, ses mœurs reconnues par tous pures et sans reproche autorisaient, dit-on, cette dérogation aux règles. Il parut devant une commission de trois pasteurs et de trois professeurs, pour y subir un examen doctrinal. Inutile d'ajouter qu'il y fit des réponses de tout point satisfaisantes [1].

Cependant, comme on n'avait pas tous les jours des recrues de cette importance, on l'invita à parler dans la petite assemblée. Jean-Jacques n'était pas orateur; il passa trois semaines à préparer et à apprendre un petit discours, et le jour venu (1er août 1754), n'en put pas dire un mot. Il en fut quitte pour répondre bêtement des oui et des non, et fut admis à la cène. Chose plus importante, il fut inscrit au rôle des citoyens et bourgeois et invité à participer à un conseil général extraordinaire convoqué peut-être exprès pour lui.

Toutes ces prévenances faillirent avoir une influence déterminante sur sa vie. Son ami Deluc le pressait de rester dans ce pays, où tout se réunissait pour lui assurer une existence heureuse et honorée. Ce conseil était trop conforme à ses propres désirs pour n'être pas accueilli. Jean-Jacques ne pouvait se dispenser de retourner à Paris, pour prendre quelques dispositions et placer convenablement le père et la mère Le Vasseur; mais il résolut de revenir aussitôt après s'établir à Genève pour le reste de ses jours.

---

1. *Registre du Consistoire de Genève*, séances du 23 juillet et du 1er août 1754. Voir GA- BEREL, *Rousseau et les Genevois*, ch. III.

On a apprécié de façons assez diverses sa conversion, ou plutôt ses conversions; car il a changé deux fois de religion : la première fois, comme nous l'avons vu, à l'âge de seize ans, pour embrasser le Catholicisme ; la seconde fois, vingt-six ans après, pour retourner au Protestantisme. Lui-même raconte, sur des tons bien différents, ces deux changements, dont le premier n'aurait été que l'acte d'un bandit, tandis que l'autre serait le fait d'un honnête citoyen revenant au culte de ses pères. Cependant, même à ne consulter que les *Confessions*, il est facile de voir que l'un et l'autre se valent. Le moins qu'on puisse demander à une conversion, c'est d'être un acte religieux ; or, dans les conversions de Rousseau, on trouvera tout ce qu'on voudra, excepté l'élément religieux. Le culte de ses pères n'est qu'un trompe-l'œil, placé au premier plan pour éblouir le lecteur. Pourquoi pas le culte de ses aïeux, qui alors l'aurait maintenu dans la religion catholique ? Cette considération, en tout cas, était peu à sa place dans la bouche d'un homme qui avait pour principe de rompre avec toute espèce de tradition. Au reste, ce n'est pas ici le lieu de parler de la religion de Rousseau, car ce n'est pas ici qu'il a consigné les articles de son *Credo*.

Ayant ainsi mis ordre à ses affaires, sinon à sa conscience, il ne restait plus à Jean-Jacques qu'à se livrer aux douces joies de l'amitié et aux plaisirs toujours vivement goûtés de la belle nature.

De tous les amis qu'il connut alors, combien peu lui resteront dix ans plus tard ! Nous avons déjà parlé de Deluc, Vernes, Perdriau, Vernet, Marcet, Mézières l'abandonnèrent ou furent abandonnés par lui. Il eut plus de satisfaction de la part de Jalabert et de Lullin ; mais n'oublions pas surtout de citer Moultou, avec qui il entretint constamment, sauf quelques éclipses, une amitié profonde et une correspondance suivie ; Moultou, qui fut à la fois le dépositaire de ses volontés et le défenseur de sa mémoire.

De sa famille, il ne dit pas un mot dans ses *Confessions*. Sa correspondance est un peu plus explicite et nous apprend qu'il dut aller voir sa tante Gonceru, celle précisément qui lui avait servi de mère[1].

Genève prêtait aux belles promenades autrement que Paris. Rousseau se rappelle avec délices une magnifique excursion de sept jours, qu'il fit sur le lac, en compagnie de Deluc, de ses fils, de sa bru et de Thérèse. Il a reproduit dans la *Nouvelle Héloïse* la description de ces beaux sites[2]. Son esprit, toujours en travail, cherchait aussi à utiliser ses promenades solitaires. Tout en arpentant les bords du lac ou en gravissant les coteaux, il continuait ses méditations sur les *Institutions politiques*; il songeait à une histoire du Valais, qu'il n'écrivit jamais ; il faisait le plan d'une tragédie en prose sur Lucrèce, dont il n'a laissé que quelques fragments ; enfin il traduisait le premier livre des *Histoires* de Tacite, et peut-être l'*Apocolokintosis* de Sénèque.

La traduction de Tacite parut pour la première fois en 1754, dans l'édition générale des *Œuvres de Jean-Jacques Rousseau*, préparée par l'abbé de la Porte. L'auteur se souciait peu de la mettre au net et ne la trouvait pas digne de l'impression[3].

---

1. *Lettre à M*^{me} *Gonceru*, 11 juillet 1754. — 2. IVe partie. *Lettre XVII, de Saint-Preux à Milord Édouard*. — 3. *Lettres à l'abbé de la Porte*, 22 janvier 1764 ; *à Vernes*, 18 novembre 1759.

Voici ce qu'on lit dans la Préface : « Quand j'eus le malheur de vouloir parler au public, je sentis le besoin d'apprendre à écrire, et j'osai m'essayer sur Tacite. Dans cette vue, entendant médiocrement le latin, et souvent n'entendant pas mon auteur, j'ai dû faire bien des contre-sens particuliers sur ses pensées... Ce n'est donc ici qu'un travail d'écolier. » Ces mots nous dispensent d'en dire plus long. Avant que le talent de Rousseau fût formé, nous avons pu étudier ses essais et chercher dans les travaux de l'écolier le présage de ce que serait un jour le maître. Actuellement, s'il lui plaît de faire encore l'écolier, ce n'est plus le temps de le traiter comme tel. Quand on vient de faire le *Discours sur l'Inégalité;* quand, par surcroît, on entend médiocrement le latin, on peut s'essayer à des traductions faibles de style et qui n'ont pas même le mérite de la fidélité, mais on ne les publie pas.

On en peut dire autant à plus forte raison, de l'*Apocolokintosis*, sorte de farce sur la métamorphose de l'empereur Claude en citrouille. C'est une traduction indigne de Rousseau d'un livre qui n'est guère digne de Sénèque.

Rousseau du moins n'eut pas la sotte prétention d'offrir lui-même au public ses fragments de *Lucrèce;* pour le coup, l'erreur eût été par trop forte. Cette esquisse informe, qui ne permet pas seulement de juger de ce qu'aurait été la pièce, ne fut imprimée qu'en 1792. Il fallait vraiment, pour livrer à la publicité de semblables incohérences, être possédé de cette sorte de fanatisme qui goûte jusqu'aux essais les plus insignifiants de l'auteur aimé.

III

De retour à Paris après quatre mois[1], Rousseau n'y manqua ni d'occupations ni de soucis. Il avait promis, en quittant sa patrie, d'y retourner dès le printemps suivant, pour ne plus la quitter. Sa promesse aurait dû fixer ses incertitudes; mais il ne tarda pas à s'apercevoir qu'elle serait plus difficile à tenir qu'il ne l'avait prévu. Le principal obstacle qui l'arrêta lui vint de son *Discours sur l'Inégalité*. Il avait eu la pensée de dédier son œuvre à la République de Genève. Toutefois, afin d'éviter toute chicane, il avait préféré ne dater la dédicace ni de France, ni de Suisse, mais de Chambéry. Par un motif analogue, et dans la crainte d'un mauvais accueil de la part du Grand Conseil, il avait attendu à n'être plus en Suisse, pour publier son livre. Toutes ces précautions n'étaient pas superflues, et, si elles furent insuffisantes, il ne dut s'en prendre qu'à lui seul. A Genève, en effet, il avait été à même de tâter l'opinion et de s'assurer que ses idées auraient difficilement cours auprès des magistrats. Il aurait pu à la vérité s'en ouvrir à eux; il s'en était bien gardé, prévoyant qu'il n'éprouverait que des défaites ou des refus. Depuis son retour, Perdriau l'avait encore averti de ce que son procédé avait d'insolite, de ce qu'il y avait de peu séant à imposer aux gens une dédicace sans leur

---

1. Son passeport pour Paris est daté du 30 septembre 1754 (Manuscrit joint aux *Lettres de Rousseau à Mme de Luxembourg*. Bibliothèque de la Chambre des députés).

agrément, et peut-être malgré eux, enfin des difficultés que sa conduite allait faire naître [1]. Rien n'y fit; la dédicace était prête, elle était destinée à paraître, elle parut. Ce n'est pas que, par elle-même, elle eût rien qui fût de nature à déplaire au Grand Conseil; elle était très belle, très louangeuse; elle célébrait les avantages de la meilleure et de la plus parfaite des républiques; mais elle avait le tort de servir de préface à un ouvrage dont les principes et les idées ne pouvaient convenir aux représentants d'un gouvernement régulier. Pour toute réponse, Rousseau reçut de ses amis genevois quelques maigres compliments, et une lettre du syndic où on lisait ce qui suit : « J'ai fait au Magnifique Conseil le rapport de l'Épître dédicatoire, comme vous l'avez désiré. Ladite épître étant déjà imprimée, il n'est pas question de délibérer sur son contenu. Mais le Conseil a vu avec plaisir les sentiments de vertu et de zèle pour la patrie que vous exprimez avec tant d'élégance [2]... » Jean-Jacques trouva la lettre honnête, mais froide. Il prétend qu'au premier moment, il avait été beaucoup plus satisfait; que tout le monde à Genève avait fait accueil à son livre; que le Conseil, avec une grâce parfaite, en avait agréé la dédicace [3]. Jean-Jacques avait parfois la mémoire bien courte et avait déjà oublié sa lettre à Perdriau. Le seul profit qu'il déclare avoir tiré de son séjour à Genève (et encore il le prétend sans raison) est le titre de *citoyen*, qui lui aurait été donné, par ses amis d'abord, puis, à

1. *Lettre à Perdriau*, 28 novembre 1754. — 2. Registres du Petit Conseil de Genève, 18 juin et 28 juillet 1755 (GABEREL, *Rousseau et les Genevois*, ch. II); — SAYOUS, *Le XVIIIᵉ siècle à l'étranger*, ch. IV. — 3. *Lettre à Vernes*, 6 juillet 1755.

leur exemple, par le public; mais il oublie encore ici que ce titre lui fut donné par ses adversaires, et qu'il l'avait pris lui-même lors de ses polémiques à propos du *Discours sur les Sciences*. La *Réponse* du roi de Pologne, par exemple, commence textuellement par ces mots : « Le *Discours* du citoyen de Genève a de quoi surprendre... »

Nous ne voudrions pas nous étendre sur une simple dédicace, quoique celle-ci, par son importance, mérite, plus que bien d'autres, une mention spéciale. Rousseau dit qu'il l'avait esquissée à Paris et achevée à Chambéry avant son arrivée à Genève. Il est difficile de n'y pas voir aussi la trace de son séjour dans cette dernière ville, tant son enthousiasme déborde à chaque ligne. Cependant, si le gouvernement républicain et les mœurs simples de Genève pouvaient froisser moins vivement ses sentiments égalitaires que les habitudes françaises et les salons de Paris, il n'en est pas moins difficile d'accorder avec ses principes les louanges pompeuses qu'il décerne aux *magnifiques, très honorés et souverains seigneurs* du Petit Conseil. Genève, pour être une République, n'était pas pour cela un pays de singes et de Papous. En vain l'auteur, dans un très beau style assurément, félicite ses magistrats de la profonde sagesse avec laquelle ils ont combiné l'égalité de la nature et l'inégalité des institutions de la manière qui se rapproche le plus de la loi naturelle; quand, après cela, les magnifiques seigneurs lisaient le *Discours* lui-même, ils devaient être médiocrement flattés d'être placés si près de ce que l'auteur considérait comme la perfection. L'idéal de Rousseau ne pouvait être le leur, et il suffisait peut-être qu'il leur trouvât tous les mérites pour qu'ils fussent tentés de s'en formaliser et d'y voir une épigramme ou une injure.

Quant au *Discours* lui-même, Rousseau prétendit qu'on s'était mépris sur ses intentions. Son objet ne pouvait être de ramener les peuples nombreux et les grandes cités à leur simplicité première. Il n'avait travaillé que pour sa patrie et les petits états constitués comme elle[1]. Mais vraiment il se montrait alors trop modeste. Il est difficile d'admettre, en effet, qu'il s'adressât uniquement aux bons bourgeois de sa petite république, quand il disait : « Mon sujet intéressant l'homme en général, je tâcherai de prendre un langage qui convienne à toutes les nations. » Et quelques lignes plus loin : « O homme, de quelque contrée que tu sois, quelles que soient tes opinions, écoute, voici ton histoire[2]. »

Rousseau avait peut-être cru que la *Dédicace* serait comme la lettre d'introduction du *Discours,* et pourrait faire passer tout ce que ce dernier avait de dur à digérer ; par le fait, elle servit surtout de diversion aux critiques qui, sans vouloir accabler l'auteur, ne se souciaient point de louer son œuvre principale. Ainsi le *Mercure,* qu'on peut regarder comme l'expression moyenne de l'opinion du jour, rendant compte du *Discours,* ne parle, pour ainsi dire, que de la *Dédicace*[3]. C'est que Rousseau devenait un personnage embarrassant. Tous les rédacteurs de feuilles périodiques ne se sentaient pas, comme Fréron, le courage d'entrer en lice contre un adversaire de sa force ; tous n'osaient pas, ou ne

---

1. *Troisième Dialogue.* — *Lettre à un anonyme,* 29 novembre 1756. — 2. *Discours sur l'Iné-* *galité,* préambule. — 3. *Mercure* d'octobre 1755.

pouvaient pas, comme lui, marquer au fer rouge de l'opinion ses contradictions et ses sottises [1]. Comme si, d'ailleurs, le public avait épuisé toutes ses sympathies à propos de la première œuvre de notre politicien, celle-ci fut reçue plus froidement, et ne fut honorée ni des mêmes oppositions, ni surtout des mêmes enthousiasmes. L'auteur suivait sa voie, on le laissait aller. Ses théories étaient bien de nature à passionner les esprits ; mais on les croyait si peu applicables, qu'il eût semblé ridicule de s'en effrayer outre mesure. On était loin de soupçonner qu'un jour viendrait où ces pages brûlantes armeraient tout de bon les bras contre la société, que des sectes nombreuses s'en feraient un drapeau, que les hommes en viendraient à s'égorger au nom de ces principes.

Nous ne pouvons compter parmi les réfutations du livre sur l'*Inégalité,* le compte rendu de l'Académie de Dijon. Le nom de Rousseau n'y est pas même prononcé. Cependant toutes les critiques des mémoires non couronnés tombent si pleinement sur le sien, qu'on ne peut douter que le rapporteur ne l'ait eu constamment en vue. Ni l'abbé Talbert, qui ne jugea pas à propos de publier son travail, ni le jeune étudiant de Rennes qui obtint la seconde mention, n'occupent la docte assemblée à l'égal de l'auteur inconnu, que l'usage oblige de laisser derrière la scène, mais dont le mérite littéraire et les erreurs de doctrine forcent également l'attention [2].

La première critique proprement dite vint à

---

1. Voir l'article de FRÉRON dans l'*Année littéraire* de 1756, t. VII. — 2. Séance de l'Académie des Sciences et Belles-Lettres de Dijon, 18 novembre 1754 (*Mercure* de février 1755).

Rousseau de son propre pays. Charles Bonnet, de Genève, sous le pseudonyme de Philopolis, lui écrivit une lettre très courtoise ; Jean-Jacques y répondit avec une égale courtoisie, et tout fut dit. Ce Philopolis était évidemment un ami, qui tenait à le rester. L'objection de Charles Bonnet, car il n'en avait qu'une, pouvait se formuler ainsi : Tout ce qui résulte immédiatement des facultés de l'homme résulte aussi de sa nature, constitue sa perfection et est voulu de Dieu ; or, l'état de société résulte immédiatement des facultés de l'homme ; donc, etc. Mais, répondait Rousseau, si le développement de nos facultés est toujours bon ; si toutes choses sont bien par cela seul qu'elles existent ; si tout mouvement est nécessairement un progrès, la vieillesse, la décrépitude, qui sont les développements naturels de la vie humaine, en sont donc le terme le plus parfait. Charles Bonnet, avec son optimisme leibnizien, faisait la part belle à son adversaire. Mais Rousseau n'avait-il pas, lui aussi, son optimisme? Il ne veut pas de la décrépitude ; pourquoi nous imposerait-il plutôt l'enfance? Du moment qu'il choisit entre nature et nature, qu'il prend l'une, qu'il répudie l'autre, la question reste entière, et le livre est à refaire [1].

Voltaire voulut dire son mot sur le second discours de Jean-Jacques, et il en prit occasion de donner son avis sur le premier ; mais ses traits, légers et acérés, étaient autrement redoutables que les arguments philosophiques de Charles Bonnet. Son bon sens, et il en avait plus que personne, avait vu du premier coup d'œil le côté faible, ou plutôt le côté sensible de l'apôtre de l'état sauvage. Ce n'est pas

---

[1]. *Lettre de Charles Bonnet*, au *Mercure* d'octobre 1755; Réponse de Rousseau, aux *Œuvres*.

avec de la grosse artillerie qu'on dégonfle un ballon ; un coup d'épingle suffit. « J'ai reçu, disait Voltaire, votre nouveau livre contre le Genre humain ; je vous en remercie... On n'a jamais employé tant d'esprit à vouloir nous rendre bêtes. Il prend envie de marcher à quatre pattes, quand on lit votre ouvrage. Cependant, comme il y a plus de soixante ans que j'en ai perdu l'habitude, je sens malheureusement qu'il m'est impossible de la reprendre, et je laisse cette allure naturelle à ceux qui en sont plus dignes que vous et moi. » Il était difficile de ne pas se sentir atteint par ce persiflage spirituel ; on sait par les *Confessions* qu'il laissa au cœur de Rousseau une impression pénible qui se retrouvera plus tard. Cependant le reste de la lettre était écrit d'un ton si aimable ; Voltaire y invitait si poliment Rousseau à le venir voir ; il était surtout si embarrassant de se fâcher contre le roi de la littérature et l'arbitre de toutes les réputations, que le pauvre Jean-Jacques, plutôt que de céder à une susceptibilité déplacée, aima mieux faire contre fortune bon cœur, défendre tout doucement son opinion, accepter les louanges, et répondre par d'autres plus grandes.

Voltaire, dans sa lettre, avait pour but de renier, au moyen d'impudents mensonges, certaines paternités littéraires compromettantes, celle du poème de *la Pucelle* en particulier ; il la destinait donc à la publicité. Il demanda à Rousseau la permission de la faire imprimer ; des indiscrétions de Gauffecourt en hâtèrent encore l'impression[1].

1. Les *Lettres de Voltaire*, 3 août 1755, et *Billet*, sans date ; et les *Réponses de Rousseau*, 10 et 20 septembre 1755, sont au *Mercure* de novembre 1755. Rousseau prétendit que sa

Rousseau put compter parmi ses adversaires jusqu'à une femme. Une *Provinciale* lui écrivit avec autant d'esprit et de convenance que de bon sens[1]. Fréron, qui s'y connaissait, regarde sa réfutation comme une des meilleures, sinon la meilleure[2].

Cependant celle du P. Castel est plus connue[3]. Le bon père, qui avait beaucoup d'esprit et non moins de singularités, s'était mis en tête de convertir son ancien protégé. « Oui, le convertir à Dieu, à l'Église, au Roi, à la France, aux lettres, aux arts, à la société, à l'humanité... toutes choses pour lesquelles il lui connaît des talents. » Hélas ! s'il ne put le convertir, ce ne fut pas faute de lui prodiguer les avertissements paternels et les dures vérités, les arguments solides et les considérations élevées ; mais eût-il encore cent fois mieux plaidé sa cause qu'il se serait toujours heurté contre « ce cynique orgueil » que, dans son langage original, le P. Castel appelle « le péché capital du péché capital de l'orgueil ordinaire. »

Grimm eut aussi à dire son avis sur le livre de son ami ; il le fit, naturellement, dans des termes très élogieux. Ils combattaient tous deux dans le même camp ; auraient-ils été moins amis, que le secours apporté à la cause commune par cette œuvre brûlante aurait fait passer par-dessus bien des divergences de détail[4].

réponse était mutilée et méconnaissable et protesta. (*Lettre à M. de Boissy*, 4 novembre 1755.) — 1. *Réflexions d'une Provinciale sur le discours de M. Rousseau.* — 2. *Année littéraire,* 1756, t. III. — 3. *L'homme moral opposé à l'homme physique de M. R. Lettres philosophiques où l'on réfute le déisme du jour.* — 4. *Correspondance littéraire,* années 1755 et 1756 ; notamment 15 juillet et 15 octobre 1755, 1er janvier, 1er février, 1er mars, 15 décembre 1756, 15 août 1759.

Tout autre fut le ton de Fréron. Autant Grimm se montrait bienveillant, autant l'autre fut, à juste titre, selon nous, sévère et mordant. Fréron ne goûte pas même la *Dédicace*. Avait-il tort de trouver qu'elle était prétentieuse, et qu'elle jurait d'une façon trop évidente avec les *Discours*[1]?

Mais la meilleure réfutation que nous puissions apporter contre *l'Inégalité*, c'est à Rousseau lui-même que nous la demanderons. Le morceau rappelle encore trop le système; mais il est si beau qu'on nous pardonnera d'en donner au moins un extrait.

Rousseau commence par considérer ce que nous devons à la société. « Tout en moi, dit-il, dépend d'un concours de mes semblables. Je ne suis plus un être individuel et isolé, mais partie d'un grand tout, membre d'un grand corps...

« Mais un avantage infiniment supérieur à tous les biens physiques, et que nous tenons incontestablement de l'harmonie du Genre humain, c'est celui de parvenir, par la communication des idées et le progrès de la raison, jusqu'aux idées intellectuelles; d'acquérir les notions sublimes de l'ordre, de la sagesse et de la bonté morales, de nourrir nos sentiments du fruit de nos connaissances, de nous élever, par la grandeur de l'âme, au-dessus des faiblesses de la nature et d'égaler à certains égards, par l'art du raisonnement, les célestes intelligences; enfin de pouvoir, à force de combattre et de vaincre nos passions, dominer l'homme et imiter la divinité même. Ainsi ce commerce continuel d'échanges, de

---

1. *Année littéraire*, 1755, t. VII; 1756, t. III; 1757, t. I; 1759, t. VII.

soins, de secours et d'instructions nous soutient quand nous ne pouvons plus nous soutenir nous-mêmes, nous éclaire quand nous avons besoin d'être éclairés, et met en notre pouvoir des biens d'un prix inestimable, qui nous font mépriser ceux que nous n'avons plus...

« Voulons-nous maintenant rechercher ce qui peut nous rendre heureux en ce monde? Rentrons en nous-mêmes et consultons notre cœur. Chacun sentira que son bonheur n'est point en lui, mais dépend de tout ce qui l'environne... Soit besoin d'aimer, soit désir de plaire, soit amitié, confiance ou orgueil, l'habitude du commerce avec les autres nous rend ce commerce tellement nécessaire qu'on peut douter s'il se trouverait un seul homme qui, sûr de voir d'ailleurs tous ses souhaits prévenus, fût sûr en même temps de ne revoir jamais ses semblables, sans tomber dans le désespoir. »

« Tels sont les liens indissolubles qui nous unissent tous, et font dépendre notre existence, notre conservation, nos lumières, notre fortune, notre bonheur et généralement tous nos biens et nos maux des relations sociales. Je crois donc qu'en devenant homme civil, j'ai contracté une dette immense envers le genre humain; que ma vie et toutes ses commodités, que je tiens de lui, doivent être consacrées à son service... Ce devoir sacré, que la raison m'oblige à reconnaître, n'est point proprement un devoir de particulier à particulier; mais il est général et commun comme le droit qui me l'impose. Car les individus à qui je dois la vie, et ceux qui m'ont fourni le nécessaire, et ceux qui ont cultivé mon âme, et ceux qui m'ont communiqué leurs talents peuvent n'être plus ; mais les lois qui protégèrent mon enfance ne meurent point ; les bonnes mœurs dont j'ai reçu l'heureuse habitude, les secours que j'ai trouvés prêts au besoin, la liberté civile dont j'ai joui, tous les biens que j'ai acquis, tous les plaisirs que j'ai goûtés, je les dois à cette police universelle qui dirige les soins publics à l'avantage de tous les hommes, qui prévoyait mes besoins avant ma naissance, et qui fera respecter mes cendres après ma mort. Ainsi mes bienfaiteurs peuvent mourir ; mais, tant qu'il y a des hommes, je suis obligé de rendre à l'humanité les bienfaits que j'ai reçus d'elle[1]. »

Ces considérations sont presque le développement d'une pensée que Rousseau avait déjà exprimée précédemment : « Cette parfaite indépendance et cette liberté sans règle, dit-il, fût-elle demeurée jointe à l'antique innocence, aurait eu toujours un vice essentiel et nuisible aux progrès de nos plus excellentes facultés, savoir, le défaut de cette liaison des parties, qui constitue le tout[2]. »

Nous n'avons pas encore parlé de l'impression du livre. Rousseau la confia à un éditeur d'Amsterdam, Marc Michel Rey, dont il avait fait la connaissance à Genève. Rey se rendit à Paris pour prendre avec l'auteur les derniers arrangements et, au mois d'octobre, emporta le manuscrit. Aussitôt s'établit entre l'auteur et l'éditeur une longue correspondance, qui dura près de vingt ans, et qui comprend, rien que du côté de Rousseau, plus de cent cin-

---

1. *Lettres sur la vertu et le bonheur*, adressées à Mme d'Houdetot. *Lettre Ire*. — 2. *Manuscrit de la Bibliothèque de Genève*, p. 8. (Nous parlerons de ce manuscrit au chapitre du *Contrat social*). — *Le texte primitif du Contrat social*, par ALEXIS BERTRAND, p. 9. —

quante lettres[1]. Celles qui concernent le sujet que nous traitons, au nombre de dix-sept, nous dévoileraient si nous ne le connaissions déjà, le caractère impressionnable de Jean-Jacques et le soin minutieux qu'il prenait de ses affaires. Il n'y a pas pour lui de petites contrariétés, toutes les corrections sont essentielles, une faute d'impression le désole. Rey avait promis que l'ouvrage serait prêt en janvier ; au mois de mai il ne l'avait pas encore fait paraître. Rousseau se dépitait d'avoir refusé un autre éditeur, qui lui offrait un meilleur prix et aurait peut-être été plus exact[2]. Ce n'est pas tout : à Genève, on s'agitait; il était à craindre qu'on n'y interdît l'ouvrage ; en Angleterre, il en circulait deux exemplaires manuscrits : double motif de hâter la publication, afin de prévenir une condamnation pouvant venir de Genève, ou une contrefaçon pouvant venir d'Angleterre[3]. L'introduction en France offrait aussi ses difficultés. Jean-Jacques ne voulait pas qu'elle ait lieu sans autorisation, ce qui aurait pu l'exposer à des désagréments sérieux[4]. Rey sollicita une permission écrite[5], c'était une faute ; on ne donne pas ces sortes de permissions par écrit, afin d'être toujours à même d'arrêter le livre, s'il vient à gêner[6]. « Si j'écoutais, dit Rousseau, les discours qu'on tient dans ce pays-ci, ils seraient

1. *Lettres inédites de J.-J. Rousseau à Marc Michel Rey*, publiées par J. Bosscha, membre de l'Académie des sciences des Pays-Bas. Paris, 1858. — 2. *Lettre à Rey*, 29 mai 1755. — 3. *Id.*, 19 novembre 1754.— 4. *Id.*, 6 mars 1755. — 5. *Lettre de Rey à Malesherbes*, 20 mars 1755, et *Réponse de Malesherbes*, s. d. Autres *lettres de Rey à Malesherbes*, 17 et 24 avril, 22 et 26 mai, 2 juin 1755. (Bibliothèque nationale, fonds français, nouvelles acquisitions, n° 1183.) — 6. *Lettre à Rey*, avril 1755.

propres à m'effrayer ; mais l'estime que je dois au gouvernement sous lequel j'ai l'honneur de vivre suffit pour me rassurer. Mon ouvrage ne contient rien de blâmable, en quelque pays que ce soit, et l'on respecte trop en France le droit des gens pour punir un étranger d'avoir soutenu en pays étranger les maximes de son pays[1]. » Mais il était au fond moins tranquille qu'il n'en avait l'air, et ses précautions mêmes prouvent que son livre ne lui semblait pas à lui-même si inoffensif. Ne l'a-t-il pas déclaré ailleurs le plus audacieux de tous ses écrits[2]? Cependant l'événement montra que ses craintes étaient exagérées. L'ouvrage ne fut pas interdit, quoiqu'il le méritât bien ; Malesherbes qui d'abord n'avait permis l'introduction que de cent exemplaires, en laissa entrer deux ballots, l'un de quinze cents, l'autre de deux mille[3]. Pissot eut l'autorisation pour le débit, et se fit fort d'empêcher une contrefaçon à Paris[4]. On était au mois de juin ; quelque temps auparavant, Rousseau menaçait, s'il y avait de nouveaux retards, de s'adresser à Londres, et d'y faire paraître son livre en un mois[5]. Il tenait beaucoup aux suffrages de l'Angleterre, « le seul pays, dit-il, où l'ouvrage, s'il est bon, sera estimé ce qu'il vaut[6]. »

Tout entier à la joie du succès, quand l'ouvrage eut enfin paru, il ne s'alarme pas trop des attaques, ni même des dangers qu'on lui prédit[7]. Il ne saurait admettre que la France songeât à user contre

---

1. *Lettre à Rey*, 23 mars 1755. — 2. *Confessions*, 1. IX. — 3. *Lettre de Rey à Rousseau*, 2 avril 1755. — 4. *Lettre de Rousseau à Rey*, 13 juin 1755. — 5. *Id.*, 19 mai 1755. — 6. *Id.*, 23 mars et 13 juin 1755. — 7. *Lettres à un anonyme*, 29 novembre 1755; à *M. de Boissy*, 24 janvier 1756.

lui de rigueurs. « Il n'est jamais rien sorti, dit-il, et il ne sortira jamais rien de sa plume qui puisse l'exposer au moindre danger sous un gouvernement juste. » Jamais, de son aveu, pendant son séjour en France, aucun de ses ouvrages ne paraîtra sans la permission du magistrat. Que peut-on lui demander de plus [1] ?

IV

Entre le *Discours sur les Sciences* et le *Discours sur l'Inégalité*, on doit placer l'*Essai sur l'Origine des langues*. Rousseau lui donna aussi le titre d'*Essai sur le Principe de la Mélodie* [2]. Il y traite également en effet du langage et de la musique ; ce qui ne l'empêche pas d'y parler beaucoup aussi de la société et de ses origines. Ce petit ouvrage, qu'il avait été question d'imprimer en 1761 [3], ne le fut que beaucoup plus tard, à une époque où la réputation de l'auteur était fondée sur des titres plus sérieux ; aussi fit-il peu de sensation. La date où il fut composé n'est même pas parfaitement connue ; mais elle est suffisamment indiquée par le contexte. Les passages où Rousseau y parle du rôle pernicieux des arts et des sciences montrent que son opinion était alors arrêtée sur ce point ; or on sait qu'il hésitait encore au moment de composer son discours. Il ne fit donc l'*Essai* que postérieurement. D'un autre côté, il est facile de voir qu'il n'avait pas encore sur la société les idées radicales

---

1. *Lettre à Mme de Créqui*, 8 septembre 1755. — 2. Note des premières éditions de l'*Émile*, et *Confessions*, l. XI. — 3. *Confessions*, l. XI.

qu'il professa dans son livre sur l'*Inégalité*[1]. Tel qu'il est, l'*Essai* offre un mélange assez singulier de vrai et de faux, de retenue et d'audace. La méthode y est constamment hypothétique, les preuves nulles, les doctrines sur la société pour le moins médiocres. Souvent on se croirait en pleine *Inégalité*[2] : même style, même coupe de phrase, mêmes procédés d'examen, même enchaînement de raisonnements et d'idées. Mais, au milieu de tout cela, il y a de telles réserves dans les conclusions, un tel respect pour l'Écriture Sainte et la tradition, une telle foi dans la Providence, une telle horreur pour les philosophes matérialistes que, pour ainsi dire, on se sent désarmé. En somme donc, Rousseau a fait ici une œuvre de transition, qui présage le mal, plutôt qu'elle ne le produit au grand jour. Le bien qu'il y a mis eût pu le ramener à des idées plus saines, s'il en avait su tirer parti ; malheureusement aussi il y a déposé le germe des erreurs qu'il développa plus tard dans ses ouvrages subséquents. Exemple mémorable du soin qu'on doit apporter à bien orienter, en quelque sorte, son talent et sa vie, et du chemin que peut faire un principe poussé à ses conséquences extrêmes par une logique à outrance[3].

Rousseau menait de front avec ces occupations d'autres travaux encore, que nous devons signaler.

---

1. La citation de la *Lettre sur les spectacles*, dans une note du ch. Ier, n'est pas une objection bien sérieuse. Rien de plus simple, en effet, qu'une note ajoutée après coup. — 2. Les ch. IX et X, par exemple. — 3. La bibliothèque de Neuchâtel possède un fragment qu'on doit rapporter à l'*Essai sur l'Origine des langues*. Il a été édité par STRECKEISEN-MOULTOU (*Œuvres inédites de J.-J. Rousseau*).

On sait qu'il avait été chargé de la partie musicale de l'*Encyclopédie*. Dans le commencement, on se gênait peu avec lui, et on taillait sans façon dans ses articles. Cependant il fut, dans le *Discours préliminaire*, honoré des éloges de d'Alembert, et la manière dont il s'acquitta de ses premiers travaux engagea à lui en donner de plus importants, et dans un genre tout différent. Depuis plusieurs années en effet, il étudiait avec une prédilection marquée les questions de société, de constitutions, de gouvernements. Dès le temps de son séjour à Venise, il avait formé le projet d'un grand ouvrage sur les *Institutions politiques*. Il ne put le réaliser complètement, mais il ne l'abandonna jamais et le médita longtemps, on pourrait dire toute sa vie. Il en écrivit même des parties importantes. Diderot, qui savait que son ami s'occupait de ces matières, et qui sans doute avait eu connaissance de ses essais, lui demanda donc pour l'*Encyclopédie* l'article *Économie politique*. Cet article est inséré au tome V, qui parut vers la fin de 1755. Il fut imprimé à Genève, en 1758, sous son titre définitif de *Discours sur l'Économie politique*. Il le fut, à la vérité, à l'insu de l'auteur, mais ne fut pas désavoué par lui [1].

Il faut noter que l'Économie politique n'a pas, dans le traité de Rousseau, le sens restreint que nous lui donnons aujourd'hui; mais qu'elle comprend la plupart des questions de constitution sociale et de gouvernement. Le premier titre d'*Institutions politiques*, s'il n'avait été jugé trop étendu, rendrait donc mieux la pensée.

Ce traité peut être considéré comme la suite du

---

1. *Lettre à Vernes*, 4 juillet 1758.

Discours sur l'Inégalité, et mieux encore, comme l'introduction du *Contrat social*. L'humanité étant tombée, pour son malheur, dans l'état de société, il fallait tenir compte de cette décadence comme d'un fait, et en tirer le moins mauvais parti possible. De là les constitutions et les gouvernements.

C'est une condition fâcheuse pour un auteur, aussi bien que pour un homme d'état, que de régler une situation qu'il désapprouve en principe. Cependant, le fait une fois admis, on ne voit pas que Rousseau en soit gêné le moins du monde, et, sous le prétexte, acceptable jusqu'à un certain point, que les règles doivent varier avec les circonstances, il ne se fait pas faute de désavouer plusieurs des idées qu'il avait défendues précédemment.

Dès les premiers mots du traité, il proclame son principe fondamental du *Contrat*. « Le pouvoir paternel, dit-il, passe avec raison pour être établi par la nature. Dans la société civile, au contraire, dont tous les membres sont naturellement égaux, l'autorité politique, purement arbitraire quant à son institution, ne peut être fondée que sur des conventions, ni le magistrat commander aux autres qu'en vertu des lois. »

Autre différence, qui manifeste également dès les premières pages un nouveau principe : les enfants n'ayant rien que ce qu'ils reçoivent du père, tous les droits de propriété lui appartiennent ou émanent de lui; l'administration générale, au contraire, n'est établie que pour assurer la propriété particulière, qui lui est antérieure. Après ce que Rousseau a dit dans son *Discours sur l'Inégalité*, il n'est pas inutile de noter que partout dans celui-ci il se montre le défenseur résolu de la propriété. Il veut qu'elle soit protégée, non seulement contre les entreprises des particuliers, mais contre l'État lui-même. Il ne craint pas de taxer d'atteintes à la propriété l'établissement irrégulier ou exagéré des impôts ; ce qui ne l'empêche pas du reste d'être partisan de l'impôt progressif, et de permettre que les contributions s'élèvent jusqu'à prendre tout le superflu du riche. Il ne voit là ni irrégularité ni exagération ; tout le monde sans doute ne sera pas de son avis. Enfin il va, ce qui pourra paraître étonnant de sa part, jusqu'à préférer la propriété à la liberté même.

Il est bon de remarquer qu'en général Rousseau aime à opposer l'un à l'autre le gouvernement de la famille et celui de l'État ; mais cet antagonisme a bien ses dangers ; car il met en garde contre un pouvoir qui n'est présenté ni comme naturel ni comme sympathique. Nous avons de la peine à admettre, par exemple, que le magistrat doive écarter la nature, repousser les inspirations de son cœur et se défier même de sa raison, pour n'écouter que la raison publique, et nous ne sommes pas surpris après cela que l'auteur aboutisse à cette triste conclusion : « Aussi la nature a-t-elle fait une multitude de bons pères de famille ; mais depuis l'existence du monde, la sagesse humaine a fait bien peu de bons magistrats. »

N'insistons pas pour le moment sur le fond du système de Rousseau et sur son grand principe de la *Volonté générale*, dont il fait la règle suprême, non seulement des gouvernements, mais de la moralité et de la justice.

L'embarras, c'est de ne pas confondre cette volonté générale, qu'il faut toujours consulter, avec une volonté particulière quelconque. Rien de plus difficile, dit Rousseau lui-même, et il n'appartient qu'à la plus sublime vertu de donner à cet égard des lumières suffisantes. Va-t-il au moins nous aider dans cette opération à la fois si nécessaire et si délicate? Hélas! lui qui est d'habitude si clair, devient ici d'une obscurité désespérante. Cette volonté générale, qu'on n'est pas même assuré de découvrir dans les décisions de la nation assemblée, où donc ira-t-il la chercher? Dans la loi? Peut-être ; alors tout ce que la loi ordonne est légitime. Cependant il déclare dans la même page que le premier devoir du législateur est de conformer les lois à la volonté générale. Il suit de là qu'elles n'y sont pas conformes par elles-mêmes. Montrera-t-il cette volonté générale dans l'intérêt public et dans l'équité? Deux choses assez différentes, qu'il lui plait de confondre. Il le dit quelquefois, il ne le dit pas toujours. Partout donc la confusion et l'incertitude. Plus tard, dans le *Contrat social,* il reprendra les mêmes idées avec plus de développements, nous verrons si elles se dégageront mieux.

La première partie du traité est consacrée au principe de la souveraineté et aux règles du gouvernement. Elles ont pour but de faire régner l'ordre et la paix dans toutes les parties de la république. Mais c'est peu si l'on n'y fait régner aussi la vertu; autrement dit, si l'on ne fait en sorte que toutes les volontés particulières se rapportent à la volonté générale. Tel est l'objet de la deuxième partie.

Avec nos idées fausses, nous comprenons difficilement qu'un gouvernement entre dans ces questions de mœurs et de vertu, et nous nous demandons s'il peut le faire sans pénétrer dans le domaine de la conscience. Jean-Jacques, qui n'avait le plus souvent qu'un respect fort modéré pour la liberté et en particulier pour la liberté de conscience, n'avait garde de se laisser arrêter pour si peu. Convenons d'ailleurs que, sans sortir de leurs attributions, ceux qui sont à la tête des peuples ont bien des moyens d'agir sur les mœurs. Ajoutons même qu'ils y ont toujours agi et y agiront toujours, et que, s'ils ne travaillent pas à moraliser la nation, nécessairement ils travaillent à la démoraliser. « Si les politiques, dit Rousseau, étaient moins aveuglés par leur ambition, ils verraient combien il est impossible qu'un établissement, quel qu'il soit, puisse marcher selon l'esprit de son institution, s'il n'est dirigé selon la loi du devoir ; ils sentiraient que le plus grand respect de l'autorité publique est dans le cœur des citoyens, et que rien ne peut suppléer aux mœurs pour le maintien du gouvernement. Non seulement il n'y a que des gens de bien qui sachent administrer les lois ; mais il n'y a dans le fond que d'honnêtes gens qui sachent leur obéir... Quelques précautions qu'on prenne, ceux qui n'attendent que l'impunité pour mal faire ne manqueront guère de moyens d'éluder la loi ou d'échapper à la peine. » Voilà de belles et bonnes paroles ; que n'en avons-nous souvent de semblables à citer !

Mais dans ces matières, les pas sont glissants. Ainsi nous ne rappellerons pas les théories de Rousseau sur l'éducation, sans une protestation d'autant plus énergique que ses paroles ont eu dans l'avenir et ont encore actuellement un écho plus retentissant. « On doit d'autant moins, dit-il, abandonner aux lumières et aux préjugés des pères l'éducation de leurs enfants, qu'elle importe à l'État encore plus qu'aux pères. Car, selon le cours de la nature, la mort du père lui dérobe souvent les derniers fruits de cette éducation ; mais la patrie en sent tôt ou tard les effets : l'État demeure et la famille se dissout... L'éducation publique, sous des règles prescrites par le gouvernement et sous des magistrats établis par le Souverain, est donc une des maximes fondamentales du gouvernement populaire ou légitime... » Ne croirait-on pas entendre Danton s'écrier à la tribune de la Convention que les enfants appartiennent à la nation avant d'appartenir à leurs parents, ou bien encore les tirades de nos ministres en faveur de ce qu'ils appellent les droits de l'État. Il n'y pas jusqu'au mot si rebattu d'enfants de la patrie, que nous ne trouvions dans notre auteur.

Rousseau voulait confier les soins si importants de l'éducation « aux guerriers illustres courbés sous le faix de leurs lauriers, aux magistrats intègres blanchis dans la pourpre et sur les tribunaux ; » nos hommes d'état, moins respectueux de l'enfance, se contentent, sans exiger de grandes garanties de moralité, de leurs professeurs et de leurs maîtres d'études pour les collèges et les lycées, de leurs instituteurs et de leurs institutrices pour les villages ; espèces fort mêlées, tantôt bonnes, quelquefois excellentes, plus souvent médiocres ou détestables.

La troisième partie du traité nous amène à l'économie politique proprement dite. Elle prouve surtout que Jean-Jacques n'était pas économiste, et ferait assurément sourire nos savants actuels. On ne parle plus de greniers de réserve ; l'État, loin d'avoir un trésor ou domaine capable de subvenir à la plus grande partie de ses besoins, n'a plus que des dettes; au lieu de chercher dans les impôts un simple supplément, il leur demande la presque totalité de ses ressources; l'impôt personnel ou sur le revenu, l'impôt progressif surtout n'a plus les faveurs que du petit nombre; l'impôt foncier, au contraire, s'est implanté parmi nous en conquérant; les impôts somptuaires ne restent plus qu'à titre d'exception; les douanes à l'entrée sont combattues par plusieurs, celles à la sortie ne sont plus acceptées par personne; enfin la prétention socialiste de supprimer à la fois la richesse et la pauvreté, pour ne laisser subsister qu'une honnête médiocrité, est une impossibilité, aussi bien qu'une atteinte à la vérité économique et à la liberté. Cependant parmi ces erreurs, il est encore possible, à la condition toutefois de n'être pas économiste, de glaner quelques vues judicieuses. « Souvent, dit Rousseau, les besoins d'un État, comme ceux des particuliers, croissent moins par une véritable nécessité que par un accroissement de désirs inutiles. » Voilà une maxime dont bien des gouvernements pourraient faire leur profit.

V

Cette même année 1755 vit encore paraître d'autres productions de Rousseau.

Rameau s'était permis de critiquer certains articles de l'*Encyclopédie* sur la musique[1]. C'était facile; mais Jean-Jacques, qui voulait bien parler

---

1. *Erreurs sur la Musique dans l'Encyclopédie,* par RAMEAU.

modestement de lui-même, tolérait difficilement la critique. Déjà d'ailleurs, il songeait à réunir ses articles, sous le nom de *Dictionnaire de musique*, et venait notamment d'en promettre l'impression à Rey, afin de l'engager à hâter celle du *Discours sur l'Inégalité*. Il ne réalisa ce projet que plus tard; mais, en attendant, il ne voulut pas rester sous le coup des reproches de Rameau et composa son *Examen de deux principes avancés par M. Rameau*[1]. Nous disons composa et non publia; car soit défiance de lui-même, crainte de son adversaire ou tout autre motif, ce petit ouvrage ne parut qu'après sa mort[2]. Il s'attaquait, en effet, à forte partie; mais il lui devenait plus facile dans son petit cercle d'amis, de faire oublier son infériorité et goûter ses raisons. Non content de se défendre, il ne craignit pas de prendre l'offensive. Sa réponse, du reste, était suffisamment polie, quoique d'une politesse parfois un peu ironique.

Cet échange d'attaques et de répliques, car Rameau ne fut pas sans connaître l'ouvrage de Rousseau, n'était pas de nature à réconcilier ces deux hommes. Ils étaient artistes, avaient des principes opposés sur leur art et des caractères antipathiques; triple motif de se traiter sans ménagement. On ne s'étonnera donc pas que Rameau, dans la plupart de ses ouvrages, se soit montré au moins sévère pour Rousseau.

La *Reine fantasque* est un conte de fées, gai, amusant et assez bien tourné. On sait que Rousseau, dans ses ouvrages, était généralement grave

---

1. Voir aux Œuvres. — 2. Fétis, *Biographie universelle des musiciens*, 2ᵉ éd., 1864, in-4, t. VII, article *Rousseau*.

et sérieux; cette bluette tranche donc sur tout ce qu'il a écrit d'ailleurs. Musset-Pathay croit qu'il la fit pour soutenir une gageure, qui serait assurément fort honorable. Nous avons déjà parlé des dîners de Mlle Quinault et de leur assaisonnement habituel, l'impiété et l'obscénité. On ne se contentait pas d'y faire la conversation, on y racontait aussi des histoires, et quelles histoires[1]! Jean-Jacques, à qui il en coûtait de se livrer à ce libertinage de paroles, prétendit qu'il était possible de faire un conte gai, sans polissonneries, sans équivoques, sans amour, sans allusions, sans mots graveleux, et fit la *Reine fantasque*. La *Reine fantasque* remplit-elle, comme le veut Musset-Pathay, toutes ces conditions? Sans engager la mère à en permettre la lecture à sa fille, on peut admettre que le côté moral en est à peu près passable; malheureusement il n'en est pas de même du côté religieux. Jean-Jacques, qui aimait tant à s'élever au-dessus de l'opinion, avait là une belle occasion de trancher avec son indigne société. Il a préféré ou n'a osé le faire qu'à moitié; c'était quelque chose, mais cela n'était pas suffisant.

N'en déplaise à Musset-Pathay, nous sommes porté à attribuer à la *Reine fantasque* une autre origine. Vernes s'employait beaucoup, à Genève, à la fondation d'une revue, *le Choix littéraire*; il demanda des articles à Rousseau. Celui-ci, tout en blâmant son ami de se livrer à cette occupation, qu'il jugeait indigne de son caractère et de son talent, ne voulut pas le refuser et composa pour lui

---

[1]. Elles forment plusieurs volumes : les *Étrennes de la Saint-Jean*; le *Recueil de ces Messieurs et de ces Dames*.

la *Reine fantasque*[1]. Son travail ne fut pourtant pas inséré dans la revue ; ce conte, qui se serait distingué par sa réserve dans la société Quinault, n'aurait-il pas paru trop avancé pour la revue suisse ?

En 1760, de Bastide demanda pour le journal *le Monde,* dont il était le directeur, plusieurs ouvrages de Rousseau, entre autres la *Reine fantasque,* qu'il connaissait, au moins de réputation, pour être un conte fort agréable[2] ; mais Duclos, après l'avoir lu, jugea qu' « il ne pouvait paraître à Paris, sans commettre l'auteur[3]. » Les mêmes motifs n'existant pas pour les éditions faites à l'étranger, Duclos s'étonnait de ne pas trouver dans celle de Neuchâtel « le conte de fées très philosophique dont il lui avait fait part précédemment[4]. Jean-Jacques se décida en conséquence à en parler à Rey. Il le fit même avec une insistance qui étonne au milieu de ses tracasseries du moment, vu le peu d'importance de l'ouvrage[5].

En 1772, Mme Latour de Franqueville, l'amie de Rousseau, s'enticha, on ne sait pourquoi, d'un projet de nouvelle édition de la *Reine fantasque.* Rousseau, qui n'était pas toujours poli avec elle, ne répondit sans doute pas à son gré. « Le refus de disposer de la *Reine fantasque,* lui répliqua-t-elle, me blesse jusqu'au fond du cœur, mon cher Jean-Jacques. Craignez-vous les obligations d'un si léger service ou quelque artifice ? On a, dites-vous, la fureur de vous protéger malgré vous... J'ai le désir de vous

---

1. *Lettres à Vernes,* 2 avril, 6 juillet 1755, 28 mars 1756. — 2. *Lettre de Duclos à Rousseau,* 8 décembre 1760. — 3. *Id.,* commencement de 1761. — 4. *Id.,* 24 février 1764. — 5. *Lettres à Rey,* 12 septembre, 18 octobre, 1er décembre 1765, 13 mars, 23 août 1766.

obliger, quoique vous ne daigniez pas y consentir[1]... »

On peut rattacher à la vie littéraire de Rousseau un épisode souvent raconté à son honneur à propos de la comédie des *Originaux*. Cette pièce, qui avait pour auteur Palissot, fut jouée devant le roi de Pologne en 1755, le jour de l'inauguration de la statue de Louis XV. Elle aurait sans doute passé inaperçue sans le personnage du philosophe ridicule, dans lequel tout le monde put reconnaître Jean-Jacques. Afin d'ailleurs que personne ne s'y méprît, l'acteur se présentait en chantant ces paroles du *Devin* : « Quand on sait aimer et plaire, » etc. D'Alembert, et sans doute d'autres personnes, s'indignèrent de la témérité de Palissot et se plaignirent au Roi. Palissot écrivit pour se justifier et prétendit y avoir réussi. Il ne gagna pas toutefois si complètement sa cause, que Stanislas ne le condamnât à la fin à être expulsé de son Académie. Le comte de Tressan fut chargé d'en informer Rousseau[2]. C'est alors que celui-ci s'interposa avec une affectation de modestie et de générosité qui ne laissait pas que de faire sentir sa supériorité. « Si tout son crime, dit-il, est d'avoir exposé mes ridicules, c'est le droit du théâtre. Je ne vois rien en cela de répréhensible pour l'honnête homme, et j'y vois pour l'auteur le mérite d'avoir su choisir un sujet très riche[3]. Le lendemain, il écrivait à d'Alembert pour le remercier de ses démarches et le prier de ne pas aller plus loin[4].

1. *Lettre de Mme Latour à Rousseau*, 24 juin 1772. — 2. *Lettre* du 20 décembre 1755. — Voir aussi une *Lettre de d'Alembert au comte de Tressan*. — 3. *Lettre au comte de Tressan*, 26 décembre 1755. — 4. 27 décembre 1755.

Rousseau ne tarda pas à être récompensé de ses sentiments généreux. Tressan fut transporté d'admiration. « Recevez, Monsieur, lui écrivit-il, le prix de la vertu la plus pure. Vos ouvrages nous la font aimer..., vous venez de nous l'enseigner par l'acte le plus généreux et le plus digne de vous. Le roi de Pologne, attendri, édifié par votre lettre, croit ne pouvoir vous donner une marque plus éclatante de son estime, qu'en souscrivant à la grâce que seul aujourd'hui vous pouviez prononcer[1]. » De son côté, d'Alembert unissait ses sollicitations à celles de Rousseau, et refusait la place de Palissot qui lui était offerte[2]. Si Jean-Jacques aimait les louanges, il devait être content.

Quelque temps après, rendant compte à Vernes de cette affaire, il lui répétait qu'il n'avait fait qu'en rire. Il ajoutait pourtant : « Je n'ai jamais eu sur le cœur la moindre chose contre M. Palissot ; mais je doute qu'il me pardonne aisément le service que je lui ai rendu[3]... » Voilà bien Jean-Jacques avec ses défiances.

VI

Les travaux littéraires de Rousseau le retenaient à Paris beaucoup plus qu'il n'avait projeté d'y rester. D'abord, il avait promis de retourner à Genève au printemps, puis vinrent les retards, puis les hésitations : il se demandait s'il ne se fixerait

---

1. 1er janvier. — *Réponse de Rousseau*, 7 janvier ; autre *Lettre du comte de Tressan*, 11 janvier 1756. — 2. *Lettre de d'Alembert à M. de Solignac*, secrétaire de l'Académie de Nancy. — 3. 28 mars 1756.

pas en France. Il y possédait bien encore d'autres attaches que ses travaux : ses amis un peu, quoiqu'il en diminuât le nombre tous les jours; mais Mme d'Épinay beaucoup plus que tous ses amis réunis. Dès avant le voyage de Suisse, elle avait songé à s'attacher définitivement Jean-Jacques. Un jour, en visitant avec elle les environs de la Chevrette, il s'était arrêté avec complaisance en un lieu solitaire et agréable, nommé l'Ermitage, situé au bord de la forêt de Montmorency. « Ah! Madame, s'était-il écrié avec transport, quelle habitation délicieuse! Voilà un asile tout fait pour moi. » Et Mme d'Épinay, sans rien dire, avait fait restaurer la maison, qui était fort délabrée, « à très peu de frais, » ajoute Jean-Jacques, à qui la reconnaissance pèse toujours. Quand, après son voyage, ils retournèrent au même lieu. « Mon ours, lui dit-elle, voilà votre asile; c'est vous qui l'avez choisi; c'est l'amitié qui vous l'offre; j'espère qu'elle vous ôtera la cruelle idée de vous éloigner de moi. » — « Je ne crois pas, dit Rousseau, avoir été, de mes jours, plus vivement, plus délicieusement ému. Je mouillai de pleurs la main bienfaisante de mon amie, et si je ne fus pas vaincu dès cet instant même, je fus extrêmement ébranlé. Mme d'Épinay, qui ne voulait pas en avoir le démenti, devint si pressante, employa tant de moyens, tant de gens pour me circonvenir; jusqu'à gagner pour cela Mme Le Vasseur et sa fille, qu'enfin elle triompha de mes résolutions. Renonçant au séjour de ma patrie, je résolus, je promis d'habiter l'Ermitage; et en attendant que le bâtiment fût sec, elle prit le soin d'en préparer les meubles, en sorte que tout fut prêt pour y entrer le printemps suivant. »

Tel est le récit des *Confessions;* mais les choses n'allèrent pas aussi vite que Rousseau le ferait supposer. Il est vrai que Mme d'Épinay désirait le fixer chez elle ; mais les Genevois n'avaient pas renoncé non plus à l'attirer parmi eux. Ma patrie ou la campagne! disait-il parfois. Sa patrie le réclamait et lui promettait une situation agréable et paisible. Son ami Perdriau lui offrit la jouissance gratuite d'une campagne au bord du lac de Genève. Jean-Jacques refusa[1]. D'un autre côté, le médecin Tronchin, qui était alors à Paris, fut chargé de lui proposer la place de bibliothécaire de la ville de Genève, avec douze cents francs d'appointements. C'était, suivant la remarque de Mme d'Épinay, un prétexte pour lui faire un sort; car jusque-là cette fonction avait été surtout honorifique et n'était payée que cent écus[2]. On ne pouvait faire à Rousseau une proposition plus conforme à ses goûts. Peut-être la retraite et les livres lui donneraient-ils le bonheur, qu'il désespérait de trouver dans le commerce du monde. Il hésita longtemps, encore qu'un autre titulaire eût été immédiatement nommé, et il habitait l'Ermitage depuis près d'un an quand il se décida à répondre par un refus. Il ne connaissait rien aux livres, ne savait pas le grec et fort peu le latin, manquait de mémoire et de santé, en un mot, n'avait aucune des qualités d'un bon bibliothécaire[3]. Outre ces raisons, qu'il n'avait pas besoin de garder pour lui pendant

---

1. GABEREL, *Rousseau et les Genevois*, ch. II. — 2. *Mém. de Mme d'Épinay*, t. II, ch. IV. — 3. SAYOUS, ch. IV; *Lettre de Rousseau à Tronchin*, 27 février 1757. — Extrait des Registres de la Vénérable Compagnie des Pasteurs, du 20 février au 12 mars 1756. Voir aussi RITTER, *Nouvelles recherches sur les Confessions*, p. 319.

dix-huit mois ou deux ans, on en peut deviner d'autres. Il avait dit en entrant à l'Ermitage qu'il n'acceptait l'hospitalité de Mme d'Épinay qu'à titre d'essai; ne voulait-il point se ménager, en cas de départ, une position avantageuse? Enfin, n'avait-il pas encore un autre motif, peut-être le principal? Il n'en parle pas dans ses lettres, mais il l'a consigné dans ses *Confessions* : c'était la présence de Voltaire, qui venait de s'établir aux Délices, tout près de Genève (février 1755). Ces deux hommes, de natures si opposées, ne pouvaient vivre l'un à côté de l'autre. Ils en étaient encore aux lettres polies; mais sous leurs formules convenues, on pouvait déjà distinguer les germes de leurs futures querelles. Tant que Voltaire avait pu se flatter de faire de Rousseau le premier de ses disciples, il l'avait comblé de louanges; maintenant, il commençait à sentir en lui le rival. Avec les ressources infinies de son esprit, de sa conversation, de son entourage et de ses livres, il était bien de taille à affronter le combat et aurait pris son parti d'un ennuyeux voisinage. Il n'en pouvait être de même de Rousseau. Ses derniers écrits lui avaient donné sans doute de l'ambition, même une sorte d'aplomb; ils n'avaient pu lui donner l'adresse, ni l'esprit d'à-propos et de réplique, ni la richesse, ni une cour pour l'écouter et une armée de satellites pour exécuter ses ordres. Sa puissance était toute entière dans sa plume, et sa présence à Genève, loin d'ajouter quelque chose à son influence, n'aurait fait que la compromettre. Il n'aurait pas tardé à la détruire, d'ailleurs, par ses maladresses, ses timidités ou ses lenteurs. A l'inverse de Voltaire, il était plus redoutable de loin que de près. Jugea-t-il, comme il le dit, que sa patrie était perdue; qu'il n'irait à Genève que pour y retrouver les mœurs de Paris et y être le témoin attristé de maux qu'il ne pourrait empêcher? Ne fut-il pas plutôt déterminé par des considérations plus personnelles? Dans tous les cas, ses raisons, quelles qu'elles fussent, mirent bien du temps à se classer dans sa tête. Une détermination engageant l'avenir semblait toujours redoutable à son caractère ennemi de toute entrave. Ses amis l'importunaient, il est vrai; il y en avait pourtant, Grimm, Diderot, Mme d'Épinay, qu'il eût regrettés[1]. Essayer, aller passer quelques mois à Genève avait aussi ses difficultés. Que ferait-il pendant ce temps-là de son loyer, de Thérèse et de sa mère? Comment subviendrait-il aux frais d'un long voyage? Mme d'Épinay vint ici à son secours, non pour lui donner un avis formel, qu'il aurait peut-être mal reçu, mais pour le mettre à même de faire son choix plus à son aise. Car, par une délicatesse d'attention inespérée, elle lui présenta à la fois les deux termes de ses désirs, sa patrie et la campagne. « Si vous allez à Genève, dites-vous, que faire de Mmes Le Vasseur? Je me chargerai d'elles jusqu'à ce que vous ayez vu si vous voulez vous fixer à Genève. Je ne décide rien; je sens que je serais trop partiale; je veux seulement lever les obstacles. Si vous refusez d'aller à Genève, en ce cas, j'ai une petite maison qui est à vos ordres, à l'entrée de la forêt de Montmorency: vue superbe, cinq chambres, une cuisine, une cave, un potager d'un arpent, une source d'eau vive et la forêt pour jardin. Vous êtes le maître, mon bon ami, de disposer de cette habi-

---

[1]. *Mémoires de Mme d'Épinay*, t. II, ch. IV.

tation, si vous vous déterminez à rester en France. »

Cette offre de l'Ermitage, qui a tout l'air d'une première ouverture, semble en contradiction avec le récit quelque peu dramatique des *Confessions*. Nous avons déjà dit que les *Confessions* ont parfois besoin d'être contrôlées. Or, sur cette période de la vie de Rousseau, il se trouve précisément qu'on possède un document qui les égale presque en importance, ce sont les *Mémoires de Mme d'Épinay*. Ces deux ouvrages sont loin d'être toujours d'accord ; peut-être pourtant présentent-ils moins de contradictions qu'il n'a semblé à Saint-Marc Girardin. Malheureusement ni l'un ni l'autre ne s'astreignent aux dates, ni même à l'ordre bien exact des événements. Quoi qu'il en soit, souvent nous pourrons les éclairer l'un par l'autre ; mais parfois aussi leurs assertions contraires seront pour l'historien une cause d'embarras. Entre les deux, nous croyons pourtant que c'est le récit de Rousseau qui mérite la préférence. Ainsi la correspondance qu'il eut avec Mme d'Épinay est citée bien plus exactement par lui, comme on en a fait la preuve sur les manuscrits, qui sont conservés à la bibliothèque de Neufchâtel.

« Je me rappelle encore, continue Mme d'Épinay, que vous m'aviez dit que, si vous aviez cent pistoles de rente, vous n'iriez point ailleurs. Vous êtes, je l'espère, persuadé qu'il me serait bien doux de contribuer à votre bien-être... Voici ma proposition : laissez-moi ajouter sur la vente de votre dernier ouvrage ce qui vous manque de fonds pour compléter vos cent pistoles. Je prendrai même tels arrangements qu'il vous plaira avec vous... Je sens tout le prix de votre amitié et l'agrément de votre société ; mais je crois qu'il faut aimer ses amis pour eux avant tout[1]. »

Jean-Jacques va sans doute remercier ? Loin de là, il s'emporte : « Que vous entendez mal vos intérêts, de vouloir faire un valet d'un ami, et que vous me pénétrez mal, si vous croyez que de pareilles raisons puissent me déterminer ! Je ne suis point en peine de vivre ni de mourir ; mais le doute qui m'agite cruellement, c'est celui du parti qui, durant ce qui me reste à vivre, peut m'assurer la plus parfaite indépendance. Après avoir tout fait pour elle, je n'ai pu la trouver à Paris ; je la cherche avec plus d'ardeur que jamais, et ce qui m'afflige cruellement depuis plus d'un an, est de ne pouvoir démêler où je la trouverai la plus assurée[2]. »

Cette lettre, tout extravagante qu'elle est, ne fâcha point Mme d'Épinay ; elle revint à la charge, mit Rousseau en demeure de s'expliquer. « J'entendrai volontiers vos propositions, répondit-il ; mais attendez-vous d'avance à un refus ; car, ou elles sont gratuites, ou elles ont des conditions, et je ne veux ni de l'un ni de l'autre. Je n'engagerai jamais aucune portion de ma liberté, ni pour ma subsistance, ni pour celle de personne. Je veux travailler, mais à ma fantaisie, et même ne rien faire quand il me plaira, sans que personne le trouve mauvais, hors mon estomac[3]. » Et comme Mme d'Épinay insinuait que cette belle fierté devenait condamnable, si elle allait à réduire à la misère Thérèse et sa mère. « Ainsi, s'écriait-il, je suis esclave, et il faudra que j'assu-

---

1. *Mémoires de Mme d'Épinay*, t. II, ch. IV. — 2. *Réponse à la lettre précédente.* — 3. *Lettre à Mme d'Épinay*, 1755.

jettisse mon sort! Non, non, cela ne me va pas. Je ne prie personne de rester avec moi ; je n'ai besoin de personne. Mmes Le Vasseur sont libres et je prétends l'être aussi ; je le leur ai dit vingt fois, et je ne les prie ni de rester, ni de me suivre. Je ne sais pas encore quel parti je prendrai ; mais si j'accepte l'habitation de l'Ermitage, je refuse encore plus que jamais les fonds que vous voulez me prêter. Je n'aurai besoin là de rien pour vivre ; une vache, un cochon et notre potager fourniront suffisamment à notre nourriture[1]. » On ne parlait pas dans tout cela du père Le Vasseur ; le bonhomme tirait moins à conséquence. Pour se débarrasser de lui, on le mit à l'hôpital, où il ne tarda pas à mourir.

Il était difficile d'obliger Rousseau ; Mme d'Épinay y réussit pourtant. Il se décida à aller passer les fêtes de Pâques à l'Ermitage. « J'y resterai, dit-il, tant que je m'y trouverai bien et que vous voudrez m'y souffrir. Mes projets ne vont pas plus loin que cela[2]. »

Mme d'Épinay était enchantée. Elle n'eut rien de plus pressé que de faire part de cette grande nouvelle à Grimm ; mais celui-ci, qui était devenu son amant, fut loin de partager son enthousiasme. Elle lui montra les lettres de Jean-Jacques ; il n'y vit que de l'orgueil et le germe de difficultés futures. La solitude achèverait de nourrir sa misanthropie, bientôt il ne verrait dans ses amis qu'ingratitude et injustice, se montrerait chaque jour plus susceptible et plus exigeant, et, du moment que Mme d'Épinay refuserait de se mettre à ses ordres, ne man-

---

1. *Mémoires de Mme d'Épinay*, t. II, ch. IV. — 2. *Lettre à Mme d'Épinay*, mars 1756.

querait pas de l'accuser de l'avoir accaparé et de l'avoir empêché de se rendre aux vœux de sa patrie[1]. Tout cela était vrai, si vrai même qu'on pourrait croire que ce sont des réflexions arrangées après coup. (On sait que Grimm eut une grande part à la rédaction des *Mémoires de Mme d'Épinay*.) Mais ce qui n'était pas moins vrai, c'est que Grimm redoutait la rivalité de Rousseau et craignait qu'il ne s'introduisît dans les bonnes grâces de sa maîtresse aussi bien que dans sa maison. Mme d'Épinay, tout à la joie, n'en voulait pas voir si long ; elle n'exigeait aucune reconnaissance et n'aspirait qu'à rendre heureux, s'il était possible, à force d'indulgence et de gâteries, un homme qui avait toujours été malheureux[2].

Grimm, qui devait à Jean-Jacques la connaissance de Mme d'Épinay, aurait pu sans doute le ménager davantage ; mais tous ces philosophes ne brillaient pas par un excès de générosité. Mme d'Épinay en avait, pour sa part, trois autour d'elle : Grimm, Duclos et Rousseau. Duclos représentait Grimm comme un fourbe adroit, souple et insinuant. Il dit tant de mal de lui qu'il finit par se faire mettre à la porte par la maîtresse de la maison. Grimm n'était pas en reste vis-à-vis de Duclos et n'aimait pas Rousseau. Rousseau aimait assez Duclos, mais se défiait de Grimm. Malgré ses extravagances et ses boutades, peut-être qu'il était encore le moins méchant des trois[3].

Grimm ne fut pas seul à blâmer les arrangements

---

1. *Mémoires de Mme d'Épinay*, t. II, ch. IV. — 2. *Mémoires de Mme d'Épinay*, t. II, ch. IV. —
3. *Mémoires de Mme d'Épinay*, *passim*.

de l'Ermitage. Aussitôt qu'ils furent connus, ce ne furent que sarcasmes parmi les amis de Rousseau. Privé de l'encens dont il avait tant besoin et des distractions de la ville, il ne soutiendrait pas la solitude pendant quinze jours. Rousseau les laissa dire, et alla son train.

On doit penser que ces rapports avaient établi une grande intimité entre lui et Mme d'Épinay. Ils s'écrivaient souvent, ils se voyaient sans cesse. Mme d'Épinay ayant été malade, ce fut Rousseau qui lui procura les visites, et par suite l'amitié du médecin Tronchin, amitié dont, suivant son usage, il prétendit plus tard qu'ils avaient abusé contre lui. Quand, de son côté, il était souffrant, Mme d'Épinay venait le voir, lui envoyait son médecin, ce qui, par parenthèse, n'était pas toujours de son goût. De la part de Mme d'Épinay, ce n'était pas seulement de la bienveillance et de l'amitié, c'était de la confiance. Elle consultait Rousseau pour la direction de ses enfants, lui soumettait ses plans d'éducation et le prenait pour guide dans maintes circonstances[1].

En dehors de Mme d'Épinay, de Grimm, de Diderot et de Duclos, Jean-Jacques avait conservé peu d'amis. Cependant il retourna chez d'Holbach à l'occasion de la mort de sa femme. D'Holbach l'avait déjà blessé et fâché une première fois par ses plaisanteries sur son union avec Thérèse et par la curiosité indiscrète avec laquelle il vérifiait si les plagiats dont on l'accusait à propos du *Devin* étaient justifiés. Une seconde rupture eut lieu, dit-on, dans une circonstance où Rousseau, comme cela lui

---

1. *Mémoires de Mme d'Épinay.* — Voir aussi la *Correspondance de Rousseau*, année 1755.

arrivait quelquefois, se serait montré plus honnête que ses amis. Un jour il dînait chez d'Holbach avec quelques personnes, au nombre desquelles était le curé de Montchauvet. Celui-ci les égaya beaucoup en leur lisant une tragédie de sa façon, avec accompagnement de théories dramatiques fort extraordinaires. La compagnie qui n'était pas fâchée de s'amuser aux dépens d'un abbé, le pousse, le comble de compliments ironiques : c'était une mystification complète. Tout à coup, Jean-Jacques, qui n'avait pas dit un mot, s'élance sur le curé, lui arrache son manuscrit et lui crie : « Votre pièce ne vaut rien, votre discours est une extravagance, ces messieurs se moquent de vous ; sortez d'ici, et retournez vicarier dans votre village. » Au fond, le conseil était bon ; que venait, en effet, faire un prêtre dans cette galère ? Cependant Rousseau n'emporta pour prix de sa bonne action que les malédictions du curé. Il sortit plein de rage et on ne le revit plus[1].

Cette anecdote peut être vraie, mais à coup sûr elle ne détermina pas la rupture. Elle est racontée par Grimm, dès le 15 août 1755 ; elle eut donc lieu au plus tard à cette date. Or Rousseau dit, dans ses *Confessions*, qu'il continua à voir d'Holbach jusqu'à son départ pour l'Ermitage. Il dînait encore chez lui en 1756[2]. Enfin, en 1757, il se plaint de ne pas le voir. Il finit en effet par recevoir sa visite, et, quelque temps après, soupa chez lui[3].

---

1. Conversation de d'Holbach, citée par CERUTTI : *Lettres sur quelques passages des Confessions* (au *Journal de Paris*, 2 décembre 1789). — *Corresp. litt.*, 15 août 1755, *Lettre à Saint-Lambert*. — 2. *Lettre à Mme d'Épinay*, jeudi (printemps 1756). — 3. *Mémoires de Mme d'Épinay*, t. II, ch. IV et V. *Confessions*. l. IX.

CHAPITRE XIII

Du 9 avril 1756 au 15 décembre 1757[1].

Sommaire : I. Établissement à l'Ermitage. — Occupations de Rousseau : 1º Promenade. — 2º Travaux littéraires. — 3º Rêverie. — Revue rétrospective du passé. — Amours sans objet. — Tracasseries domestiques. — Ingérence des amis de Rousseau dans ses affaires. — Premiers germes de jalousie contre Grimm. — Efforts de Grimm et de Diderot pour ramener Rousseau à Paris. — Querelle avec Diderot. — Réconciliation. — Maladie de Gauffecourt. — Origines de la *Nouvelle Héloïse*.
II. Mme d'Houdetot; son portrait physique et moral. — Passion de Rousseau pour Mme d'Houdetot. — Continuation de la *Nouvelle Héloïse*. — Scène du bosquet. — La passion de Rousseau transpire dans le public. — Saint-Lambert en est instruit. — Qui instruisit Saint-Lambert? — Indignation de Rousseau contre Mme d'Épinay. — Retour de Saint-Lambert. — Son attitude et celle de Rousseau. — Froideur de Mme d'Houdetot. — Mme d'Épinay se détache de plus en plus de Rousseau.
III. Querelle et demi-réconciliation avec Grimm. — Querelle et réconciliation avec Diderot. — Querelles, explications, réconciliation avec Mme d'Épinay. — Rousseau fait copier son portrait pour Mme d'Épinay. — Projet de voyage de Mme d'Épinay à Genève. — Motif de ce voyage. — Explication avec Mme d'Épinay. — Rupture définitive avec Grimm. — Mme d'Épinay, poussée par Grimm, renvoie Rousseau de l'Ermitage. — Rousseau renvoie la mère Le Vasseur. — Rôle de Diderot. — Rupture de Rousseau et de Diderot. — Causes de cette rupture.

I

Rousseau avait fait ses préparatifs de déménagements, ou plutôt Mme d'Épinay, toujours attentive, les avait faits en grande partie pour lui. Ses meubles, ses livres, sa musique, avaient été divisés en deux

---

1. *Confessions*, l. IX.

parts, dont il désirait garder l'une, tandis que l'autre avait été destinée à être vendue. Lui-même avait fixé son établissement aux fêtes de Pâques (Pâques tombait cette année-là le 18 avril) ; mais des deux côtés on était si empressé que tout fut prêt avant le temps et que dès le 9, il fut possible de procéder au départ[1]. Le matin, Mme d'Épinay envoya une charrette prendre les effets de Rousseau ; elle-même vint à 10 heures avec son carrosse pour l'emmener, ainsi que les deux gouverneuses. Cependant, à l'entrée de la forêt, un incident imprévu se produisit : le chemin était impraticable pour une berline, et la mère Le Vasseur, vieille, lourde et impotente, était hors d'état de faire la route à pied. On cloua alors de forts bâtons à un fauteuil et on la transporta ainsi. La bonne femme pleurait de joie et de reconnaissance. Jean-Jacques lui-même fut ému ; mais ce premier moment écoulé, il marcha en silence, la tête basse, sans avoir l'air de prendre part à ce qui se passait. Supputait-il dans sa pensée les lourdes charges de reconnaissance qui s'amassaient sur sa tête? On dîna ; mais Mme d'Épinay était si épuisée qu'après le dîner, elle faillit se trouver mal ; Jean-Jacques, fidèle à son système, n'eut pas l'air de s'en apercevoir[2].

A côté du récit de Mme d'Épinay, citons celui des *Confessions*; il fait la part bien plus grande à la reconnaissance. « Je trouvai, disent-elles, ma petite retraite arrangée et meublée, simplement, mais proprement, et même avec goût. La main qui avait

---

1. *Lettres à Mme d'Épinay*. mars, avril 1756. — 2. *Mémoires de Mme d'Épinay*, t. II, ch. IV. Il est bon de se rappeler que les *Mémoires de Mme d'Épinay* sont une réponse aux *Confessions*, due en partie à Grimm.

donné ses soins à cet ameublement le rendait à mes yeux d'un prix inestimable, et je trouvais délicieux d'être l'hôte de mon amie, dans une maison de mon choix, qu'elle avait bâtie exprès pour moi. »

Il y aurait lieu d'hésiter entre les deux versions, si les lettres de Rousseau ne confirmaient de tout point celle des *Confessions*. A peine arrivé, il aime à exprimer les sentiments qui remplissent son âme. « Je viens, dit-il, de passer les trois jours les plus tranquilles et les plus doux de ma vie; » il vante les charmes de sa retraite, et plus encore ceux de l'aimable bienfaitrice qui la lui a procurée; il s'inquiète de sa santé, il la gourmande doucement d'être venue, malade et souffrante, pour l'installer[1]. Il fut ému, véritablement ému. Oui, cette femme pour laquelle, malgré ce qu'on a prétendu, il ne ressentit jamais d'amour; cette femme qui, comme il le disait dans son langage cynique, « était maigre, blanche, avec de la gorge comme sur la main, » le prit, le toucha à force d'attentions et de douceur. Seule, elle vint à bout, sans le secours de passions malsaines, d'apprivoiser son *ourserie*[2], et non seulement de lui faire accepter, mais de lui faire goûter ses bienfaits. Non contente en effet de lui donner la campagne, c'est-à-dire la réalisation du rêve de sa vie, et l'existence assurée, simple et calme qu'il

---

1. *Lettres à Mme d'Épinay*, avril et mai 1756. — 2. On se donnait beaucoup de sobriquets dans la société de Mme d'Épinay. Rousseau ne s'appelait que *l'Ours, l'Ermite, le Solitaire*; le fils de Mme d'Épinay s'appelait *le Lettré*; Grimm, *le Tyran*, sans doute à cause de son caractère, *Tyran le Blanc, l'Ours musqué*, parce que, dit-on, il se parfumait et se peignait le visage; d'après M. Scherer, il ne se mettait pas de fard et son nom de *Tyran le Blanc* est simplement une allusion au héros d'un roman de chevalerie.

avait toujours désirée, elle y ajoutait les charmes d'une amitié facile et peu exigeante, les gâteries, les petits soins, les prévenances, sans espoir de reconnaissance ou de retour. Elle avait entrepris de le rendre heureux. Chez moi, avait-elle dit à Grimm, il ne trouvera que de l'indulgence; nous nous ferons tous un devoir et un plaisir de lui rendre la vie douce. Tel avait été dès l'origine son programme, et elle y fut fidèle.

Tout fut-il absolument désintéressé dans ses motifs? N'y entra-t-il pas une part de vanité? Ne fut-elle pas fière de posséder son philosophe, comme d'autres possèdent une nombreuse livrée ou de belles écuries? d'avoir, pour ainsi dire à elle seule, cet homme, qui avait forcé les portes de la renommée, que son originalité et son génie rendaient doublement célèbre? — Et quand cela serait! Voudrait-on par hasard donner à cette femme aux mœurs faciles, à la conduite plus que légère, les purs motifs du devoir idéal et de la charité parfaite? Elle fut bonne, dévouée, douce, amie fidèle, bienfaitrice indulgente, n'en demandons pas davantage.

Aussi les premiers temps furent-ils une véritable lune de miel. Rousseau est heureux! Mot bien rare dans sa bouche. Nous ne l'avons guère entendu depuis les Charmettes, et nous ne l'entendrons presque plus après l'Ermitage. De Genève, c'est à peine s'il prononce le nom. Il règle son loyer à Paris, il y donne congé de son logement, il se fait apporter tout ce qu'il y a laissé; on voit qu'il agit comme pour un établissement définitif[1]. La *coterie holbachique* raillait, à la vérité, et prétendait qu'il ne supporterait

---

1. *Lettres à Mme d'Épinay*, mai 1756.

pas trois mois de solitude; le mieux était de la laisser railler, et de lui donner, par une facile constance, le meilleur des démentis.

Rousseau n'était pas homme toutefois à se laisser vivre, en quelque sorte, insouciant et tranquille, sans se rendre compte de son bonheur. Aussitôt arrivé, il voulut arranger sa vie. D'abord il supputa ses ressources. Mme d'Épinay ne demandait qu'à subvenir à ses besoins, mais il jugea plus digne et plus sûr de ne pas trop se mettre dans la dépendance de ses dons. Deux mille francs qui lui restaient du produit de ses ouvrages, son métier de copiste de musique, peu de besoins, un nom, des talents, plusieurs écrits en projet ou sur le métier, tout cela lui composait un actif largement suffisant. Il aurait pu y joindre le produit éventuel de livres et articles pour les libraires, les directeurs de revues ou d'autres publications; mais il professait sur le mercantilisme littéraire des doctrines dont beaucoup d'auteurs contemporains feraient bien de profiter. « Écrire pour avoir du pain, dit-il, eût bientôt étouffé mon génie et tué mon talent... Rien de vigoureux, rien de grand ne peut partir d'une plume toute vénale. La nécessité, l'avidité peut-être m'eût fait faire plus vite que bien. Non, non, j'ai toujours senti que l'état d'auteur n'était, ne pouvait être illustre et respectable qu'autant qu'il n'était pas un métier. »

En tête des occupations de Rousseau, il faut placer la promenade. Il était venu à la compagne pour la campagne; l'intérieur de la maison, le logement n'était pour lui que l'accessoire. La matinée restant donc, suivant sa vieille habitude, et sauf exception, consacrée à son métier de copiste, il réserva ses après-midi pour la promenade. Bientôt le beau pays de Montmorency, la forêt et ses châtaigniers séculaires, les vallées, les coteaux, les superbes vues, les bosquets ombragés et jusqu'aux plus petits sentiers lui furent connus dans leurs plus minces détails. A l'occasion, il notait dans sa mémoire les sites les plus pittoresques, afin d'y retourner en compagnie de sa bienfaitrice et amie, quand serait arrivée la saison où elle viendrait habiter la Chevrette. Du reste, il était digne de contempler et d'admirer ces beautés. En un siècle où la nature n'était ni connue, ni aimée, il fut un véritable amant de la nature. Il n'était point de ces réalistes grossiers, qui prennent tout pêle-mêle, le beau comme le laid, et le laid encore plus que le beau; il n'était pas non plus de ces faux artistes, si communs alors, qui ne connaissaient qu'une nature de convention, parée, fardée, avec des allées droites et sablées, des arbres taillés en boule ou en pyramide, des bergers et des bergères pomponnés et enrubanés. Ce qu'il voulait, ce qu'il aimait, c'était la vraie nature du bon Dieu et du paysan; mais il savait aussi la saisir à ses beaux endroits et à ses bons moments. Il était marcheur et ne ménageait pas sa peine pour découvrir un site grandiose ou gracieux; il était connaisseur et savait profiter de sa découverte. Il ressemblait par là au sculpteur, qui, tout en regardant le corps humain comme la plus noble expression de l'art, ne choisit pas ses modèles parmi les gens laids et difformes.

La campagne n'était pas seulement pour Rousseau une distraction et un passe-temps; elle était encore son cabinet de travail. C'est en plein air, en se promenant, qu'il méditait et qu'il écrivait le plus à son aise. Aussi son petit carnet blanc, compagnon assidu de ses courses, se couvrait-il de notes, que, rentré chez lui, il n'avait plus qu'à mettre en ordre. Le séjour à la campagne était donc doublement favorable à ses travaux ; d'abord parce qu'il lui laissait plus de temps ; ensuite parce qu'il inspirait son génie. Tantôt il s'occupait de son grand ouvrage des *Institutions politiques ;* il y travaillait depuis treize ou quatorze ans ; il s'y livra de nouveau avec ardeur. Tantôt il faisait de longs extraits des ouvrages de l'abbé de Saint-Pierre et tâchait de mettre à la portée du public ces gros volumes, remplis de bonnes choses, mais cachées sous des obscurités presque insondables ou noyées en des périodes d'une insupportable longueur. Ou bien il travaillait à un traité resté inconnu, qui devait avoir pour titre : *la Morale sensitive ou le Matérialisme du sage.* Il s'était aussi mis en tête, à la prière de Mme de Chenonceaux, de découvrir un nouveau système d'éducation : grande entreprise, qui lui coûta bien des études et bien des veilles. Enfin il gardait, pour les jours où le mauvais temps l'empêchait de sortir, son *Dictionnaire de Musique,* auquel il ne pouvait travailler qu'entouré de livres, pour faire des recherches. Nous reviendrons en leur lieu sur ces divers ouvrages.

Il ne faudrait pas croire que Rousseau s'astreignît à ces occupations avec la régularité scrupuleuse que semblent indiquer les *Confessions.* Ainsi ses copies de musique, pour ne citer qu'un exemple, étaient loin d'occuper toutes ses matinées. Il avait demandé à Mme d'Épinay sa pratique et celle de ses amies, mais à la condition qu'elles ne seraient pas pressées, car il prétendait ne copier qu'à son aise, quand il n'aurait pas l'esprit de faire autre chose[1]. Quoi qu'il en soit, il est certain qu'il travaillait beaucoup. Le temps qu'il passa à la campagne fut celui de sa plus grande activité littéraire. C'est pendant les six années qu'il y resta qu'il produisit la plupart de ses ouvrages importants, ceux qui ont fondé sa renommée : *la Nouvelle Héloïse, le Contrat social,* l'*Émile,* d'autres encore.

Mais il ne faisait pas que travailler. Nous ne dirons pas : Que faire à la *campagne,* à moins que l'on ne songe ; car nous savons qu'il y fit autre chose ; mais il y dut songer, et il y songea beaucoup, en effet. Allez donc interdire à une imagination comme la sienne de se forger des chimères. D'abord ses songes furent couleur de rose ; mais ses idées tournaient si facilement au noir, qu'il ne pouvait tarder à en venir là. C'était l'écueil que ses amis avaient craint pour lui ; ce fut l'origine des troubles d'esprit, des susceptibilités de caractère, des querelles, des difficultés, des malheurs qui le tourmentèrent jusqu'à son départ et même au delà.

Afin de faire mieux comprendre sa vie à l'Ermitage et les sentiments qui la remplirent, il a senti le besoin de mêler à son récit plusieurs événements antérieurs. Il est probable que cette revue n'est pas un simple résumé littéraire, mais qu'elle eut lieu en effet. Rousseau, dans ses longues promenades, n'était-il pas naturellement amené à porter son regard sur le passé, non peut-être tel qu'il avait existé, mais tel que son imagination le rappelait à son souvenir?

1. *Mémoires de Mme d'Épinay.* t. II, ch. IV.

Il aimait à faire du sentiment : il n'aurait pas été de son siècle, s'il n'avait pas eu ce goût; il se prétendait fait pour les liens de l'amitié et de l'amour; à l'entendre, il avait besoin d'affection; comment jusque-là avait-il satisfait ce besoin? Pendant quelques années (c'était le bon temps) Mme de Warens avait rempli son cœur. Cet attachement, qui avait été emporté par le désordre et surtout par l'absence de celle qui en était l'objet, avait-il été remplacé? Il aurait voulu se le persuader; mais il avait beau relever Thérèse dans son esprit aux dépens de Mme de Warens, la grossièreté, la sottise, le défaut d'éducation, la nullité de cette fille étaient par trop évidents; l'avantage restait toujours à Mme de Warens. Thérèse avait, d'après lui, toutes les qualités, ce qui n'empêche pas qu'il termine son éloge par ces mots dits après une union de vingt-cinq ans : « Du premier moment que je la vis jusqu'à ce jour, je n'ai jamais ressenti la moindre étincelle d'amour pour elle[1]. » Il voulait, à côté de Thérèse, avoir une famille; il n'avait trouvé qu'une vieille femme rusée, rapace, incommode, des frères, des sœurs, des neveux, des nièces, avides et voleurs; il avait eu de Thérèse des enfants, et il s'est prétendu forcé de renoncer aux douces joies de la paternité et d'abandonner ses enfants au hasard, pour leur éviter le malheur certain d'une mauvaise éducation.

Faute de mieux, il a cherché dans l'amitié une partie au moins des satisfactions qu'il a vainement demandées à la tendresse d'une compagne. Il n'a pas encore éprouvé les déceptions de l'amitié; mais patience, cela ne tardera pas à arriver. Pour un

---

1. *Confessions*, l. IX.

homme, d'ailleurs, dont la sensibilité physique et morale sont si exaltées, des amis, quels qu'ils soient, remplaceront-ils jamais un amour de femme ? Aussi revenait-il sans cesse sur le vide que lui laissait Thérèse. Alors il rassemblait autour de lui tous les objets qui lui avaient donné de l'émotion dans sa jeunesse : Mlle Galley, Mlle de Graffenried, Mlle de Breil, Mme Bazile, Mme de Larnage, ses jolies écolières, et jusqu'à la piquante Zulietta. Il se vit entouré d'un sérail de houris ; mais, ajoute-t-il, « ami de la paix, j'aurais craint les orages domestiques, et j'aimais trop sincèrement ma Thérèse, pour l'exposer au chagrin de me voir porter à d'autres des sentiments plus vifs que ceux qu'elle m'inspirait. »

Que fit-il donc ? « L'impossibilité d'atteindre des objets réels me jeta, dit-il, dans le pays des chimères, et ne voyant rien d'existant qui fût digne de mon délire, je le nourris dans un monde idéal, que mon imagination créatrice eut bientôt peuplé d'êtres selon mon cœur... Dans mes continuelles extases, je m'enivrais à torrents des plus délicieux sentiments qui jamais soient entrés dans un cœur d'homme... Je pris un tel goût à planer ainsi dans l'empyrée, au milieu des objets charmants dont je m'étais entouré, que j'y passais les heures, les jours, sans compter ; et perdant le souvenir de toute autre chose, à peine avais-je mangé un morceau à la hâte, que je brûlais de m'échapper pour courir retrouver mes bosquets. » Qu'on dise encore que la solitude lui était saine !

Il fit plus, et malgré une heureuse diversion, la *Lettre à Voltaire sur la Providence*, dont nous parlerons bientôt, malgré une maladie, qu'il aurait fallu bénir, si elle l'avait guéri de ses fantasques amours, il y retomba incessamment et s'avisa de les fixer sur le papier.

Ses souvenirs, embellis par son imagination, suffisaient amplement à lui fournir des modèles : il choisit Mlles Galley et de Graffenried; lui-même, mais redevenu jeune, beau et aimable, remplit le rôle d'amant. Il fallait au roman un théâtre convenable; il le fixa dans un site aimé autant que pittoresque, au bord du lac de Genève, à Vevai, lieu natal de Mme de Warens.

Tout cela n'était que chimères. Pour apprécier ces chimères toutefois, il est bon de se rappeler que Jean-Jacques vivait au moins autant par l'imagination que par la réalité. Tout était prêt pour un dénouement fatal; qu'il arrive une occasion; or, on sait que les occasions ne manquent guère, et ces amours platoniques vont se transformer en une passion furieuse et tardive, qui pèsera sur sa vie comme une honte et un malheur.

L'occasion ici s'appela Mme d'Houdetot. Alors, à ses deux gracieux modèles il en ajouta un troisième, non plus pris dans ses souvenirs, mais vivant, mais présent, mais doué du triste privilège d'infliger à son cœur et à ses sens les blessures de l'amour le plus insensé. Alors, ses quelques lettres éparses, écrites sans suite, sans liaison, sans plan bien arrêté, s'enflèrent en un long roman, composé au souffle de la passion, et devinrent la *Nouvelle Héloïse*.

Le pauvre Jean-Jacques était loin du calme et de la paix qu'il était venu demander à la solitude. On peut admettre qu'il aimait ces troubles intimes, puisque lui-même les avait recherchés; mais à ces orages de l'âme s'en joignirent d'autres qu'il aurait bien voulu éloigner : les tracasseries de son ménage, les querelles avec ses amis.

On sait que Rousseau n'aimait pas la mère Le Vasseur et ne trouvait dans la compagnie de Thérèse qu'une ressource bien incomplète. Cet état de choses, tout fâcheux qu'il fût, était moins sensible au milieu des distractions de Paris ; à la campagne, au contraire, dans la continuité du tête-à-tête, il acquérait une importance capitale. Or, il arriva que, dans le même moment, Rousseau eut la double déception, et de mieux connaître certains faits passés, dont nous avons déjà parlé, mais qu'il avait plus ou moins négligés, et de mieux voir et apprécier le présent. Ni Thérèse, ni surtout sa mère ne gagnèrent à ces découvertes. Tout au plus était-il possible de plaider les circonstances atténuantes en faveur de la première, de ménager son honnêteté aux dépens de son intelligence. Livrée à sa mère, la pauvre fille était depuis longtemps l'instrument aveugle de sa rapacité. Elle n'avait point osé jusque-là confier à son amant une foule de tripotages dans lesquels sa mère l'avait mêlée, les présents qu'elles avaient extorqués à Mme Dupin et autres, les entretiens qu'elles avaient avec Grimm et Diderot, les efforts et les promesses de ceux-ci pour la détacher de Rousseau. Un fait encore qu'il ne savait pas, et que Mme d'Épinay nous apprend, c'est que Grimm et Diderot faisaient aux deux femmes quatre cents livres de rente. Et Mme d'Épinay de s'extasier sur la délicatesse de ses amis [1]. Jean-Jacques, lui, n'était pas aussi ravi et s'indignait de ces actes d'avidité et de dissimulation.

1. *Mémoires de Mme d'Épinay*, t. II, ch. v.

Chaque jour, du reste, il en apprenait de nouveaux. Thérèse, à qui l'intimité avait délié la langue, lui ouvrait alors son cœur, et lui dévoilait une partie, mais seulement une partie de ces secrets. La mère Le Vasseur, qui s'apercevait qu'elle perdait son influence, se jetait de plus en plus dans les bras des Diderot, des Grimm, des d'Holbach ; surtout elle ne négligeait pas ses petits intérêts. Jean-Jacques avait interdit qu'on laissât venir personne à l'Ermitage ; mais, malgré sa défense, aussitôt qu'on le savait absent, famille et amis se réunissaient chez lui pour y faire bombance. De là des dettes et tout un système de ruses et de mensonges. On recommandait le silence à Thérèse, et elle, aussi faible que bête, tiraillée en sens divers, ne sachant où donner de la tête, n'osait ou ne voulait parler, ou ne parlait qu'à moitié. Elle était, d'ailleurs, cancanière, gourmande, et il n'est point téméraire de juger qu'elle n'était pas fâchée de ces bonnes occasions de se livrer à ses défauts favoris. Elle devait assurément se mieux plaire dans la société de gens grossiers comme elle que dans celle de son amant. Rousseau constate tristement qu'ils n'avaient que peu de choses à se dire, qu'elle cherchait des prétextes pour éluder les promenades qu'il lui proposait, et, sans songer à ce qu'il a dit précédemment de sa stupidité, peu s'en faut qu'il n'en prenne la faute sur lui-même, et ne s'accuse de n'avoir pas mieux cultivé son esprit.

En définitive donc, Rousseau dans la solitude de son choix, si tant est qu'on puisse appeler solitude la vie à trois ou quatre personnes, se plaint encore de son isolement. Dès le jour de son installation à l'Ermitage, ne rêvait-il pas de le peupler par la présence de ses amis Diderot et Grimm[1]. C'est le cri du cœur, dira-t-on ; comme on dira que l'isolement dont il se plaint est l'isolement des cœurs. Mais chez Rousseau, l'esprit et le cœur étaient à l'unisson ; il sentait vivement ; mais, s'il est permis de parler ainsi, il sentait surtout par la tête ; il avait besoin d'amis ; mais ses amis lui servaient bien plus à écouter ses pensées qu'à recevoir le trop plein de ses sentiments. C'est qu'au fond il n'était fait précisément ni pour la solitude, ni pour le monde ; ou plutôt il était fait pour les goûter successivement l'un et l'autre. Comme la plupart des esprits rêveurs et fantasques, il aimait la solitude, mais à la condition d'être toujours libre d'en sortir; d'un autre côté, il ne rechercha jamais les compagnies nombreuses et bruyantes ; mais il aurait aimé un petit cercle d'amis dévoués, peu gênants, toujours à sa disposition et à ses ordres, toujours prêts à le supporter ou à le laisser selon son caprice ; c'est-à-dire qu'il aurait voulu tous les bénéfices de la société, sans en prendre les charges ; conditions rares, presque impossibles, et au fond peu désirables.

Le moindre inconvénient de ces exigences est de rendre l'amitié difficile et précaire. Vouloir que l'un donne tout et que l'autre reçoive tout est également impossible et inique. Rousseau exigeait beaucoup de ses amis; on ne voit pas qu'il se soit jamais mis en peine de leur rendre la pareille. Il trouvait, par exemple, très mauvais que Diderot ne vînt pas le voir. Il est vrai que Diderot promettant sans cesse, n'avait jamais le temps de

---

1. *Lettre à M*^me *d'Épinay.*

tenir sa promesse. Mais si Jean-Jacques était si désireux de le voir, que n'allait-il lui-même à Paris ?
— Il s'était fait une loi de ne pas quitter l'Ermitage.
— Franchement, cette loi était-elle bien obligatoire ?

Rousseau avait contre ses amis un autre grief, auquel il attachait une grande importance, car il y est revenu toute sa vie, c'est qu'ils se mêlaient trop de ses affaires : on s'occupait de lui malgré lui ; on lui faisait des cadeaux malgré lui ; on lui rendait des services malgré lui ; on l'accablait de conseils dont il n'avait que faire. Dans tous ces témoignages, dont beaucoup d'autres auraient été heureux, il perdait de vue le désir qu'on avait de lui être utile, pour n'y voir que le dessein de le dominer. — Il faut convenir qu'il n'avait pas tout à fait tort. Ses amis furent souvent importuns et gênants ; Diderot notamment, qui l'aimait sincèrement, était bien le plus impatientant et le plus tracassier des amis. Mais n'y avait-il pas aussi de la faute de Jean-Jacques ? Pour être libre et indépendant, il faut savoir faire respecter son indépendance ; c'est ce qu'il ne sut jamais. Diderot, qui le jugeait incapable de se conduire, aurait voulu le traiter comme un enfant, et lui servir au besoin de mentor ; Grimm, plus hautain, le regardait comme un fou, et lui aurait volontiers donné un tuteur. Quand Jean-Jacques vint à l'Ermitage, ce fut, parmi ses amis, un concert de récriminations ; quand il y voulut rester pendant l'hiver, ce fut bien pis encore, au point qu'il finit par se fâcher tout à fait. Mais avant d'en venir là, il est bon de voir comment il passa son été.

En dehors de ses travaux littéraires, l'histoire n'en est pas longue. Pour un motif ou pour un autre, Mme d'Épinay tarda cette année-là de venir le retrouver à la Chevrette. Pendant tout le temps de son absence, il s'établit entre eux une correspondance suivie, mais sans grand intérêt. Des nouvelles de santé, des témoignages d'affection en font tous les frais. Mme d'Épinay joignait de temps à autre à ses lettres de petits cadeaux. Elle avait le très rare privilège de faire accepter à Jean-Jacques les services et les dons, et encore à la condition de n'en pas abuser. Bien plus, elle réussit parfois à lui faire agréer quelques conseils. « Votre conseil est bon, lui répondait-il un jour à propos de Diderot, et j'en userai désormais. J'aimerai mes amis sans inquiétude, mais sans froideur ; je les verrai avec transport, mais je saurai me passer d'eux. Je sens qu'ils ne cesseront jamais de m'être également chers, et je n'ai perdu pour eux que cette délicatesse excessive qui me rendait quelquefois incommode et presque toujours mécontent[1]. » Par malheur, il ne sut guère mettre en pratique ces bonnes résolutions.

La correspondance avec Mme d'Épinay était une distraction pour lui et laissait à son affection tout son charme ; mais, quand elle fut auprès de lui, il s'aperçut qu'à cette affection était attachée une chaîne. Mme d'Épinay était discrète ; elle avait pris pour maxime de s'occuper beaucoup de Jean-Jacques, mais de paraître s'en occuper peu ; surtout de le laisser parfaitement libre vis-à-vis d'elle. Cependant elle aimait sa société et le lui laissait voir ; comment résister à une telle amabilité ? Elle désirait le consulter sur ses essais littéraires ; comment refuser de l'écouter, et même, ce qui était plus

---

1. *Lettre à Mme d'Épinay*, mai 1756.

délicat, de lui donner quelques bons avis? Elle lui parlait de l'éducation de ses enfants; il fallait bien répondre à sa confiance; elle détestait la solitude; il eût été peu poli de ne pas aller lui tenir compagnie, quand elle n'avait personne. Mme d'Épinay, par une attention toute particulière, sachant que son ermite n'aimait pas le monde, désirant d'ailleurs le tirer d'un isolement qui le rendait triste, morose et misanthrope, était convenue de le faire prévenir lorsqu'elle était seule. Il vit là d'abord un moyen de rester chez lui quand elle avait des visites; mais, par un retour nécessaire, il se trouva presque obligé d'aller chez elle toutes les fois qu'il était demandé. Que d'ennuis donc, que de dépendances! Dans les premiers temps, l'affection les lui faisait passer presque inaperçus; mais enfin il n'était plus son maître. Puis, quand, à ces devoirs qu'il s'efforçait de trouver doux, se joignaient d'autres dérangements qu'il pouvait franchement qualifier d'ennuyeux, c'est alors qu'il gémissait de ne pouvoir jouir un seul jour de sa solitude, et qu'il s'écriait en soupirant : « Ah! ce ne sont pas encore ici les Charmettes! »

Son caractère ombrageux lui fournissait encore d'autres sujets de mécontentement auprès de Mme d'Épinay. Il sentait, surtout lorsque Grimm était là, qu'il n'était plus le premier. Elle, qui les aimait tous deux, quoique de façons différentes, aurait voulu les mettre d'accord; ils ne s'y prêtaient ni l'un ni l'autre. Un rien les mettait aux prises. Rousseau ne pouvait s'arranger des airs dominateurs et des persiflages de Grimm, et Mme d'Épinay elle-même nous apprend, dans maints passages de ses *Mémoires*, que Grimm ne manquait pas de desservir son ami auprès d'elle.

Parmi les épisodes de cette année 1756, il faut mentionner une visite de Mme d'Houdetot, qui aurait passé inaperçue sans les conséquences qu'elle eut dans la suite. Rousseau avait eu précédemment quelques relations avec Mme d'Houdetot, mais avait négligé de les entretenir. Elle s'égara en route, fut obligée de quitter son carrosse, et s'embourba tellement dans les chemins de traverse que Thérèse fut forcée de lui prêter ses habits. Elle fit à l'Ermitage une collation dont la gaîté fut le principal assaisonnement, et partit en riant et en promettant de revenir.

Jean-Jacques avait ainsi passé l'été tant bien que mal ; heureux, disait-il, et néanmoins s'aigrissant de tout, gémissant sur sa santé, mécontent de tout le monde, se plaignant surtout de l'isolement où le laissaient ses amis. Il n'y avait plus, d'après lui, que deux personnes qui eussent des égards pour lui, Mme d'Épinay et Gauffecourt [1]. Il eut cependant une occasion de voir Grimm et Diderot à loisir ; peut-être même plus qu'il ne l'aurait souhaité. Ils le traitaient de fou et le négligeaient quand ils n'avaient pas besoin de lui ; mais ils prisaient fort ses avis en matière littéraire. Diderot, qui venait de terminer sa pièce du *Fils naturel*, ne voulut point la livrer au public sans l'assentiment de ses deux amis. Il fut donc convenu qu'on ferait chez Jean-Jacques un dîner où on lirait l'ouvrage, que chacun l'examinerait ensuite à tête reposée, et qu'il y aurait un second dîner pour résumer les avis [2].

Ils voulaient encore traiter une autre affaire avec

---

1. *Mémoires de Mme d'Épinay*, t. II, ch. IV et V. — 2. *Mémoires de Mme d'Épinay*, t. II, ch. V.

lui : ils s'étaient mis en tête de l'empêcher de passer l'hiver à l'Ermitage. On ne se figure pas tout le mouvement qu'ils se donnèrent pour en venir à leurs fins. C'était s'occuper beaucoup trop d'une affaire qui ne les regardait pas. Tout le monde s'y employa : Grimm, Diderot, Mme d'Épinay, Gauffecourt; on parla, on écrivit, on envoya Deleyre en députation, on mit en jeu Thérèse et sa mère ; rien n'y fit, et l'on n'y gagna que d'indisposer Rousseau. Grimm, qui avait, ou croyait avoir un intérêt à l'éloigner, était encore poussé par les instances de la mère Le Vasseur et de sa fille, qui se voyaient avec peine éloignées de Paris et frustrées des cadeaux qu'elles y recueillaient. Duclos seul ne voulut pas entrer dans ces tripotages. Il est présumable que ce fut Grimm qui prit l'initiative. « Je vous conseille très fort, écrivait-il à Mme d'Épinay, de travailler de loin à le détourner de passer l'hiver à l'Ermitage. Je vous jure qu'il y deviendra fou. Mais cette considération à part, qui ne laisse pas que d'être forte, il serait en vérité barbare d'exposer la vieille Le Vasseur à rester six mois sans secours, dans un lieu inabordable par le mauvais temps, sans société, sans distraction, sans ressources ; cela serait inhumain [1]. » Le thème étant donné, chacun se mit à broder dessus des variations selon son caractère : Diderot avec sa fougue ordinaire, Mme d'Épinay et Gauffecourt par les moyens de la persuasion et de la prière. La mère Le Vasseur, toute à la dévotion de Grimm, exprimait hautement son mécontentement et ses alarmes ; Thérèse, stylée par sa mère, mettait en avant la santé de son

---

1. *Mémoires de Mme d'Épinay,* t. II, ch. v.

amant, mais se serait arrangée, comme pis aller, de passer la mauvaise saison à la Chevrette. Deleyre, sceptique et léger, était allé relancer l'Ermite jusque dans sa solitude. L'ambassadeur était bien choisi : jeune, spirituel, très attaché à Rousseau, qui le payait de retour, il était d'autant plus en situation de réussir qu'il n'avait aucune prétention à l'autorité et n'avait d'autres armes que ses plaisanteries[1].

Rousseau répondait à toutes ces attaques avec la plus grande énergie. « Je commence par vous dire, écrivait-il à Mme d'Épinay, que je suis résolu, déterminé, quoi qu'il arrive, à passer l'hiver à l'Ermitage ; que rien ne me fera changer de résolution, et que vous n'en avez pas le droit vous-même, parce que telles ont été nos conventions quand je suis venu[2]. » A Diderot, qui se lamentait sur le sort de Thérèse et de sa mère et l'en rendait responsable, il montrait le ridicule de ce reproche. Lui, inhumain et scélérat, parce que la mère Le Vasseur est avec lui ! Eh ! mon Dieu, que dirait-on donc, si elle n'y était pas ? Que n'a-t-il pas fait pour ces deux femmes ?... On croirait, à entendre certaines gens, qu'il n'y a pas de vieillards à la campagne. D'ailleurs elles ne se plaignent point, elles vivent contentes de leur sort, lui-même est heureux et tranquille dans sa solitude. Pourquoi faut-il que les philosophes des villes viennent troubler son repos[3] ?

Cette lettre est du mois de décembre. Les deux

---

1. *Lettre de Deleyre à Rousseau*, 13 octobre 1756. — 2. *Lettre à Mme d'Épinay*, novembre 1756. — 3. *Lettre à Diderot*, 13 décembre 1756.

femmes ne se souciaient pas de déménager en plein hiver. Le moment paraissait venu d'abandonner la partie ; ce fut alors au contraire que Diderot la poursuivit avec le plus d'ardeur.

Il avait commencé par une épigramme un peu piquante, mais qui n'aurait eu rien de bien sérieux, sans la publicité qu'il lui avait donnée. « Il n'y a que le méchant qui soit seul, » avait-il dit dans la préface du *Fils naturel*. Rousseau, prenant l'allusion pour lui, avait écrit à Diderot pour se plaindre, « mais avec une douceur et un attendrissement qui lui fit inonder son papier de ses larmes. » Diderot avait répondu par une lettre fort sèche[1]. L'autre répliqua avec toute la vivacité d'un honnête homme insulté par son ami. « Vous me répartites, ajoute-t-il, par une lettre abominable. » Cette lettre est perdue, mais on peut affirmer qu'elle était blessante. Mme d'Épinay elle-même la trouva *un peu dure*. « L'imagination de Diderot, dit-elle, l'a emporté au discours le plus pathétique. De là les mots d'ingrat, d'assassin, de barbare indigne de son amitié[2]. » Cette même imagination, féconde en expédients, n'avait-elle pas été jusqu'à faire écrire à Rousseau par le jeune d'Épinay, une lettre en faveur des pauvres de Paris qui attendaient vainement le liard qu'il avait l'habitude de leur donner[3].

Jean-Jacques avait beau jeu et devait, pour conserver ses avantages, montrer une grande modération. Il convient dans les *Confessions* qu'au lieu de se fâcher, il aurait dû, pour toute réponse, rire au

---

1. *Confessions*, l. IX et *Lettre de Diderot*, janvier 1757. — 2. *Mémoires de Mme d'Épinay*, t. II, ch. v. — 3. *Confessions*, l. IX, et *Lettre de Rousseau à Diderot*, mercredi soir (1757).

nez de Diderot. Loin de là, il le prend au sérieux ; il répond à ses déclamations par d'autres déclamations ; il s'emporte, et bientôt s'emportera encore davantage.

Mme d'Épinay, confidente de Rousseau, maîtresse de Grimm, admiratrice de Diderot, était bien embarrassée. Elle tenait avant tout à laver Grimm de tout reproche, mais elle voulait aussi amener un rapprochement avec Diderot. Elle ne voit en tout cela qu'un malentendu qu'une bonne explication fera disparaître[1]. Entre des hommes sensés, ce moyen en effet aurait été le meilleur; mais ni Rousseau ni Diderot n'étaient des hommes sensés. Comédiens perpétuels, peut-être sans le savoir, posant toujours en face du public ou de la postérité, donnant à tout les proportions ridicules de leur fausse sentimentalité, ils faisaient des phrases, ils versaient des torrents de larmes, là où il n'aurait fallu qu'une bonne et franche poignée de main. Il est probable que Mme d'Épinay ne fit pas entendre à Rousseau seul ses paroles de paix, mais que, par Grimm, elle les fit parvenir jusqu'à Diderot. Presque dès le principe, celui-ci avait reconnu, en effet, qu'il avait été trop loin. Comme lui-même avait beaucoup de *lubies*, il s'était accoutumé à celles de Jean-Jacques. Il l'aimait au fond, et ne voulait point se brouiller avec lui. « Je vous demande pardon, lui écrivait-il un jour, de ce que je vous dis sur la solitude où vous vivez. Je ne vous en avais pas encore parlé; oubliez ce que je vous en dis et soyez sûr que je ne vous en par-

---

[1]. *Lettre de* Mme *d'Épinay à Rousseau* (*Mémoires de* Mme *d'Épinay*, t. II, ch. v); autre *Lettre* de janvier 1755 (STRECKEISEN-MOULTOU).

lerai plus. C'est pourtant un citoyen bien singulier
qu'un ermite. » Comme diversion, il lui parlait de
la *Nouvelle Héloïse*[1]. Mais il était trop tard, et l'intérêt
même que Jean-Jacques portait à son ouvrage
n'était pas capable de rétablir sa malheureuse humeur.
Il ne s'agissait plus seulement d'un mot
piquant, qu'un désaveu fait oublier, mais d'une
foule d'offenses qui n'étaient nullement désavouées.
« Tenez, écrit-il à Mme d'Épinay, voilà les
lettres de Diderot et ma dernière réponse : lisez et
jugez-nous, car, pour moi, je suis trop aigri, trop
indigné pour avoir de la raison[2]. » Il fallait que
quelqu'un en eût pour lui. Mme d'Épinay s'y appliqua,
et d'abord lui enjoignit de ne pas envoyer sa
lettre. Elle n'était bonne, en effet, qu'à consommer
la rupture des deux amis. « Ne venez pas, je vous
en conjure, disait Rousseau en finissant... Si vous
avez quelque respect pour une ancienne amitié, ne
venez pas l'exposer à une rupture infaillible et sans
retour[3]. »

Diderot ne vint pas, mais il écrivit, et dans sa
lettre, il eut le tort de rappeler ses services, sujet
toujours scabreux avec les caractères susceptibles[4].
« Vous me parlez de vos services, répliqua Rousseau,
je ne les avais point oubliés... Mais tout votre
empressement, tout votre zèle pour me procurer
des choses dont je n'ai que faire me touchent peu.
Je ne veux que de l'amitié, et c'est la seule chose
qu'on me refuse. Ingrat ! je ne t'ai point rendu de

---

1. *Deux Lettres de Diderot à Rousseau*, janvier 1757. — 2. *Lettre à Mme d'Épinay*, janvier 1757. — 3. *Lettre à Diderot*, mercredi soir 1757 ; voir aussi *Deux lettres de Mme d'Épinay à Rousseau*, janvier 1757. — 4. *Lettre de Diderot à Rousseau*, janvier 1757.

services, mais je t'ai aimé, et tu ne me paieras de ta vie ce que j'ai senti pour toi pendant trois mois... Homme insensible et dur, deux larmes versées dans mon sein m'eussent mieux valu que le trône du monde ; mais tu me les refuses et te contentes de m'en arracher. Eh bien ! garde tout le reste ; je ne veux plus rien de toi[1]. »

Que de déclamations ! Quel étalage de grands sentiments ! Et pourquoi ? Pour une querelle insignifiante. Quand on écrit si bien, ne saurait-on au moins écrire et penser juste ?

Rousseau voyait son ami lui échapper. Cette perspective paraissait le désespérer, mais ne le rendait pas plus accommodant. Dans une lettre particulièrement soignée, car il en a laissé deux rédactions différentes, il expose à Mme d'Épinay sa théorie de l'amitié (il aimait à mettre de la théorie partout) : « Premièrement, je veux que mes amis soient mes amis, et non pas mes maîtres... Leurs grands empressements à me rendre mille services dont je ne me soucie point me sont à charge ; j'y trouve un certain air de supériorité qui me déplaît...

« S'il survient une querelle... c'est à celui qui a commencé la querelle à la finir. Si je reçois mal sa censure, si je m'aigris sans sujet, si je me mets en colère mal à propos, il ne doit pas s'y mettre à mon exemple, ou bien il ne m'aime pas.

« J'exige d'un ami bien plus encore que je ne viens de vous dire, plus même qu'il ne doit exiger de moi et que je n'exigerais de lui s'il était à ma place et que je fusse à la sienne. En qualité de solitaire, je suis plus sensible qu'un autre... En qualité

---

1. *Lettre à Diderot,* janvier 1757.

de malade, j'ai droit aux ménagements que l'humanité doit à la faiblesse et à l'humeur d'un homme qui souffre... Je suis pauvre, et il me semble que cet état mérite encore des égards[1]. »

Rousseau se montre ici bien exigeant et use d'une précaution utile en déclarant qu'il ne faut pas se montrer aussi sévère pour lui. Si les rôles avaient été intervertis, comme il le dit, aurait-il fait mieux que les autres? Il est sûr qu'il a eu un grand nombre d'amis; il n'a pas su, pour ainsi dire, en conserver un seul. Qu'il y ait eu souvent de leur faute, c'est indubitable, mais il serait bien singulier qu'il n'y eût pas eu aussi de la sienne.

Restait la question pratique du départ de la mère Le Vasseur. Mme d'Épinay, qui jouait ici le rôle de Providence, voulait bien tout ce qu'on voudrait, pourvu qu'on arrivât à une réconciliation. « Veut-elle rester? disait Mme d'Épinay, qu'elle reste; veut-elle quitter? je m'en charge; veut-elle rester le printemps et l'été? je m'en charge encore; mais soyez sûr que personne ne croit qu'elle est de force à l'Ermitage[2]. » On en eut bientôt la preuve. Tout le monde semblait être pour le départ, la bonne femme comme les autres. Cependant aussitôt que Rousseau l'eut mise à même de partir, allant même jusqu'à lui promettre une pension, elle cessa de le vouloir. Quant à Thérèse, elle avait tout de suite déclaré qu'elle ne partirait pas. Il est probable que les deux femmes, désireuses de revenir à Paris avec Jean-Jacques, jugèrent qu'elles perdraient trop à y revenir sans lui. Les amis de celui-ci en étaient donc pour leurs

---

1. *Lettre à Mme d'Épinay*, jeudi 1757. — 2. *Lettre de Mme d'Épinay à Rousseau*, janvier 1757.

frais ; ils n'avaient réussi qu'à troubler sans profit son intérieur[1].

A ne consulter que les apparences, cette querelle, si mal engagée, finit mieux qu'on ne l'aurait présumé. Mme d'Épinay, la seule personne qui eût de l'influence sur Rousseau, n'avait cessé de travailler à un rapprochement. « Préparez-vous, lui écrivait-elle un jour, à ouvrir les bras à votre ami, qui ne doit pas tarder à s'y jeter, suivant ce que j'entends dire[2]. » Deleyre insistait de son côté[3]. La réconciliation était donc toute prête. En effet, quand elle eut eu lieu, Rousseau écrivit à Mme d'Épinay : Vous aviez bien raison de vouloir que je visse Diderot. Il a passé hier la journée ici ; il y a longtemps que je n'en ai passé d'aussi délicieuse. Il n'y a point de dépit qui tienne contre la présence d'un ami[4]. »

Il ne faudrait pas se faire illusion sur la valeur de la réconciliation de Rousseau et de Diderot. Par le fait, leur amitié avait reçu une blessure dont elle ne se releva jamais. On s'efforçait de s'aimer, de se pardonner, de se faire bonne mine ; mais les liens étaient relâchés, les défiances éveillées, les susceptibilités surexcitées ; la moindre atteinte devait raviver cette plaie mal fermée ; une rupture définitive ne pouvait manquer de se produire tôt ou tard.

Nous venons de voir Rousseau en face de ceux de ses amis dont il se plaint ; voyons-le en face de ceux dont il n'a qu'à se louer. Précisément au moment où il était en délicatesse avec Diderot, son

---

1. *Lettre à Mme d'Épinay*, janvier 1757. — 2. *Lettre de Mme d'Épinay à Rousseau* (*Mémoires de Mme d'Épinay*, t. II, ch. v). — 3. *Lettre de Deleyre à Rousseau*, 31 mars 1757. — 4. *Lettre à Mme d'Épinay*, février 1757 (?). Cette lettre doit être mal datée et être un peu postérieure.

ami le plus cher, le vieux Gauffecourt, fut frappé d'apoplexie. Mme d'Épinay le visita, le soigna, et bientôt apprit à Rousseau la triste nouvelle, annonçant que le malade le demandait à grands cris. Elle supposait que Gauffecourt avait quelque affaire à arranger, qu'il ne voulait confier qu'à lui. En pareil cas, le premier mouvement est décisif; Jean-Jacques ne s'y montra point à son avantage. On était, il est vrai, au mois de janvier; mais Mme d'Épinay, toujours complaisante, lui offrait son carrosse. Malgré cela, il a de la peine à se décider; tout le monde est malade chez lui, et lui-même plus que les autres; les chemins sont affreux, il ne peut aller à pied; dans son état, il ne pourrait même que difficilement supporter la voiture. Enfin, « de plus de vingt amis qu'avait M. de Gauffecourt à Paris, il trouve étrange qu'un pauvre infirme, accablé de ses pauvres maux, soit le seul dont il ait besoin. » Et toutes ces difficultés, pour promettre à la fin de se rendre, s'il est possible, à l'appel de son ami. Qu'étaient donc devenues ses belles théories sur l'amitié? Il ne put cependant, dit Mme d'Épinay, résister au désir de Gauffecourt; il est fâcheux que ce désir n'ait pas été aussi le sien. Il resta peu de temps; les personnes qui entouraient le malade lui déplaisant. Il le quitta à peine convalescent, et reprit à pied le chemin de l'Ermitage. En venant il pouvait à peine supporter le carrosse, mais il lui avait été peu agréable d'aller, tandis qu'il lui plaisait de s'en retourner. Une fois rentré chez lui, sa bonne humeur, son amitié même semblent renaître; il s'informe avec plus d'intérêt de son ami, mais ne peut s'empêcher de reparler de son entourage, « médecins, comtes, abbés, belles dames, et le diable qui les emporte tous. » Il veut bien retourner auprès de lui pour le soigner, quoiqu'il soit persuadé qu'il ne reverra jamais Paris que pour y mourir ; mais au moins il n'y veut pas retrouver tous ces gens-là [1].

Malgré ces soucis, Rousseau ne manqua pas de jouissances pendant cet hiver. Mme d'Épinay, quoique absente, continuait à l'entourer de son affection et, chose rare chez Rousseau, leur correspondance était marquée par un abandon qui parfois touchait à l'enfantillage [2].

Mais il puisait en lui-même ses joies les plus vives. C'est lorsqu'il était seul que ses souvenirs lui retraçaient avec le plus d'énergie les images séduisantes du passé, qu'il les tournait et retournait dans sa pensée, qu'il les fixait sur le papier sous forme de notes passionnées ou de lettres brûlantes. Il composa ainsi pendant l'hiver les deux premières parties de son roman. Le soir, au coin du feu, il le lisait à Thérèse et à sa mère. Singulier auditoire, dont il devait se contenter, faute de mieux. La mère n'y comprenant rien, se bornait à répéter : Monsieur, cela est bien beau ! la fille, qui sentait sans doute un peu mieux, pleurait avec lui d'attendrissement.

Avec le printemps revinrent les distractions, les visites, la présence de Mme d'Épinay. Ces dérangements n'empêchèrent pas la continuation du roman. Mais tous ces faits sont peu de chose en comparaison de l'événement capital de cette époque, l'amour de Rousseau pour Mme d'Houdetot.

---

1. *Mémoires de Mme d'Épinay*, t. II, ch. v. — *Trois Lettres de Rousseau à Mme d'Épinay*, janvier, février 1757. — 2. *Confessions*, l. IX. — *Mémoires de Mme d'Épinay*, t. II, ch. v. — *Lettres à Mme d'Épinay*, janvier 1757.

II

Sophie la Live de Bellegarde, comtesse d'Houdetot, était la belle-sœur de Mme d'Épinay. Elle était née le 18 décembre 1730 ; elle avait par conséquent un peu plus de vingt-six ans à l'époque dont nous parlons. A dix-huit ans, on l'avait mariée à M. d'Houdetot ; mais celui-ci, qui aimait une autre femme, ne pouvait avoir un grand attachement pour la sienne. Mme d'Houdetot, de son côté, ne tarda pas à se lier avec Saint-Lambert. Ces deux unions dos à dos se continuèrent ainsi, sans réclamation de part ni d'autre, jusqu'à la vieillesse, au vu et au su des deux époux et du public ; ce qui faisait dire à M. d'Houdetot : Nous avions, Mme d'Houdetot et moi, la vocation de la fidélité ; seulement il y a eu un malentendu. En 1793, M. d'Houdetot reçut le dernier soupir de la femme qu'il aimait ; Mme d'Houdetot vécut alors entre son mari et Saint-Lambert : chose singulière, elle était l'objet des soins et des attentions du premier, et souvent des boutades du second. Elle perdit Saint-Lambert en 1803 ; elle-même ne mourut qu'en 1813.

Mme d'Houdetot n'était rien moins que jolie ; ce ne fut donc pas par les charmes de son visage qu'elle séduisit Rousseau. En revanche, il n'y a qu'une voix pour vanter son caractère, et il semble que, sous ce rapport, l'amant lui-même est resté au-dessous de la vérité. « Elle n'a de laid que le visage, » disait son autre amant Saint-Lambert. « Ce sera une consolation pour les femmes laides, a écrit la vicomtesse d'Allard, d'apprendre que Mme d'Houdetot, qui l'était beaucoup, a dû à son esprit et surtout à son charmant caractère, d'être si passionnément et si constamment aimée. Elle avait non seulement la vue basse et les yeux ronds, comme le dit Rousseau, mais elle était excessivement louche, ce qui empêchait que son âme se peignît dans sa physionomie. Son front était très bas, son nez gros ; la petite vérole avait laissé une teinte jaune dans tous ses creux, et les pores étaient marqués de brun [1].

On a dit, et Rousseau n'était pas fâché d'accréditer cette opinion, que Mme d'Épinay fut jalouse de sa belle-sœur. Toujours est-il que les *Mémoires* n'en laissent rien paraître. Tout, au contraire, y respire la bienveillance. « Mimi (Mme d'Houdetot) se marie à M. d'Houdetot... Son âme est si belle, si franche, si honnête, si sensible [2]. » « Que c'est une jolie âme, dit plus tard Mme d'Épinay, naïve, sensible et honnête ! Elle est ivre de joie du départ de son mari, et vraiment elle est si intéressante que tout le monde est heureux pour elle [3]. » « Saint-Lambert part pour l'armée ; Mme d'Houdetot en est désespérée et laisse voir sa douleur avec une franchise, au fond très estimable, mais cependant embarrassante pour ceux qui s'intéressent à elle [4]. » Au plus fort de la passion de Rousseau, quand Grimm demande à Mme d'Épinay ce qu'il faut penser de la comtesse : « Sur quel fondement la juger, dit-elle ? Sur le rapport d'une fille jalouse, bête, bavarde et menteuse (Thérèse), qui accuse une femme qui nous est connue pour étourdie, confiante, inconsidérée, à

---

1. *Anecdotes pour faire suite aux Mémoires de Mme d'Épinay*, par la vicomtesse D'ALLARD. — 2. *Mémoires de Mme d'Épinay*, t. I, ch. III. — 3. *Id.*, t. II. ch. V. — 4. *Id.*, t. II. ch. VI.

la vérité, mais franche, honnête et très honnête, sincère et bonne au suprême degré de bonté[1]. » Enfin, il n'est pas jusqu'à Mlle d'Ette, la malignité en personne, qui ne joigne son mot à ce concert[2].

À ce caractère d'élite, Mme d'Houdetot unissait un esprit juste, simple, délicat, allié à une grande modestie. Elle parlait peu, mais toujours à propos. Elle excellait surtout à ramener ou à résumer la conversation par une réflexion spirituelle et juste, qui ne laissait rien à ajouter. Elle tournait joliment les vers, mais ne voulut jamais en laisser imprimer un seul.

La morale de Mme d'Houdetot, on a pu s'en apercevoir, était large et commode. Sa maxime favorite la résume assez bien : Jouissez, c'est le bonheur ; faites jouir, c'est la vertu. Comment lui a-t-on appliqué si unanimement ces mots de jolie âme, d'âme naïve, d'honnête et très honnête ? C'est beaucoup la faute du siècle. La morale n'a pas d'époques, mais les hommes et les époques ont des manières diverses de l'entendre. Tout au plus dirons-nous de Mme d'Houdetot qu'elle avait cette honnêteté qui consiste à se montrer franchement et simplement tel qu'on est ; cette honnêteté qui se réjouissait du départ du mari et s'affligeait de celui de l'amant.

Mme d'Houdetot, lors de sa première visite, avait promis à Rousseau de revenir ; elle n'exécuta sa promesse qu'au printemps suivant. « À ce voyage, elle était à cheval et en homme. Quoique je n'aime guère, dit Jean-Jacques, ces sortes de mascarades, je fus pris à l'air romanesque de celle-là ;

---

1. *Mémoires de Mme d'Épinay*, t. II, ch. VII. — 2. *Id.*, t. I, ch. IV.

et pour cette fois, ce fut de l'amour. Comme il fut le premier et l'unique de toute ma vie, et que ses suites le rendront à jamais mémorable et terrible à mon souvenir, qu'il me soit permis d'entrer dans quelque détail de cet article. »

Jusque dans la poursuite des plaisirs coupables, il est possible de garder une certaine dignité de caractère. D'après Mme d'Épinay, Rousseau aurait commencé par se conduire comme un misérable. Mme d'Houdetot, toujours naïve, n'avait pas été sans lui parler de son amour pour Saint-Lambert. Pouvait-elle choisir un confident plus discret, un conseiller plus sage qu'un philosophe? Que fait notre Jean-Jacques? Il sermonne; il veut inspirer des scrupules de conscience à Mme d'Houdetot; il lui parle éloquemment des règles de la morale, des droits de son mari[1]; et tout cela pour détourner à son profit des faveurs qu'il veut enlever à son rival. Rousseau ne se vante pas de cette petite tartuferie; ses dévots, ceux qui croient à sa sincérité quand même, peuvent la nier; la plupart de ses biographes aiment mieux la passer sous silence. Mais Mme d'Houdetot n'y fait-elle point allusion dans une de ses lettres? « Respectez, dit-elle, et ne condamnez point une passion (avec Saint-Lambert) à laquelle nous avons su joindre tant d'honnêteté, et dans le rang sublime où la vertu doit vous mettre et où vous pouvez atteindre, excusez deux cœurs que l'amour de la vertu n'abandonna jamais[2]. » Singulier amalgame sans doute de beaux sentiments et de vilaines actions! Singulières gens, qui restent vertueux, tout en se livrant au vice!

---

1. *Mémoires de Mme d'Épinay*, t. II, ch. VII. — 2. *Lettre de Mme d'Houdetot à Rousseau*, été de 1757.

Ce n'est pas que Jean-Jacques lui-même n'ait eu ses scrupules. « Mes mœurs, mes sentiments, mes principes, la honte, l'infidélité, le crime, l'abus d'un dépôt confié par l'amitié, le ridicule enfin de brûler à mon âge de la passion la plus extravagante pour un objet dont le cœur préoccupé ne pouvait ni me rendre aucun retour, ni me laisser aucun espoir; » Hélas! pourquoi se donne-t-il la peine d'accumuler toutes ces raisons? Ne savait-il pas par expérience qu'il était d'avance destiné à être vaincu? Est-ce qu'il a jamais su résister à une passion?

Le motif qui le rassure est précisément un de ceux qu'il invoquait tout à l'heure pour la résistance. « Quel scrupule, pensais-je, puis-je me faire d'une folie nuisible à moi seul? Suis-je donc un jeune cavalier fort à craindre pour Mme d'Houdetot? Ne dirait-on pas, à mes présomptueux remords, que ma galanterie, mon air, ma parure, vont la séduire? Eh! pauvre Jean-Jacques, aime à ton aise, en sûreté de conscience, et ne crains pas que tes soupirs nuisent à Saint-Lambert... Grande leçon, ajoute-t-il sagement, pour les âmes honnêtes, que le vice n'attaque jamais à découvert, mais qu'il trouve moyen de surprendre en se masquant toujours de quelque sophisme et souvent de quelque vertu. »

Rousseau donc ne se livra pas tout d'abord sans réserve à sa passion. Il n'avait pas prévu les ravages que la première entrevue allait jeter dans son âme. Quand il s'en aperçut, la honte le prit, et à la visite suivante de Mme d'Houdetot, il resta muet, tremblant devant elle, n'osant ouvrir la bouche ni lever les yeux. Enfin, il prit le parti de lui avouer son trouble et de lui en laisser deviner la cause. Autre faute, autre imprudence faudrait-il dire, s'il n'était facile de voir que ce trouble n'était qu'un calcul et un moyen assez usé de poursuivre sa passion. Une fois avouée, le plus fort était fait ; il n'y avait plus qu'à continuer.

A partir de ce moment, en effet, il oublie complètement sa timidité. Il multiplie ses visites, il va s'établir à Eau-Bonne (chez Mme d'Houdetot) pendant des jours entiers, il y dîne, il y couche, il recherche les entretiens intimes, les longues promenades en tête-à-tête, il devient pressant, il ne ménage ni les déclarations, ni les lettres sentimentales, ni les témoignages de tendresse, ni les transports brûlants ; c'était, comme il le dit, « l'amour dans toute son énergie et dans toutes ses fureurs. »

La situation de Mme d'Houdetot ne laissait pas que d'être délicate. Une femme franchement honnête aurait, dès le principe, découragé ces entreprises ; mais Mme d'Houdetot, qui n'était honnête que d'une certaine façon, était en outre très naïve et très bienveillante. Sans éprouver d'amour pour Rousseau, elle avait pour lui de l'amitié, surtout de la pitié ; enfin, elle craignait qu'une rupture subite n'éclairât Saint-Lambert, qui lui-même l'avait poussée à voir Rousseau.

Elle le traita donc à la fois en ami, en malade et en maniaque ; évitant également de brusquer et de flatter sa folie. Elle voulut le raisonner, le gourmander, le rappeler à ses devoirs ; mais toujours avec douceur et sur le ton de l'amitié la plus tendre. Mauvais moyen assurément, qui n'était propre qu'à augmenter le mal. Elle aimait surtout à parler de Saint-Lambert, sans songer que ce qu'elle regardait comme une diversion n'était qu'un stimulant de plus, et que Rousseau savourait à longs traits ces paroles amoureuses qui ne s'adressaient pas à lui.

Nous n'avons plus, bien entendu, ces entretiens d'une intimité qui ne saurait supporter le jour de la publicité, mais nous avons des lettres; elles peuvent, jusqu'à un certain point, suppléer aux paroles. Celle de Mme d'Houdetot, que nous avons déjà citée, exprime assez bien son attitude. Toutes les femmes ne rendraient pas compte de la leur avec autant de franchise et de naïveté.

Rentré chez lui, Jean-Jacques se jetait à son roman; autre moyen encore d'attiser le feu qui le dévorait. Jusqu'alors il avait goûté une sorte d'amour platonique; sa Julie prenait désormais un corps. Il ne vit plus en Julie que Mme d'Houdetot. Il essayait de mettre dans les lettres de Saint-Preux ou de Julie une partie de la passion qu'il éprouvait ou qu'il voulait inspirer à Mme d'Houdetot. Celle-ci les recevait et les lisait avec un extrême plaisir : « elle était du nombre des femmes qui pouvaient sentir leur valeur[1]. » Elle en réclamait avec empressement la première partie tout entière « pour lire avec son ami Saint-Lambert, cette *Julie* qui lui plaisait tant[2]. »

Mais cet amour n'était pas partagé! Eh! qu'importe? Par une fiction qui tourne au grotesque, Rousseau déclare que son amour était *en quelque sorte* partagé, puisqu'il était égal des deux côtés. Son amante était ivre d'amour; cela lui suffit, bien que ce ne soit pas pour lui. O puissance de l'imagination! Oui, Rousseau a un amour d'imagination. Il a aussi un amour d'orgueil et de défiance : il lui fallait bien porter partout son caractère ombrageux. Un jour, il trouve l'amitié de Mme d'Houdetot « trop

---

1. *Lettre de Mme d'Houdetot à Rousseau*, 3 mars 1757. — 2. *Id.*, 23 mars 1757.

vive pour être vraie ». Il ne lui en faut pas davantage pour se croire dupe : Mme d'Houdetot veut, il n'en doute pas, se divertir de lui et de ses douceurs surannées; elle a averti Saint-Lambert; tous deux s'entendent pour lui faire tourner la tête et le persifler. Il n'était pas homme à garder pour lui ses soupçons. Mme d'Houdetot, qui ne fit qu'en rire, accrut encore sa rage. Elle en revint donc à la douceur, aux tendres reproches. Le croira-t-on? Rousseau ne fut qu'à demi satisfait; il lui fallut des gages, et Mme d'Houdetot, sans rien lui accorder qui pût la rendre infidèle, ne lui refusa rien de ce que la plus tendre amitié peut donner. Était-ce bien là de l'amour? n'était-ce pas plutôt le jeu grossier de l'appétit sensuel, cherchant à se satisfaire par les plus misérables moyens?

Rousseau raconte dans ses *Confessions* les agitations de son cœur et de ses sens en présence de Mme d'Houdetot, ou dans le trajet qui sépare l'Ermitage d'Eau-Bonne, ses éblouissements, ses émotions à la pensée du simple baiser qui l'attend à son arrivée. Cette peinture réaliste, qui dissèque, en quelque sorte, l'amour physique, a la prétention d'émouvoir le lecteur; elle ne fait que l'étonner. « C'est la clinique de l'amour peut-être, dit Saint-Marc Girardin, ce n'est pas l'amour... Que dire de cet amour qui finit par une hernie, et de l'homme qui le raconte, et qui croit nous toucher par ce détail d'hôpital? Il y a de tout dans l'amour de Rousseau, de l'enthousiaste et du séducteur, du satyre et du malade; il n'y manque que l'amour vrai, simple et par conséquent décent[1]. »

---

1. *Revue des Deux Mondes*, 15 septembre 1853.

Cet état dura quatre mois. Rousseau admire comment, pendant un temps si long, une intimité presque sans exemple, dans des circonstances si délicates, put exister, sans qu'un moment d'oubli en ait dénaturé le caractère. Mme d'Houdetot, dit-il, était défendue par le souvenir de Saint-Lambert; lui-même l'était par son respect pour la divine idole qu'il adorait dans son cœur. « Je l'aimais trop, ajoute-t-il, pour vouloir la posséder[1]. » Purs sophismes. On ne poursuit pas un but avec tant d'ardeur et de persévérance, quand on ne veut pas aller jusqu'au bout. Chimères contre lesquelles s'élève tout le récit, et que lui-même prend soin de démentir à la page suivante.

Cependant il n'invente pas tout à fait ce sentiment dont il fait ici parade. Il l'a même consigné dans une lettre, qui offre le plus singulier mélange de fausse générosité et de tentatives coupables. « Que je vous dise une fois ce que vous devez attendre, sur ce point difficile, de votre tendre et trop faible ami... Ma passion funeste, vous la connaissez; il n'en fut jamais d'égale; je n'ai rien senti de pareil à la fleur de mes ans; elle peut me faire oublier tout, et mon devoir même, excepté le vôtre. Cent fois elle m'eût déjà rendu méprisable, si je pouvais l'être par elle, sans que vous le devinssiez aussi... Non, Sophie, je puis mourir de mes fureurs, mais je ne vous rendrai point vile. Si vous êtes faible et que je le voie, je succombe à l'instant même. Tant que vous demeurerez à mes yeux ce que vous êtes, je n'en trahirai pas moins mon ami dans mon cœur, mais je lui rendrai son dépôt aussi pur que je l'ai

---

1. *Conf.*, l. IX.

reçu. Le crime est déjà cent fois commis dans ma volonté; s'il l'est dans la vôtre, je le consomme et je suis le plus traître et le plus heureux des hommes; mais je ne puis corrompre celle que j'idolâtre. Qu'elle reste fidèle et que je meure, ou qu'elle me laisse voir dans ses yeux qu'elle est coupable, je n'aurai plus rien à ménager[1]. » Pour qui sait lire, il ne pouvait pas dire plus clairement que s'il n'était pas traître et séducteur, c'était par impuissance. Tant que Mme d'Houdetot ne voudra pas de lui, il la respectera; mais qu'elle ait un moment de faiblesse, il sera heureux d'en profiter.

Mais fut-il toujours fidèle seulement à ce minimum de délicatesse? Un soir, dit-il, après avoir soupé tête à tête, nous allâmes nous promener au jardin par un très beau clair de lune. Au fond de ce jardin était un assez grand taillis, par où nous fûmes chercher un joli bosquet, orné d'une cascade, dont je lui avais donné l'idée et qu'elle avait fait exécuter. Souvenir immortel d'innocence et de jouissance. Ce fut dans ce bosquet qu'assis avec elle sur un banc de gazon, sous un acacia chargé de fleurs, je trouvai, pour rendre les mouvements de mon cœur, un langage vraiment digne d'eux. Ce fut la première et l'unique fois de ma vie; mais je fus sublime, si l'on peut nommer ainsi tout ce que l'amour le plus tendre et le plus ardent peut porter d'aimable et de séduisant dans un cœur d'homme. Que d'enivrantes larmes je versai sur ses genoux! Que je lui en fis verser malgré elle! Enfin, dans un transport involontaire elle s'écria: Non, jamais homme ne fut

---

[1]. *Lettre à Mme d'Houdetot*, publiée par RAVENEL dans la *Bibliographie universelle* du 1er janvier 1848.

aimable, et jamais amant n'aima comme vous! Mais votre ami Saint-Lambert nous écoute, et mon cœur ne saurait aimer deux fois. Je me tus en soupirant; je l'embrassai... Quel embrassement! Mais ce fut tout. »

Rousseau parle de cette scène du bosquet dans une lettre célèbre, où il a rassemblé tous les accents de sa passion. « Combien de fois ton cœur, plein d'un autre amour, fut-il ému des transports du mien? Combien de fois m'as-tu dit dans le bosquet de la cascade : vous êtes l'amant le plus tendre dont j'eusse l'idée; non, jamais homme n'aima comme vous[1]. » Ainsi cette aventure, que Rousseau donne comme unique dans ses *Confessions*, se serait répétée à plusieurs reprises. Ce n'est pas la première fois qu'il aurait sacrifié la vérité à un simple effet littéraire. Il aura trouvé que l'intérêt gagnerait à être concentré dans une seule et même scène. Il est présumable que la version des *Confessions* n'a pas d'autre motif.

Enfin « Mme d'Houdetot a raconté dans sa vieillesse à Népomucène Lemercier qu'elle courut en effet du danger dans cette soirée (ou dans une de ces soirées); mais qu'elle fut sauvée par le juron inattendu d'un charretier qui suivait le mur du jardin et qui faisait relever sa bête. Un de ses jeunes éclats de rire, si vifs, si francs, partit de sa bouche; Rousseau frémit de colère et de honte, et la poésie resta seule maîtresse de la nuit[2]. » Ce récit, pour être moins romanesque que les autres, n'en est pas moins vraisemblable. On sait que Mme d'Houdetot

---

1. *Lettre à Sophie,* juin 1757. — 2. *Mémoires de Mme d'Épi-nay,* t. II, ch. VII; note de l'éditeur M. Paul Boiteau.

est toujours restée en bons termes avec Rousseau, qu'elle ne l'a jamais chargé ; il serait, d'ailleurs, ridicule de prétendre qu'elle aurait exagéré à plaisir une situation scabreuse, à laquelle, en définitive, elle s'était exposée, et qu'une femme de son monde et de son caractère ne pouvait aimer à rappeler.

Il était impossible que la passion de Rousseau restât longtemps cachée. La fréquence de ses visites à Eau-Bonne, l'empressement avec lequel il recherchait Mme d'Houdetot à la Chevrette, les rendez-vous qu'il lui donnait devaient éveiller l'attention de cette société frivole et désœuvrée, dont les grandes occupations à la campagne étaient les intrigues amoureuses, les nouvelles, les médisances, les regards indiscrets et les jugements malins sur la vie du prochain. Il n'était nul besoin de complot pour cela. Jean-Jacques, d'ailleurs, avait constamment deux yeux ouverts sur sa conduite, et qui avaient intérêt à l'être, c'étaient ceux de Thérèse. Il tient, en toute circonstance, à la disculper, et ne demanderait pas mieux que de donner le change, en substituant à la jalousie de Thérèse, qui n'avait rien que de naturel, celle de Mme d'Épinay, qui n'avait rien de fondé. Il est curieux de voir que les amis de Mme d'Épinay, Grimm en tête, ont prétendu que Rousseau, qui était amoureux de toutes les femmes qu'il voyait, le fut notamment beaucoup de Mme d'Épinay[1]. Rousseau et ses amis ont affirmé, au contraire, que c'était Mme d'Épinay qui était amoureuse de lui. Mais cette passion, que personne

---

1. *Lettre de Grimm à Mme d'Épinay* ; aux *Mémoires de Mme d'Épinay*, t. II, ch. VII ; — *Correspondance littéraire*, novembre 1783 ; *Article nécrologique sur Mme d'Épinay*. — BACHAUMONT, 17 janvier 1762. —

ne regarde comme ayant été réciproque, ne paraît avoir existé en réalité ni d'un côté, ni de l'autre. Si Rousseau avait éprouvé de l'amour pour Mme d'Épinay, pourquoi ne l'aurait-il pas dit dans ses *Confessions*? Il en a dit bien d'autres. Comment surtout ne l'aurait-il laissé soupçonner ni dans ses lettres, ni dans ses conversations? On sait le langage qu'il tenait quand l'amour le possédait. Mme d'Épinay est d'ailleurs la première à protester contre ce jugement de ses amis[1]. Et Mme d'Épinay: pourquoi aurait-elle eu de l'amour pour Rousseau? Elle était déjà pourvue; il est pour le moins inutile de lui donner un second amant. Ses lettres à Rousseau respirent l'amitié, la bienveillance; elles sont trop dégagées de toute contrainte, trop libres d'allures pour laisser supposer l'amour. Rousseau appelait Mme d'Épinay, *ma bonne amie*, il lui donnait, suivant son expression, *de petits baisers bien fraternels;* Mme d'Épinay, comme bien d'autres, du reste, l'appelait *mon ours, mon ermite,* etc. On peut voir là défaut de bon ton, familiarité déplacée, surtout entre personnes de sociétés différentes, mais que la philosophie rapprochait singulièrement; on n'est pas autorisé à y voir davantage.

Bien plus, Rousseau, qui avait un attrait si marqué pour les femmes, ne paraît avoir inspiré à aucune un amour véritable. Plusieurs eurent pour lui de l'amitié, de l'intérêt, de la pitié, de l'admiration, mais point d'amour. Cela tient en partie aux raisons qu'il donne: à sa maladresse, à sa timidité; mais cela tient aussi à d'autres, qu'il ne donne pas:

---

[1]. *Mémoires de Mme d'Épinay*, t. II, ch. VII: *Lettre de Mme d'Épinay à Grimm.*

aux brusqueries, aux inégalités de son caractère, à son parti-pris de ne se gêner pour rien ni pour personne, et pour tout dire, à son égoïsme. Il ne recherchait dans l'amour que lui seul, il autorisait ainsi à dire qu'il n'aimait que lui seul ; son amour était trop égoïste pour être communicatif. Il s'en tenait trop aussi, dans ses rêves d'amour, au plaisir sensuel, pour faire naître chez les autres des sentiments intimes qu'il ne possédait pas lui-même.

Mme d'Épinay raconte dans ses *Mémoires* comment elle a appris progressivement la passion de Rousseau. D'abord, vers le mois de mai ou de juin, Thérèse vient lui faire part de ses inquiétudes. Elle a été témoin, lui dit cette fille, d'une scène épouvantable qu'il a eue avec Deleyre ; il devient d'une humeur intraitable ; il passe les jours et les nuits à pleurer ; il parle seul la nuit. « Mais, ajoute Mme d'Épinay, ce qui me paraît incroyable, c'est que Mlle Le Vasseur assure que la comtesse d'Houdetot va voir l'Ermite presque tous les jours, et qu'ils ont défendu à ses femmes de me le dire. Elle laisse ses gens dans la forêt, vient seule, et s'en va de même. La petite Le Vasseur est jalouse ; mais je crois qu'elle ment et que la tête leur tourne à tous [1]. » Mme d'Épinay cependant devient plus attentive. Ne faut-il pas, d'ailleurs, qu'elle mette Grimm au courant de la grande nouvelle ? Il ne tient du reste qu'à elle d'en savoir chaque jour plus long ; mais elle est obligée d'arrêter les confidences de Thérèse, tant elles deviennent scandaleuses. Un jour cette fille lui apporte une lettre qu'elle dit avoir trouvée. « Mon enfant, répond Mme d'Épinay, il

---

1. *Mémoires de Mme d'Épinay*, t. II, ch. VI.

faut jeter au feu les lettres qu'on trouve, sans les lire, ou les rendre à qui elles appartiennent[1]. »

Ecoutons maintenant Rousseau, et les rôles vont être complètement retournés. C'est Mme d'Épinay qui épie, c'est elle qui interroge Thérèse, qui veut la suborner, qui la presse de lui remettre les lettres, même cachetées, qui lui en demande au moins les morceaux, pour les reconstituer s'il est possible, qui va les chercher jusque dans sa bavette et dans le cabinet de Rousseau. C'est Thérèse qui se scandalise, qui résiste, qui use de mensonges et de ruses pour déjouer la surveillance de Mme d'Épinay, qui dissimule quelque temps, afin de la ménager, et se croit enfin obligée de tout dire à Rousseau. C'est Mme d'Épinay qui est jalouse, qui se croit bravée, « qui assouvit son cœur par ses yeux, de rage et d'indignation. » C'est elle qui, joignant l'hypocrisie à la fureur, redouble d'attentions, de soins, presque d'agaceries pour lui, tout en accablant sa belle-sœur de procédés malhonnêtes et de marques de son dédain. Il est vrai que celle-ci ne s'en apercevait pas la moitié du temps, sans doute parce qu'ils étaient purement imaginaires[2].

Quand la passion de Rousseau fut connue, ce fut un grand étonnement, mêlé d'une certaine joie maligne dans la société de la Chevrette et au camp des Holbachiens. Quoi! le grave philosophe, le citoyen austère, l'Ours, l'Ermite, le Sauvage intraitable s'était laissé, lui aussi, enlacer dans les doux liens de l'amour! Ce n'est pas qu'on lui en fît un grand crime. Enlever une femme à son mari eût à peine passé pour une peccadille ; l'enlever à son amant

---

1. *Mémoires de Mme d'Épinay*, t. II, ch. VII. — 2. *Confessions*, l. IX.

ne pouvait être regardé comme beaucoup plus grave. Mais c'était une contradiction et un ridicule ajoutés à l'actif de Rousseau ; c'était une occasion de plaisanter à ses dépens. Le baron d'Holbach vint lui-même à la Chevrette, peut-être tout exprès, pour être témoin de ce spectacle amusant. On doit penser s'il en rit et s'il ménagea les allusions piquantes. Jean-Jacques, si l'on veut bien l'en croire, ne s'apercevait de rien. Il était devenu la fable de toute la maison et des survenants ; les propos goguenards pleuvaient sur son dos ; Mme d'Épinay s'en tenait les côtes de rire ; mais lui, ouvrait de grands yeux, sans rien répondre. Il paraît que, pour la première fois de sa vie, il aurait été inattentif à une injure.

Un jour, ce fut une bien autre affaire : Mme d'Houdetot lui apprit en pleurant que Saint-Lambert était instruit de tout ; qu'il leur rendait justice, mais qu'il verrait avec peine leurs relations continuer sur le même pied. Au fond, ils devaient s'y attendre. Cette intimité, qu'on l'appelle amitié ou amour, qu'ils affichaient publiquement, qui était connue de tout le monde, dont chacun jasait à son aise, ne pouvait rester longtemps cachée au seul Saint-Lambert. Quant au pauvre amoureux, il fut absolument désespéré ; désespéré à cause de ses rêves brisés, désespéré encore plus peut-être à cause du ridicule où il se sentait tombé. Ce fut alors qu'il écrivit la lettre que nous avons déjà citée. Quels gémissements ne lui arrachent pas les froideurs de Mme d'Houdetot, les intrigues de son indigne sœur (Mme d'Épinay), le retour prochain de son amant ! Ne prenons pas trop au sérieux néanmoins ces beaux désespoirs ; ils sentent trop l'étude et manquent de spontanéité : Jean-Jacques en faisait des brouillons ;

c'est même de cette façon qu'ils nous sont parvenus. Il semble que le titre complet devrait être : Lettre à Sophie, pour être remise à la postérité. Bien plus, il prend d'avance ses précautions contre l'abus qu'on en pourrait faire. « La sotte, mais vive crainte d'être persiflé, dit-il, m'avait fait commencer cette correspondance sur un ton qui mit mes lettres à l'abri des communications. Je portai jusqu'à la tutoyer la familiarité que j'y pris dans mon ivresse ; mais quel tutoiement ! Elle n'en devait sûrement pas être offensée. Cependant elle s'en plaignit plusieurs fois, mais sans succès : ses plaintes ne faisaient que réveiller mes craintes. » Que dire de la confiance de cet amant modèle ?

On a beaucoup discuté pour savoir qui instruisit Saint-Lambert. Ce que nous avons dit montre qu'il put l'être de bien des manières. Quand un fait est public, on n'a pas besoin de demander à quelqu'un comment il l'a appris. Plusieurs prétendent que ce fut par Grimm, lequel le tenait de Mme d'Épinay[1] ; d'autres, que ce fut par Thérèse. Il ne faudrait vraiment ni s'en étonner, ni lui en faire un reproche ; mais dans ce cas, ne trouverait-on pas encore la main de Grimm, à qui Thérèse avait si volontiers recours dans les grandes circonstances ? Aime-t-on mieux dire qu'elle prévint Saint-Lambert par une lettre signée ou anonyme ? Dans ce cas, elle ne manqua pas à coup sûr, ne fût-ce qu'à l'office, d'une plume complaisante. Rousseau accuse formellement la méchanceté de Mme d'Épinay. Que Mme d'Épinay ait contribué indirectement à répandre la nouvelle, cela est certain ; qu'elle l'ait fait méchamment et

---

[1]. Musset-Pathay, G. Morin, P. Boiteau, etc.

avec intention, c'est absolument contraire à son caractère, à ses déclarations, à toutes les vraisemblances. Mais puisque Rousseau affirme qu'il n'avait rien à cacher, qu'il agissait au grand jour, il a mauvaise grâce à exiger que les autres soient plus discrets que le principal intéressé. Il n'en bâtit pas moins là-dessus tout un échafaudage de complots, de trahisons et de querelles. Il n'est pas impossible non plus que Mme d'Houdetot, étourdie, naïve, confiante, désireuse de se débarrasser des importunités de Rousseau, se soit adressée à son amant pour y parvenir. Enfin, l'on a été jusqu'à dire que Saint-Lambert aurait été prévenu par Rousseau lui-même. Il est sûr que Mme d'Houdetot se plaignit à ce dernier de son indiscrétion et de celle de ses amis. Elle lui aurait, dit-elle, gardé toute sa vie le secret de sa malheureuse passion ; mais il en avait parlé à des gens qui l'avaient rendue publique. Ces bruits étaient parvenus à Saint-Lambert ; celui-ci s'était affligé d'une passion qu'elle n'avait pourtant jamais flattée et dont elle ne lui avait fait mystère que parce qu'elle avait eu l'espérance de la guérir. Mme d'Houdetot ajoutait que depuis qu'il est établi dans le monde que Rousseau est amoureux d'elle, il ne serait pas décent pour elle de continuer à le voir en particulier[1].

D'après Marmontel, Jean-Jacques, effrayé de sa passion, aurait été consulter Diderot. « Il faut vous-même, lui dit celui-ci, sans différer, écrire à Saint-Lambert, lui tout avouer, et en vous donnant pour excuse une ivresse qu'il doit connaître, le prier de vous pardonner un moment de trouble et d'erreur.

---

1. *Lettre de Mme d'Houdetot à Rousseau*, 6 mai 1758.

Je vous promets qu'il ne s'en souviendra que pour vous aimer davantage. — Rousseau transporté embrasse Diderot. Vous me rendez la vie, lui dit-il, et le conseil que vous me donnez me réconcilie avec moi-même. Dès ce soir, je m'en vais écrire. A quelque temps de là, Diderot voit Saint-Lambert, et le trouve profondément indigné contre Rousseau. Celui-ci avait écrit, pourtant; mais sa lettre n'était qu'un tissu de fourberie et d'insolence, un chef-d'œuvre d'artifice, pour rejeter sur Mme d'Houdetot le tort dont il voulait se laver[1]. »

Rousseau n'était pas bien sûr de l'indiscrétion de Mme d'Épinay à l'égard de Saint-Lambert; mais, à ses yeux, les soupçons se changeaient vite en certitude. Il commence en tout cas par éclater. A un billet amical de Mme d'Épinay, il répond par des paroles de défiance, et comme elle insiste et lui offre ses consolations : « La confiance dont vous parlez, dit-il, n'est plus, et il ne vous sera pas aisé de la recouvrer : Non, je ne vous pardonnerai jamais. Vos secrets seuls seront respectés; car je ne serai jamais un homme sans foi. » Mais s'il s'aperçoit qu'il s'est trompé! « Alors, j'aurai peut-être, écrit-il, de grands torts à réparer, et je n'aurai jamais rien fait en ma vie de si bon cœur. Mais savez-vous comment je racheterai mes fautes durant le peu de temps qui me reste à passer près de vous? En faisant ce que nul autre ne fera que moi; en vous disant franchement ce qu'on pense de vous dans le monde, et les brèches que vous avez à réparer à votre réputation[2]. » Voilà comment cet homme reconnaît les

---

1. *Mémoires* de MARMONTEL, l. VIII. — 2. *Lettre à Mme d'Épinay*, aux *Confessions*, l. IX. — *Mémoires de Mme d'Épinay*, t. II, ch. VIII.

attentions, les soins, les prévenances dont il a été l'objet depuis plus d'un an. Jean-Jacques veut agir comme personne; il ne s'aperçoit pas qu'il est en effet plus odieux que personne; qu'il n'a qu'à s'en aller, si la conduite de Mme d'Épinay effarouche sa pudeur; mais qu'il choisit pour lui faire ses remontrances, juste le moment où elles ne peuvent que la blesser sans la convaincre. La veille encore il l'appelait ma chère, mon aimable amie, il regrettait ses douces conversations, où le cœur avait une si bonne part; le lendemain, la querelle finie, il reprenait le même ton affectueux; et entre deux, parce qu'il est fâché, il lui jette, sous forme de conseil, l'outrage à la face. Ses injures ne sont pas seulement grossières, elles manquent d'à-propos.

Cette fois, Mme d'Épinay fut bien forcée de comprendre. Sa réponse est rapportée dans les *Mémoires* et dans les *Confessions*; les deux versions diffèrent sensiblement; mais il est établi aujourd'hui que la seule exacte est celle des *Confessions*. Mme d'Épinay se montre moins froissée qu'on n'aurait été tenté de le croire. Rousseau reviendra quand il voudra; elle lui tient le pardon toujours prêt; elle le dispense de se mettre en peine de sa réputation; mais elle n'avait garde, quoi qu'en disent les *Mémoires*, de le délier de ses secrets. Sans prendre un grand souci de sa réputation, elle n'en était pas encore à en divulguer ouvertement les écarts[1].

Quoi qu'il en soit, Jean-Jacques, par son impru-

---

1. *Lettre de Mme d'Épinay à Rousseau*, publiée par STRECKEISEN-MOULTOU, d'après le manuscrit original. La même lettre dans les *Mémoires de Mme d'Épinay*, t. II, ch. VII. — La dernière phrase notamment où Mme d'Épinay délie Rousseau de ses secrets, a été ajoutée après coup.

dence, s'était mis dans le cas, ou d'aller faire des excuses à Mme d'Épinay, ou de quitter à jamais l'Ermitage : dure alternative, où son orgueil et l'intérêt de son bien-être le tiraient en sens contraire. Il se décida à aller s'excuser. Son embarras était grand ; heureusement il en fut quitte pour la peur. Dès qu'il entra, Mme d'Épinay lui sauta au cou en fondant en larmes ; il mêla ses pleurs à celles de son amie, et tout fut dit. On alla dîner ; il pensait que l'explication viendrait après ; mais Mme d'Épinay était peu curieuse d'en savoir plus long. Comme elle ne demanda rien, il n'eut rien à lui répondre. Ainsi se termina cette grande querelle qui n'avait guère duré que deux jours [1].

Nous avons de cette visite un autre récit, qui est loin de concorder avec le premier. Rousseau arrive en présence de Mme d'Épinay ; il se jette à ses genoux avec les marques du plus violent désespoir ; il convient de ses torts ; sa vie ne suffira pas à les expier ; mais il ajoute gauchement qu'il croyait Mme d'Épinay prise d'une passion invincible pour Saint-Lambert. Ensuite, par une seconde maladresse, il veut faire l'apologie de sa conduite avec Mme d'Houdetot ; mais Mme d'Épinay l'arrête, sans vouloir rien entendre sur cet article. Enfin, après lui avoir rappelé ses torts avec ses amis, à commencer par Grimm, elle consent à lui pardonner, à condition qu'il ne leur fera plus d'injures. « Il me paraît déterminé, ajoute-t-elle, à quitter ce pays-ci et à s'en retourner dans sa patrie ; il annonce ce projet hautement, et il m'a même ajouté qu'il par-

---

1. *Confessions*, l. IX.

tirait aussitôt qu'il serait lavé des horreurs qu'on lui impute [1].

Quoiqu'on n'ait, pour contrôler ce double récit, que les affirmations contradictoires des deux intéressés, celui de Rousseau est si invraisemblable que l'hésitation paraît difficile. On sait d'ailleurs qu'il avait depuis plusieurs mois l'intention de retourner à Genève [2].

Le malheureux n'était pas au bout de ses déplaisirs. Saint-Lambert revint de l'armée. Il commença par voir Mme d'Houdetot. Si, comme le dit Marmontel, il vit aussi Diderot, il en dut recevoir de fâcheuses impressions. Jean-Jacques prétend toutefois que Saint-Lambert y mit de l'indulgence et le traita *durement mais amicalement;* il avoue d'ailleurs qu'il avait bien mérité cet accueil. Mais aussitôt, comme s'il se repentait de s'être un instant reconnu un tort, il déclare que, s'il y avait de sa faute dans tout cela, il y en avait bien peu : Mme d'Houdetot était femme, Saint-Lambert l'avait jetée dans ses bras; eux seuls avaient fait le mal, et c'est lui qui en avait souffert!

Comme première visite, Mme d'Houdetot et Saint-Lambert vinrent lui demander à dîner. Par une petite malice bien permise, ils affectèrent de le rendre témoin de leur joie. L'épreuve était dure. Qui le croirait? il s'associe à leurs transports; il se déclare aussi heureux du bonheur de son rival que si lui-même eût été à sa place; ou plutôt, l'amant de Mme d'Houdetot n'est plus pour lui un rival, mais

---

1. *Mémoires de Mme d'Épinay.* t. II, ch. VIII. — 2. *Lettre de Rousseau à Vernes,* 4 avril 1757; *de Deleyre à Rousseau,* 1er octobre 1757.

un ami. Saint-Lambert, lui, n'y mettait pas tant de façons. Soit par reste d'amitié, indifférence ou dédain, il ne se fâchait pas contre Rousseau; mais il ne se faisait pas faute non plus de l'humilier[1]. Il s'endormait, par exemple, pendant que Jean-Jacques lui faisait la lecture de sa lettre à Voltaire; et le pauvre homme, jadis si fier, aujourd'hui si sot, n'osait se plaindre et continuait de lire, tandis que l'autre continuait de ronfler.

Si Rousseau espérait toucher par sa soumission le cœur de Mme d'Houdetot, il ne tarda pas à se détromper. Les froideurs qu'il avait déplorées avant l'arrivée de Saint-Lambert devinrent plus marquées. Néanmoins, le pauvre Jean-Jacques, toujours dupe de sa passion, avait imaginé de la transformer en une amitié pure et durable. Il faut qu'il y ait bien mal réussi, car les étrangers eux-mêmes n'en virent que plus clairement son amour[2]. A plus forte raison, Saint-Lambert et Mme d'Houdetot n'y pouvaient être trompés. Il demanda des explications; Mme d'Houdetot s'y refusa ou ne donna que des réponses évasives; peut-être même lui ferma-t-elle sa porte. Il écrivit lettres sur lettres; elle ne répondit pas et finit par interrompre, du moins momentanément, cette correspondance, au moyen d'un billet de quatre lignes. Elle avait redemandé à Jean-Jacques les lettres qu'elle lui avait écrites; le cœur serré, il les lui avait remises fidèlement, mais il ne put obtenir en échange celles que lui-même lui avait adressées. Elle les avait brûlées, dit-elle. Il en douta toujours. « Non, s'écrie-t-il, l'on ne met point au feu de pareilles lettres. On a trouvé brûlantes celles de *la*

---

1. *Mémoires de Mme d'Épinay*, t. II, ch. VIII. — 2. *Id.*

Julie : Eh Dieu! qu'aurait-on donc dit de celles-là? Non, non, jamais celle qui peut inspirer une pareille passion n'aura le courage d'en brûler les preuves. » Il paraît qu'en effet Mme d'Houdetot n'avait pas déclaré toute la vérité. Elle les avait brûlées, dit-elle plus tard, mais à l'exception d'une seule, ou même, suivant une autre version, de quatre, qu'elle avait conservées comme des chefs-d'œuvre d'éloquence et de passion et qu'elle remit à Saint-Lambert. Et comme on demandait au vieux poète ce qu'il en avait fait : brûlées aussi, répondit-il avec un sourire et une grimace. Il est des faits dont on aime tout autant ne pas perpétuer le souvenir [1].

Rousseau était navré. La fièvre le prit. Une nuit, à la Chevrette, il fut si malade qu'il fallut mander les Gouverneuses. Dans son exaltation, il menaçait de se donner la mort. Grimm pronostiqua gravement qu'il allait devenir tout à fait fou; Mme d'Épinay le prit décidément en mépris et l'honora à peine d'une visite [2]. Son désespoir et cette maladie prouvent bien que sa passion n'était pas éteinte. A bout de ressources, il prit enfin le parti de se plaindre à Saint-Lambert lui-même. Ce moyen était peut-être moins mauvais qu'il n'en avait l'air. Les explications qu'il donne des origines de son amour, de la pureté de ses intentions, de la fidélité de son amitié, ne sont sans doute pas très exactes, elles sont au moins dans la situation. En moraliste sévère, il va jusqu'à blâmer les liens qui unissent les deux amants. A

---

1. *Anecdotes*, etc., par Mme D'ALLARD. — DAMIRON, *Mémoires pour servir à l'histoire de la philosophie au* XVIIIe *siècle*. — SAINT-MARC GIRARDIN, *Revue des Deux Mondes*, 15 septembre 1853. — 2. *Mémoires de Mme d'Épinay*, t. II, ch. VII.

quoi bon, puisqu'il ajoute qu'il ne veut pas les ôter l'un à l'autre, et proteste de son respect pour une union si tendre? Mais, ajoute-t-il, l'amitié aussi a ses droits et ne fait point de tort à l'amour. Il redemande donc sans crainte l'amie qu'il a perdue. Qu'on admette l'ami entre les deux amants; il ne déparera pas leur douce société[1].

Saint-Lambert, prenant cette lettre du bon côté, ne fit pas difficulté d'assurer Rousseau de son amitié, et, ce qui valait mieux, de celle de Mme d'Houdetot. « Nous méritons, dit-il, votre cœur, et vous serez content des nôtres. » Là-dessus, il s'accuse, il parle de ses remords, il veut réparer ses injustices, il demande pardon[2] : on n'est pas plus accommodant.

On pourrait douter de la valeur de ces protestations, si Saint-Lambert lui-même n'avait donné des preuves authentiques de leur sincérité dans les conseils qu'il offrit à Rousseau quand il jugea que cela était utile, dans les efforts qu'il fit pour le réconcilier avec ses amis, dans la netteté avec laquelle il prit son parti contre eux. Une fois pourtant, il osa lui infliger un blâme, Jean-Jacques lui répondit par une lettre de rupture. Il y eut, à la vérité, une réconciliation, mais Saint-Lambert en fit tous les frais[3].

Les relations de Rousseau avec Mme d'Houdetot furent, sinon plus orageuses (avec elle il n'y avait pas d'orages) au moins plus accidentées. Elle voulait lui conserver son amitié; son cœur l'y portait; mais elle tenait encore plus à ne rien faire qui pût

---

1. *Lettre à Saint-Lambert*, 4 septembre 1757. — 2. *Réponse de Saint-Lambert à Rousseau*, 11 octobre 1757. — 3. *Lettres de Saint-Lambert à Rousseau*, octobre 1757, 21 novembre 1757, 9 et 10 octobre 1758.

porter ombrage à Saint-Lambert[1]. Elle avait donc posé ses conditions. Rousseau n'y était pas toujours fidèle. Il était loin d'avoir dans tous ses tête-à-tête ce calme délicieux dont il se vante et qu'il regarde comme infiniment préférable à ses accès de fièvre ardente d'autrefois. Que de fois n'eut-elle pas à lui prêcher la sagesse, à le ramener au calme et à la raison !

Plus tard cependant elle s'ennuya de l'inutilité de ses efforts. Rousseau, que son impatience rendait maladroit, l'ayant poussée à une rupture, elle en saisit l'occasion d'autant plus vivement que Mme d'Épinay, sa belle-sœur, et Diderot, son grand homme, étaient en cause [2]. Elle ne tarda pas toutefois à se repentir de ce premier mouvement, et, à une lettre désespérée de Rousseau, elle répondit en lui demandant pardon et en le priant d'oublier sa vivacité[3]. Mais lui, n'en continuait pas moins dans toutes ses lettres à se plaindre du changement qui s'était opéré en elle, de l'abandon où elle le laissait, du peu d'amitié qu'elle lui témoignait [4]. Ces alternatives de calme et d'agitation ne pouvaient manquer de troubler leur concorde ; aussi, sous les prétextes bien tardifs des indiscrétions de Rousseau et de ses amis, du bruit qu'avait fait la folle passion dont il s'était pris pour elle, du souci de sa propre réputation, Mme d'Houdetot se décida-t-elle à une sorte de rupture qui n'altérerait en rien l'es-

---

1. *Lettre de Mme d'Houdetot à Rousseau*, 26 octobre 1757. — 2. *Id.* du 3 novembre 1757 au 8 janvier 1758, d'après STRECKEISEN-MOULTOU, ou, d'après RITTER, du 1er novembre 1757 au 10 janvier 1758. — 3. *Réponse de Mme d'Houdetot*, 10 janvier 1758. — 4. *Lettres à Mme d'Houdetot*, janvier, 25 mars, 13 juillet 1758.

time et l'amitié qu'elle et Saint-Lambert lui conserveraient toujours [1]. Cet engagement n'était pas une vaine parole. S'ils cessèrent, en effet, à partir de ce moment, presque toute correspondance avec lui, d'autres documents établissent que toute leur vie ils lui restèrent attachés [2].

Rousseau avait souvent rêvé une sorte de vie à trois avec Mme d'Houdetot et Saint-Lambert, et les deux amants, sans doute pour ne pas froisser ses idées, ont parfois exprimé le même désir [3]. On sent ce que ce projet avait de chimérique; mais si Rousseau ne put unir sa vie à celle de la femme de ses rêves, il lui garda toujours, même après que sa passion fut éteinte, un autel au fond de son cœur. Il avait fait d'elle une des héroïnes de sa *Nouvelle Héloïse*; il lui en envoyait les feuilles à mesure qu'il les composait. Quand le roman fut achevé, il lui en offrit un exemplaire élégant, tout entier écrit de sa main : Mme d'Houdetot garda précieusement ce don toute sa vie [4]. Il lui dédia encore d'autres œuvres littéraires, sous forme de lettres, si même il ne les lui adressa directement [5].

Grimm avait dit en parlant de Rousseau : la solitude le tuera ou le rendra fou; maintenant il disait :

---

1. *Lettre de Mme d'Houdetot à Rousseau*, 6 mai 1758. — 2. *Lettres de Mme de Verdelin à Rousseau*, 5 septembre 1763 ; — *de Rousseau à Mme de Verdelin*, 4 octobre 1765 et 17 décembre 1767. — 3. *Lettre à Saint-Lambert*, 28 octobre 1757 ; — *Confessions*, l. IX. — 4. *Lettre de Mme d'Houdetot à Rousseau*, 1760. — Elle écrivit ces mots en tête du volume : « Ce manuscrit fut pour moi le gage de l'attachement d'un homme célèbre. Son triste caractère empoisonna sa vie ; mais la postérité n'oubliera jamais ses talents... » (*Mémoires de Mme d'Épinay*, t. II. Appendice. — 5. *Lettres sur la vertu et le bonheur* (Aux *Œuvres et Correspondance inédites*, édition STRECKEISEN-MOULTOU).

la solitude l'a rendu fou ; et tout le monde de faire écho. Sa solitude, en tout cas, n'était pas bien profonde, et l'on ne pouvait guère l'appeler le Solitaire que par un reste de vieille habitude. La vie fut notamment cette année-là singulièrement bruyante à la Chevrette. Il y avait nombreuse compagnie, on faisait de la musique, on jouait la comédie. Jean-Jacques, pour faire diversion à ses maux, voulut prendre part à cette agitation. Il fit la musique d'une pièce mêlée de chants, dont Mme d'Épinay avait composé les paroles. Il fit aussi, pour la dédicace de la chapelle du château, celle d'un motet : *Ecce sedes hic tonantis;* la beauté de ce chant frappa tout le monde[1]. Il avait bien, pour exciter sa verve, le désir de se faire honneur auprès de Mme d'Houdetot d'un talent qu'elle aimait ; mais il voulait surtout fermer la bouche aux gens qui, malgré le *Devin* et ses autres œuvres musicales, s'entêtaient, croyait-il, à soutenir qu'il n'entendait pas la composition et n'était pas l'auteur de ses propres pièces.

Sa réputation de musicien pouvait s'affermir dans ces circonstances, mais il était clair que sa situation morale baissait rapidement dans l'opinion. Devenu malheureux et ridicule à cause de ses aventures, son irritabilité s'en était encore accrue. Mme d'Épinay, excitée de loin par Grimm, indisposée par Rousseau lui-même, par ses mensonges, par ses querelles, par ses sottises de chaque jour, ne voyait plus en lui qu'un *nain moral* et se détachait de lui. Si Mme d'Épinay en était là, que dire des autres ?

---

1. Ce morceau fut de nouveau chanté en 1765, par Mlle Fel. *Lettre de M. d'Épinay à Rousseau,* 15 mars 1765.

III

Ici nous arrivons à une nouvelle phase de ce que Rousseau a appelé ses malheurs : à sa rupture avec ses amis, avec Grimm, Diderot et Mme d'Épinay. Tout cela fut encore, en grande partie, la suite de son amour pour Mme d'Houdetot. Mais avant la grande querelle, il y eut avec chacun les piqûres d'épingle, les taquineries ; comme à la guerre, on a les escarmouches avant la bataille.

Grimm et Rousseau avaient été très intimement liés, mais leurs natures ne se convenaient en aucune façon. Grimm était trop froid, trop fier, trop arrogant dans sa morgue de parvenu pour l'orgueilleuse simplicité de son ami. Depuis longtemps, il cherchait à desservir Rousseau. Rousseau, de son côté, qui savait à peu près à quoi s'en tenir, n'était pas en reste de mots amers. Il avait donné à Grimm presque tous ses amis ; celui-ci était, avec le temps, venu à bout de les lui enlever, bien loin de lui donner aucun des siens. On n'en finirait pas si l'on voulait répéter tous les griefs de Rousseau, ses fâcheries, ses réconciliations, suivies de nouvelles mésintelligences. Il était précisément dans un de ses moments de mécontentement quand Grimm revint de la guerre. L'accueil qui fut fait au nouveau venu ne contribua pas à remettre Rousseau en bonne humeur. Il occupait une belle chambre auprès de celle de Mme d'Épinay, il fut obligé de la céder à Grimm ; il se trouva, non plus relégué au second rang, mais négligé, oublié, absolument annulé. Prévenances, politesses, attentions, tout était pour

Grimm. Ce dernier n'attendait pas seulement qu'on lui offrît la première place, il la prenait partout et écrasait le malheureux Jean-Jacques de ses airs protecteurs et de ses dédains ; il était le maître, il agissait en maître. Mme d'Épinay elle-même en souffrait [1].

On pense bien que de pareilles allures n'étaient pas du goût de Jean-Jacques. Il s'en plaignit à Mme d'Épinay et ne parla de rien moins que d'une rupture ; mais il ne pouvait s'attendre à trouver auprès d'elle un grand appui. Elle le sermonna si bien, verbalement et par écrit [2] ; elle lui présenta les choses de telle façon, qu'elle lui persuada qu'il pourrait bien s'être mépris, et qu'il devait à son ami une réparation et des excuses. Grimm, impassible et froid, laissait aller, promettant de répondre aux avances qu'il recevrait, mais ajoutant qu'il se garderait bien d'en faire. La scène de raccommodement qui eut lieu à cette occasion est longuement racontée dans les *Confessions* et dans les *Mémoires* [3]. Mais, au milieu des divergences des deux récits, il est difficile de démêler l'attitude des adversaires et la part de torts qu'il faut attribuer à chacun. Étant donnés leurs caractères, on ne se tromperait sans doute pas beaucoup en affirmant qu'ils avaient tort tous les deux. En tout cas, Jean-Jacques fut très content de lui, prétendit s'être heurté à l'orgueil et à la morgue de Grimm, s'être humilié et avoir fait

---

1. *Confessions*, liv. IX. Ces faits sont confirmés par le fils d'Épinay, *Lettre à Musset-Pathay*, 20 mai 1811. — 2. *Lettre de Mme d'Épinay à Rousseau*, automne de 1757. — 3. Mme d'Épinay place cette scène à l'arrivée même de Grimm ; il paraît qu'elle n'eut lieu que trois ou quatre semaines plus tard, mais peu importe. Voir RITTER, p. 331.

toutes les avances. En forme de conclusion, il dit à Mme d'Épinay : « Si cela doit me rendre le cœur de mon ami, je ne m'en repens pas[1]. » Quoi qu'on doive penser de cette réconciliation, Rousseau en fut généralement félicité[2].

Diderot, doué d'une imagination impossible, fougueux, emporté, mais aisé à ramener, était l'opposé de Grimm. Il se fâchait facilement avec Jean-Jacques, mais il se remettait de même. Dans le courant de l'été, ils eurent une nouvelle querelle, dont la cause n'est pas bien connue. Mme d'Épinay se borne à annoncer à Grimm comme une grande nouvelle que Jean-Jacques est allé à Paris pour voir Diderot, se jeter à son cou et lui demander pardon d'une lettre trop vive qu'il lui avait écrite. Quoiqu'il prétende, dit-elle, n'avoir pas tort, il a voulu lui jurer une amitié éternelle, a passé deux jours auprès de lui, et est revenu enchanté. Il voulait emporter son roman ; elle l'a dissuadé de cette résolution, qui lui aurait fait perdre le mérite de sa visite. Elle a eu de la peine à le déterminer, mais à la fin il s'est soumis. Elle le croyait du moins ; car Grimm ne tarda pas à la détromper et à lui apprendre que Rousseau en avait menti ; qu'il n'avait été voir Diderot que pour lui lire son ouvrage ; qu'il l'avait tenu depuis le samedi dix heures du matin, jusqu'au lundi onze heures du soir, lui donnant à peine le temps de boire et de manger. Puis, la révision faite, Diderot lui ayant parlé d'un plan qu'il avait dans la tête et d'un inci-

---

1. *Confessions*, l. IX ; — *Mémoires de Mme d'Épinay*, t. II, ch. VIII ; — *Lettre de Rousseau à Saint-Lambert*, 28 octobre 1757. — 2. *Lettres diverses*, fin de 1757-1758.

dent à arranger : Cela est trop difficile, avait répondu froidement l'Ermite ; il est tard ; je ne suis point accoutumé à veiller ; bonsoir ; je pars demain, à six heures du matin. Et là-dessus, il avait pris congé de Diderot, pétrifié de son procédé [1].

Ce récit ne saurait être accepté de tout point. Il est bien vrai qu'à cette réconciliation, dont Rousseau d'ailleurs s'attribue tout le mérite, il fut beaucoup question de la *Nouvelle Héloïse*. Diderot trouva l'ouvrage *feuillu*[2], c'est-à-dire trop touffu, défaut que Rousseau reconnut sans difficulté, et dont il chercha à se corriger dans la suite du roman. Mais il est vrai aussi qu'on parla des ouvrages de Diderot, notamment du *Fils naturel*, qui avait échoué, et du *Père de Famille*, qui fut jugé capable de réparer cet échec.

Il faut que Diderot ait repris bien vite son ascendant sur Jean-Jacques ; car, pour commencer, il l'emmena souper, malgré sa répugnance, chez le baron d'Holbach. Jean-Jacques était souvent ainsi, se laissant gouverner comme un enfant, sauf à se révolter contre ceux qui le gouvernaient [3].

Mme d'Épinay avait trop d'occasions de voir et d'apprécier Rousseau pour lui rester longtemps attachée. Outre les querelles de Grimm et de Diderot, qu'elle avait embrassées chaleureusement, elle avait ses sujets propres de mécontentement. On ne sait

---

1. *Mémoires de Mme d'Épinay*, t. II, ch. VIII. — 2. Les *Confessions* et une *Lettre de Rousseau à Duclos*, 19 novembre 1760, disent *feuillet*. Cela doit être une faute de copiste ou d'impression ; *feuillet* ne veut rien dire. Duclos, enchanté de la *Nouvelle Héloïse*, dit formellement d'ailleurs : Je vous réponds que je ne trouve pas l'ouvrage *feuillu* (*Lettre de Duclos*, novembre 1760). — 3. *Confessions*, l. IX, et *Lettre à Mme d'Houdetot*, s. d.

si elle se souvenait que Rousseau l'avait soupçonnée d'avoir écrit à Saint-Lambert ; mais à coup sûr, Rousseau ne l'avait pas oublié. Elle avait chaque jour à se plaindre des âpretés et des inégalités de son caractère. Elle a, d'ailleurs, parfaitement indiqué dans ses mémoires le mouvement progressif de ses propres sentiments, qui, peu à peu, à l'amitié substitua la pitié, puis l'indifférence et le mépris.

Dès le printemps, Jean-Jacques lui avait remis les premières lettres de la *Nouvelle Héloïse* ; il lui sembla que les personnages manquaient de vérité et de chaleur ; qu'ils ne disaient pas un mot de ce qu'ils devaient dire : c'était toujours l'auteur qui parlait. Mais comment lui faire comprendre cela ? Elle y parvint pourtant, à force de ménagements. Jean-Jacques ne fut pas blessé, ou du moins ne le fit pas trop paraître[1].

Bientôt elle voit ou apprend ses visites à Eau-Bonne, ses humeurs, les jalousies de Thérèse ; elle se trouve négligée et ne tarde pas à être l'objet de soupçons odieux ; de là, des explications, des récriminations. Puis les scènes se multiplient : Jean-Jacques pleure ou s'irrite, accuse ou se justifie, se met en colère ou demande pardon, se désespère, tombe malade, donne toutes les marques du caractère le plus fantasque, de l'esprit le plus désordonné. D'autres fois, il se livre aux paradoxes les plus révoltants ; il a des idées à lui sur l'état de nature, sur l'éducation : le père et la mère ne sont pas faits pour élever leurs enfants, ni les enfants pour être élevés par eux. En présence de ces thèses bizarres, de ces écarts de caractère, Grimm ne ces-

---

1. *Mémoires de M*ᵐᵉ *d'Épinay*, t. II, ch. VI.

sait de répéter à Mme d'Épinay : Ma pauvre amie, Rousseau est fou, mais vous l'avez encouragé ; défiez-vous de lui ; soyez plus ferme ; je crains bien que vous n'ayez à vous repentir de votre indulgence à son égard. Le trait suivant peint bien le changement qui s'opérait dans l'esprit de Mme d'Épinay. Elle avait prié Rousseau de faire copier pour elle le portrait que Latour avait fait de lui quelques années auparavant. Latour se chargea lui-même de la copie ; mais quand elle fut prête, les événements avaient marché et les rapports s'étaient aigris, au point que Rousseau ayant demandé à Mme d'Épinay où il fallait placer cette copie. — Chez vous, lui dit-elle. Je ne refuse pas votre portrait ; mais je ne vous presse pas de l'apporter ; il faut voir si vous méritez que je l'accepte [1].

Ce fut alors, et la situation étant déjà très tendue, que Mme d'Épinay conçut le projet d'aller à Genève pour consulter Tronchin sur sa santé.

Le motif de ce voyage a été diversement jugé. En général on admet, sur la foi de Jean-Jacques, que celui qui fut mis en avant n'était qu'un prétexte, et que la véritable raison était la nécessité d'aller cacher à l'étranger une grossesse peu honorable. Rousseau ne formule cette explication qu'à mots couverts, afin de ne pas divulguer, dit-il, les secrets de Mme d'Épinay. Au fond, une accusation ouverte serait moins venimeuse ; au moins elle ne

---

1. Voir sur tous ces faits les *Mémoires de Mme d'Épinay*, t. II, ch. VI, VII et VIII, et *Lettre de Rousseau à Mme d'Épinay*, vendredi, août 1757. — Rousseau prétend que Latour ne lui apporta son portrait qu'après son départ de l'Ermitage. Encore ici deux versions contradictoires ; — *Confessions*, l. IX.

serait pas hypocrite. Le fait eût-il été vrai, que Jean-Jacques était le dernier à qui il fût permis de le dire. Lui, l'hôte, l'obligé, l'ami de Mme d'Épinay, devait au moins la ménager devant le public, s'il ne pouvait la respecter au fond du cœur. Mais que dire si l'accusation était fausse? Mme d'Épinay pouvait être enceinte ; en fait, l'était-elle [1]? On n'en a pour garant que la parole de Rousseau. Il l'avait appris de Thérèse, laquelle le tenait du maître d'hôtel, qui lui-même le savait par la femme de chambre. Et c'est à ce bruit, venu du fond des cuisines, par le canal d'une fille bavarde et menteuse, que Rousseau sacrifie la réputation d'une femme, sa bienfaitrice ; et le gros des écrivains a longtemps répété ce jugement! Bien plus, si on leur dit qu'il n'est fondé sur aucune preuve positive ; que Mme d'Épinay fut accompagnée de son mari, société gênante, il en faut convenir, pour dissimuler une grossesse [2], qu'à Genève, elle fut constamment fêtée, entourée, exposée à tous les regards, qu'aucun document n'y confirme les allégations de Rousseau [3], ils ne sont pas arrêtés pour si peu, et plutôt que de reprocher à leur héros une erreur... ou une calomnie, ils imputent gratuitement et par simple induction un crime à Mme d'Épinay. Si elle n'a pu accoucher à Genève, insinuent-ils, il faut croire qu'elle aura fait

---

1. Nous ne parlons pas ici des années précédentes. Ainsi, l'on sait que le 29 mars 1753, elle était accouchée d'une fille, dont le père était Francueil. — 2. Chemin faisant, à une vingtaine de lieues de la frontière, il paraît que Mme d'Épinay fut gravement malade. Elle se prépara à la mort, se confessa, communia. Elle s'en excusa ensuite auprès de Grimm, qui aurait pris assez mal la chose (SCHERER, *Melchior Grimm*). — 3. SAYOUS, ch. v.

disparaître le fruit de ses coupables amours [1]. Heureusement pour la mémoire de Mme d'Épinay, le fait est éclairci aujourd'hui. Il est certain qu'elle n'était pas enceinte quand elle fit son voyage de Genève [2].

Rousseau avait précédemment exprimé l'intention de s'en retourner à Genève ; il était naturel que Mme d'Épinay le mît à même de venir avec elle. Elle lui en fit la proposition négligemment, sans paraître y attacher d'importance ; Rousseau y répondit de même, en plaisantant sur l'utilité du cortège d'un malade, pour accompagner une autre malade. Aussi, malgré sa manie de chercher à tout des motifs secrets, les pourparlers en seraient peut-être restés là, si Diderot n'était venu se jeter à la traverse. « J'apprends, écrivit-il à Rousseau, que Mme d'Épinay va à Genève, et je n'entends point dire que vous l'accompagniez. Mon ami, *content* de Mme d'Épinay, il faut partir avec elle ; *mécontent*, il faut partir beaucoup plus vite [3]. » Et, dans ce style, qui d'un grain de sable ferait une montagne, il déduit les raisons, réfute les objections, et se croit en règle parce qu'il dit à la fin de jeter sa lettre, si elle déplaît, et de n'y plus penser. — N'y plus penser ! Mais est-ce que cela était possible à Rousseau ? Loin de là, il enfle encore les hyperboles de Diderot. Lui qui, jusque-là, n'avait songé qu'à sa santé, il découvre tout à coup une foule de complots tramés contre lui. On prétend l'employer à être le chaperon de Mme d'Épinay, à couvrir une situation qu'il n'a pas faite, tandis que Grimm, le

---

1. Œuvres de J.-J. Rousseau, édit. PETITAIN, note du l. IX des *Confessions*. — 2. LUCIEN PERAY et GASTON MAUGRAS, *Les dernières années de Mme d'Épinay*, ch. I. — 3. *Confessions*, l. IX.

vrai coupable, le regardera de loin en riant à ses dépens. Il s'irrite surtout, lui le citoyen libre de la libre Genève, qu'on veuille faire de lui le suivant, presque le valet d'une fermière générale[1]. Quel contraste entre le rôle qu'on veut lui imposer et les honneurs qu'il reçut jadis dans cette même ville! Dans son dépit, il déchire avec ses dents le billet de Diderot; il y répond immédiatement et court aussitôt chez Mme d'Épinay. Elle était avec Grimm. Il leur lit *avec intrépidité* les deux lettres; ils en furent, dit-il, atterrés, abasourdis. Ce n'est pas tout à fait ce que prétendent les *Mémoires. Mécontent,* aurait dit Mme d'Épinay, pourquoi le seriez-vous? Quels sont mes torts? L'autre, effrayé de son imprudence, aurait avoué en balbutiant qu'il l'avait soupçonnée d'avoir instruit Saint-Lambert de ses amours, et aussi qu'il avait confié ses soupçons à Diderot. Mais il était si malheureux! d'ailleurs, il n'était pas sûr; il réparera ses torts; il se rétractera[2]; et il tombe aux genoux de Mme d'Épinay; il lui demande pardon; il lui promet de l'accompagner à Genève, si elle le désire. — Il est bien question de Genève! Allez, lui dit-elle; que je ne vous voie plus; et il sortit furieux[3].

Il aurait pu regarder ces dernières paroles comme un congé; mais un congé ne faisait pas son affaire. Aussi fut-il satisfait de l'insistance de Mme d'Hou-

---

[1]. Voir, outre les *Confessions,* la *Lettre de Rousseau à Saint-Lambert,* du 28 octobre 1757. — [2]. Il ne se pressa pas de le faire, ou plutôt il ne le fit jamais. « Je n'ai pas oublié ma promesse, écrivait-il à Mme d'É- pinay peu de temps avant de rompre avec elle; mais on n'est pas le maître de ses pensées » (octobre 1757). — [3]. *Mémoires de Mme d'Épinay,* t. II, ch. VIII.

detot pour le faire rester, au moins jusqu'au printemps.

Tant de lettres, de démarches, de pourparlers avaient le grand inconvénient de donner à l'affaire un caractère et une importance qu'elle ne comportait pas. « Si j'eusse été dans mon état naturel, dit Rousseau, après la proposition et le refus de ce voyage de Genève, je n'avais qu'à rester tranquille, et tout était dit. » Malheureusement pour lui, il ne savait pas être tranquille. Il désirait rester à l'Ermitage ; il le demandait parfois plus qu'il ne convenait à sa fierté, peut-être à sa dignité ; ses amis l'aidaient ; Mme d'Épinay ne se montrait pas trop récalcitrante, et il faisait tout ce qu'il fallait pour hâter son départ ; il provoquait des explications, et ces explications ne faisaient que lui créer une situation plus difficile.

Celles qu'il donna à Grimm, quoique longuement pesées et étudiées, ne prouvent que deux choses qu'on pouvait déjà savoir : qu'il était un écrivain de mérite et un caractère méprisable. Premièrement, dit-il, il n'aime pas les bienfaits ; il n'en veut pas ; il ne sait aucun gré à ceux qui lui en imposent de force. En second lieu, s'il doit quelque chose à Mme d'Épinay, elle lui doit bien davantage. A force de sollicitations et d'intrigues, elle a vaincu ses goûts et l'improbation de ses amis pour l'attirer à l'Ermitage. Et depuis qu'il y est, que de cuisants repentirs ne lui a-t-elle pas inspirés! « Comparez les bienfaits de Mme d'Épinay avec mon pays sacrifié et deux ans d'esclavage, et dites-moi qui, d'elle ou de moi, a plus d'obligations à l'autre? » Pense-t-on cependant qu'il doive accompagner Mme d'Épinay ; qu'on le dise, et il part à l'instant même, sans se demander s'il ne sera pas pour elle un embarras bien plutôt qu'un secours. Quant au séjour à l'Ermitage, il comprend qu'il ne peut le prolonger; il lui semble seulement qu'il vaut mieux attendre au printemps. Le départ aura alors moins d'éclat, et sera moins pénible pour lui [1].

Poser la question dans ces termes, c'était la résoudre. Grimm lui répondit d'abord par un simple billet assez cavalier qu'on n'avait pas besoin de lui, mais qu'il pouvait, s'il le voulait, offrir ses services, afin de se prévaloir ensuite d'un refus. Rousseau aima mieux écrire une nouvelle lettre de récriminations à Mme d'Épinay, au risque de se l'aliéner sans retour. Mais Saint-Lambert, à qui il avait également exposé ses raisons, et surtout Mme d'Houdetot lui restaient; leur affection pouvait le consoler de bien des déboires [2].

Le départ de Mme d'Épinay (29 octobre) ne rendit pas le calme à Rousseau. Quelques jours étaient à peine écoulés, qu'il recevait de Grimm une nouvelle réponse. « Si je pouvais vous pardonner, lui disait Grimm, je me croirais indigne d'avoir un ami. Je ne vous reverrai de ma vie [3]. » En effet, ils ne se réconcilièrent jamais.

La lettre de Grimm désola Rousseau; mais elle eut au moins l'avantage de l'éclairer. Il vit enfin qu'il lui fallait quitter l'Ermitage. Il songea à chercher à Montmorency un petit établissement provisoire jusqu'au printemps [4]. Ce n'était pas toutefois

---

1. *Lettre à Grimm*, 19 octobre 1757. — 2. *Lettres de Mme d'Houdetot à Rousseau*, 26 octobre ; *de Rousseau à Saint-Lambert*, 28 octobre 1757. — 3. *Mémoires de Mme d'Épinay*, t. II, ch. IX. — 4. *Lettre à Mme d'Houdetot*, 8 novembre ; autre *lettre* de novembre 1757.

l'avis de Mme d'Houdetot. La pitié l'avait rendue plus affectueuse ; le même sentiment lui donna une fermeté qui ne lui était pas habituelle. Elle mit tout en œuvre pour calmer son pauvre ami, pour le réconcilier d'abord avec Diderot, puis avec Mme d'Épinay[1]. Ses conseils étaient inspirés par un bon naturel ; mais pour les rendre efficaces, il aurait fallu donner à Rousseau une énergie de volonté, une force contre lui-même dont il était bien incapable. Ils étaient cependant trop conformes à ses désirs secrets pour qu'il ne fît pas une tentative ; mais son effort, comme tout ce qui part d'une volonté faible et hésitante, fut insuffisant et maladroit. « J'ai voulu quitter l'Ermitage, écrivit-il à Mme d'Épinay, et je le devais ; mais on prétend qu'il faut que j'y reste jusqu'au printemps ; et puisque mes amis le veulent, j'y resterai jusqu'au printemps, si vous y consentez. » Cette résolution était trop tardive. « Puisque vous vouliez quitter l'Ermitage, et que vous le deviez, lui répondit Mme d'Épinay, je suis étonnée que vos amis vous aient retenu. Pour moi, je ne consulte point les miens sur mes devoirs, et je n'ai rien à vous dire sur les vôtres[2]. »

Le congé était net et sec. Rousseau l'appelle imprévu ! Dans tous les cas, il n'y avait plus de place pour l'hésitation. Quoi que pût dire et faire Mme d'Houdetot, il fallait partir sur-le-champ. Mme d'Houdetot avait en effet nourri jusqu'à la fin l'espoir d'empêcher le départ de Rousseau. Elle écrivit à sa belle-sœur pour la disposer à l'indulgence ; peut-être y aurait-elle réussi, si celle-ci avait été laissée aux

---

1. *Lettres de Mme d'Houdetot à Rousseau, du 26 octobre au* 14 décembre 1757. — 2. *Lettre à Mme d'Épinay, et Réponse.*

inspirations de son cœur ; mais elle était obsédée par Grimm. C'est lui qui la prévint contre toute idée de réconciliation ; il paraît même constant qu'elle lui en fit plus tard de vifs reproches [1].

Grimm s'est expliqué deux fois sur cet événement. D'abord il a déclaré que personnellement il n'eut jamais de reproches à faire à Rousseau pendant les huit années que dura leur liaison. S'il la rompit, il eut des raisons de justice et de probité qui l'y obligèrent [2]. Il revint plus tard sur ce sujet, mais dans des termes autrement vifs. « Rousseau, dit-il, se croyant en droit d'être jaloux de son ami M. de Grimm, paya sa bienfaitrice de la plus noire ingratitude, et l'homme qu'il se crut préféré ne fut plus à ses yeux que le plus injuste et le plus perfide des hommes [3]. » Il ne faut pas s'étonner de la différence des deux passages ; les *Confessions* avaient paru dans l'intervalle.

Jean-Jacques ne fut pas aussi embarrassé qu'il veut bien le dire, pour faire son déménagement. La saison était peu favorable, c'est vrai ; mais on n'est pas pour rien un homme célèbre, et plus d'une personne aurait été honorée de lui donner asile. Il n'eut pas besoin, dans tous les cas, d'aller loin. Un M. Mathas, procureur fiscal du Prince de Condé, lui fit offrir une petite maison qu'il avait dans sa propriété de Mont-Louis à Montmorency. Rousseau accepta, fit marché avec lui, acheta quelques objets pour compléter son modeste mobilier, et, au milieu de la glace et de la neige, le 15 décembre 1757, il

---

1. *Mémoires de Mme d'Épinay*, t. II, ch. IX. — *Lettre du fils d'Épinay à Mussel-Pathay*, 20 mai 1811. — 2. *Correspondance littéraire*, 15 novembre 1766. — 3. *Correspondance littéraire*, novembre 1783.

fit charrier ses effets dans sa nouvelle demeure. On prétend qu'il affecta de *mettre au cul de la charrette le portrait de Mme d'Épinay, la face tournée du côté des passants*. Rousseau dit au contraire qu'il le lui avait rendu avant son départ[1].

Il profita de l'occasion pour renvoyer à Paris la mère Le Vasseur. Thérèse voulut intercéder pour elle, mais il fut inflexible. Il lui donna en partant de l'argent, ses effets, quelques meubles; il s'engagea à payer son loyer et à subvenir à ses besoins. Dans le même temps, Mme d'Épinay s'entendait avec Grimm et Diderot pour que la bonne femme ne manquât de rien et prenait à son compte la moitié de la dépense. Jean-Jacques se trouva-t-il alors déchargé, ou sa belle-mère reçut-elle de toutes mains[2]?

Après le départ de Jean-Jacques, Mme d'Épinay, en femme du monde qui sent qu'entre gens qui ont eu des rapports intimes et n'en doivent plus avoir, les récriminations deviennent superflues, se tint exclusivement sur le terrain des affaires. Elle désirait, entre autres choses, rembourser les gages du jardinier avancés par Rousseau[3]; celui-ci, non content de refuser, ne sut pas se priver de quelques phrases, que Mme d'Épinay appelle, non sans raison, impertinentes[4].

Du reste, si dans ses lettres à Rousseau, elle restait dans les termes d'une froide politesse, il n'en était pas toujours de même quand elle parlait de lui. D'ailleurs, Grimm la tenait au courant des faits

---

1. BACHAUMONT, 26 avril 1783: — *Confessions*, l. X. — 2. *Mémoires de Mme d'Épinay*, t. II, ch. IX. — 3. *Lettre de Mme d'Épinay à Rousseau*, 17 janvier 1758. — 4. *Mém. de Mme d'Épinay*, t. II, ch. IX; — *Lettre de Rousseau à Mme d'Épinay*, 27 février 1758.

et gestes de ce *monstre*, de cet *homme abominable*. Il lui répétait les bruits de Paris. On blâmait Rousseau, disait-il; mais aussi l'on ne voyait dans sa conduite à elle-même qu'une singulière affectation et une prétention ridicule; et voilà, ajoutait-il, ce qu'on gagne à obliger des fous [1]. Mme d'Épinay n'avait pas davantage à se louer de Thérèse et de ses bavardages [2]. Mais ces petites misères étaient bien insignifiantes à ses yeux, en comparaison de certains autres soucis : n'allait-on pas, par exemple, jusqu'à lui imputer d'avoir été la maîtresse de Jean-Jacques. Grimm s'employait de son mieux à la laver de ces infamies; mais plus d'un an après, il était encore obligé de s'élever contre ces rumeurs, tant elles étaient persistantes [3].

Tandis qu'à Paris on faisait à Mme d'Épinay un grief de ses bienfaits envers Rousseau, à Genève, où l'on ne savait pas encore les faits, on lui tenait compte même du bien qu'elle avait cessé de lui faire. Elle prétend que Deluc ayant appris par Tronchin le départ de Rousseau, vint les larmes aux yeux pour la consoler et l'assurer que lui et la République lui garderaient toujours la reconnaissance dont leur concitoyen paraissait manquer [4]. Mais pour qui connaît Deluc, grand partisan de Rousseau, le fait a besoin de confirmation.

Pour bien juger du rôle que joua Diderot dans cette affaire, il est bon que nous retournions un peu en arrière.

Mme d'Houdetot n'avait pas été la seule à presser

---

1. *Mém. de Mme d'Épinay*, t. II, ch. IX. — 2. *Id.*, ch. IX et X. — 3. *Lettre de Grimm à Diderot* (*Mém. de Mme d'Épinay*, t. II, ch. X). — 4. *Mém. de Mme d'Épinay*, t. II, ch. IX.

Rousseau de rester à l'Ermitage; Diderot, lui aussi, quoique en commerce assidu avec Grimm, avait agi dans le même sens et prêché d'abord la conciliation. « Pourquoi, disait-il à Rousseau, délogez-vous de l'Ermitage? Si c'est impossibilité d'y subsister, danger de la saison, je n'ai rien à dire ; sinon, votre raison est mauvaise. Votre séjour à Montmorency aura mauvaise grâce[1]. » Il promettait en même temps à Jean-Jacques de le venir voir. Sa visite eut lieu dans les derniers jours que celui-ci passa à l'Ermitage. Ils parlèrent longuement et sérieusement. Jean-Jacques avait le cœur plein ; il l'épancha dans le sein de son ami, lui confia ses secrets (pas tous, bien entendu); lui dévoila les manœuvres de Mme d'Épinay ; prit les deux Le Vasseur à témoin de certains faits dont elles avaient connaissance et, dans le dépit que lui causèrent les réticences et les démentis de la vieille, se promit bien de ne pas la garder davantage avec lui[2].

Voilà du moins ce que racontent les *Confessions*. Il est possible que Diderot ait fait à l'Ermitage la visite dont il est ici question ; mais il en fit assurément une autre dont Rousseau ne parle pas, visite qui dut être orageuse et donna lieu à un grand déploiement de déclamations, de sentimentalité et de pleurs. Diderot ayant parlé à Saint-Lambert de la lettre qu'il avait dû recevoir de Rousseau, n'avait pas appris sans une profonde stupéfaction que celui-ci, au lieu de lui écrire sur le ton dont ils étaient convenus, lui avait envoyé une lettre atroce, à laquelle Saint-Lambert disait « qu'on ne pouvait ré-

---

[1]. *Lettre de Diderot à Rousseau,* hiver de 1757. — [2]. *Conf.*, l. IX.

pondre qu'avec un bâton. » Après avoir rétabli la vérité des faits, Diderot exaspéré courut chez Rousseau. « Je viens savoir, lui dit-il, si vous êtes fou ou méchant, » et il lui dévoila la noirceur de la conduite qu'il avait tenue en essayant de brouiller Saint-Lambert avec Mme d'Houdetot. — « Il y a quinze ans, reprit Rousseau, que vous me connaissez ; vous savez que je ne suis pas méchant, et je vais vous prouver que je ne suis pas fou. » Et il lui donna une lettre de Mme d'Houdetot ; mais cette lettre prouvait précisément la fourberie dont il était accusé. — « Ah, certes ! vous êtes fou, lui dit Diderot, de vous être exposé à me laisser lire ceci. » — Rousseau furieux ne voulut pas convenir de son tort. Bientôt après il fit un crime à Diderot de s'être expliqué avec Saint-Lambert, et il l'accusa de l'avoir trahi et d'avoir violé le secret qu'il lui avait confié.

De retour chez lui, Diderot écrivit à Grimm la lettre la plus violente, pour lui dévoiler les mensonges, les noirceurs, les perfidies de Rousseau. « Que je ne voie plus cet homme-là, disait-il, il me ferait croire au diable et à l'enfer. Si je suis jamais forcé de retourner chez lui, je suis sûr que je frémirai tout le long du chemin[1]. »

Il paraît que ce ne fut pourtant pas encore la rupture définitive, tant il est vrai que les paroles de Diderot n'étaient que comédie. On voit dans une lettre postérieure de Deleyre que Diderot continuait

---

1. *Mémoires de Mme d'Épinay*, t. II, ch. IX. — *Mémoires de Marmontel*, l. VIII. — *La Jeunesse de Mme d'Épinay*, Appendices. Tablettes manuscrites de Diderot, communiquées par M. Maurice TOURNEUX : *Les sept scélératesses de Rousseau.*

à Rousseau son affection. « Je ne sais quoi, disait Deleyre, se met entre vous deux. Pardonnez-vous mutuellement; il a besoin d'indulgence[1]. Mais des coups trop violents avaient été portés de part et d'autre, et les ressentiments longtemps contenus n'attendaient qu'une occasion pour éclater.

La rupture vint de Jean-Jacques. Il y avait sans doute beaucoup d'imagination dans leurs querelles; mais les causes de leurs divisions, pour être imaginaires, n'en étaient pas moins puissantes. Jean-Jacques se fâcha parce que les discussions précédentes l'y avaient disposé; il se fâcha parce qu'ayant reçu son congé de Mme d'Épinay, il voulut à son tour donner le sien à Diderot. Le mot de Diderot : *Il n'y a que le méchant qui soit seul*, lui revint à la mémoire et lui monta au cerveau. Il se fâcha enfin parce que le refroidissement de Mme d'Houdetot ayant encore excité sa bile, il voulut, suivant sa coutume, trouver à cette disgrâce des motifs secrets. Quand donc Mme d'Houdetot lui écrivit qu'elle était décidée à cesser tout commerce avec lui[2] : C'est de Diderot, s'écria-t-il, que vient tout le mal : Diderot a divulgué ses secrets à Saint-Lambert, Diderot lui a retiré le cœur de son amie, Diderot est un traître; il faut rompre avec lui.

Le 2 mars il lui avait encore écrit, pour se plaindre, il est vrai, mais sans aigreur; et chose remarquable, il ne faisait pas dans sa lettre la moindre allusion au fameux grief de la violation de ses secrets[3]. Mais désormais à quoi bon les explica-

---

1. *Lettre de Deleyre à Rousseau*, 28 février 1758. — 2. *Lettres de Mme d'Houdetot à Rousseau*, 14 décembre 1757, 19 février, 6 mai 1758. — 3. *Lettre à Diderot*, 2 mars 1758.

tions? Elles aboutissent trop souvent à un raccommodement; il n'en veut plus. Pourquoi se préoccuper des règles de la bienséance? Elles ne sont que mensonge et trahison. Jean-Jacques d'ailleurs est devenu un personnage et il peut prendre ses modèles sur les sommets. Il se rappelle que Montesquieu, rompant avec le P. Tournemine, le déclara hautement à tout le monde. Il veut faire comme Montesquieu; il veut faire mieux, s'il est possible, et il insère dans un ouvrage qu'il publiait alors, la *Lettre à d'Alembert sur les Spectacles,* la phrase suivante : « J'avais un Aristarque sévère et judicieux; je ne l'ai plus; je n'en veux plus; mais je le regretterai sans cesse, et il manque bien plus encore à mon cœur qu'à mes écrits. *Ad amicum etsi produxeris gladium, non desperes; est enim regressus. Ad amicum si aperueris os triste, non timeas; est enim concordatio. Excepto convicio, et improperio, et superbia, et mysterii revelatione, et plaga dolosa; in his omnibus effugiet amicus.* » (*Ecclesiastic.,* XXXII, 26, 27)[1]. Rousseau prétend que ces paroles étaient claires pour quiconque était au fait de la question, et ne signifiaient rien pour le reste du monde. C'est là une mauvaise plaisanterie. Elles étaient claires pour tout le

---

1. Voici la traduction de ce texte par MARMONTEL (*Mémoires,* l. VII) : « Si vous avez tiré l'épée contre votre ami, ne desespérez pas, car il y a moyen de revenir. Si vous l'avez attristé par vos paroles, ne craignez rien; il est possible encore de vous réconcilier avec lui. Mais pour l'outrage, le reproche injurieux, la révélation du secret et la plaie faite à son cœur en trahison, point de grâce à ses yeux; il s'éloignera sans retour. » La lettre a d'Alembert est datée du 20 mars 1758; mais elle ne parut qu'un peu plus tard. La préface notamment ne fut pas imprimée avant le 15 juin. (*Lettre à Rey,* 23 juin 1758.)

monde; et eussent-elles eu besoin d'être expliquées, du moment que l'explication était trouvée, elles devenaient à l'instant connues de tous [1].

La phrase de Rousseau et la rupture qui en fut la suite fut un événement dans Paris, et pendant quelque temps, le sujet de toutes les conversations. « Mon Dieu, disait le duc de Castries, partout où je vais, je n'entends parler que de ce Rousseau et de ce Diderot! Conçoit-on cela? des gens de rien; des gens qui n'ont pas de maison, qui sont logés à un troisième étage! En vérité, on ne peut se faire à ces choses-là [2]. »

L'injure étant publique ne laissait pas de place à une réconciliation. Diderot fut très blessé, mais ne daigna pas répondre, du moins publiquement. « Nos amis communs, écrivait-il peu de temps après, ont jugé entre lui et moi; je les ai tous conservés et il ne lui en reste aucun. C'est une action atroce que d'accuser publiquement un ancien ami, même lorsqu'il est coupable; mais quel nom donner à l'action, s'il arrive que l'ami soit innocent? Et quel nom lui donner encore, si l'accusateur s'avouait au fond de son cœur l'innocence de celui qu'il ose accuser [3]? »

La conduite de Rousseau fut universellement blâmée. Deleyre lui en exprima sa tristesse [4]. Saint-Lambert, que Rousseau regardait comme son dernier ami, qui, la veille encore, lui avait écrit dans les termes de *la plus tendre amitié,* ne put contenir son indignation. Sa lettre a d'autant plus d'importance que lui-même avait été l'occasion de la rup-

---

1. *Confessions*, l. X. — 2. CHAMPFORT; cité par SAINT-MARC GIRARDIN (*Revue des Deux Mondes*, 15 septembre 1853). — 3. *Lettre de Diderot à M. N., de Genève.* — 4. *Lettre de Deleyre à Rousseau,* 29 octobre 1758.

ture et savait parfaitement à quoi s'en tenir[1]. Voici la réponse insolente que lui fit Rousseau : « Monsieur, en lisant votre lettre, je vous ai fait l'honneur d'en être surpris, et j'ai eu la bêtise d'en être ému; mais je l'ai trouvée indigne de réponse. Je ne veux point continuer les copies de Mme d'Houdetot. S'il ne lui convient pas de garder ce qu'elle a, elle peut me le renvoyer, je lui rendrai son argent[2]... »

Rousseau croit que cette lettre fit rentrer Saint-Lambert en lui-même ; c'est peu probable. Il est vrai que celui-ci ne lui garda pas rigueur ; qu'il dîna avec lui quinze jours après ; mais il vaut mieux attribuer son retour, si le retour fut véritable, aux bons soins de Mme d'Houdetot.

Voilà donc Rousseau absolument sans amis. Il avait si bien manœuvré qu'il les avait tous perdus dans l'espace de quelques mois. Sa rupture avec Diderot ne revêtit pourtant pas le caractère d'âpreté qu'elle eut constamment avec Grimm. Certes, Rousseau a dit du mal de Diderot ; Diderot, de son côté, en a dit encore plus de Rousseau, principalement dans sa *Vie de Sénèque*, où, à propos de Sénèque, de Claude et de Néron, il vomit vingt pages d'injures contre son ancien ami. Mais ces boutades avaient leurs retours. Il fut même, dans un moment, question d'une réconciliation, dont, bien entendu, Diderot aurait fait presque tous les frais. Rousseau ne voulut pas s'y prêter[3].

Outre les antipathies de caractère qui divisaient ces deux hommes, on peut, avec Saint-Marc Girar-

---

1. *Lettre de Saint-Lambert à Rousseau*, 10 octobre 1758; *Confessions*, l. X. — 2. *Lettre à Saint-Lambert*, 11 octobre 1758. — 3. *Lettre du comte d'Escherny à Rousseau*, 23 mai 1765.

din, indiquer un autre motif à leur rupture, l'opposition de leurs idées. Deux tendances partagent les philosophes du xviiie siècle ; la tendance franchement antireligieuse, qui avait pour aboutissants le matérialisme et l'athéisme, quoique le plus souvent elle n'allât pas jusque-là, et la tendance semi-religieuse et spiritualiste, qui, sans aller jusqu'au Christianisme, entendait maintenir une sorte de religion philosophique. Voltaire, et à sa suite Diderot, sont les représentants les plus illustres de la première tendance. Rousseau, qui chaque jour se séparait davantage de l'école philosophique, se plaçait par là-même à la tête de la seconde. Tant que ces différences ne se manifestèrent que dans l'intimité de la vie privée, tout en donnant lieu à des discussions, elles n'altérèrent pas sensiblement l'amitié. Mais il arriva en même temps, et que les différences s'accentuèrent de plus en plus, et qu'elles eurent pour témoins et pour juges les salons, qui étaient alors une sorte de tribune philosophique, et même le grand public du livre. Les occasions de chocs devinrent dès lors plus fréquentes, les blessures plus profondes. Entre hommes qu'on peut appeler des hommes publics, de cette divergence de direction à une séparation formelle, et, s'il s'agit d'amis, à une rupture éclatante, il n'y a pas loin[1]. Cette explication qui convient parfaitement aux querelles de Rousseau et de Diderot, peut s'appliquer également à celles de Rousseau et de Voltaire. Elle donne à ces disputes une importance considérable, qui ne touche plus seulement à l'intérêt privé, mais embrasse l'intérêt même de la philosophie et de la religion.

1. *Revue des Deux Mondes,* 1er décembre 1853.

CHAPITRE XIV

Sommaire : Travaux de Rousseau pendant son séjour a l'Ermitage.
— I. *Le poème de Voltaire sur le désastre de Lisbonne.* — Rousseau se décide à y répondre. — La *Lettre sur la Providence.* — Envoi de cette lettre à Voltaire et réponse évasive de Voltaire. — Publication de la *Lettre sur la Providence.*
II. Extraits des ouvrages de l'abbé de Saint-Pierre. — Motifs et hésitations de Rousseau. — Le *Projet de paix perpétuelle.* — La *Polysynodie.* — Publication de ces ouvrages. — Opuscules de Voltaire sur la paix perpétuelle.
III. La *Morale sensitive.* — *Lettres sur la vertu et le bonheur.* — Les *Amours de Claire et de Marcellin.* — Le *Petit savoyard.*

I

Nous avons dit à la fin du chapitre précédent que Voltaire et Rousseau sont les représentants les plus fameux des deux tendances qui se partagent la philosophie libre-penseuse du XVIIIe siècle. Nous en trouvons la preuve, sans avoir besoin d'aller plus loin, dans la conduite qu'ils tinrent à l'occasion du tremblement de terre qui détruisit Lisbonne en 1755. Ainsi, leur première lutte sérieuse eut lieu à propos d'une question de philosophie religieuse.

La ruine de Lisbonne avait répandu dans tout le monde civilisé une émotion profonde. Voltaire n'eut garde de laisser échapper une si belle occasion de remettre Dieu à la raison. Des milliers d'hommes ont trouvé la mort dans le désastre ; pourquoi Dieu ne l'a-t-il pas empêché ? On fait honneur à Dieu de l'ordre de l'univers ; ne pourrait-on pas, à plus forte raison, lui faire un reproche de ses innombrables désordres ? Cependant à l'argument ancien de l'existence de Dieu par l'ordre de la nature, Voltaire qui, d'ailleurs, était déiste, n'avait point à opposer l'argument de la non-existence de Dieu par l'existence du désordre dans la création. Il lui était plus facile de s'en prendre tout bonnement à Pope et à Leibnitz, et, en face de leur axiome : Tout est bien, de dresser le tableau des maux qui affligent l'humanité. Mais ses vers passent par-dessus la tête de Pope et de Leibnitz, pour aller frapper en plein la Providence divine [1]. Peu d'affirmations précises ; mais, sous un respect simulé, des difficultés, des doutes, tout ce qu'il fallait pour ébranler la croyance à la Providence, tel est le procédé de Voltaire. Il termine par le mot *espérance* ; mais d'un bout à l'autre son œuvre ne respire que le désespoir.

Lorsque Rousseau reçut le poème de Voltaire, ne sachant d'abord d'où lui venait ce présent, il l'attribua naturellement à l'auteur. L'envoi lui avait été fait en réalité par Roustan, jeune ministre du saint Évangile, dans le but précisément de provoquer une réponse de sa part. Lors de son voyage à Genève, il s'était établi des rapports d'intimité et de confiance entre lui et les pasteurs. Ceux-ci fondaient sur leur illustre compatriote les plus grandes espérances. Il n'est donc pas étonnant que Roustan se soit adressé à lui, pour défendre leur cause et celle de la Religion. « Vos lettres, lui écrivait Roustan, sont lues et dévorées par tous nos concitoyens ; laisserez-vous passer, sans mot dire, ces tristes choses[2] ? » Rousseau, heureux d'entrer dans les

---

[1]. Œuvres de Voltaire, Poème sur le désastre de Lisbonne, ou examen de cet axiome : Tout est bien. — [2]. DESNOIRESTERRES, Voltaire et la société française au XVIIIᵉ siècle, t. IV, p. 131.

vues de ses amis, écrivit alors sa réfutation[1].

On a beaucoup admiré sa *Lettre,* parce que les conclusions en sont justes. Ses partisans en ont fait une de leurs grandes réponses à ceux qui l'accusent d'impiété. Voyez, disent-ils, la *Lettre de Rousseau sur la Providence ;* admirez comme il s'y montre religieux et convaincu. Les chrétiens eux-mêmes le regarderaient presque, dans cette circonstance, comme un des leurs, comme une sorte de franc-tireur, fort peu discipliné, de l'armée de Dieu. Il est certain que, dans sa *Lettre,* l'éloquence déborde presque d'un bout à l'autre ; il est certain aussi qu'il y plaide la cause de Dieu, et on doit lui en savoir gré ; tout en ajoutant qu'il la plaide mal. Défendre la vérité par des arguments faux n'est la défendre qu'à moitié, et c'est ce que fait Rousseau.

L'origine du mal est, depuis le commencement du monde, un des problèmes les plus redoutables de la philosophie et de la Religion. En vain la philosophie a voulu le résoudre, elle a constamment échoué ; telle est précisément la cause de la faiblesse de Rousseau. En voulant rester uniquement philosophe, il se condamnait d'avance à l'impuissance.

Voltaire, qui ne voulait que détruire et pêcher en eau trouble, n'avait besoin pour cela que de soulever des objections. Jean-Jacques, au contraire, qui avait la prétention d'établir une vérité positive, avait tout intérêt à ramener la question à ses véritables termes. Entre le *tout est bien* de Leibnitz et

---

[1]. *Lettre de Rousseau à M. de Voltaire,* 18 août 1756. Streckeisen-Moultou a publié dans les *Œuvres et correspondances inédites de J.-J. Rousseau,* un fragment inédit de cette lettre. Ce fragment est sans importance.

le *tout est mal* de Voltaire, il y avait en effet un troisième parti à prendre, et c'était le bon : la justification pure et simple de la Providence. Dieu, auteur de l'univers, le gouverne avec sagesse ; c'est lui qui a établi les lois qui le maintiennent et le conservent. En ce qui concerne les hommes, il a donné à chacun assez de biens pour que sa bonté, sa sagesse et sa justice soient pleinement justifiées. Il a surtout ménagé à l'homme les moyens de parvenir au bonheur complet en lui laissant les occasions de mériter. Dieu se montre l'exact rémunérateur de la vertu, le juste vengeur du crime. Il n'a pas seulement, d'ailleurs, pour manifester sa Providence, le temps présent ; il a aussi la vie future, qui redressera tous les torts, corrigera tous les abus, remettra toutes choses en leur place. — Comment se fait-il que Rousseau, au lieu de s'attacher à ces grandes vérités, ait trouvé bon de suivre son adversaire sur son propre terrain ? Non content d'augmenter, par ses doctrines sociales et religieuses, la difficulté de sa tâche, il consentait ainsi, par une fausse générosité ou une fausse manœuvre, à se priver d'une partie de ses moyens. Son dogme fondamental que l'homme naît bon, sa prétention de substituer au péché originel la corruption de l'homme par la civilisation le gênaient évidemment pour soutenir la thèse de Leibnitz et de Pope ; aussi est-il faible, malgré son éloquence. Il raisonne bien, si l'on veut, mais ses raisonnements manquent de base. « Si je ramène, dit-il, ces questions diverses à leur principe commun, il me semble qu'elles se rapportent toutes à celle de l'existence de Dieu : Si Dieu existe, il est parfait ; s'il est parfait, il est sage, puissant et juste ; s'il est sage et puissant, tout est bien ; s'il est juste et puissant, mon âme est immortelle ; trente ans de vie ne sont rien pour moi et sont peut-être nécessaires au maintien de l'univers. Si l'on m'accorde la première proposition, jamais on n'ébranlera les suivantes ; si on la nie, il ne faut point discuter sur ses conséquences... Quant à moi, je vous avouerai que ni le pour ni le contre ne me paraissent démontrés sur ce point par les seules lumières de la raison, et que si le théiste ne fonde son sentiment que sur des probabilités, l'athée, moins précis encore, ne me paraît fonder le sien que sur des possibilités contraires...

« Non, dit-il en terminant, j'ai trop souffert en cette vie, pour n'en pas attendre une autre. Toutes les subtilités de la métaphysique ne me feront pas douter un moment de l'immortalité de l'âme et d'une Providence bienfaisante. Je la sens, je la crois, je la veux, je l'espère, je la défendrai jusqu'à mon dernier soupir, et ce sera, de toutes les disputes que j'aurai soutenues, la seule où mon intérêt ne sera pas oublié. »

Mais il faut convenir que cette conclusion n'est nullement contenue dans les prémisses ; que Rousseau, en bonne logique (il l'avouait lui-même un instant auparavant), ne pouvait aboutir qu'au doute et à une preuve de sentiment, qui n'avait rien de bien rigoureux. Et s'il en est ainsi de la partie la plus ferme de sa lettre, que dire du surplus ? La foi en la Providence le console, le fortifie, l'aide à porter le poids de la vie, l'élève sur les ailes de l'espérance ; mais à celui qui lui dirait que sa foi est vaine, que son espérance est trompeuse, il n'aurait rien à répondre, sinon qu'il lui plaît d'être consolé. Voltaire n'avait pas osé nier la Providence,

Rousseau, de son côté, n'osait pas l'affirmer ; tous deux doutent ; seulement l'un incline à croire que la Providence n'existe pas ; l'autre qu'elle existe ; il n'y a entre eux qu'une différence de degré et de tendance. Était-ce bien la peine d'entamer une aussi grave discussion puisqu'elle ne devait rouler que sur un peut-être ?

La péroraison de Rousseau est très belle ; elle a été souvent citée : « Je ne puis m'empêcher, Monsieur, de remarquer à ce propos une opposition bien singulière entre vous et moi dans le sujet de cette lettre. Rassasié de gloire et désabusé des vaines grandeurs, vous vivez libre au sein de l'abondance, bien sûr de votre immortalité ; vous philosophez paisiblement sur la nature de l'âme, et si le corps ou le cœur souffre, vous avez Tronchin pour médecin et pour ami ; vous ne trouvez pourtant que mal sur la terre. Et moi, homme obscur, pauvre et tourmenté d'un mal sans remède, je médite avec plaisir dans ma retraite, et trouve que tout est bien. D'où viennent ces contradictions ? Vous l'avez vous-même expliqué : vous jouissez, mais j'espère, et l'espérance embellit tout. »

La *Lettre sur la Providence* ferme en quelque sorte le cercle du système de Rousseau. Par son *Discours sur l'Inégalité*, il avait pris rang contre la société ; par sa *Lettre*, il se range parmi les spiritualistes ; il se limite ainsi des deux côtés et donne sa mesure ; il se présente à la fois comme révolutionnaire et comme animé de sentiments religieux.

Ce ne serait pas assez de dire que Rousseau combattit ici Voltaire à armes courtoises ; il ne cessa de lui témoigner son admiration et son respect ; peu s'en fallait qu'il ne se proclamât son disciple. Cependant Voltaire dut s'apercevoir, à la vigueur de certains coups, qu'il avait affaire à un rude joûteur. Embarrassé peut-être par la politesse de son adversaire, se souciant peu de donner une réponse sérieuse, ce qui sans doute lui aurait été difficile, il trouva juste à point pour s'en dispenser la maladie d'une de ses nièces [1]. On a dit que cette maladie n'était qu'un prétexte; il est certain qu'elle était réelle [2]; mais on sait aussi qu'avec sa prodigieuse activité d'esprit, ni les maladies de ses parents, ni même quelquefois les siennes propres n'étaient capables d'arrêter sa plume.

Jean-Jacques ne s'était pas décidé sans une certaine appréhension à envoyer sa *Lettre* au grand homme. Il commença par l'adresser à Tronchin, avec plein pouvoir de la donner ou de la supprimer, selon qu'il le jugerait convenable. « S'il peut supporter ma franchise, disait-il, cachetez ma lettre et la lui donnez, en ajoutant tout ce que vous croirez propre à lui persuader que jamais l'intention de l'offenser n'entra dans mon cœur [3].

Tronchin, de concert avec les pasteurs, avait déjà tenté de tempérer l'ardeur antireligieuse de Voltaire, et l'avait conjuré de brûler le poème de la *Religion naturelle*. Il n'avait pu obtenir que quelques adoucissements et avait été peu satisfait. Aussi ne fut-il rien moins que rassuré sur le résultat de la commission dont il était chargé. « J'espère pourtant, dit-il, qu'il lira votre belle lettre avec attention. Si

---

1. *Réponse de Voltaire à Rousseau*, 12 septembre 1756. — 2. *Lettres de Voltaire à d'Argental*, 6 septembre et 1ᵉʳ octobre; à *Richelieu*, 6 septembre 1756.

— 3. GABEREL, *Rousseau et les Genevois*, ch. IV; — *Lettre de Rousseau à Tronchin*, 18 août 1756.

elle ne produit aucun effet, c'est qu'à soixante ans on ne guérit guère des maux qui commencent à dix-huit[1]. »

L'effet fut nul. On devait s'y attendre ; mais la réponse de Voltaire fut polie. Rousseau y fut pris, et ne songea pas que les mots flatteurs qu'elle contenait pouvaient bien n'être qu'un pur persiflage[2]. Plusieurs années après, quand Voltaire fut brouillé avec Rousseau, il publia sa vraie réponse, c'était le roman de *Candide,* un de ses écrits les plus impies. Cette fois Jean-Jacques put se reconnaître dans le personnage ridicule de Pangloss. Il prétend, il est vrai, qu'il n'a jamais lu *Candide*. Est-ce bien exact ?

Rousseau ayant demandé en vain et à plusieurs reprises à Voltaire la permission de publier sa *Lettre,* déclara à la fin y vouloir renoncer. Bien plus, il protesta contre la publication qu'en fit, plusieurs années après, le Prussien Formey, dans son journal[3]. Reste à savoir comment Formey se l'était procurée. Mais que l'indiscrétion soit venue de Grimm, comme Rousseau le donne à entendre, de Voltaire ou de Rousseau lui-même, ce dernier n'en put être bien fâché. Il avait dit, en parlant des lettres à Mme d'Houdetot : on ne brûle pas de telles lettres ; ne peut-on pas dire, en parlant de celle-ci : on ne compose pas une telle œuvre pour la laisser enfouie au fond d'un carton ?

Le rôle qu'il tint dans cette circonstance ne paraît pas très net. L'abbé Trublet, ayant reçu le

---

1. *Lettre de Tronchin à Rousseau,* 1er septembre 1756. — 2. *Lettre de Rousseau à Tronchin.* Voir Sayous, t. I, p. 258. — 3. Le 23 octobre 1759. — *Confessions,* l. X ; — *Lettres de Rousseau à Voltaire,* 17 juin 1760 ; *à Rey,* juin 1760 ; *à Moultou,* 18 janvier 1761.

journal de Formey, y avait vu la lettre, et avait écrit à Rousseau qu'elle serait bonne à réimprimer à Paris, en ajoutant toutefois qu'il ne s'en dessaisirait pas sans sa permission. On peut s'étonner que l'abbé fût seul à la connaître. Il semble d'ailleurs que, du moment qu'elle avait paru à Berlin, rien ne s'opposait plus à ce qu'on en fît tel usage qu'on voudrait à Paris. Rousseau commença pourtant par déclarer à Voltaire, mais sous certaines réserves, qu'il ne se prêterait pas au désir de l'abbé. On lui a fait un grand reproche d'avoir ensuite vivement pressé la réimpression. Sans vouloir le justifier entièrement, la faute ne nous paraît pas bien grave.

Quoi qu'il en soit, la lettre de l'abbé Trublet est du 13 juin 1760; le 17, Rousseau mande à Voltaire qu'il souhaite que sa lettre ne soit pas imprimée à Paris; qu'il ne la ferait imprimer lui-même que s'il ne pouvait éviter qu'elle le fût malgré lui. Cependant, il avait déjà commencé à agir; car ce même jour, 17 juin, Malesherbes lui *répondait* qu'il s'opposerait vainement à ce que la lettre parût en France; que le mieux était donc qu'il la fît imprimer lui-même. Le 18, Rousseau entretient de nouveau l'abbé Trublet, et de nouveau lui recommande le secret; le 19, il a trouvé un libraire et demande à Malesherbes la permission d'imprimer; enfin, le 23, cette permission est accordée, sans même passer par la formalité de la censure. Malgré cela, l'impression n'eut pas lieu. « Cet ordre, dit Malesherbes, ne fut pas exécuté. M. Guérin (l'imprimeur) est convenu, et M. Rousseau aussi, que la lettre ne pouvait pas être imprimée en France [1].

1. Voir *Voltaire et Rousseau*, par GASTON MAUGRAS, ch. IV; *Lettres de l'abbé Trublet à Rousseau*, 13 et 19 juin; *de Rousseau*

Quels motifs pouvaient donc empêcher la publication d'un ouvrage aussi religieux? C'est que Rousseau, « en combattant les systèmes hasardés de Voltaire, tombait lui-même, dit Bachaumont, dans des écarts qui ne permettaient pas au Gouvernement d'en tolérer la publicité [1]. » Ces paroles s'appliquent évidemment au passage sur la *Religion civile*, que l'auteur reproduisit, en le développant dans le *Contrat social*. C'est ainsi qu'il déparait par des erreurs déplorables jusqu'à ses meilleures œuvres. Cette interdiction n'empêcha pas d'ailleurs la *Lettre* de se répandre. On ne saurait se figurer jusqu'où allaient alors les tolérances du Gouvernement, surtout sous l'administration de Malesherbes. Tout ce qu'on exigeait, c'était qu'il n'y eût pas d'éclat.

L'année suivante, un libraire de Genève ayant voulu réimprimer la *Lettre sur la Providence*, en avait déjà tiré vingt-quatre pages, quand Moultou et Vernet en arrêtèrent l'impression. Cela dut leur être pénible, car ils trouvaient cette œuvre fort belle, et Abauzit, une des autorités les plus respectées de Genève, la regardait comme un des meilleurs ouvrages de Rousseau. Nous ignorons si celui-ci fut très satisfait du zèle de ses amis dans cette circonstance [2].

à *Voltaire*, 17 juin 1760, tirées de la Bibliothèque de Neuchâtel; *Lettres de Malesherbes à Rousseau*, 17 juin; *de Rousseau à Malesherbes*, 19 juin; *de Malesherbes à M. de Calley*, 23 juin; *Permis d'imprimer* daté du 23 juin, et *Note autographe de Malesherbes*, s. d. Ces dernières pièces à la Bibliothèque nationale, mss. fonds français, nouvelles acquisitions n° 1183. — 1. *Mémoires de Bachaumont*, 2 novembre 1764. — 2. *Lettre de Moultou à Rousseau*, 30 novembre, et *Réponse de Rousseau*, 12 décembre 1761.

II

Les *Extraits* des ouvrages de l'abbé de Saint-Pierre prirent beaucoup de temps à Rousseau et profitèrent peu à sa gloire. C'est un travail ingrat que d'analyser un livre ; que dire de l'analyse d'un projet, ou plutôt de projets multiples, longs, diffus, obscurs, ennuyeux, souvent faux, presque toujours chimériques ? Aussi Rousseau n'alla-t-il jamais jusqu'au bout ; il se serait même arrêté plus tôt encore, s'il ne s'était trouvé engagé par des sollicitations puissantes et par ses promesses. S'il n'avait eu que Mably pour le presser, il s'en serait peu embarrassé ; mais Mme Dupin s'était mise de la partie. Mme Dupin avait beaucoup connu le vieil abbé dont elle avait été, disait-on, l'enfant gâtée ; elle avait conservé pour sa mémoire un grand respect, une grande affection. Aussi attachait-elle un sérieux intérêt à voir ressusciter par son ancien secrétaire les ouvrages morts-nés de son ami. Rousseau n'avait pas seulement à pêcher dans les vingt-trois volumes du bonhomme ; son neveu, le comte de Saint-Pierre, lui avait en outre remis plusieurs volumes manuscrits, dont il fallait tâcher de tirer parti[1].

Il analysa ainsi, moitié de gré, moitié de force, le *Projet de paix perpétuelle* et la *Polysynodie,* fit sur ces deux ouvrages quelques pages de réflexions, et en resta là.

Il n'est personne qui ne désire la paix ; ce qui n'empêche pas qu'on a toujours fait la guerre... et qu'on la fera toujours. Les projets de paix, les

---

1. *Confessions,* l. X.

sociétés, les ligues de la paix peuvent donc avoir tous les avantages, excepté celui de la possibilité. Pourtant la paix est une si belle chose qu'on voudrait prendre pour des réalités les rêves qui en retracent l'image, et qu'alors même qu'on n'a pas la foi, on se laisse bercer par une sorte d'espérance. Ces projets, d'ailleurs, tout chimériques qu'ils sont, ne sont pas inutiles. Ne serviraient-ils qu'à entretenir le désir de la paix, qu'à y disposer les esprits, qu'à montrer de loin cet idéal inaccessible, mais dont on peut espérer d'approcher plus ou moins, que les auteurs pourraient s'estimer largement payés de leurs peines.

Ces réflexions peuvent nous dispenser d'examiner en détail les moyens réputés infaillibles pour assurer la paix. Quels qu'ils soient, on peut dire qu'ils sont bons par l'intention et faibles par la pratique. Hélas! la première condition pour en assurer le succès serait de déterminer les souverains et les peuples à en essayer.

Grimm appelle l'abbé de Saint-Pierre et Rousseau deux fous logés aux deux extrémités des petites maisons; il regrette que le philosophe doux, débonnaire, d'une bienveillance universelle, ait eu pour interprète un misanthrope austère, injuste, sans bienveillance, toujours porté à décrier[1]. Cette décision est bien sévère.

La meilleure critique du *Projet* est peut-être dans le *Jugement* qu'en porte Rousseau. « On ne voit point, dit-il en terminant, de ligues fédératives s'établir autrement que par des révolutions, et sur

---

1. *Correspondance littéraire*, 1er mai 1761. Voir aussi au 15 septembre 1757.

ce principe, qui de nous oserait dire si cette ligue européenne est à désirer ou à craindre? Elle ferait peut-être plus de mal tout d'un coup, qu'elle n'en préviendrait pour des siècles[1]. »

Mais nous ne voulons pas nous attarder plus longtemps sur un livre dont le mérite, fort médiocre d'ailleurs, n'appartient même pas en entier à Rousseau.

Nous serons encore plus bref sur la *Polysynodie*, ouvrage destiné à montrer les avantages de la pluralité des conseils dans le gouvernement. Dans notre temps, où les constitutions se font et se défont avec tant de rapidité, l'importance relative de rouages administratifs plus ou moins bien combinés risquerait de trouver le public fort blasé. Remarquons toutefois dans le *Jugement sur la Polysynodie* un passage qui montre que si Rousseau était révolutionnaire par moments, il ne l'était pas toujours. « Il faudrait, dit-il, commencer par détruire tout ce qui existe, pour donner au gouvernement la forme imaginée par l'abbé de Saint-Pierre, et nul n'ignore combien est dangereux dans un grand état le moment d'anarchie et de crise qui précède nécessairement un établissement nouveau. La seule introduction du scrutin devait faire un renversement épouvantable et donner plutôt un mouvement convulsif et continuel à chaque partie qu'une vigueur nouvelle au corps. Qu'on juge du danger d'émouvoir une fois les masses énormes qui composent la monarchie française. Qui pourra retenir l'ébranlement donné ou prévoir tous les effets qu'il peut produire? Quand tous les avantages du nouveau

---

1. *Jugement sur le Projet de paix perpétuelle.*

plan seraient incontestables, quel homme de sens oserait entreprendre d'abolir les vieilles coutumes, de changer les vieilles maximes, et de donner une autre forme à l'État que celle où l'a successivement amené une durée de treize cents ans ?

Rousseau venait de terminer ses deux *Extraits*, avec les *Jugements* composés à leur occasion, quand parut à Londres un abrégé en deux volumes des œuvres politiques de l'abbé de Saint-Pierre. M. de Bastide, auteur du journal *le Monde*, ne se sentit point découragé par l'insuccès de ce livre ; mais jugeant sans doute que le nom seul de Rousseau était une réclame suffisante, il ne négligea rien pour s'assurer sa collaboration. Il s'adressa à cet effet à Duclos, qui lui-même ne demandait qu'à pousser son ami. De Bastide était insatiable ; si on l'avait écouté, non seulement les travaux de l'abbé de Saint-Pierre, mais la *Nouvelle Héloïse*, l'*Émile*, le *Contrat social* auraient paru par articles dans son journal. Rousseau se contenta de lui céder pour douze louis l'*Extrait sur la paix perpétuelle*. Mais la publication de ce simple travail, qui pourtant ne comprenait pas le *Jugement*, souffrit des difficultés. Le Gouvernement, si indulgent tant qu'il ne s'agissait que de plans ou d'idées générales, ou qu'il n'avait point à donner d'approbation formelle, était d'une sévérité outrée pour les livres soumis à sa censure. Il voulut voir dans l'*Extrait* des hardiesses qu'il n'était pas possible de tolérer dans un journal. De Bastide regarda alors comme plus prudent de faire la publication en un volume séparé. Il aurait désiré un titre moins simple et qui mît davantage en lumière le nom de Rousseau ; mais celui-ci ne consentit point à ce qu'on lui attribuât intégralement un honneur qu'il jugeait ne lui appartenir qu'en partie. Il ne voulut pas non plus qu'on l'appelât *Monsieur Rousseau*, mais simplement *Jean-Jacques Rousseau, citoyen de Genève*, ni plus, ni moins.

Le volume parut en 1761, c'est-à-dire quatre ou cinq ans après qu'il avait été fait. Il arrivait cependant assez à son heure, et les alternatives de la guerre de sept ans, les étonnantes victoires de Frédéric II, les négociations du Pacte de famille pouvaient lui donner au moins un intérêt d'à-propos. Deleyre, très admirateur de l'*Extrait,* très persuadé qu'il était possible d'en appliquer les vues, regrettait de n'être plus au ministère, pour le faire remettre aux mains des plénipotentiaires. Mais il est à croire que les hommes d'état et les hommes de guerre se préoccupaient de tout autre chose que des utopies de l'abbé de Saint-Pierre, remises à neuf par Jean-Jacques Rousseau. Deleyre insistait pour qu'on fît paraître sans retard le *Jugement sur le Projet*[1]. Duclos, de son côté, aurait voulu qu'on publiât les extraits de toutes les œuvres de l'abbé[2]. Malgré ces invitations, Jean-Jacques voulut s'en tenir au *Projet de paix perpétuelle*. La *Polysynodie* et les deux *Jugements* ne furent imprimés qu'après sa mort. Dans le temps où il songeait à donner plus d'extension à son œuvre, il avait fait aussi quelques recherches sur la vie de l'abbé de Saint-Pierre ; nous n'en possédons qu'un fragment sans importance, publié en 1861 par M. Streckeisen-Moultou[3].

---

1. *Lettre de Deleyre à Rousseau*, 13 mars 1761. — 2. *Lettre de Duclos à Rousseau*, 3 décembre 1760. — 3. *Œuvres et Correspondances inédites de J.-J. Rousseau.*

Voltaire, qu'on ne manque jamais de rencontrer à propos de toutes les œuvres de Rousseau, a voulu dire son mot sur la *Paix perpétuelle*. Il l'a fait dans deux opuscules : l'un, le *Rescrit de l'Empereur de la Chine*, dirigé nommément contre Jean-Jacques, n'est qu'une farce sans portée ; l'autre, intitulé *De la paix perpétuelle*, est une impudente falsification de l'histoire. Il a pour but de prouver qu'il n'est possible d'établir la paix que sur les ruines de tous les dogmes chrétiens. Rousseau ne fit qu'en rire, et cette fois, il fit bien.

III

La Morale sensitive ou le Matérialisme du Sage, ne fut connue que par deux pages des *Confessions* jusqu'à l'époque (1826) où Villenave publia, sous le titre de *Pensées d'un esprit droit et sentiments d'un cœur vertueux*, un opuscule qui évidemment en était une sorte d'étude préparatoire. « L'on a remarqué, dit Rousseau, que la plupart des hommes sont, dans le cours de leur vie, souvent dissemblables à eux-mêmes, » tantôt portés à la vertu, tantôt inclinés vers le vice. Il entreprit de chercher les causes de ces variations et voulut essayer de diriger celles qui dépendent de nous. « L'impression des objets extérieurs... les climats, les saisons, les couleurs, la lumière, les éléments, les aliments, le bruit, le silence, le mouvement, le repos, tout nous offre mille prises presque assurées, pour gouverner dans leur origine les sentiments dont nous nous laissons dominer. » Telle était l'idée fondamentale de Rousseau, établie sur ses expériences, sur ses observations, et dont il prétendait faire un livre utile et agréable[1]. Il y avait peu travaillé; mais le peu qu'il avait écrit fut perdu, ou, d'après lui, fut volé, lors de sa fuite de Montmorency, après la publication de l'*Émile*[2]. C'est ce manuscrit, venu de l'hôtel de Luxembourg et passé ensuite en diverses mains, que Villenave a retrouvé. Il se compose de pensées détachées, au nombre de soixante-dix-sept, dans le genre des *Pensées* de Pascal, ou des *Maximes* de La Rochefoucauld. Un tel travail ne s'analyse pas; mais on y reconnaît à chaque ligne le cachet si personnel de Rousseau. Il est évident qu'il songeait à lui-même en le composant : on dirait parfois qu'il a eu l'intention de se censurer lui-même dans les défauts qu'il condamne.

Quoique ses préceptes ne s'élèvent guère en général au-dessus d'une prudence tout humaine, la plupart sont d'une morale très pure, quelques-uns d'une grande délicatesse de sentiment. Le sujet qui reparaît le plus souvent est l'amitié; puis viennent des conseils pour supporter les misères de la vie ou pour obtenir le bonheur, pour dominer ses passions ou pour acquérir la vertu[3].

Mme de Genlis songea à faire un roman qui aurait eu pour titre : *l'Éducation sensitive*. Elle en fut détournée, on ne voit pas bien pourquoi, par la crainte d'une sorte de rapprochement avec la *Morale sensi-*

---

1. *Confessions*, l. XI. — 2. *Confessions*, l. XII. — 3. La bibliothèque de la Chambre des députés possède trois copies de la *Nouvelle Héloïse*. A la fin de l'une d'elles, celle qui porte le titre de 2e copie, se trouvent cinq ou six pages de pensées détachées. Ces fragments, qui rappellent assez l'opuscule dont nous venons de parler, n'étaient-ils point destinés, dans l'intention de l'auteur, à figurer dans la *Morale sensitive?*

tive. Ce qu'elle dit, du reste, du projet de Rousseau montre qu'elle n'avait pas l'idée de ce qu'il devait être[1]. Autant qu'on en peut juger par le peu qu'on en connaît, le plan de la *Morale sensitive* nous paraît faux, ou du moins exagéré; mais rien n'autorise à conclure, comme le fait Mme de Genlis, qu'il aboutisse au Matérialisme, à l'Athéisme, à l'Épicurisme.

Les *Lettres sur la Vertu et le Bonheur* font partie des manuscrits de Rousseau conservés à la Bibliothèque de Neuchâtel. C'est là qu'elles dormaient dans l'oubli depuis un siècle quand M. Streckeisen-Moultou les publia en 1861[2]. On sait qu'elles furent composées vers 1757, pour Mme d'Houdetot. Elles appartiennent donc à l'époque de la maturité littéraire de l'auteur; leur manière les rapproche en effet de ses plus beaux ouvrages. Il y a pourtant encore des différences à établir entre elles. La première est, sans contredit, la plus parfaite, la mieux écrite et aussi la moins inexacte comme doctrine. On peut lui reprocher toutefois de faire en morale la part beaucoup trop grande au sentiment. « La nature, » y est-il dit, « nous donne des sentiments et non des lumières. » Nous avons cité une partie de cette lettre, à propos du *Discours sur l'Inégalité*. La seconde, qui traite plus spécialement du bonheur, insiste sur la vanité des systèmes de philosophie et sur les contradictions de leurs auteurs. La troisième n'est qu'un pur scepticisme. « Ce qu'il y a de plus démontré pour nous, y dit Rousseau, est donc suspect encore, et nous ne pouvons savoir si les *Éléments d'Euclide* ne sont pas un tissu d'erreurs. » La qua-

---

1. Préface d'*Alphonsine*. —
2. *Œuvres et Correspondance inédites de J.-J. Rousseau.*

trième et dernière est une éloquente aspiration vers les choses d'en haut, vers le bien moral, vers l'ordre intellectuel; une élévation du cœur qui nous rapproche de Dieu.

Les *Amours de Claire et de Marcellin*[1] étaient peut-être destinées à être placées, comme épisode, dans une œuvre plus étendue. Deleyre, qui en avait probablement connu les premières pages, désirait beaucoup que Rousseau terminât cette pastorale pleine de fraîcheur. « N'oubliez pas, » dit-il ailleurs, « votre pauvre Marcellin. Quoique paysan, il vaut bien vos amants de ville[2]. » Tel n'était pas l'avis de Rousseau; Julie, Saint-Preux, les amants de ville l'absorbaient tout entier; il n'acheva pas Marcellin.

Une autre nouvelle : *Le Petit Savoyard, vie de Claude Noyer*, doit dater aussi de la même époque. Cet opuscule est trop incomplet pour qu'il soit possible de le bien juger. Tout ce qu'on en peut dire, c'est qu'il s'annonce assez mal au point de vue moral, religieux et social.

---

[1] Cet opuscule et le suivant ont été publiés par M. Streckeisen-Moultou, dans son volume des *Œuvres et correspondance inédites de J.-J. Rousseau*. — [2] *Lettres de Deleyre à Rousseau*, 26 août et 23 septembre 1756.

CHAPITRE XV

Du 15 décembre 1757 au 9 juin 1762[1].

Sommaire : I. Maladie de Rousseau. — Son établissement à Mont-Louis. — Efforts pour introduire le théâtre à Genève. — Article *Genève* de l'*Encyclopédie*. — Motifs d'intervention de Rousseau. — Analyse de la *Lettre à d'Alembert sur les spectacles*. — Digressions : de la condition des femmes. — Les amusements à Genève. — Les plaisirs publics, tels que Rousseau les conçoit. — Devise de Rousseau : *Vitam impendere vero*. — *De l'imitation théâtrale*.

II. Manière dont la *Lettre à d'Alembert* fut composée. — Sa publication. — Réponse de d'Alembert. — Autres réponses. — Appréciation du monde religieux. — Appréciation de Genève.

III. Irritation de Voltaire. — Lettre de Rousseau à Voltaire. — Fureur croissante de Voltaire. — Effets de la *Lettre à d'Alembert* sur le théâtre à Genève et aux environs de Genève.

IV. Différend entre Rousseau et l'administration de l'Opéra, relativement au *Devin*. — Nouvelles amitiés contractées par Rousseau. — Mme de Verdelin. — M. et Mme de Luxembourg. — Mme de Boufflers. — Le Prince de Conti. — Morgue de Rousseau.

V. Le Petit château de Montmorency. — Visites que Rousseau reçoit à Mont-Louis. — Flatteries de Mme de Luxembourg. — Rousseau lit à Mme de Luxembourg la *Nouvelle Héloïse*, puis l'*Émile*. — Copie de la *Nouvelle Héloïse* pour Mme de Luxembourg. — Les *Aventures de Milord Édouard*. — Comédie des *Philosophes*, par Palissot.

I

Il est à croire que Mme d'Épinay n'avait qu'un médiocre désir de renvoyer Rousseau, et lui-même ne se souciait nullement de quitter l'Ermitage : son orgueil, ses susceptibilités, ses maladresses, les circonstances avaient tout fait. Maintenant il lui fallait dire adieu aux douceurs d'une vie large et facile, aux distractions d'une société nombreuse et spiri-

---

1. *Confessions*, l. X.

tuelle, aux cajoleries d'une femme aimable, au bien-être, sans souci de l'avenir ; au lieu de cela, la solitude, la vraie solitude, en compagnie d'une fille que, malgré ses efforts, il ne pouvait parvenir à aimer, le travail de chaque jour, la lutte pour l'existence. L'effervescence, la nécessité de sortir d'une position fausse l'avaient soutenu d'abord. Une fois à Mont-Louis, il ne lui resta plus qu'à mesurer la profondeur de la chute qu'il venait de faire, à comparer sa situation de la veille avec celle du lendemain et à se livrer à ses regrets.

Quand Jean-Jacques était triste, il se croyait malade. C'est encore ce qui lui arriva. Cette fois cependant sa maladie se manifesta par des signes extérieurs trop évidents pour laisser place au doute, et l'obligea à user de sondes, de bougies, de bandages, de tout l'appareil des infirmités humaines. Il put se convaincre, comme il le dit, qu'on n'a pas le cœur jeune impunément, quand le corps a cessé de l'être. Il consulta le médecin Thierry, qui était son ami. Selon son habitude, il se crut mort ; mais, selon son habitude aussi, il en fut quitte pour la peur. Cet état dura toute une année.

Faut-il attribuer aux inquiétudes que lui inspirait sa santé, le soin qu'il prit de régler par un acte authentique le sort de Thérèse, qu'il qualifie de *sa servante?* Il lui reconnaît la propriété de tout le mobilier. Ce mobilier, évalué à 300 livres, pour fixer le contrôle, était des plus simples : deux lits, une commode, une armoire, du linge, de la batterie de cuisine. Il déclare aussi lui devoir 1,950 livres, pour treize années de ses gages [1].

---

[1]. Acte passé devant M⁰ Hébert, notaire à Montmorency, et encore aujourd'hui conservé dans l'étude de son

La maison de Mont-Louis était petite, mais bien suffisante pour notre ermite. Elle avait, de ses chambres ou de sa terrasse, une belle vue, tant dans la direction du Mont-Valérien que sur Paris, Montmartre, la forêt de Saint-Germain. Elle existe encore aujourd'hui, presque sans changement, ainsi qu'un *donjon* qui servit souvent à Rousseau de cabinet de travail.

A peine installé, il fut heureux, comme diversion à ses soucis, d'avoir à composer une œuvre littéraire qui fut, tant par elle-même que par ses conséquences, l'événement capital de son séjour à Mont-Louis ; ce fut sa *Lettre à d'Alembert sur les spectacles*.

On ne saisirait pas bien l'importance de cette lettre, si l'on ne se rappelait le puritanisme qui régnait alors à Genève, les efforts tentés, en face d'un rigorisme intraitable, pour amener un certain relâchement dans les mœurs, la résistance des autorités, enfin le rôle de Voltaire et l'intérêt tout pratique qu'il attachait à la question des théâtres. « La vie à Genève, dit Gaberel, était une véritable vie conventuelle ; les lois somptuaires y étaient sévères ; on y comptait une foule de défenses dont la loi civile ne s'occupe pas d'habitude. Calvin avait fondé un état réellement chrétien, parce qu'il avait *forcé* (le mot est souligné) chaque citoyen à être un citoyen chrétien [1]. »

On ne peut s'étonner, après cela, de ne pas trouver de théâtre à Genève. En 1737, pourtant, le Gouvernement s'était cru obligé d'en accorder un

---

successeur (aux *Mémoires de Mme d'Épinay*, t. II, ch. IX ; note de l'éditeur). — 1. *Voltaire et les Genevois*.

aux ambassadeurs des cours médiatrices. On s'entassait chaque soir dans ce bâtiment trop étroit ; ce qui n'empêcha pas les magistrats de révoquer l'autorisation au bout d'une année, sur les représentations du Consistoire.

En 1744, 1745, 1749, eurent lieu de nouvelles tentatives, toujours suivies de répression et de censures.

Voltaire, établi aux Délices, passionné pour le théâtre, surtout pour les pièces dont il était l'auteur, était bien décidé à ne tenir aucun compte de ces défenses ; mais on résista à Voltaire lui-même. Il voulut faire jouer la comédie chez lui, avoir des acteurs genevois, des spectateurs genevois ; on s'émut, on refusa de tolérer cet abus, et Voltaire parut se soumettre, tout en se promettant bien d'avoir raison de ces *sages lois,* qu'il trouvait fort *sottes.*

L'article de d'Alembert sur Genève, dans l'*Encyclopédie*, lui fournit une occasion de remettre la question sur le tapis. D'Alembert avait été à Genève, pour préparer son article ; il y avait vu de jeunes ministres, dont plusieurs sans doute étaient médiocrement épris des vieilles coutumes ; il avait été prendre langue aux Délices. Rousseau croit que le passage relatif aux spectacles est de Voltaire lui-même[1]. On peut affirmer au moins qu'il fut inspiré par lui.

Ce fut, dit-on, Diderot qui fit, le premier, connaître à Rousseau l'article de d'Alembert ; mais Diderot, le père de l'*Encyclopédie,* joua ici tout au plus le rôle de donneur de nouvelles ; il ne fut pas,

---

1. *Lettre de Rousseau à Vernes*, 22 octobre 1758.

il ne pouvait pas être l'instigateur de la lettre de Rousseau. Celui-ci reçut l'impulsion d'un autre côté, et beaucoup plus tard ; il commença même par s'y montrer peu sensible. Vernes, en sa qualité de pasteur, était principalement touché par l'accusation de socinianisme portée contre les pasteurs dans le même article de d'Alembert. Il s'en ouvrit à son ami, et le pressa de répondre. Non seulement Rousseau refusa[1], mais il plaida en faveur de d'Alembert pour le moins les circonstances atténuantes. Il est probable néanmoins que ce fut la lettre de Vernes qui déposa dans son esprit le germe de sa *Lettre sur les spectacles*. Il persista, il est vrai, à ne traiter qu'incidemment la question religieuse, laissant aux pasteurs le soin de se défendre eux-mêmes. Cela valait mieux ; sa manière de les défendre aurait couru le risque de n'être pas de leur goût. Le secours indirect qu'il leur prêta, en traitant à fond la question des spectacles, leur fut néanmoins très utile ; aussi lui en eurent-ils une grande reconnaissance.

Ils étaient au fond assez embarrassés. D'Alembert n'avait pas tout inventé : il avait vu les pasteurs, il avait travaillé sur des notes et des mémoires. L'accuser d'indiscrétion était une réponse qui ne pouvait que compromettre sans justifier. Qui l'avait renseigné? Dans une réunion solennelle de la Compagnie, où l'on fit subir à tous les membres présents une sorte d'interrogatoire, l'on aboutit à un désaveu unanime des doctrines suspectes. Cela ne prouve pas qu'elles ne fussent partagées par plusieurs. Tous assurément n'étaient pas sociniens, mais quelques-uns l'étaient ; cela suffisait pour rendre

---

1. *Lettre à Vernes,* 18 février 1758.

la situation délicate. On commença par parlementer. Tronchin, le médecin, écrivit à d'Alembert une lettre bien douce, bien flatteuse, bien conciliante [1]. Mis en demeure de déclarer quels ecclésiastiques avaient pu l'informer si mal, d'Alembert ne voulut citer aucun nom [2]. D'ailleurs il se sentait soutenu par Voltaire, qui l'engageait à tenir bon et à ne rien rétracter, quand même le Parlement se mettrait de la partie. « Des politesses, disait-il à d'Alembert, mais point de rétractation, directe ni indirecte [3]. »

Après plus de six semaines, la commission nommée à cet effet avait présenté en consistoire et fait admettre sa protestation [4]. Voltaire et d'Alembert ne furent pas seuls à critiquer cette pièce; les orthodoxes rigides lui trouvèrent bien aussi un certain fumet d'arianisme [5]. Elle était pourtant ferme, modérée et aussi nette qu'il était possible de l'attendre d'une assemblée protestante. Mais ne fait pas qui veut des professions de foi.

La protestation des Pasteurs avait déjà paru, ou était sur le point de paraître, quand Rousseau se décida à entrer en lice. Son intervention donna aussitôt à la querelle un éclat tout nouveau.

---

1. *Lettre* sans date, fin de décembre 1757, ou commencement de janvier 1758 (aux *Œuvres posthumes de d'Alembert*, édition Pougens, 1799). — 2. *Réponse de d'Alembert*, 6 janvier 1758; voir *Lettres critiques d'un voyageur anglais sur l'article Genève*, 1766. Voir aussi GABEREL, *Voltaire et les Genevois*. — 3. *Lettres de Voltaire à d'Alembert*, 6, 12, 29 décembre 1757, 19 janvier, 28 février 1758, 4 mai 1759; *de d'Alembert à Voltaire*, 11 et 28 janvier 1758. — 4. Extrait des registres de la Vénérable Compagnie des Pasteurs de Genève, 10 février 1758. — 5. *Avertissement sur la Justification de l'article Genève de l'Encyclopédie* (aux *Œuvres de d'Alembert*); — *Lettres de Voltaire à Vernes*, 29 décembre 1757; *à d'Argental*, 5 février 1758. — SAYOUS, t. I, ch. X.

Constatons d'abord qu'il était dans son rôle en écrivant contre les spectacles, et ne faisait que continuer sa campagne contre la civilisation. Quoi qu'on pense du théâtre en effet, il est incontestable qu'il est un des produits de la civilisation; on peut même ajouter qu'il en est un des produits les plus attaquables.

Mais Rousseau avait encore un autre motif d'intervenir, à cause du rôle quelque peu prétentieux qu'il avait pris vis-à-vis de Genève depuis le voyage qu'il y avait fait. Il avait une façon tout à lui de dire *ma patrie, mon pays, mes concitoyens, mes chers Genevois*. On eût dit d'un curé parlant de ses paroissiens. Il semble qu'il a charge d'âmes; qu'il est responsable de la conduite de ses concitoyens; que les maux qui les affligent sont ses maux; que le luxe qui pénètre chez eux, que les désordres qui y règnent lui seraient justement reprochés, s'il ne dégageait sa responsabilité. Ce ridicule n'échappa point à Voltaire; mais auparavant les Pasteurs de Genève n'avaient pas été sans l'apercevoir; ils firent en sorte de l'utiliser pour le besoin de leur cause.

La *Lettre à d'Alembert* comprend deux sortes d'arguments : les arguments généraux, destinés à montrer les vices, les inconvénients, les dangers du théâtre; en second lieu, les raisons spéciales qui s'opposaient à l'introduction d'un théâtre dans la ville de Genève en particulier. Le théâtre, dit Rousseau à propos de Genève, est bon ou mauvais, selon qu'il est destiné à remplacer une occupation qui vaut moins ou qui vaut mieux que lui. Donc, dans une ville corrompue, établissez des théâtres; on y fera moins de mal que dans les tripots et dans les mauvais lieux; dans une ville, au contraire, qui a des mœurs pures, des occupations utiles, gardez-vous du théâtre ; il amènerait infailliblement à sa suite une somme de désœuvrement et de corruption qui feraient perdre aux habitants leur simplicité et leur pureté primitives. Bâtissez, tant que vous voudrez, des théâtres à Paris ; ils n'y peuvent pas faire de mal ; mais bannissez-les de Genève, la ville du travail et de la vertu, la ville des affaires et des affections de famille, la république aux mœurs simples et austères.

Genève méritait-elle ces éloges pompeux? C'est un point que nous n'avons pas à examiner ici. Rousseau savait d'ailleurs s'élever à d'autres genres de considérations. Ce n'est pas que ses arguments aient au fond rien de bien neuf. La question des théâtres est une question usée à force d'être traitée ; mais comme il la renouvelle par son talent, comme il la marque de son cachet, comme il met en relief des raisons connues depuis des siècles !

Le théâtre, non tel qu'il pourrait être ou qu'on pourrait le souhaiter, mais tel qu'il existe et qu'il a toujours existé, est-il un mal? C'est peu qu'il prenne à l'homme un temps précieux au détriment de sa famille et de ses devoirs ; mais n'a-t-il pas pour effet habituel d'exciter les passions, d'altérer le sens moral, d'amollir les caractères? La place dominante qu'il donne à l'amour est-elle sans danger pour les jeunes imaginations? Pour répondre à ces questions, il ne faut, dit Rousseau, que « consulter l'état de son cœur à la fin d'une tragédie. »

Mais si l'on peut dire du mal des pièces, que dire des acteurs, surtout des actrices? de ces hommes et de ces femmes voués au mépris public et le méritant, livrés, en quelque sorte, par état au dérèglement? de ces femmes, vivant le plus souvent du désordre et le propageant autour d'elles?

Qu'on prétende encore que le théâtre corrige les mœurs! Il vaut mieux dire qu'il les peint, qu'il les flatte, qu'il s'en inspire. Le théâtre relève de l'opinion; il ne peut donc la combattre. Qu'un auteur tente de heurter les goûts ou les préjugés du public, et il verra ce qu'il lui en coûtera. Il suit de là que le théâtre « purge, comme dit Rousseau, les passions qu'on n'a pas, et fomente celles qu'on a. »

Il rend, dit-on, la vertu aimable, le vice odieux. Ils le seraient, et le seraient mieux sans lui. La vertu qu'il rend aimable, est-ce la vraie vertu, la vertu pratique et de tous les jours? N'est-ce pas plutôt une sorte de vertu de convention qu'on se garderait bien de pratiquer, parce qu'en effet elle est impraticable, la vertu de théâtre?

On a dit que le théâtre n'a pas pour but de moraliser, mais d'intéresser et de toucher par la peinture et le jeu des passions humaines. Dans ce sens, il est un art, et comme tous les arts, il a pour fin principale l'agrément, plutôt que l'utilité immédiate. Rousseau touche aussi ce point du plaisir considéré comme but du théâtre. Tout amusement inutile est un mal à ses yeux; or, il est certain que le théâtre n'est qu'un amusement. Heureux si l'on pouvait ajouter qu'il n'est qu'inutile!

Nous avons dû laisser de côté les longues digressions de cette lettre, qu'on pourrait plutôt appeler un livre. Les plus importantes traitent de la condition des femmes. Jean-Jacques dit beaucoup de mal des femmes; il venait pourtant d'écrire *Julie*, et Mme d'Houdetot vivait encore dans son cœur. Il se montre sévère pour les femmes : il redoute leur empire, craint leur société, leur refuse le génie, la profondeur, jusqu'au sens artistique, et ne connaît d'autre moyen de conserver leur chasteté que de la cacher à l'abri du foyer domestique. Autant il préconise l'amour pur et vrai, autant il s'indigne contre les fadeurs de la galanterie. Du reste, il n'est pas étonnant que les vices de la civilisation le trouvent moins indulgent que ceux de la simple nature; que la grossièreté le révolte moins que la corruption. Les *cercles d'hommes*, où l'on dispute, où l'on tient des propos licencieux, où l'on passe les nuits à jouer et à s'enivrer, n'ont, pour ainsi dire, rien qui lui déplaise; les *sociétés de femmes*, dont les scandales de la ville, les anecdotes sur les voisins et voisines font le plus bel ornement, ont ses faveurs; le grand mal serait que les hommes et les femmes se trouvassent réunis dans un même salon ou dans une même salle de spectacle.

Ce n'est pourtant pas qu'il se montre l'ennemi de toute espèce de spectacles; mais ceux qu'il admet ne rappellent en rien notre appareil dramatique. Ainsi il les veut publics et en plein air; il les veut libres et dignes d'un peuple généreux; il les veut républicains. « C'est dans les républiques qu'ils sont nés, c'est dans leur sein qu'on les voit briller avec un véritable air de fête. » Lacédémone lui en fournit les modèles; lui-même prend le soin de nous en tracer les plans. On croirait lire la description des jeux ou des cérémonies des anciens Grecs, ou mieux encore, le programme des fêtes de notre Révolution française. Ce ne sont que revues, exercices et concours, prix de tir, prix pour la gymnastique, la lutte, la course, le disque, la navigation. Ce ne sont que danses publiques et solennelles entre jeunes garçons et jeunes filles, sous les yeux des parents et des vieillards, avec prix décernés à la fille la plus honnête et la plus modeste. Ce sont, pour couronner dignement ces jours de fête, des repas en commun, à l'image de ceux de Lacédémone, quoique avec un peu plus de profusion. Ou bien encore c'est le récit d'une soirée où, après avoir soupé, tout un régiment s'était pris à danser à la lueur des flambeaux. Bientôt les femmes, les enfants s'approchent, pour prendre leur part de la fête, les servantes apportent du vin ; puis viennent les embrassements, les rires, les santés, les caresses ; l'attendrissement est général, l'allégresse universelle. Sommes-nous à Genève ? Ne sommes-nous pas plutôt à Paris, sous le Directoire ?

Nous avons parlé du fameux passage de la préface, qui consomma la rupture de Rousseau avec Diderot ; nous n'avons point à y revenir. Mais nous devons citer la prétentieuse devise du livre : *Vitam impendere vero.* Quoique Rousseau semble la donner comme déjà connue, c'est la première fois que nous la remarquons dans ses œuvres. N'examinons pas actuellement s'il s'y montra fidèle ; s'il fut le martyr, ou même le serviteur constant de la vérité ; s'il put, comme il le dit, « se servir de son cachet sans honte, parce qu'il était empreint dans son cœur[1]. » C'est à sa vie à répondre.

A la *Lettre sur les spectacles* se rattache un opuscule intitulé : *De l'Imitation théâtrale*[2]. Cet écrit, qui était d'abord destiné à faire partie de *la Lettre à d'Alembert,* puis à entrer dans le *Choix littéraire,*

---

1. *Lettre à M*^{me} *de Créqui,* 5 février 1761. — 2. Œuvres de J.-J. Rousseau — Voir aussi, *Lettre à Rey,* 24 octobre 1758.

qui se publiait à Genève[1], ne parut qu'en 1763, dans l'édition des œuvres de Rousseau, mise au jour par l'abbé de la Porte[2]. Il n'est, de l'aveu de l'auteur, qu'un extrait de divers ouvrages de Platon, notamment du IIe livre des *Lois* et du Xe de la *République*. Il n'a donc rien d'original.

II

La manière dont Rousseau composa sa *Lettre à d'Alembert* mérite d'être signalée. « Pendant un hiver assez rude, dit-il, j'allais tous les jours passer deux heures le matin et autant le soir dans un donjon tout ouvert que j'avais au fond du jardin où était mon habitation... Ce fut dans ce lieu, pour lors glacé, que, sans abri contre le vent et la neige, et sans autre feu que celui de mon cœur, je composai, dans l'espace de trois semaines, ma lettre à d'Alembert sur les spectacles. C'est ici, (car la *Julie* n'était pas à moitié faite) le premier de mes écrits où j'aie trouvé des charmes dans le travail... Plein de tout ce qui venait de m'arriver, encore ému de tant de violents mouvements, mon cœur mêlait le sentiment de ses peines aux idées que la méditation de mon sujet m'avait fait naître. Mon travail se sentit de ce mélange. Sans m'en apercevoir, j'y décrivis ma situation actuelle ; j'y peignis Grimm, Mme d'Épinay, Mme d'Houdetot, Saint-Lambert, moi-même. En l'écrivant, que je versai de délicieuses larmes ! Hélas !

---

1. *Lettre à Vernes*, 6 janvier 1759. — 2. *Lettres à Duchesne*, 5 juin, 19 juillet, 21 août, 11 septembre, 15 octobre 1763. — *Correspondance littéraire*, 15 février 1764.

on y sent trop que l'amour, cet amour fatal dont je m'efforçais de guérir, n'était pas encore sorti de mon cœur. A tout cela se mêlait un certain attendrissement sur moi-même, qui me sentais mourant et qui croyais faire au public mes derniers adieux. » Un homme plus habile que nous, Saint-Marc Girardin, a cherché dans la *Lettre sur les spectacles* des traces de cette disposition d'esprit, des réminiscences des personnages cités ; il n'a absolument rien trouvé ; nous ne chercherons pas après lui. En revanche, il y constate un nouveau progrès du talent de l'auteur, plus de souplesse, plus de facilité, moins de déclamation[1].

Que Rousseau l'ait ou non faite en trois semaines, c'était un ouvrage de circonstance ; il était pressé de la faire imprimer. Il avait vu Rey peu de jours avant son départ de l'Ermitage, et s'était entendu avec lui pour l'impression de la *Nouvelle Héloïse*, qui, par parenthèse, était, non pas à moitié faite, mais presque finie[2] ; il était naturel qu'il traitât de même avec lui pour la *Lettre à d'Alembert*. Il le fit, selon son habitude, avec force précautions, fixa lui-même le prix à trente louis, recommanda le secret, même à l'égard de Deleyre, exigea diligence et exactitude[3]. Rey, qui s'était empressé de payer, se hâta beaucoup moins de travailler. La première lettre de Jean-

1. *Revue des Deux Mondes*, 1er août 1854. — 2. Rousseau prétend dans les *Confessions* qu'il la termina pendant l'hiver de 1758 à 1759 ; mais elle l'était dès le 13 septembre 1758. (*Lettre à Rey*). — 3. Rousseau songea même à faire imprimer chez Rey une édition générale de ses œuvres. Le désir de surveiller lui-même l'impression lui suggéra le projet d'aller s'établir en Hollande, auprès de son libraire et ami. (*Lettres de Rousseau à Rey*, du 9 mars 1758 au 4 mai 1759 ; *à Vernes*, 22 octobre 1758.

Jacques est du 9 mars, l'envoi du manuscrit eut lieu le 14 mai et l'ouvrage ne parut qu'en octobre. Rey, comme on doit le penser, désirait que l'introduction en France fût autorisée[1]. Malesherbes n'y voulut pas consentir sans l'assentiment de d'Alembert; mais celui-ci, qui avait été prévenu par Jean-Jacques, se montra généreux, fit dire qu'il arrangerait l'affaire et demanda à être lui-même désigné comme censeur[2]. Les épreuves lui étaient remises à mesure qu'elles étaient imprimées. Une foule de gens purent ainsi lire l'ouvrage par parties; de sorte qu'il était à craindre qu'il ne fût déjà usé, peut-être même publiquement critiqué avant d'avoir paru[3]. L'approbation de d'Alembert est conçue en ces termes : « J'ai lu l'ouvrage de M. Rousseau contre moi. Il m'a fait beaucoup de plaisir; je ne doute pas qu'il n'en fasse au public, et je n'y trouve rien qui doive en empêcher l'entrée[4]. » Bien plus, il joignit ses sollicitations à celles de Rey pour demander l'entrée en France de seize cents exemplaires[5]. Aussi, malgré quelques saillies, quelques paroles mordantes de part et d'autre, les rapports des deux adversaires restèrent à peu près courtois. « M. d'Alembert, écrivait Rousseau longtemps après, m'a fait saluer plusieurs fois; j'ai été sensible à cette bonté de sa part. J'ai des torts avec lui; je me les reproche; je crains de lui avoir fait injustice... Mais j'avoue que

---

1. *Lettre de Rey à Malesherbes*, 3 juillet 1758, et autres sans date (Bibliothèque Nationale, mss. fonds français, nouv. acquis., n° 1183). — 2. *Lettre de d'Alembert à Malesherbes*, 8 juillet 1758. (Bibliothèque nationale, *loco citato*). — 3. *Lettres de Rousseau à Rey*, 13 septembre 1758; — *à Vernes*, 22 octobre 1758. — 4. *Lettre de d'Alembert à Malesherbes*, 22 juillet 1758. Bibl. nat., *loco citato*. — 5. *Id.*, 1er septembre 1758.

des malheurs sans exemple et sans nombre m'ont rendu défiant et crédule sur le mal[1]. »

D'Alembert ne pouvait se dispenser de répondre, mais la question se rapetisse bien sous sa plume[2]. Comme sa manière est froide et mesquine, auprès de l'éloquence de Rousseau! Comme ses raisons sont faibles et faiblement présentées! « M. d'Alembert, dit Rousseau, m'a envoyé son recueil, où j'ai vu sa réponse. Je m'étais tenu à l'examen de la question, j'avais oublié l'adversaire ; il n'a pas fait de même ; il a plus parlé de moi que je n'avais parlé de lui ; il a donc tort[3]. »

La *Lettre sur les Spectacles* eut un succès merveilleux. Genève et Paris se la disputaient. Au bout de peu de mois, Rey avait été obligé d'en préparer une nouvelle édition[4]. Les brochures pour ou contre le théâtre se multipliaient ; Rousseau, écrasé de lettres, ne savait comment y répondre[5]. Il avait ouvert la lice, c'était à qui y entrerait : une fois de plus, il avait le privilège, ou plutôt l'art de donner aux sujets qu'il traitait une nouvelle jeunesse et un surcroît d'intérêt.

On ne peut douter qu'il ne fondât sur cet ouvrage des espérances pour sa gloire littéraire. « Voici mon livre favori, disait-il à Dusaulx bien des années plus tard ; voici mon Benjamin. C'est que je l'ai produit sans effort, du premier jet, et dans les moments les plus lucides de ma vie. On a beau faire, on ne me ravira jamais, à cet égard, la gloire d'avoir fait une

---

1. *Lettre à Watelet*, 18 novembre 1764. — 2. *Lettre à J.-J. Rousseau, citoyen de Genève*, 1759. — 3. *Lettre au chevalier de Lorenzi*, 21 mai 1759. — 4. *Lettre à Rey*, 14 mai 1759. — 5. *Lettre à Vernes*, 21 novembre 1758.

œuvre d'homme [1]. » Il la composa, nous voulons le croire, par conviction ; mais cela ne l'empêchait pas d'y mêler des motifs plus personnels de réputation et de succès. Rien donc n'autorise à prendre au pied de la lettre les déclarations de feinte modestie qu'il répète dans plusieurs de ses lettres. Eh, non, il ne pensait pas qu'on « y chercherait en vain les restes d'un talent qui n'est plus [2] ». Il ne la regardait pas comme de la « dernière faiblesse » [3] ; comme « lâche et faible » [4] ; comme « au-dessous du médiocre » [5]. S'il en avait eu cette opinion, il ne l'aurait pas publiée. Qu'il ait conservé des restes de cette inquiétude, dont nul auteur ne se défend, sur le succès de son livre [6], cela n'a rien d'étonnant ; mais au fond, il connaissait sa valeur et n'était pas homme à attendre le jugement du public pour se juger lui-même. N'affectait-il pas de ne jamais lire les critiques dirigées contre lui, et ne déclare-t-il pas que, dans la circonstance présente, il n'en lut aucune [7] ?

Et pourtant Dieu sait si elles furent nombreuses. Les plus directement attaqués étaient les comédiens. Plusieurs répliquèrent [8]. Mais les comédiens, qui ont pour profession de faire valoir la littérature des autres, sont ordinairement mal préparés à écrire eux-mêmes.

Rousseau eut affaire à des adversaires plus re-

1. DUSAULX, *De mes rapports avec J.-J. Rousseau.* — 2. *Lettre à d'Alembert*, 25 juin 1758. — 3. *Lettre à Vernes*, 4 juillet 1758. — 4. *Lettre à Deleyre*, 5 octobre 1758. — 5. *Lettre sur les spectacles*. Préface. — 6. *Lettre à Jacob Vernet*, 18 septembre 1758. — 7. *Lettres à Vernes*, 18 septembre et 21 novembre 1758 — 8. P. A. Laval, *comédien* (de Lyon) *à J.-J. Rousseau, citoyen de Genève*, 1758. — L. H. Dancourt, *arlequin* (de Berlin) *à J.-J. Rousseau, citoyen de Genève*, 1759. — VILLARET, *Considérations sur l'art du théâtre*, 1759.

doutables. Grâce à sa maladresse, il commença par s'aliéner Marmontel. Voulant lui faire une politesse, sans paraître lui demander un article louangeur dans son journal, il lui adressa un exemplaire, avec ces mots : *Non pas a l'auteur du « Mercure, » mais à M. de Marmontel.* Il prétendait lui faire un compliment, Marmontel y vit une injure, ne lui pardonna point, et inséra au *Mercure* une apologie en règle du théâtre[1]. Musset-Pathay, qui trouve légère cette raison de l'hostilité de Marmontel, y ajoute, non sans vraisemblance, les liens d'amitié qui l'unissaient de longue date à d'Alembert et à Diderot, et aussi des motifs de jalousie littéraire[2]. « Votre ouvrage sur les spectacles, écrivait à Rousseau Mme de Créqui, a eu un plein succès. M. de Marmontel vous réfute en ne vous répondant point ; les femmes sont un peu furieuses ; laissez dire tous ces oisons-là, et pensez que jamais vous ne donnerez quatre lignes qui ne fassent sensation[3]. »

Citons encore parmi les contradicteurs de Rousseau, le marquis de Ximenès, la doublure et quelquefois le prête-nom de Voltaire, qui publia une *Lettre sur l'effet moral des théâtres* ; de Bastide, qui fit une lettre en faveur des femmes, et beaucoup d'autres. Il y eut des brochures signées, il y en eut d'anonymes ; Grimm parle de trois ou quatre cents ; c'était un véritable déluge. Les critiques de profession, Grimm, Fréron, etc.[4], n'avaient pas peu à faire

---

1. MARMONTEL, *Mémoires*, l. VI ; — *Mercure*, de novembre et décembre 1758, et janvier 1759. — 2. *Confessions*, l. X. — *Lettre à Mme de Créqui,* 3 février, et *Réponse,* 6 février 1761. — MUSSET-PATHAY, *Histoire de J.-J. Rousseau,* t. II, article *Marmontel*. — 3. *Lettre de Mme de Créqui à Rousseau,* 1er janvier 1759. — 4. GRIMM, *Correspondance littéraire,* 1758 et 1759. — FRÉRON, *Année littéraire,* 1758 à 1761, *passim*.

pour tenir leurs correspondants et leurs lecteurs au courant de ces flots d'encre répandue. En général, on était peu favorable à Rousseau : le théâtre est trop cher aux gens de lettres pour qu'on puisse attendre d'eux qu'ils le condamnent. Il y eut cependant deux exceptions importantes à faire : Genève et le monde religieux.

Il est à remarquer que Rousseau, un des hommes qui ont fait le plus de mal à la religion au xviiie siècle, ne lui ménagea pas son appui dans certaines circonstances. Nous l'avons vu pour la *Lettre sur la Providence*; le même phénomène se reproduisit pour la *Lettre sur les spectacles*. C'est que Rousseau, l'homme le moins religieux, au sens dogmatique du mot, n'était pas sans religion, si l'on veut réduire la religion à une sorte de sentiment vague, indéterminé, quoique peut-être encore assez profond. A quiconque lui aurait demandé quelle était sa religion, quels étaient sa foi et son culte, il aurait pu être embarrassé pour répondre, et sa réponse du jour n'aurait assurément pas été celle de la veille ou du lendemain ; mais jamais, ou presque jamais, alors même qu'il répudiait les dogmes, il n'aurait consenti à faire le sacrifice de ses sentiments religieux. N'affirmait-il pas précisément dans sa *Lettre sur les spectacles* qu'on ne peut être vertueux sans religion [1] ?

On aime beaucoup, on aime trop peut-être le témoignage d'un adversaire. Aussi les hommes religieux firent-ils à la lettre de Rousseau un accueil chaleureux. Le *Journal de Trévoux* ne tarit pas

---

1. Voir les observations que Deleyre lui fit à ce sujet. *Lettre de Deleyre à Rousseau,* 29 octobre 1758.

d'éloges. Il lui faut bien faire quelques réserves sur des tirades peu orthodoxes ou des maximes d'une moralité douteuse ; mais comme l'ensemble est fortement pensé : c'est le vrai, armé de tous les traits de l'éloquence ; c'est la patrie qui venge les bonnes mœurs sacrifiées aux licences de la scène ; c'est Sparte contre Athènes ; c'est l'attaque impétueuse des héros d'Homère qui terrassent quiconque ose paraître sur le champ de bataille[1]. Dans le même temps, Gresset, dans un esprit de piété plus véritable, renonçait à la littérature dramatique et légère[2]. Quel beau triomphe si la lettre de Rousseau avait contribué à la conversion de Gresset! Malheureusement les livres de Rousseau ne sont pas de ceux qui convertissent.

La *Lettre sur les spectacles* était faite spécialement en vue de Genève. Là, elle n'intéressait plus seulement le goût ou la littérature, la théorie ou le sentiment; mais elle entrait dans le domaine de la pratique actuelle et des faits. Établirait-on ou n'établirait-on pas de théâtre à Genève? Grosse question, qui, depuis des années, passionnait et divisait les esprits. Le secours que Rousseau apportait aux adversaires du théâtre fut vivement apprécié. On en avait d'ailleurs grand besoin pour résister à l'action que Voltaire, directement ou sous le couvert de d'Alembert, avait engagée. Le clergé était ravi. Les Conseils apportaient plus de réserve dans leur admiration. Ce que Rousseau disait des *Cercles* leur semblait particulièrement dangereux. Il y en avait à Genève plus de cinquante, véritables écoles d'oisiveté, de dissipation et d'irréligion. Rousseau, en

---

1. *Journal de Trévoux*, avril 1759. — 2. *Id.*, juillet 1759.

faisant leur éloge, les connaissait-il bien? Le public lui-même, qu'on aurait pu croire intéressé à leur maintien, s'étonnait qu'un moraliste aussi austère pût les défendre. Malgré ces divergences, il est certain que la note favorable dominait de beaucoup. Voltaire et les partisans du théâtre étaient battus, sauf à prendre leur revanche un peu plus tard [1].

Moultou tenait son ami au courant de l'état des esprits. « Votre lettre, lui écrivait-il, est ici le signal de ralliement de tous les bons citoyens, l'opprobre et l'effroi des méchants, et l'on peut juger maintenant de l'amour plus ou moins grand que chacun porte à la patrie par le degré d'estime qu'il donne à votre ouvrage. » Moultou ne pouvait cependant se taire sur la décadence des mœurs et des principes. Cette même lettre, qui avait ravi les uns, avait irrité les autres. Tous les Genevois n'étaient pas capables de la goûter. Les Tronchin, les Voltaire, tous ces sybarites dont il dévoilait les mœurs, ne pouvaient lui pardonner son austérité; mais ils n'étaient pas les plus nombreux, et ses admirateurs formaient évidemment la majorité [2]. Sarasin [3], Jacob Vernet [4], Vernes [5], Abauzit [6], bien d'autres encore, sans aucun doute, adressèrent également à l'auteur leurs témoignages de satisfaction. Le médecin Tronchin lui-même, quoique ami de Voltaire, se joignit à ce concert, sauf certaines réserves à propos des

---

1. SAYOUS, t. I, ch. v. — 2. *Lettre de Moultou à Rousseau*, s. d., et *Réponse de Rousseau*, 15 décembre 1758. Autre *lettre de Moultou*, janvier 1760. — 3. *Lettre de Sarasin, l'aîné, à Rousseau*, septembre 1758, et *Réponse de Rousseau*, 29 novembre 1758. — 4. *Lettre de Rousseau à Jacob Vernet*, 18 septembre 1758. — 5. *Lettre à Vernes*, 21 novembre 1758. — 6. *Lettre à Moultou*, 15 décembre 1758.

mœurs de Genève. Jean-Jacques fut particulièrement sensible à son approbation ; mais il ne voulait pas admettre que les mœurs de Genève ne fussent plus ce qu'elles avaient été jadis[1]. Il lui fallut pourtant à la fin se rendre à l'évidence. Quelques mois plus tard, il écrivait au même Tronchin : « Si j'ai bien voulu devant le public rendre honneur à ma patrie, je ne prévoyais que trop que ce qui était vrai ne le serait pas longtemps... Loin d'aller être témoin de la décadence de nos mœurs, que ne puis-je fuir au loin, pour ne pas l'apprendre ! J'aime mieux vivre parmi les Français que d'en aller chercher à Genève. Dans ce pays, où les beaux esprits sont si fêtés, Jean-Jacques Rousseau ne le serait guère[2]. » Jean-Jacques avait ici Voltaire en vue. Quoique Voltaire ne fût pas, en effet, seul coupable des changements qui s'opéraient à Genève, il en était à coup sûr le principal artisan. Le premier rôle dans cette affaire lui appartient incontestablement. Tous les autres personnages s'effacent, en quelque sorte, pour n'en laisser que deux sur la scène, Voltaire et Rousseau.

III

Si l'on voulait connaître l'origine de leurs différends, il faudrait remonter jusqu'à leurs premiers rapports. On sait la réponse de Voltaire à l'envoi du *Discours sur l'Inégalité*. La *Lettre sur la Providence* fut un nouveau motif de mécontentement et une nouvelle occasion pour Voltaire de railler la

---

1. *Lettre de Tronchin à Rousseau*, s. d., et *Réponse de Rousseau*, 27 novembre 1758. —

2. *Lettre à Tronchin*, voir SAYOUS, t. I, ch. v.

sauvagerie et la *sagesse iroquoise* de Jean-Jacques [1]. Ce ne sont là toutefois que des mots piquants, des espiègleries à la façon de Voltaire.

A partir de la *Lettre sur les spectacles*, le ton change subitement. Tant qu'il n'y avait eu en jeu que la société et des divergences d'opinions, Voltaire n'avait pas jugé à propos de se fâcher tout à fait. Mais le théâtre était sa passion, son titre de gloire, la tribune d'où il faisait entendre sa voix à l'univers. Attaquer le théâtre, c'était l'attaquer personnellement dans ce qui lui tenait le plus au cœur. Lui-même avait donné le signal de la lutte et inspiré d'Alembert, il ne voulut pas laisser à son lieutenant tout le fardeau de la défense. Sa colère n'atteignit pourtant pas tout d'abord au paroxisme. Il lui semblait en effet qu'il avait fait mieux que de batailler contre Jean-Jacques ; il avait établi des théâtres. Il en avait un chez lui depuis plusieurs années ; il y jouait lui-même [2]. La lettre de Rousseau ayant paru, « est-il vrai, demande Voltaire à d'Alembert, que Jean-Jacques écrit contre vous, et qu'il renouvelle la querelle de l'article *Genève*. On dit bien plus ; on dit qu'il pousse le sacrilège jusqu'à s'élever contre la comédie, qui devient le troisième sacrement de Genève. On est fou de spectacle dans le pays de Calvin [3]. »

Et quand d'Alembert eut fait sa réponse à Rousseau : « Quoi, vous répondez sérieusement à ce fou de Rousseau, à ce bâtard du chien de Diogène [4] ! » « Vous avez daigné accabler ce fou de Jean-Jacques

---

1. *Lettres de Voltaire à d'Alembert*, 2 auguste 1756, 29 auguste 1757, etc. — 2. *Id.*, 7 mars 1758. — 3. *Id.*, 2 septembre 1758; *Autre à Thiériot*, 3 octobre 1758. — 4. *Lettre de Voltaire à d'Alembert*, 4 mai 1759.

par des raisons ; et moi, je fais comme celui qui, pour toute réponse à des arguments contre le mouvement, se mit à marcher. Jean-Jacques démontre qu'un théâtre ne peut convenir à Genève, et moi, j'en bâtis un [1]. » Voltaire avait compté toutefois sans l'opposition que lui firent pasteurs, Conseils et bourgeois.

Cet obstacle imprévu l'irrita profondément; mais ce fut bien pis quand, à propos de l'impression de la *Lettre sur la Providence,* il en reçut une autre de Jean-Jacques, qui se terminait ainsi : « Je ne vous aime point, Monsieur. Vous m'avez fait les maux qui pouvaient m'être les plus sensibles, à moi, votre disciple et votre enthousiaste. Vous avez perdu Genève, pour le prix de l'asile que vous y avez reçu ; vous avez aliéné de moi mes concitoyens, pour le prix des applaudissements que je vous ai prodigués parmi eux. C'est vous qui me rendez le séjour de mon pays insupportable ; c'est vous qui me ferez mourir en terre étrangère, privé de toutes les consolations des mourants, et jeté, pour tout honneur, dans une voirie, tandis que tous les honneurs qu'un homme peut attendre vous accompagneront dans mon pays. Je vous hais enfin, puisque vous l'avez voulu ; mais je vous hais en homme encore plus digne de vous aimer, si vous l'aviez voulu. De tous les sentiments dont mon cœur était pénétré pour vous, il n'y reste que l'admiration qu'on ne peut refuser à votre beau génie et l'amour de vos écrits. Si je ne puis honorer en vous que vos talents, ce n'est pas ma faute. Je ne manquerai jamais au respect qui leur est dû, ni aux pro-

---

1. *Lettre de Voltaire à d'Alembert,* 15 octobre 1759.

cédés que ce respect exige. Adieu, Monsieur[1]. »

Rousseau s'étonne que Voltaire n'ait pas répondu, et ne paraît pas se douter de ce que sa lettre a de provoquant. On dirait du reste qu'au premier moment, Voltaire fut plus surpris que fâché. « J'ai reçu, dit-il, une grande lettre de Jean-Jacques Rousseau ; il est devenu tout à fait fou ; c'est dommage[2]. » Mais bientôt sa fureur, ne connaissant plus de bornes, s'exhala en toute occasion jusqu'à sa mort. Dans cette lutte, où il semble qu'il aurait dû faire preuve d'une puissance en rapport avec l'importance qu'il attachait à la victoire, il se montre au contraire à la fois faible et violent. La colère l'aveugle, lui fait perdre son sang-froid, et même son esprit. Voltaire a parlé de Rousseau des centaines de fois, dans sa correspondance ou dans ses œuvres ; presque toujours il s'y montre au-dessous de lui-même. « Rousseau prétend que j'ai corrompu sa chère ville de Genève — Rousseau, bâtard de Diogène — Rousseau bâtard du chien de Diogène », telles sont les phrases qui, avec quelques variantes, reviennent sans cesse sous sa plume. « C'est contre votre Jean-Jacques, écrit-il à d'Alembert, que je suis le plus en colère. Cet archifou, qui aurait pu être quelque chose, s'il s'était laissé conduire par vous, s'avise de faire bande à part. Il écrit contre les spectacles, après avoir fait une mauvaise comédie ; il écrit contre la France, qui le nourrit ; il trouve quatre ou cinq douves pourries du tonneau de Diogène ; il se met dedans pour aboyer ; il aban-

---

1. *Lettre à Voltaire*, 17 juin 1760 ; — *Confessions*, l. X. — 2. *Lettres de Voltaire à Thiériot*, 23 juin 1760 ; *à d'Alembert*, même jour.

donne ses amis ; il m'écrit, à moi, la plus impertinente lettre que jamais fanatique ait griffonnée[1]. »

D'Alembert, plus calme que Voltaire, aurait voulu le rappeler à la modération[2]. Mais Voltaire est intraitable. « A l'égard de Jean-Jacques, dit-il, s'il n'était qu'un inconséquent, un petit bout d'homme pétri de vanité, il n'y aurait pas grand mal ; mais qu'il ait ajouté à l'impertinence de sa lettre l'infamie de cabaler, du fond de son village, avec des pédants sociniens, pour m'empêcher d'avoir un théâtre à Tournay, ou du moins, pour empêcher ses concitoyens, qu'il ne connaît pas, de jouer avec moi ; qu'il ait voulu, par cette indigne manœuvre, se préparer un retour triomphant dans ses rues basses, c'est l'action d'un coquin, et je ne lui pardonnerai jamais[3]. »

Malgré de nouveaux différends, la *Lettre sur les spectacles* resta pendant des années le thème des plates injures de Voltaire à Rousseau[4]. A ce premier grief, le chef du parti des philosophes en joignait un autre non moins important ; c'était que Rousseau faisait bande à part, qu'il n'affichait pas la prétention d'*écraser l'infâme,* qu'il n'était pas un *frère en Beelzebuth*[5]. « Oh ! dit-il, comme nous aurions aimé ce fou, s'il n'avait pas été un faux frère[6] ! » « Que de bien on ferait, si on s'entendait ! Jean-Jacques eût été un Paul, s'il n'avait pas mieux

---

1. *Lettre de Voltaire à d'Alembert,* 19 mars 1761. — 2. *Lettre de d'Alembert à Voltaire,* 9 avril 1761. — 3. *Lettre de Voltaire à d'Alembert,* 20 avril 1761. Voir aussi *Lettres de Voltaire à Damilaville,* 22 avril 1761, 24 novembre 1766 ; *à La Harpe,* 30 juin 1764, et beaucoup d'autres. — 4. *Correspondance de Voltaire,* 1758 à 1768. — 5. Nom que Voltaire donne à d'Alembert, 8 mars 1762. — 6. *Lettre de Voltaire à Damilaville,* 31 juillet 1762.

aimé être un Judas[1]. » « Mais je pardonnerais tout, pourvu que l'infâme soit décriée comme il faut[2]. » « Je lui pardonnerais tous ses torts envers moi, s'il se mettait à pulvériser par un bon ouvrage les prêtres de Baal qui le persécutent[3]. » Ces insultes de Voltaire font assurément honneur à Rousseau. Plût à Dieu qu'il les eût encore mieux méritées !

Dans ce combat, Jean-Jacques avait bien des causes d'infériorité. Il n'avait point à sa disposition, comme Voltaire, toutes les bouches de la renommée, toute une armée de disciples et d'admirateurs; il n'avait pas non plus cette haine persévérante qui s'acharne sans relâche sur un ennemi, ce rire infernal, plus puissant que la raison, ce mépris de la vérité, cette absence de scrupules, qui fait trouver bonnes toutes les armes, pourvu qu'elles blessent l'adversaire. En revanche, avec des qualités réelles de polémiste, il avait pour lui la vigueur des déductions, la force de l'éloquence, souvent celle de la raison, une sincérité vraie, accompagnée par malheur d'une imagination qui déformait et exagérait tout. On doit encore lui tenir compte de la dignité qu'il garda dans ses discussions avec son adversaire. Il lui donna à cet égard une leçon, dont l'autre n'eut pas le sens de profiter. Chacun du reste ne fit en cela que demeurer fidèle à ses habitudes. On peut remarquer, en effet, que Rousseau, le plébéien, le cynique, l'homme si peu digne dans sa conduite et dans sa vie, se montra presque toujours un modèle de dignité littéraire ; tandis que Vol-

---

1. *Lettre de Voltaire à Damilaville*, 10 décembre 1762. — 2. *Lettre de Voltaire à d'Alembert*, 9 janvier 1765. — 3. *Id.*, 16 avril 1765.

taire, le gentilhomme ordinaire de Sa Majesté le Roi de France, le grand seigneur, si fier de ses terres et de ses vassaux, Voltaire, le premier écrivain de son siècle, traita toute sa vie la littérature comme le dernier des manœuvres n'oserait traiter le plus vil des métiers.

En somme, Rousseau évita de suivre son adversaire sur le terrain des grossièretés et se contenta presque toujours de lui répondre dans des lettres écrites à des tiers. « Vous me parlez de ce Voltaire, écrit-il à Moultou; pourquoi le nom de ce baladin souille-t-il vos lettres? Le malheureux a perdu ma patrie. Je le haïrais davantage si je le méprisais moins... O Genevois, il vous paie bien de l'asile que vous lui avez donné[1]! » « Ce fanfaron d'impiété, ce beau génie et cette âme basse, cet homme si grand par ses talents et si vil par leur usage, nous laissera de longs et cruels souvenirs de son séjour parmi nous. La ruine des mœurs, la perte de la liberté, qui en est la suite inévitable, seront chez nos neveux les monuments de sa gloire et de sa reconnaissance[2]. »

Ce qui afflige le plus Rousseau dans cette lutte, c'est que l'influence de Voltaire finit par prévaloir à Genève. « Les scrupules ne sont plus de saison, écrit Rousseau à ce sujet, et partout où séjournera M. de Voltaire, on pourra jouer après lui la comédie et lire des romans sans danger[3]. » Aussi qu'irait-il faire dans sa patrie? « Mes chers Genevois, on travaille à vous mettre tous sur un si bon

---

1. *Lettre à Moultou*, 29 janvier 1760. — 2. *Lettre à Jacob Vernet*, 29 novembre 1760. — 3. *Lettre à d'Alembert*, 15 février 1761.

ton, et l'on y réussit si bien, que je vous trouve trop avancés pour moi. Vous voilà tous si élégants, si brillants, si agréables! que feriez-vous de ma bizarre figure et de mes maximes gothiques? Que deviendrais-je au milieu de vous, à présent que vous avez un maître en plaisanteries (Voltaire), qui vous instruit si bien[1]? » C'est ainsi qu'il arrivait à Rousseau, après s'être jeté à corps perdu dans une affaire, de l'abandonner ensuite par découragement. Peu s'en faut qu'il ne dise qu'il a perdu son temps, et qu'il aurait mieux fait de laisser tranquillement les mœurs se dépraver et les théâtres s'établir.

Il réussit pourtant beaucoup mieux qu'il n'en convient lui-même. Malgré les efforts de Voltaire et de ses partisans en faveur du théâtre, leurs tentatives éprouvèrent les difficultés les plus sérieuses. La bourgeoisie, prise d'un accès d'austérité, poussa des clameurs, et le Consistoire adressa au Conseil des représentations solennelles, concluant à ce qu'on fît défense à Voltaire de jouer la comédie chez lui, et à ce qu'on interdît à tous les habitants de représenter aucune pièce, tant sur le territoire de la ville que sur les terres étrangères du voisinage[2].

Voltaire n'abandonna pas la partie. Tout en gardant son théâtre, tout en vouant à la mort les prêtres sociniens et ce Jeanf.. de Rousseau qui les échauffe contre les spectacles[3], il favorisa l'établissement d'une salle à Carouge, à une demi-lieue de Genève, sur le territoire sarde[4]; et obtint la protection, peut-être même l'argent de la France en faveur

---

1. *Lettre à Vernes*, 14 juin 1759, et *Réponse de Vernes.* — 2. SAYOUS, t. I, ch. V. — 3. *Lettre de Voltaire à d'Alembert*, 20 octobre 1761. — 4. *Lettre de Voltaire à Chauvelin*, 21 janvier 1761.

d'une autre salle, qui s'ouvrit à Châtelaine, également à la porte de Genève. Au moment de l'inauguration de cette dernière, les Genevois avaient promis de s'abstenir ; « mais hélas ! le jour arrive... et le soir de ce jour, tout le monde va à Châtelaine ; c'était comme une procession... Moi qui vous parle, ajoute le narrateur, j'ai participé à la folie générale, et je n'ai pu résister à la curiosité de voir le célèbre acteur (Lekain) [1]. »

Les comédiens de Châtelaine étaient venus, naturellement, se loger à Genève ; mais, sur la plainte du Consistoire, le Magnifique Conseil leur donna huit jours pour s'en aller (18 juillet 1765), et dix jours plus tard, le Consistoire renouvelait ses plaintes, parce que les voituriers conduisaient les spectateurs aux représentations.

Cependant grâce à Voltaire, le théâtre ne devait pas tarder à pénétrer dans Genève même (avril 1766)[2]. Mais on put constater alors l'influence de Rousseau : les mêmes hommes qui s'étaient pressés à Châtelaine ne voulurent pas mettre les pieds dans la salle de la place Neuve. Voltaire pensa bien toutefois que, la salle existant, les spectateurs ne manqueraient pas de venir, et ce léger nuage, tout en l'irritant contre son adversaire, ne l'empêcha pas de chanter son propre triomphe. « Le théâtre est dans Genève. En vain, Jean-Jacques a-t-il joué dans cette affaire le rôle d'une cervelle mal timbrée ; les plénipotentiaires lui ont donné le fouet d'une manière publique.

---

1. *Correspondance de M. Antoine Mouchon avec son frère Pierre Mouchon, pasteur à Bâle* (GABEREL, *Voltaire et les Genevois*). — 2. *Lettres de Voltaire à d'Argental*, 15 janvier et 12 mai 1766.

Quant aux prédicants, ils n'osent lever la tête [1]. » Mais, en dépit de Voltaire, la majorité du peuple désapprouvait le théâtre, et un jour de 1768, un incendie, causé, dit-on, par la malveillance, s'y étant déclaré, la foule, accourue à cette nouvelle, se croisait les bras en disant : « Ah! c'est le théâtre qui brûle! Eh bien, mes beaux messieurs, que ceux qui l'ont voulu l'éteignent! » « Ah! cette Genève, s'écria Voltaire, quand on croit la tenir, tout vous échappe! Perruques et tignasses, c'est tout un [2]. » Et il ne trouva rien de mieux que d'accuser Jean-Jacques de l'incendie [3].

IV

Tout en surveillant l'impression de sa *Lettre sur les spectacles*, Rousseau s'était remis avec amour à sa *Nouvelle Héloïse*. Il l'avait assurément terminée, sauf, tout au plus, quelques retouches, quand un nouvel embarras lui tomba sur les bras. On se rappelle que, malgré le succès du *Devin*, l'administration de l'Opéra avait supprimé à l'auteur ses entrées. Il avait réclamé, mais on ne l'avait pas écouté. Le projet qu'on eut de remettre sa pièce sur la scène l'engagea à renouveler ses instances. Il avait, trois ans auparavant, adressé un mémoire à ce sujet au

---

1. GABEREL, *Voltaire et les Genevois*, ch. VI; — *Lettres de Voltaire à d'Argental*, 3 et 7 novembre; à *Damilaville*, 5 novembre 1766; — DESNOIRESTERRES, t. VII, ch. II. — 2. *Bibliothèque universelle et Revue suisse*, mars 1873; article de MARC-MONNIER, *Le Théâtre et la Poésie à Genève au XVIIIe siècle*. Perruques et tignasses, manière de désigner l'aristocratie et le peuple. — 3. *Lettre de Rousseau à Dupeyrou*, 29 avril 1768.

marquis d'Argenson, qui avait l'administration de l'Opéra; il le retoucha et l'envoya de nouveau à son successeur, M. de Saint-Florentin. Saint-Florentin promit de répondre et n'en fit rien ; Duclos parla de son côté aux *Petits violons* et obtint qu'on rendît à Rousseau ses entrées[1]; mais alors qu'il habitait la campagne, qu'en pouvait-il faire? Ce qu'il voulait, ce qu'il ne put obtenir, du moins alors, c'était sa pièce. De sorte que l'Opéra continua à disposer et à profiter du bien d'autrui, malgré le légitime propriétaire. Rousseau cria à l'injustice, au mensonge, à l'insulte ; il continua ses réclamations pendant plus de deux ans[2]; puis, quand il eut bien crié, il finit par abandonner l'affaire[3].

La *Lettre à d'Alembert* acheva de brouiller Jean-Jacques avec ses amis; mais un homme célèbre n'est jamais tout à fait délaissé, on va à lui, comme la plante se dirige du côté de la lumière. Il affecte de citer les nombreuses amitiés, anciennes et nouvelles, qu'il avait à cette époque. On pourrait croire qu'il est pressé par une sorte de souvenir du cœur; mais cela est peu probable. Il commence par déclarer qu'il ne veut plus d'amis dominateurs, ce qui est bien ; ni d'amis protecteurs, ce qui n'est pas vrai ; pas même d'amis gênants, ce qui signifie sans doute d'amis intimes. On est donc porté à admettre qu'il veut simplement, par une sorte de vanité, montrer que, pour un ami qui le laissait, dix autres le recherchaient. Ce sont d'abord les connaissances de simple voisinage : Loyseau de Mauléon, à qui il

---

1. *Lettres de Duclos à Rousseau*, 14 et 19 février 1759. — 2. *Lettre à Coindet*, vendredi soir, 1761. — 3. *Confessions*, l. X; — *Lettres au comte de Saint-Florentin*, 11 février 1759, et *Mémoire à l'appui*; *à Lenieps*, 5 août 1759.

prédit sa brillante destinée ; le libraire Guérin, et par lui Jean Néaulme, qui plus tard imprima *l'Émile ;* Maltor, curé de Grosley, homme d'instruction et de ressource, dont la société lui fut des plus agréables ; un oratorien de Montmorency, le P. Berthier. Deux juifs et son hôte Mathas complétaient ses relations de tous les jours.

En fait d'hommes de lettres, il ne voyait avec plaisir que Duclos et Deleyre ; il trouvait même ce dernier bien jeune et bien léger pour lui donner le titre d'ami[1]. Condillac, Mably, Mairan, Watelet, quelques autres encore, avec qui il conservait de rares relations, ne doivent compter que pour mémoire.

La colonie genevoise à Paris lui fournissait, naturellement, un large contingent ; mais nous ne voyons ici que de vieilles connaissances : Roguin, la plus ancienne de toutes ; Lenieps et sa fille, Mme Lambert ; Coindet, qu'il connaissait depuis moins longtemps : homme de confiance, homme d'affaires, homme du monde, un peu commissionnaire et factotum plutôt qu'ami, mais qui fit tout pour le devenir, et à force de persévérance et d'empressement, finit presque par y parvenir. Il se donnait comme artiste et fut utile à Rousseau en maintes circonstances, notamment pour les estampes de la *Nouvelle Héloïse.*

Il faut citer encore la maison de Mme Dupin. Mme Dupin avait une habitation à Clichy, où elle venait avec sa fille, Mme de Chenonceaux, passer une partie de l'été. Jean-Jacques y allait de temps en temps. Il y serait allé plus souvent sans la difficulté de vivre bien avec ces deux dames, qui vivaient assez mal ensemble.

---

1. *Lettre à Deleyre,* 10 novembre 1759.

Et Mme de Créqui, qui, malgré sa dévotion, lui resta toujours attachée; et une foule d'autres personnes, chez qui il allait plus ou moins souvent, ou qui venaient chez lui. On voit que sa solitude n'était pas absolument déserte; que les distractions ne lui manquaient pas.

N'oublions pas non plus quelques hommes, qu'il avait connus à Venise et qu'il retrouva à Paris : Carrio, son ancien collègue, toujours bon et aimable; Le Blond, qu'il se reproche d'avoir négligé; Fonville, qu'il rechercha d'abord, mais dont il ne tarda pas à s'ennuyer.

A ses amis qu'il voyait, joignons ceux à qui il écrivait, surtout les pasteurs de Genève, et Tronchin, avec qui la *Lettre sur les spectacles* l'avait mis en relations assez suivies.

Enfin, arrivons à des liaisons qui vont jouer un grand rôle dans sa vie : le maréchal de Luxembourg, Mme de Luxembourg, et par eux, la duchesse de Montmorency, M. de Malesherbes, la comtesse de Boufflers, le prince de Conti.

Avant de parler toutefois de ces grands personnages, n'oublions pas une dame de moins haut parage, mais d'une affection plus simple et plus soutenue, Mme de Verdelin. Rousseau dut sa connaissance à Mme d'Houdetot. Mme de Verdelin avait son parc entre l'Ermitage et Eau-Bonne; elle prêtait sa clé à Rousseau, pour lui abréger la distance[1]. Malgré ce préjugé favorable, il paraît pourtant que les commencements de la liaison furent difficiles. Leurs caractères, dit Jean-Jacques, ne se convenaient pas. Nous dirions volontiers, tant pis pour lui; car,

---

1. G. MAUGRAS, *La Jeunesse de Mme d'Épinay*, ch. XIV.

même à ne consulter dans leur correspondance que ses réponses, nous y voyons beaucoup plus de marques de ses défauts de caractère que de ceux de Mme de Verdelin. Jean-Jacques, qui ne détestait pas de dire du mal de ses amis, la traite assez mal dans ses *Confessions,* et il faut avouer que, dans plusieurs de ses lettres, il ne la traite pas beaucoup mieux[1]. Cela n'empêcha pas Mme de Verdelin de lui témoigner constamment une sincère et loyale amitié. Il est à croire aussi qu'elle sut le prendre mieux que beaucoup d'autres, car elle est la seule qui ait réussi à lui faire accepter (quoique à regret) une foule de petits cadeaux, et qui lui ait offert, sans l'offenser, de lui venir plus largement en aide dans des circonstances plus graves. Rousseau finit par être touché de ses procédés, de son dévouement affectueux et simple, de sa douceur à supporter ses brusqueries. Tous deux eurent des peines; la communauté de chagrins, la part surtout que Mme de Verdelin prit à ceux de son ami (car à cet égard, nous n'oserions dire qu'il y eut réciprocité) mit plus d'intimité dans leurs rapports. « Cent fois le jour, lui écrivait-il, je pense avec attendrissement que, depuis le premier moment de notre connaissance, vos soins, vos bontés, votre amitié n'ont pas souffert un moment de relâche ou d'attiédissement; que vous avez toujours été la même envers moi, dans ma bonne et ma mauvaise humeur, dans ma bonne et

---

1. Voir dans le journal *l'Artiste,* année 1840, soixante-trois lettres de Rousseau à Mme de Verdelin (de septembre 1759 à décembre 1767), et dans l'ouvrage de M. STRECKEISEN-MOULTOU, soixante-deux lettres de Mme de Verdelin à Rousseau (de mars 1760 à août 1771).

ma mauvaise fortune [1]. » « Il est bien constaté qu'il ne me reste que vous seule en France [2]. » « Pardonnez-moi, Madame, si mon style devient tendre jusqu'à la familiarité. Celle qui pardonna jadis mes injures, doit naturellement pardonner aujourd'hui mes douceurs [3]. » « J'ai plus d'argent qu'il ne m'en faut, lui écrivait-il dans une autre occurrence ; si j'en manquais, vous seriez la première instruite. Les cinquante louis que vous avez remis à Coindet ne feraient que m'embarrasser [4]. » Ces lettres suffisent pour indiquer le caractère de leur correspondance.

Charles-François-Frédéric de Montmorency, duc de Luxembourg, était le neveu du fameux maréchal de Luxembourg qui s'illustra par ses victoires sous le règne de Louis XIV. En 1724 (il avait alors vingt-deux ans) il avait épousé Marie-Sophie-Honorate Colbert de Seignelay. En 1750, il contracta une seconde union avec Madeleine-Angélique de Neuville, sœur du duc de Villeroi et veuve elle-même de Joseph-Marie duc de Boufflers. Les nombreux aveux qui lui sont faits lui donnent les titres de très haut et très puissant seigneur Monseigneur Charles-François Montmorency-Luxembourg, duc de Montmorency, de Luxembourg et d'Épinay, pair et premier baron chrétien de France, souverain d'Aigremont, comte de Gournay et de Tancarville, marquis de Lonray et de Seignelay, baron de Mello, chevalier des Ordres du Roy, lieutenant-général des armées de Sa Majesté, gouverneur de la province de Normandie [5]. Ce ne fut qu'après son second mariage qu'il fit la connaissance de Rousseau.

---

1. *Lettre à M*^{me} *de Verdelin*, 17 février 1763. — 2. *Id.*, 27 mars 1763. — 3. *Id.*, 25 décembre 1763. — 4. *Id.*, 14 novembre 1763. — 5. Archives de l'Orne. Marquisat de Lonray.

M. et Mme de Luxembourg avaient à Montmorency un château où ils venaient chaque année passer quelques semaines. Tant que Rousseau était resté chez Mme d'Épinay, ils n'avaient pas cherché à établir de relations avec lui : il n'avait pas besoin d'eux. La comtesse d'Épinay, d'ailleurs, qui n'était que de petite noblesse, n'était pas de leur monde. Mais quand il eut quitté l'Ermitage, ils l'envoyèrent inviter à souper toutes les fois qu'il le voudrait. Notre solitaire était sauvage, embarrassé et fier; il se défiait des grands ; il n'accepta pas et ne fit pas même de visite de remercîment. Mme de Boufflers, qui se trouvait chez le maréchal, fit aussi des politesses à Rousseau; le chevalier de Lorenzy, qui y était également, vint le voir plusieurs fois ; il ne parut s'apercevoir ni des politesses de l'une ni des visites de l'autre. Enfin, à Pâques suivant, le maréchal vint lui-même. Il fallut bien répondre à tant d'avances et aller rendre visite à Mme de Luxembourg. C'est ainsi que Jean-Jacques se trouva introduit, presque malgré lui, dans une des plus hautes maisons de France.

Mme de Luxembourg était une très grande dame. Elle avait eu une jeunesse plus que légère et passait pour méchante. Rousseau la craignait, d'après sa réputation ; mais elle sut se faire si aimable, si charmante, que, dès la première visite, il fut subjugué. Il en était souvent ainsi : il commençait par se faire prier, puis se livrait entièrement, et finissait par se retirer tout à fait. Mme de Luxembourg le flatta ; c'était le bon moyen de le prendre : les flatteries d'une grande dame sont toujours précieuses. Celles que lui prodigua Mme de Luxembourg lui parurent délicates ; elles étaient plutôt excessives et épuisaient toutes les hyperboles. « Je crus m'apercevoir, dit naïvement Rousseau, que, malgré mon air gauche et mes lourdes phrases, je ne lui déplaisais pas. » Les agaceries et les petites malices de Mme de Montmorency, belle-fille de Mme de Luxembourg, excitaient bien un peu ses soupçons ; mais la bonté du maréchal lui rendait la confiance.

Rousseau a grand soin de dire qu'il se mit sans tarder sur le pied d'égalité avec le maréchal. Celui-ci, de son côté, accepta les manies de Rousseau et ne le tourmenta ni de ses offres d'argent ou de crédit, ni de ses exigences de société. Une seule fois, Mme de Luxembourg lui aurait proposé de le faire entrer à l'Académie, s'engageant à faire lever l'obstacle de la religion. Il refusa, comme il avait refusé le roi de Pologne pour l'Académie de Nancy, et l'affaire en resta là. Nous verrons si Mme de Luxembourg n'essaya pas de lui rendre d'autres services. Il y a plus d'orgueil qu'il ne paraît dans cette affectation de simplicité. Jean-Jacques est fier « de faire asseoir le maréchal de Luxembourg, l'ami particulier du Roi, dans son unique chambre, au milieu de ses assiettes sales et de ses pots cassés. » C'est l'orgueil qui passe à travers les trous du manteau de Diogène. Le maréchal était accompagné d'une suite de cinq ou six personnes ; Rousseau craignant que son plancher pourri ne pût supporter leur poids, s'empressa de les emmener dans son *donjon*. L'illustre visiteur, qui avait remarqué le délabrement de la maison, pria Rousseau d'accepter un logement dans son château pendant qu'on ferait réparer le plancher. La réponse de Rousseau paraît très travaillée ; elle n'en est pas moins ridicule. « N'ayant jamais, dit-il, voulu vivre qu'avec mes amis, je n'ai qu'un langage, celui de l'amitié, de la familiarité. Je n'ignore pas combien, de mon état au vôtre, il faut modifier ce langage ; je sais que mon respect pour votre personne ne me dispensera pas de celui que je dois à votre rang ; mais je sais mieux encore que la pauvreté qui s'avilit devient bientôt méprisable ; je sais qu'elle a aussi sa dignité, que l'amour de la vertu l'oblige de conserver. Je suis ainsi toujours dans le doute de manquer à vous ou à moi, d'être familier ou rampant ; et ce danger même, qui me préoccupe, m'empêche de rien faire ou de rien dire à propos... L'estime réciproque rapproche tous les états. Quelque élevé que vous soyez, quelque obscur que je puisse être, la gloire de chacun des deux ne doit plus être indifférente à l'autre. Je me dirai tous les jours de ma vie : Souviens-toi que si M. le maréchal de Luxembourg t'honora de sa visite et vint s'asseoir sur ta chaise de paille, au milieu de tes pots cassés, ce ne fut ni pour ton nom, ni pour ta fortune, mais pour quelque réputation de probité que tu t'es acquise[1]. »

Ce langage est peut-être moins impertinent qu'il ne le paraît. A cette époque, le génie, ou ce qu'on prenait pour le génie, avait le privilège de niveler les rangs. Les plus grands seigneurs traitaient sur le pied de l'égalité avec les hommes de lettres ; de sorte que Rousseau ne fit guère qu'exprimer sous une forme outrecuidante une chose qui se faisait tous les jours.

On peut rapprocher cette lettre de celle qu'il écrivit plus tard à Malesherbes. « Je ne puis vous dissimuler, Monsieur, que j'ai une violente aversion

---

1. *Lettre au maréchal de Luxembourg*, 30 avril 1759.

pour les états qui dominent les autres. J'ai même tort de dire que je ne puis le dissimuler ; car, je n'ai nulle peine à vous l'avouer, à vous, né d'un sang illustre, fils du chancelier de France et premier président d'une cour souveraine... Je hais les grands, je hais leur état, leur dureté, leurs préjugés, leurs petitesses et tous leurs vices ; et je les haïrais bien davantage, si je les méprisais moins. C'est avec ce sentiment que j'ai été comme entraîné au château de Montmorency. J'en ai vu les maîtres, ils m'ont aimé ; et moi, Monsieur, je les ai aimés et les aimerai, tant que je vivrai, de toutes les forces de mon âme [1].

Rousseau ne sut jamais prendre le langage qui convient avec les grands. Il n'a pas d'usage et affecte de n'en pas avoir ; mais, ce qui est pire, il n'a ni aisance, ni simplicité, ni naturel. Tour à tour sauvage et empressé, impoli et obséquieux, toujours au-dessus ou au-dessous de la règle, il manque d'équilibre. La préoccupation de sa dignité le rend gauche et guindé. On voit que le grand monde le gêne, que sa condition de plébéien l'embarrasse ; il est raide et fier, dans la crainte d'être plat et servile ; ce qui fait qu'il est toujours maladroit [2].

Et le souci du public et de la postérité, et ses principes, et son humeur, et ses maladies, et son horreur de la gêne : que d'empêchements avoués ou tacites ! Il est curieux de l'entendre dicter ses conditions dans une circonstance où il semble qu'il n'aurait qu'à en recevoir. Il verra M. de Luxembourg, mais il ne verra que lui et Mme de Luxem-

---

1. *Lettre à Malesherbes*, 28 février 1762. — 2. SAINT-MARC GIRARDIN, *Revue des Deux Mondes*, 15 novembre 1855.

bourg; il ne veut point avoir en lui un patron, lui promettant, de son côté, de n'être point son panégyriste. « Je n'ignore pas, ajoute-t-il, que mon séjour ici, qui n'est rien pour vous, est pour moi d'une extrême conséquence. Je sais que, quand je n'y aurais couché qu'une nuit, le public, la postérité peut-être me demanderaient compte de cette seule nuit [1]. »

Le maréchal de Luxembourg dut rire de ces grandes phrases et de ces déclarations de principes à propos d'une invitation. Ses réponses néanmoins sont aimables et flatteuses. Il y réitère ses offres, ne demande aucun engagement, se félicite d'avoir fait la connaissance d'un homme dont l'esprit, et encore plus les vertus ont gagné toute son estime, et dont l'amitié le rendra plus fier que tous ses titres [2].

V

Le château de Montmorency, qu'on nommait le *Petit Château*, était placé dans un site pittoresque et avait des points de vue superbes; l'art avait en outre su tirer parti des ressources de la nature pour en faire une demeure d'une grande élégance. Entre plusieurs appartements que le maréchal proposa à Rousseau, celui-ci choisit le plus petit et le plus simple; il était d'une propreté charmante; l'ameublement en était blanc et bleu. Jean-Jacques y amena l'inséparable Thérèse, et fit une sorte de petit ménage à part; mais il était chez les nobles

---

1. *Lettre au maréchal de Luxembourg*, 27 mai 1759. — 2. *Réponses du Maréchal*, 1er mai et 4 juin 1759.

châtelains au moins aussi souvent que chez lui. Dès le matin, il y allait faire sa cour à Mme la Maréchale ; il y dînait ; l'après-midi, il allait se promener avec le Maréchal ; il ne soupait pas avec eux, à cause du grand monde et parce qu'ils soupaient trop tard pour lui. Il s'établit donc, au bout de peu de temps, une grande intimité entre eux et lui. Quand les réparations furent faites à sa maison, il tint à la reprendre, mais il n'en continua pas moins à garder son appartement au château. De plus, il avait sa chambre à l'hôtel de Luxembourg à Paris, et y allait de temps en temps.

Mathas, son propriétaire, lui avait laissé toute liberté pour arranger et embellir sa petite maison ; il se plut surtout à transformer, au dedans et au dehors, le *Donjon*, qui lui servait de cabinet de travail. Devant cette pièce était une terrasse ornée de verdure et de fleurs et ombragée de beaux arbres ; on y jouissait d'une vue magnifique. Jean-Jacques en fit son salon de compagnie. Là, il reçut M. et Mme de Luxembourg, M. le prince de Conti, M. le duc de Villeroy, M. le prince de Tingry, M. le marquis d'Armentières, Mme la duchesse de Montmorency, Mme la duchesse de Boufflers, Mme la comtesse de Valentinois, Mme la comtesse de Boufflers, et d'autres personnes de ce rang, dont il devait les visites, dit-il modestement, à la faveur de M. et de Mme de Luxembourg. Quelle belle liste ! Comme elle fait bon effet sous la plume du plébéien Rousseau ! Il n'en était pas plus fier, était familier avec le peuple, soupait avec le maçon Pilleu, après avoir dîné au château. Nous le croyons sans peine ; mais nous soupçonnons cette familiarité même de cacher une autre espèce d'orgueil, l'orgueil du républicain, qui ne s'inquiète pas des rangs et ne voit que des hommes; l'orgueil du petit, qui se croit au-dessus des grands, parce qu'il prétend dédaigner leur grandeur.

Parmi les hauts personnages que nous venons de citer, il en est deux, le prince de Conti et la comtesse de Boufflers, qui méritent plus qu'une simple mention, à cause des rapports intimes et prolongés qu'ils entretinrent avec Rousseau.

Mme de Boufflers était la maîtresse du prince de Conti. Rousseau, qui n'en savait rien, faillit, sans s'en douter, devenir son rival. Elle était encore jeune, belle, galante, avait de la conversation et des prétentions, affectait l'esprit romain, et, comme le disait Walpole, semblait poser sans cesse pour son portrait. C'était plus qu'il n'en fallait pour allumer l'imagination de l'inflammable Jean-Jacques. Il avoue modestement qu'à son âge il ne pouvait prétendre aux faveurs de Mme de Boufflers; il ne serait pas fâché pourtant de faire croire qu'il lui inspira ce qu'il appelle de la curiosité, et il ajoute qu'elle ne lui pardonna pas d'avoir trompé ce sentiment. Il invente encore un autre motif à la haine que, suivant lui, elle lui aurait vouée plus tard, c'est qu'en sa qualité de maîtresse d'un prince, elle aurait été blessée par la même phrase qui avait offensé Mme de Pompadour[1]. Mais ces dames portaient plus gaillardement leur déshonneur et se trouvaient au-dessus d'une épigramme. Avant de chercher du reste les motifs de la haine de Mme de Boufflers, il faudrait prouver que cette haine ait existé ailleurs que dans l'imagination du pauvre

---

[1]. Voir ci-après, ch. XVI.

Jean-Jacques. Or, tout fait supposer au contraire que cette dame lui témoigna constamment le plus grand intérêt.

Par Mme de Boufflers, il gagna l'affection du prince de Conti, de la maison de Bourbon. Rousseau ne raconte pas sans une certaine fierté qu'ayant été admis à faire sa partie aux échecs, il ne se fit pas faute de le gagner deux ou trois fois de suite. « Ce grand prince, dit-il, sentit qu'il n'y avait que moi qui le traitais en homme, et j'ai tout lieu de croire qu'il m'en a vraiment su bon gré[1]. » Mais lui-même qui savait si bien donner des leçons aux princes, n'aurait-il pas eu besoin d'en recevoir ? Conti lui ayant envoyé du gibier de sa chasse, il accepta deux fois, mais il écrivit à Mme de Boufflers qu'il n'accepterait pas une troisième. Il sait respecter le mérite jusque dans les grands,... la personne du prince l'attire plus que son rang ne le repousse... mais il n'enfreindra pas ses maximes, même pour lui[2]. Il avoue, d'ailleurs, que son procédé sentait moins la délicatesse d'un homme fier qui veut conserver son indépendance que la rusticité d'un mal appris qui se méconnaît[3]. Nous aurons, du reste, à parler assez longuement plus tard du prince de Conti et de Mme de Boufflers.

Jean-Jacques s'accuse d'avoir eu trop de familiarité dans ses manières avec les grands; mais la faute en est bien, au moins en partie, à ces derniers, surtout à Mme de Luxembourg. On est stupéfait des gâteries et des marques d'amitié dont

---

1. *Confessions*, l. X. — *Lettre à Dupeyrou*, 27 septembre 1767. — 2. *Lettre à Mme de Boufflers*, 7 octobre 1760. — 3. *Confessions*, l. X. — *Lettre à Dupeyrou*, 27 septembre 1767.

elle l'accable. « Les remerciements ne sont pas faits pour vous, lui avait-elle dit pour commencer ; c'est de M. de Luxembourg et de moi que vous devez en recevoir. Cependant notre reconnaissance serait plus grande, si vous aviez voulu accepter un autre logement[1]. » Il s'était attristé d'un silence trop prolongé de Mme de Luxembourg et craignait de l'avoir offensée. « Ce n'est pas à vous, lui répond-elle, à vous mettre à mes pieds, c'est à moi à me jeter aux vôtres... C'est à votre clémence et à votre amitié que je demande pardon, si vous m'en croyez encore digne[2]. » « Vous me dites que vous avez moins de réserve avec M. de Luxembourg qu'avec moi. Eh! Monsieur, à mon âge, on n'a plus de sexe. Il ne me reste qu'un cœur qui ne vieillit point pour vous et que vous trouverez toujours bien tendre[3]. » — « Adieu, tout ce qu'il y a de plus parfait et de plus aimable ; je vous aime du plus tendre de mon cœur[4]. » — « Je vous embrasse mille fois, du plus tendre de mon cœur[5]. » — « Ne connaîtrez-vous jamais les sentiments que j'ai pour vous... J'embrasse Mlle Le Vasseur[6]! » — Rousseau, de son côté, tâchait de n'être pas en reste de compliments ; mais au moins il était davantage dans son rôle.

---

[1]. *Lettre de Mme de Luxembourg à Rousseau*, mai 1759. La bibliothèque de la Chambre des députés possède un cahier contenant trente-six lettres autographes de Rousseau à Mme de Luxembourg, plus quelques autres pièces. La plupart de ces lettres ne sont pas signées ; elles ne sont que des copies, mais écrites par Rousseau lui-même. Elles sont d'ailleurs trop bien écrites pour être des brouillons. — [2]. *Réponse de Mme de Luxembourg à une lettre de Rousseau*, datée du 15 novembre 1759. — [3]. *Lettre de Mme de Luxembourg à Rousseau*, janvier 1761. — [4]. *Id.*, février 1761. — [5]. *Id.*, août 1761. — [6]. *Id.*, novembre 1761.

Malgré la place que ces excursions au pays du Tendre tenait dans leurs relations, on y peut trouver autre chose que de fades protestations. D'abord quelques petits différends, bien petits, bien peu importants, mais enflés par la sensibilité de Rousseau. Sa correspondance les montre dans leur première exagération ; contrairement aux règles ordinaires de la perspective, vues à distance, elles s'agrandissent encore dans les *Confessions*. Du reste les rapports de Rousseau avec la famille de Luxembourg ne furent jamais sur le pied de confiance et d'égalité qui avait existé avec Mme d'Épinay. S'il n'y avait eu que le Maréchal, passe encore ; il avait tant de bonhomie ; entre hommes, d'ailleurs, on tient moins à l'étiquette. Mais avec Mme de Luxembourg, Rousseau se trouvait toujours en présence de la grande dame et ne pouvait surmonter son embarras. Sentant qu'on ne l'avait pris que pour son esprit (car pour la vertu, il savait qu'on n'était pas exigeant), il lui fallait, bon gré mal gré, avoir de l'esprit. Or, l'esprit sur commande fut toujours au-dessus de ses forces, et il ne fut jamais ce qu'on appelle un beau parleur. Il s'avisa d'un expédient ; ce fut de demander à la lecture un supplément à la conversation. Tous les matins donc, vers 10 heures, il se rendait auprès du lit de Mme de Luxembourg ; le Maréchal y venait de son côté, et il leur lisait la *Nouvelle Héloïse*. Le succès passa son attente. « Mme de Luxembourg, dit-il, s'engoua de *Julie* et de son auteur ; elle ne parlait que de moi, ne s'occupait que de moi, me disait des douceurs toute la journée, m'embrassait dix fois le jour. Elle voulut que j'eusse ma place à côté d'elle ; et quand quelques seigneurs voulaient prendre cette place, elle leur disait que c'était la mienne et les faisait mettre ailleurs. On peut juger de l'impression que ces manières charmantes faisaient sur moi, que les moindres marques d'affection subjuguent. »

L'année suivante, la *Nouvelle Héloïse* étant finie, ce fut le tour de l'*Émile;* mais il n'eut pas autant de succès; soit parce que l'*Émile,* étant plus sérieux, fut moins du goût de Mme de Luxembourg; soit qu'à cette époque, elle fût moins entichée de Jean-Jacques.

Elle sut qu'il faisait pour Mme d'Houdetot une copie de la *Nouvelle Héloïse;* elle voulut en posséder une aussi. Ce fut une nouvelle occasion de compliments. Elle relut l'œuvre avec délices, la trouvant encore plus belle que la première fois. Cependant, Mme d'Houdetot, la première en date et assurément en affection, n'ayant pas encore sa copie toute entière, Mme de Luxembourg dut attendre les dernières parties au moins une année[1].

Afin de rendre ce manuscrit plus digne de sa haute destination, Rousseau l'orna d'estampes que, de concert avec Coindet, il avait fait graver pour l'édition imprimée. Il reproche à cette occasion au commis de banque Coindet de s'être faufilé dans la maison de Luxembourg, et s'extasie sur la bonté du Maréchal, qui, un jour, aurait dit, après les avoir gardés à dîner : Allons nous promener sur le chemin de Saint-Denis, nous accompagnerons M. Coindet. Mais sans parler de lui-même, vivant dans cette maison dans la familiarité la plus intime, que dire de Thérèse, embrassée par la duchesse de Luxembourg?

---

1. *Lettres de Rousseau à Mme de Luxembourg,* 29 octobre 1759, 15 janvier, 5 mars, 20 juin, 6 octobre 1760; *de Mme de Luxembourg à Rousseau,* mars 1760.

Enfin, Jean-Jacques, pour donner à ce même manuscrit un avantage qui le distinguât de tout autre, imagina d'y insérer un extrait d'un roman intitulé *Les Aventures de Milord Édouard;* mais, à l'en croire, il aurait été, dans cette circonstance, bien mal servi par son envie de mieux faire. Il avait en effet, dans ces *Aventures*, donné le portrait d'une marquise d'un caractère très odieux, dont quelques traits pouvaient être appliqués à Mme de Luxembourg. Cette considération l'avait détourné de les faire entrer dans la *Nouvelle Héloïse*, comme il en avait eu d'abord la pensée. Comment donc s'avisa-t-il d'en enrichir le propre exemplaire qu'il destinait à la Maréchale? Ce n'est pas tout : afin de mieux préciser encore, il eut soin de la prévenir qu'il avait brûlé l'original; que la copie serait pour elle seule et ne serait jamais vue de personne, à moins qu'elle ne la montrât elle-même. Vraiment on n'est pas aussi maladroit; nous sommes porté à croire que Rousseau se fait ici plus niais qu'il n'a jamais été.

Il compte cette malheureuse copie parmi les grandes causes de l'inimitié que lui aurait vouée plus tard Mme de Luxembourg. A vrai dire, nous ne voyons nullement cette inimitié. La Maréchale ne lui fit pas sur son fameux épisode les compliments qu'il attendait; cela pourrait prouver que l'œuvre lui sembla médiocre; c'est l'avis de bien d'autres. Mais la preuve qu'elle ne se reconnut pas dans le personnage de la marquise, c'est que cet extrait, qu'elle était seule à posséder et qu'elle était libre de détruire, elle le conserva et le communiqua aux éditeurs de Genève, pour être publié[1]. Il y a bien

---

1. Voir *Œuvres de J.-J. Rousseau*, édit. de Genève, 1782.

à ce passage des *Confessions* une autre explication que la prétendue stupidité de Rousseau ; c'est qu'ayant acquis la persuasion que Mme de Luxembourg le haïssait, il lui fallut chercher un fondement à cette haine, et, de bonne foi ou non, il n'a pas craint de s'accuser lui-même, pour se donner le plaisir de dire, par la même occasion, du mal de sa bienfaitrice.

Cette belle copie de la *Nouvelle Héloïse*, écrite avec une véritable coquetterie, existe encore ; elle est conservée à la Bibliothèque de la Chambre des députés. Comme correction, l'édition de 1761, faite postérieurement, sous les yeux de l'auteur, est préférable ; mais le manuscrit, ainsi que plusieurs volumes de brouillons qui l'accompagnent, sont intéressants pour le bibliophile et le critique, qui aiment à suivre le long et pénible travail par lequel un auteur arrive au dernier mot de son talent [1].

Rousseau eut une autre occasion de faire une politesse à Mme de Luxembourg. On sait que Mme d'Épinay lui avait demandé son portrait. Que Latour le lui ait apporté à l'Ermitage, comme c'est probable, ou au Petit Château de Montmorency, comme il le prétend, toujours est-il que ce portrait était dans sa chambre, que Mme de Luxembourg le vit, le trouva bien, et que Jean-Jacques le lui offrit. En échange, M. et Mme de Luxembourg lui donnèrent les leurs, peints en miniature et enchâssés dans une

---

[1] V. Cousin, *Du Manuscrit d'Émile conservé à la bibliothèque de la Chambre des Représentants* (au *Journal des Savants*, septembre 1848). Ces brouillons, qui doivent être une première et une deuxième copie, sont loin d'être complets. Ils sont, le premier surtout, très mal écrits et surchargés de corrections, de ratures et de renvois.

boîte à bonbons de cristal de roche, montée en or.

Rousseau aurait pu, s'il l'avait voulu, tirer parti de ces hautes relations ; mais il avait ses fiertés, et la réserve lui semblait, non sans raison, une condition de son indépendance. Si, de loin en loin, il se départait de sa sévérité, presque toujours c'était en faveur d'autrui[1]. C'est ainsi qu'il usa de son influence sur Mme de Luxembourg, lorsque l'abbé Morellet fut mis à la Bastille, pour avoir offensé dans une brochure Mme de Robeck, la propre fille du Maréchal. Mais ce fait se rattache à d'autres, qu'il nous faut raconter auparavant.

Palissot, qui, après avoir blessé Rousseau, avait, grâce à l'intervention de celui-ci, reçu son pardon du roi Stanislas, faisait, autant par situation que par conviction, la guerre aux philosophes du siècle. Son œuvre la plus connue en ce genre est sa comédie des *Philosophes*, et, dans cette comédie, la scène où il tourne Jean-Jacques en ridicule. On s'amusa beaucoup du valet Crispin, arrivant à quatre pattes sur le théâtre et débitant ces vers, où tout le monde reconnut le philosophe de Genève :

> Je ne me règle point sur les opinions,
> Et c'est là l'heureux fruit de mes réflexions.
> Pour la philosophie un goût à qui tout cède
> M'a fait choisir exprès l'état de quadrupède.
> Sur ses quatre piliers mon corps se soutient mieux,
> Et je vois moins de sots qui me blessent les yeux.

L'idée de cette scène était dans les mots de Voltaire : en vous lisant, il prend envie de marcher à quatre pattes ; elle n'en eut sans doute que plus de

---

1. *Lettres de Rousseau à Moultou, et de Mme de Luxembourg à Rousseau*, mars 1761.

succès. D'autres philosophes, Helvétius, Diderot, étaient plus maltraités que Rousseau ; aucun n'était plus spirituellement raillé.

La première représentation eut lieu le 2 mai 1760, au milieu d'un concours prodigieux de spectateurs ; elle fut immédiatement suivie de treize autres, ce qui était alors un très grand succès. Il est vrai que dès le second jour on avait été obligé de faire des coupures.

L'accueil que Rousseau fit à la comédie des *Philosophes* donne une triste idée de sa sincérité. Lui, si susceptible d'habitude, affecta de ne pas se sentir blessé pour ne songer qu'à Diderot, *son ancien ami*. « Mes entrailles s'émurent, dit-il, à la vue de cette odieuse pièce, je n'en pus supporter la lecture, et, sans l'achever, je la renvoyai à Duchesne, avec la lettre suivante :

A Montmorency, le 21 mai 1760.

« En parcourant, Monsieur, la pièce que vous m'avez envoyée, j'ai frémi de m'y voir loué. Je n'accepte point cet horrible présent. Je suis persuadé qu'en me l'envoyant vous n'avez point voulu me faire une injure ; mais vous ignorez ou vous avez oublié que j'ai eu l'honneur d'être l'ami d'un homme respectable, indignement noirci et calomnié dans ce libelle. »

Rousseau s'étonne que Diderot n'ait pas été touché par la générosité de son procédé ; il serait plus surprenant qu'il eût été dupe de cette petite hypocrisie [1].

---

1. Voir *Œuvres de Palissot* ; — *Confessions*, l. X ; — *Journal de Collé*, t. II, mai 1760 ; — *Correspondance littéraire*, juin 1760 ; — *Année littéraire*, 1760 ; — *Lettre de Rousseau à Rey*, 8 juin 1760.

Ce fut alors que Morellet, pour venger Diderot, ayant fait contre Palissot une brochure qui offensa Mme de Robeck, fut mis à la Bastille. On pensa à prier Jean-Jacques d'intercéder auprès de Mme de Luxembourg ; mais Diderot, qui était la première occasion de l'aventure, ne pouvant s'adresser à lui, d'Alembert s'en chargea. Jean-Jacques, qui connaissait Morellet, n'avait pas attendu d'ailleurs qu'il lui fût recommandé. Mme de Luxembourg s'occupa activement et efficacement de l'affaire ; l'abbé fut rendu peu de jours après à la liberté ; mais Jean-Jacques fut mécontent : mécontent de Morellet, qui ne le remercia pas à son gré ; mécontent de d'Alembert, qui peut-être le desservit auprès de Mme de Luxembourg [1].

En 1782, il y eut une reprise de la comédie des *Philosophes;* mais au moment où Crispin arrive à quatre pattes, il y eut une telle explosion de protestations, qu'il fallut baisser la toile. Quand on la releva, l'on fit entrer Crispin sur ses deux pieds. Cependant les murmures furent encore assez vifs pour nécessiter l'intervention d'un petit détachement des Gardes françaises. Les jours suivants, on voulut recommencer, mais la pièce tomba tout à fait au bout de cinq ou six représentations [2].

Enfin cette même comédie, ou plutôt cette même scène (car il est à peine question du reste) suscita encore des ennuis à son auteur en 1793. Il s'agissait pour lui d'obtenir un certificat de civisme ;

---

1. *Confessions*, l. X ; — *Lettres de Rousseau à Mme de Luxembourg*, 28 juillet et 6 août 1760 ; *de Mme de Luxembourg à Rousseau*, juillet et août 1760 ; *de Voltaire à d'Alembert*, 24 juillet 1760 ; *de Morellet à Rousseau*, 4 août 1760. — 2. *Correspondance littéraire*, juin 1782.

« mais, dit Chaumette, Palissot n'a jamais écrit en faveur de la liberté. Semblable à la chenille venimeuse, il a tenté de souiller la couronne du célèbre Rousseau. Les monstres qui ont enfoncé le fer acéré de la calomnie dans le cœur sensible de Rousseau ne méritent que l'anathème [1]. » Palissot avait déjà déclaré longtemps auparavant, à la vérité sans convaincre personne, qu'il n'avait pas eu l'intention de mettre Rousseau sur la scène, que le valet Crispin n'était pas plus Rousseau qu'un singe n'est un homme; il lui en coûta peu de renouveler le même désaveu, et il obtint ainsi son certificat [2]. On ne pouvait, dans ce temps-là, être un bon citoyen, si l'on n'était fanatique de Rousseau.

---

1. *Moniteur* du 15 septembre 1793; Séance du Conseil général de la commune de Paris, du 12 septembre 1793. — 2. *Moniteur* du 5 octobre 1793, note du citoyen Palissot au rédacteur; — MUSSET-PATHAY, article *Palissot*.

CHAPITRE XVI

1760-1761.

Sommaire : La Nouvelle Héloïse. I. Préface de la *Nouvelle Héloïse*. — Origines de la *Nouvelle Héloïse*. — Caractères des personnages. — Qualités morales de la *Nouvelle Héloïse*. — Digressions. — Qualités du style. — Comparaison de *Julie* avec *Clarisse*, de Richardson. II. Impression de la *Nouvelle Héloïse*. — Arrangements avec Rey. — Les estampes ; Coindet. — L'édition française ; Malesherbes. — Suppressions exigées. — Succès de la *Nouvelle Héloïse*. — Triomphe de la *Nouvelle Héloïse*; Mme Latour de Franqueville.
III. Jugements des hommes de lettres. — Duclos. — D'Alembert. — Opposition de Voltaire. — Critiques de Fréron et de Grimm. — L'*Esprit de Julie*, par Formey. — Accueil fait à la *Nouvelle Héloïse* par les Genevois.

I

Pendant que, dans sa *Lettre à d'Alembert*, Rousseau s'élevait contre les spectacles et les romans, il avait en portefeuille un roman qu'il lui tardait de publier.

Il le publie enfin, et, dès les premiers mots de la préface, il rappelle ce qu'il a dit dans sa lettre. « Jamais fille chaste, ajoute-t-il, n'a lu de romans, » et quant au mien, « celle qui en osera lire une seule page est une fille perdue. » Mais il se console en disant : « Qu'elle n'impute point sa perte à ce livre ; le mal était fait d'avance. Puisqu'elle a commencé, qu'elle achève de lire ; elle n'a plus rien à risquer. »

Étranges sophismes! mélange absurde de rigueur et de relâchement! Oui, il n'est que trop vrai, les romans sont une lecture malsaine ; mais faut-il dire à une jeune fille qui a lu une page d'un roman, fût-ce même de celui de Rousseau, qu'elle est une fille perdue ; et lui est-il permis, après cela, de s'autoriser de cette page pour lire le reste de l'ouvrage ?

A qui donc conviendra son roman? « A très peu de lecteurs, répond-il. » Il ne convient ni aux filles chastes, et il faut espérer qu'il en existe encore; ni aux Genevois, car il ne faut de romans qu'aux peuples corrompus; ni aux hommes de goût, qui seront rebutés par le style; ni aux gens sévères, qui seront alarmés par la matière ; ni à quiconque ne croit pas à la vertu. « Il doit déplaire aux dévots, aux libertins, aux philosophes; il doit choquer les femmes galantes et scandaliser les honnêtes femmes. A qui plaira-t-il donc? Peut-être à moi seul. » Mais alors pourquoi le publier? Parce qu'*il convient aux femmes!* Enfin, dit-il sous forme de conclusion, « Si quelqu'un, après avoir lu ce recueil, m'osait blâmer de l'avoir publié, qu'il le dise, s'il le veut, à toute la terre ; mais qu'il ne vienne pas me le dire ; je sens que je ne pourrais de ma vie estimer cet homme-là. » Eh! mon Dieu, s'il veut qu'on prise son livre, qu'il ne commence donc pas par en faire ainsi les honneurs.

Nous avons donné à la préface de la *Nouvelle Héloïse* bien de l'importance ; c'est qu'en effet elle peint l'auteur beaucoup mieux que nous ne pourrions le faire nous-même. Plus tard, il fit une seconde préface plus étendue. Quoique, dans l'intervalle, son livre ait eu un succès prodigieux, elle en est, comme la première, la critique au moins autant que l'apologie.

La *Nouvelle Héloïse* était une œuvre de longue haleine, dont la composition avait pris beaucoup de temps à son auteur. Nous en avons suivi la préparation et les progrès : d'abord l'idée première, née de souvenirs érotiques et d'amours qui, pour avoir été platoniques, n'en avaient pas été pour cela moins brûlantes ; puis la continuation, au milieu des ardeurs et des combats d'une passion que Rousseau appelle sans exemple. Nous avons vu les transports très réels de Rousseau pour la femme de ses rêves se confondre avec les transports imaginaires des héros de son roman, et le roman s'inspirer de la réalité aussi souvent peut-être que la réalité prenait la teinte et les allures du roman. Enfin, l'œuvre s'achève dans un temps de sagesse relative, alors que le malheureux était, ou se croyait guéri de sa passion pour Mme d'Houdetot. On pourrait suivre, en quelque sorte, dans la *Nouvelle Héloïse*, les phases de ce long enfantement. On y retrouverait les anciennes amies de Rousseau, Mlle Galley et Mlle de Graffenried, sous les noms de Julie et de Claire ; on y retrouverait Mme de Warens, et au lieu des Charmettes, Vevay, le pays même de sa bienfaitrice, dont il fait le théâtre des amours de ses héros ; on y retrouverait surtout, sous ce même nom de Julie, l'héroïne incomparable, son héroïne à lui, Mme d'Houdetot ; on retrouverait dans les récits des *Confessions*, dans les lettres adressées par Rousseau à Mme d'Houdetot, dans celles adressées à Julie par son amant, les mêmes sentiments, les mêmes ardeurs, quelquefois les mêmes expressions et les mêmes phrases. Aussi, de tous les ouvrages de Rousseau, la *Nouvelle Héloïse* est-il celui qui le caractérise le mieux ; elle n'est pas seulement le produit de son génie ; elle est l'image de son âme, de son esprit et de son cœur, de sa sensibilité et de ses passions, de ses extravagances et de ses utopies. Jean-Jacques, disait d'Alembert, n'a d'esprit que quand il a la fièvre ; la *Nouvelle Héloïse* a été écrite sous l'empire d'une fièvre continue de plusieurs années.

On pourrait se demander s'il est bien convenable de répandre ainsi son cœur aux quatre vents du ciel ; de rendre l'univers confident de ses amours ; mais le futur auteur des *Confessions* était au-dessus de ces scrupules. Ne s'était-on pas demandé aussi si l'ennemi des romans était autorisé à écrire un roman ; si un auteur de comédies avait bonne grâce à écrire contre les spectacles ? Que de questions semblables ne pourrait-on pas se faire à propos de Jean-Jacques ?

Rousseau, toujours novateur, ou prétendant l'être, se proposait de ramener le roman à la simplicité de la nature. Dédaignant les intrigues compliquées et les aventures extraordinaires, il voulait prendre l'homme par le dedans, au lieu de le prendre par le dehors ; se faire le rapporteur et l'historien de son âme, de ses passions et de son cœur, plutôt que des événements dont il était l'auteur ou le témoin ; subordonner les faits aux sentiments, les complications de l'intrigue aux développements de la passion.

Il avait encore un autre but, c'était de réagir contre l'immoralité des romans de son époque, et peut-être de toutes les époques ; de montrer par un exemple que ce genre si dangereux l'est surtout par la faute de ceux qui le traitent.

Nous devons examiner comment il remplit ce double objet.

Il est certain que l'intrigue de la *Nouvelle Héloïse*

est de la plus grande simplicité. Une jeune fille et son précepteur se prennent d'amour. Ils sont bien élevés... dit-on ; ils aiment la vertu ; ils voudraient se cacher mutuellement leurs sentiments ; mais la passion triomphe de leur réserve ; ils s'écrivent. De cette première imprudence en naissent d'autres ; leur amour idéal devient ce que de tout temps est devenu l'amour idéal, et Julie ne tarde pas à se livrer.

Après cela que reste-t-il à faire à deux personnes si vertueuses (c'est Rousseau qui les juge ainsi) ; mais en même temps si amoureuses? Continuer à s'aimer, à s'écrire, et se faire la douce illusion de croire qu'étant faits l'un pour l'autre, un mariage cimentera, quoique un peu tardivement, l'affection la plus ardente, la plus pure, la plus sainte, la plus chaste qui fut jamais. Ils ne se marieront pas néanmoins ; mais à qui la faute, sinon à ces sottes lois sociales, qui ne sont bonnes qu'à contrarier la nature. On avait compté en effet sans les préjugés du père, vieux gentilhomme entiché de sa noblesse, et qui d'ailleurs avait d'autres vues sur sa fille.

Le pauvre amoureux n'a plus qu'à s'éloigner, tant pour n'être pas découvert que pour se préparer par une vie de travail et, s'il est possible, de fortune et de gloire, à forcer le consentement du père. Mais l'absence devient naturellement un nouveau motif de correspondance, de serments, de projets d'enlèvement ou de mariage à l'étranger. Hélas! Malgré ces promesses et ces résolutions, la triste Julie se voit forcée d'accepter l'époux que lui avait destiné son père ; enfin le malheureux Saint-Preux ne peut que consentir à tout, pour sauver l'honneur de celle qu'il aime plus que la vie.

Julie, après avoir été le modèle des amantes, est décidée à être le modèle des épouses; mais comment Saint-Preux pourrait-il être le témoin de cette union? Il part pour un long voyage d'exploration, espérant y trouver le trépas, plutôt qu'une impossible consolation.

De retour après plusieurs années, son cœur s'enflamme à mesure qu'il approche de son ancienne amante; mais en présence de l'épouse fidèle et heureuse, de la mère accompagnée de deux charmants enfants, de la femme héroïque, toujours vertueuse, son amie toujours, quoique d'une autre manière, il n'y a, pour ainsi dire, plus de place dans son âme que pour l'admiration et pour une sorte d'adoration. O prodige! Wolmar lui-même, l'époux de Julie, sait tout, et il accueille l'amant à bras ouverts; il le garde dans sa maison; après quelques épreuves faciles, il le choisit pour être le précepteur de ses enfants. Saint-Preux est définitivement guéri; l'atmosphère de cette sainte maison, la présence de Julie ont élevé son âme, purifié ses affections. Il étudie avec amour l'ordre, la paix, la concorde qui règnent dans cet asile de la vertu et du bonheur : pas une note discordante, pas une volonté perverse, pas un caractère violent; tout le monde est bon, doux, vertueux, heureux, et comme le dit Rousseau en finissant, « l'intérêt que produit ce recueil est pur et sans mélange de peine; il n'est point excité par des noirceurs, par des crimes, ni mêlé du tourment de haïr [1].

Cependant au moment où Saint-Preux commence à jouir de ces biens inappréciables, Julie meurt

---

1. *Nouvelle Héloïse*, note finale.

victime de l'amour maternel; elle meurt dans l'absence de son ami; mais elle confie à Saint-Preux, comme gage de son constant amour, ses enfants et son mari.

Enfin, pour que rien ne manque à ces tableaux enchanteurs, ajoutons que l'auteur y a fait entrer le dévouement d'une cousine excellente, que rien ne saurait séparer de Julie, d'un ami généreux, que Saint-Preux est toujours sûr de trouver aux jours de l'épreuve; de sorte qu'on voit, réunis dans le même cadre, les deux plus beaux sentiments du cœur de l'homme, l'amour et l'amitié.

On peut déjà préjuger, par ce que nous venons de dire, que la *Nouvelle Héloïse* n'est pas d'une moralité irréprochable. Cette alliance perpétuelle de la vertu et de la faute semblera toujours impossible à une âme délicate. Voilà une jeune fille, la plus parfaite qu'il soit possible de rêver; elle accepte un amant, elle lui écrit, elle se livre à lui, elle continue à entretenir avec lui, à l'insu de ses parents, une correspondance passionnée; en est-elle moins parfaite? Elle dit oui, mais elle s'accuse de telle sorte qu'on est bien tenté de l'absoudre et de l'admirer malgré elle; l'amant dit non, et beaucoup de gens seront de son avis. Veut-on avoir la note dominante de l'ouvrage, écoutons ces paroles de Saint-Preux à son amante : « Que je relise mille fois cette lettre adorable, où ton âme et tes sentiments sont écrits en caractères de feu; où malgré tout l'emportement d'un cœur agité, je vois avec transport combien, dans une âme honnête, les passions les plus vives gardent encore le saint caractère de la vertu [1].

---

1. *Nouvelle Héloïse*, Ire partie, lettre 5.

Que Julie ne se livre donc point à des remords indignes d'elle. « Sois plus juste envers toi, ma Julie; vois d'un œil moins prévenu les sacrés liens que ton cœur a formés. N'as-tu pas suivi les plus pures lois de la nature ? N'as-tu pas librement contracté le plus saint des engagements ? Qu'as-tu fait que les lois divines et humaines ne puissent et ne doivent autoriser ? Que manque-t-il au nœud qui nous joint, qu'une déclaration publique ? Veuille être à moi; tu n'es plus coupable[1]. » Et Julie ne désavouera pas ce langage. « Le véritable amour, dit-elle, est le plus chaste de tous les liens.. Sa flamme honore et purifie toutes les caresses; la décence et l'honnêteté l'accompagnent au sein de la volupté même, et lui seul sait tout accorder aux désirs, sans rien ôter à la pudeur[2]. » C'est une jeune fille qui parle ainsi; et encore nous en passons. Quant à la conclusion, elle sera donnée par le brave Anglais, ami de Saint-Preux. « Il s'est joint à votre amour une élévation de vertu qui vous élève, et vous vaudriez moins l'un et l'autre, si vous ne vous étiez point aimés[3]. » L'amour inspire la vertu, l'amour élevé à une certaine puissance est nécessairement vertueux : voilà la morale de la *Nouvelle Héloïse*. Telle n'est pas la nôtre, et l'exemple même de Julie n'est pas pour nous faire changer d'avis.

Une autre idée, non moins fausse et aussi peu morale, domine dans le roman; c'est que la sagesse humaine, la morale sans Dieu, suffit à la conduite de la vie. C'est Wolmar qui est spécialement chargé de représenter cette doctrine[4]. Rousseau venait

---

1. *Nouvelle Héloïse*, Ire partie, lettre 31. — 2. *Id.*, lettre 50. — 3. *Nouvelle Héloïse*, IIe partie, lettre 60. — 4. On dit que dans le caractère de Wolmar, Rousseau voulut faire le portrait

d'écrire qu'on ne peut être vertueux sans religion[1]; par quelle aberration donc choisit-il un athée, pour en faire le modèle des hommes, des époux et des amis? Il l'a fait exprès, dit-il, pour rapprocher les partis, donner une leçon de tolérance, et « apprendre aux *croyants* qu'on peut être un incrédule sans être un coquin[2]. » Fort bien, mais pourquoi nous présenter comme modèle à suivre un caractère qu'on a soi-même déclaré impossible? Dans son désir de se poser en précepteur, Rousseau ajoute que la dévotion de Julie est une leçon pour les philosophes, à qui elle enseigne que la morale peut s'appuyer sur la religion. Nous croyons, au contraire, que cette doctrine de la morale sans Dieu se retrouve, quoique d'une façon moins marquée, dans tous les caractères de la *Nouvelle Héloïse* : dans celui de Saint-Preux, d'un bout à l'autre ; même aussi parfois dans celui de l'incomparable Julie. Rousseau en fait, il est vrai, une dévote, mais seulement vers la fin de sa vie, alors qu'elle avait dit adieu à sa passion et réglé sa maison et ses mœurs. Jusque-là, elle parle de Dieu, mais en philosophe, sans lui demander son secours. Cette coïncidence de la dévotion avec la réforme des mœurs est caractéristique ; Julie l'avoue avec une sincérité dont il faut savoir gré à l'auteur. « Si la dévotion est bonne, dit-elle, où est le tort d'en avoir... J'aimai la vertu dès mon enfance, et cultivai ma raison dans tous les temps. Avec du sentiment et des lumières, j'ai voulu me gouverner et je me

du baron d'Holbach. Celui-ci n'eut pas à s'en plaindre (*Mémoires de M*^me *d'Épinay*, t. I, ch. IX. Note de M. Boiteau). —

1. *Lettre sur les spectacles.* — 2. *Confessions*, l. IX ; — *Lettre à Vernes*, 24 juin 1761.

suis mal conduite. Avant de m'ôter le guide que j'ai choisi, donnez-m'en quelque autre, sur lequel je puisse compter... Je ne connaissais que ma force, elle n'a pu me suffire. Toute la résistance qu'on peut tirer de soi, je crois l'avoir faite, et pourtant j'ai succombé. Comment font celles qui résistent? Elles ont un meilleur appui[1]. » Ces paroles, qu'on peut regarder comme la conclusion de tout le livre, en sont aussi la condamnation et la réfutation. Il n'y a que Rousseau pour se démentir ainsi.

Veut-on entrer dans le détail des caractères de la *Nouvelle Héloïse?* Aux yeux de Rousseau, ce sont autant de pierres de touche, qui lui permettent de discerner dans le monde les cœurs d'élite, capables de sympathiser avec le sien. « Quiconque, dit-il, ne l'aimera pas (mon *Héloïse*), peut bien avoir part à mon estime, mais jamais à mon amitié. Quiconque n'idolâtre pas ma Julie ne sent pas ce qu'il faut aimer ; quiconque n'est pas l'ami de Saint-Preux ne saurait être le mien[2]. » Hélas ! ces caractères, on les trouvera en rapport avec les principes qui les inspirent. Voyez Julie, le type idéal de la femme, d'après Rousseau ; elle fait, il est vrai, grand étalage de sentiments et de vertu ; elle a de l'amour, de la passion ; mais la pureté lui manque, et presque le charme : elle n'a ni vertu véritable, ni délicatesse, ni naturel; elle a perdu le sens de la pudeur; elle parle des choses les plus scabreuses dans des termes qui effaroucheraient une courtisane ; elle aligne des raisonnements, elle fait des dissertations. Où a-t-on vu une femme traiter ainsi *ex professo*

---

1. *Nouvelle Héloïse,* VIe partie, lettre 8. — 2. *Lettre à de Belloy,* 13 février 1770.

les questions les plus abstruses de la casuistique? La philosophie l'a gâtée; la pédanterie dépare toute sa personne; c'est la femme de la philosophie, ce n'est pas la femme de la nature.

Non contente de sortir de son sexe par l'étalage de son érudition philosophique, Julie en sort encore en se faisant professeur de morale. Julie, qu'on pourrait appeler Julie la prêcheuse, ou Julie la pédante, se pose nettement en éducatrice et en directrice de Saint-Preux. « Je voudrais, dit-elle, que vous puissiez sentir combien il est important que vous vous en remettiez à moi du soin de notre destin commun[1]. » « Ah! oui sans doute, répond Saint-Preux, c'est à vous de régler nos destins... Dès cet instant, je vous remets, pour ma vie, l'empire de mes volontés[2]. ». Jusqu'à son dernier jour, en effet, Julie ne lui ménagea pas les leçons. « Vous êtes notre disciple, disait longtemps après Claire à Saint-Preux, car nous vous avons appris à sentir[3]. » Mme de Warens aussi avait été la directrice de Rousseau. On voit que partout il a transformé en roman sa propre vie, tantôt telle qu'il l'avait passée, plus souvent telle qu'il aurait voulu la passer.

Si Julie fait de la philosophie, on doit penser que Saint-Preux n'en fait pas moins. Du reste, comme en général ce ne sont ni Julie, ni Saint-Preux qui parlent, mais Rousseau, toujours Rousseau, il est plus simple de dire qu'ils en font beaucoup tous les deux. Si Julie est peu réservée dans ses paroles; Saint-Preux, évidemment, ne le sera pas

---

1. *Nouvelle Héloïse*, Ire partie, lettre 11. — 2. *Id.*, Ire partie, lettre 12. Voir aussi IIe partie, lettre 13, et *passim*. — 3. *Id.*, IIIe partie, lettre 7.

davantage. Cette grossièreté entre personnes qu'on donne comme bien élevées a quelque chose de choquant; mais ce qui est plus dangereux encore que l'obscénité du langage, ce sont les mouvements passionnés que les deux amoureux se renvoient mutuellement. On a taxé de faute contre le goût cette longue continuité d'un même sentiment, ces exclamations qui se répètent pendant des années et qui remplissent des volumes. Une exaltation aussi prolongée, a-t-on dit, n'est pas dans la nature; elle devient même, à la longue, une fatigue et un ennui pour le lecteur. Il est vrai que c'était un problème difficile que de maintenir pendant un temps si long une situation si tendue. Il faut avouer que ce problème, l'auteur l'a résolu. A part donc le danger moral, qui est immense, quel plus bel éloge peut-on faire d'un ouvrage d'imagination que de dire que, sans un seul événement, pour ainsi dire, il saisit, il entraîne, il ne laisse le temps ni de se reconnaître, ni de respirer. Rousseau a réuni dans ce roman toute sa sensibilité, toutes les richesses de son imagination, tout l'éclat de son style, toutes les ressources de son éloquence. Jamais peut-être la passion ne parla un tel langage. Ses paroles ne sont pas seulement des mots, ce sont des flammes qui dévorent. Aussi n'aperçoit-on d'abord que les beautés, tant on est, pour ainsi dire, enivré par les côtés brillants et passionnés de l'œuvre. Mais les défauts, pour être cachés, n'en sont pas moins réels; les dangers surtout, pour être entourés de séductions et de fleurs, n'en sont que plus à craindre. Ici nous ne citons pas, parce qu'il y aurait trop à citer, et aussi parce que, souvent, il serait trop difficile de le faire. Dès la première lettre,

Saint-Preux en est à l'amour sensuel et aux descriptions physiques des charmes de son amante. Celle-ci n'a pas écrit dix lignes, qu'elle tutoie Saint-Preux ; elle ne tarde pas à lui accorder le fatal baiser ; bientôt il ne lui reste plus rien à refuser. Nous laissons à penser si ces tableaux, dessinés par la plume de Rousseau, doivent être chastes. Il avait dit : Consultez l'état de votre cœur à la fin d'une tragédie ; voyez si vous êtes devenu meilleur et plus disposé à surmonter et à régler vos passions [1]. Voyez, dirons-nous à notre tour, si après voir lu la *Nouvelle Héloïse,* vous serez plus attaché à vos devoirs. Vous aurez subi beaucoup de sermons ; vous aurez admiré beaucoup de superbes tirades sur la vertu ; mais en serez-vous plus fort pour la pratiquer ? Julie dit quelque part à Saint-Preux : « Vous voulez les plaisirs du vice et l'honneur de la vertu [2]. » Rousseau n'avait qu'à prendre ces paroles pour lui-même. Son livre n'est, d'un bout à l'autre, que la théorie de la vertu jointe à la pratique du vice. Mais ce mélange sophistique d'amour, de vertu, de bonheur, de volupté, de raison, de sensualisme, de sagesse, de passion, est-il bon à autre chose qu'à troubler les idées et à corrompre les mœurs ? Cette morale commode qui, feignant d'aimer la vertu, permet de rester vertueux sans rien changer à ses plaisirs, a son nom dans l'histoire ; elle s'appelle la morale du sentiment ; elle était fort goûtée au XVIIIe siècle ; elle n'a pas été étrangère au succès de la *Nouvelle Héloïse.*

---

1. *Lettre sur les spectacles.* La *Lettre sur les spectacles* est peut-être, par anticipation, la meilleure réfutation de la *Nouvelle Héloïse.* — 2. *Nouvelle Héloïse,* 1re partie, lettre 10.

Voulons-nous toutefois apprécier cette morale, écoutons le jugement qu'en porte Rousseau lui-même, par la bouche de Julie. « Prenez garde que ce mot de vertu, trop abstrait, n'ait plus d'éclat que de solidité, et ne soit un nom de parade, qui sert plus à éblouir les autres qu'à nous contenter nous-mêmes. Je frémis quand je songe que des gens qui portaient l'adultère au fond de leur cœur, osaient parler de vertu... Nous étions faits, j'ose le croire, pour suivre et chérir la véritable vertu ; mais nous nous trompions en la cherchant et ne suivions qu'un vain fantôme. Il est temps que l'illusion cesse ; il est temps de revenir d'un trop long égarement[1]. »

Il serait d'ailleurs facile de signaler bien des passages semblables. Car nous ne remplirions que la moitié de notre tâche, si nous nous bornions à faire ressortir les côtés immoraux de la *Nouvelle Héloïse*. Il y a, quand il s'agit de Rousseau, une contrepartie presque toujours nécessaire. Ce même livre donc, que nous venons de montrer si faux, si peu honnête, a des pages d'une incontestable élévation de sentiment et de pensée. Qu'on le dise à la louange de Rousseau ou à la honte de son siècle, son roman, tout obscène qu'il est, pourrait encore, si on le compare à tous les récits fictifs de la même époque, passer pour un roman modèle. L'amour seul de la vertu est déjà quelque chose, même avec la pratique du vice ; quoique, à dire vrai, la morale ait peu à profiter de cet alliage. Les sermons ont du bon, surtout quand ils sont éloquents ; or, ici, tout le monde prêche : Julie passe sa vie à prêcher, Claire prêche, Saint-Preux prêche, l'Anglais prêche ;

---

1. *Nouvelle Héloïse*, IIIe partie, lettre 20.

il n'est pas jusqu'à l'athée Wolmar qui ne prêche aussi comme les autres. On ne sait ce qui revient le plus souvent, des sentiments passionnés ou des prédications puritaines, des tableaux voluptueux ou des scènes de famille. D'une façon générale, le mal et le bien se sont partagé la place, le mal ayant pris la première moitié du livre ; mais ils empiètent parfois l'un sur l'autre et s'enchevêtrent de manière qu'il n'est pas toujours facile de les démêler. Pour citer un exemple, la lettre où Julie accorde sa main à Wolmar, tout en gardant son cœur à Saint-Preux, lui sera difficilement pardonnée [1]. On attendait mieux d'une femme aussi parfaite ; l'intérêt même qu'on lui porte souffre de ce manque de constance ou de franchise. Mais comme la fidélité qu'elle voue à son mari, l'affection qu'elle ne tarde pas à lui donner, les belles réflexions qu'elle fait sur l'état du mariage la relèvent bientôt ! Puis, après son mariage, comme sa conduite tranche heureusement avec ses premières faiblesses ! Il y a cependant une ombre à ce tableau : le changement de Julie est bien subit et bien peu vraisemblable. Comment passe-t-elle tout d'un coup du relâchement à la sévérité, de l'effronterie à un excès de pudeur? Comment peut-elle vivre heureuse et tranquille entre son mari qu'elle respecte, qu'elle estime, et son ancien amant, qu'elle continue d'aimer autant que par le passé, quoique d'une affection différente ? Sa situation est délicate, si délicate même que Rousseau n'a pas cru pouvoir sauver son héroïne d'un moment de tentation. Tout le monde, à commencer par son mari, a beau lui dire qu'elle n'a rien à craindre, il s'en faut peu

---

1. *Nouvelle Héloïse*, IIIe partie, lettre 15.

qu'elle n'apprenne à ses dépens, en présence des monuments de ses premiers transports, qu'on ne joue pas avec une ancienne passion. « Allons-nous-en, mon ami, dit-elle enfin d'une voix émue ; l'air de ce lieu n'est pas bon pour moi [1]. » Ce seul mot doit lui faire pardonner bien des sottises. Encore deux victoires comme celle-là, dit Saint-Marc Girardin, et elle est perdue. C'est vrai, mais elle a pris ses précautions pour ne pas s'exposer à se perdre. Elle fuit le danger ; c'est le moyen de n'y pas retomber. Cette promenade de Meillerie rappelle beaucoup la scène du bosquet avec Mme d'Houdetot.

Les digressions, et Dieu sait s'il y en a, offrent le même alliage de bon et de mauvais : il y en a sur tous les sujets, comme il y en a de toutes les qualités. Il y en a, et ce ne sont pas les moins belles, qui ne sont que de simples descriptions. Rousseau, avec son sentiment exquis de la nature, pouvait s'exercer à son aise, au sein des magnifiques paysages de la Suisse. Parmi ces digressions, plusieurs sont de véritables traités. On en compte sur l'honneur et sur la noblesse, sur le duel et sur le suicide, sur la musique et sur l'opéra, sur la danse [2], sur les mauvaises compagnies, sur le respect humain, sur Paris, les Parisiens, et surtout les Parisiennes, sur la Providence et sur la prière, sur le mariage, sur l'humilité, sur la dévotion, sur l'éducation et l'économie domestique, sur l'état des hommes après la mort. Relativement à ce dernier sujet, Jean-Jacques aboutit à une conclusion très sage et qu'on n'eût pas

---

1. *Nouvelle Héloïse*, IVe partie, lettre 17. — 2. Ces considérations sur la danse sont copiées dans la *Lettre à d'Alembert sur les spectacles*.

attendue de lui, c'est l'obligation d'avertir les mourants de leur fin prochaine, afin de les mettre à même de se préparer à la mort et d'appeler en temps utile le ministre de la religion. Dans le sentiment de Julie, dit Wolmar, « la disposition de sa dernière heure doit décider de son sort durant l'éternité ; dans le mien, les ménagements que je veux avoir pour elle lui seront indifférents dans trois jours. Dans trois jours, selon moi, elle ne sentira plus rien ; mais si peut-être elle avait raison, quelle différence ! Des biens ou des maux éternels !... Peut-être... Ce mot est terrible[1]. » Le traité de Julie sur le duel est excellent ; seulement où trouver des femmes capables d'en faire autant[2] ? La discussion en partie double sur le suicide a pour le moins le tort de laisser l'esprit en suspens. Si Jean-Jacques n'avait pas d'opinion arrêtée sur ce sujet important, il aurait mieux fait de n'en pas parler[3]. Les considérations sur la Providence, sur la prière, sur la faiblesse de la raison, sur la nécessité de placer Dieu à la base de la morale sont pour nous, catholiques, d'une orthodoxie incontestable, mais elles démentent les idées philosophiques de Rousseau. On se demande notamment comment le déisme s'arrange de la vertu si exclusivement chrétienne de l'humilité. Rousseau a de ces accès de franchise qui peuvent servir à témoigner de sa sincérité, même de son bon sens, quand il n'est pas aveuglé par l'orgueil et par une sensibilité maladive. A côté d'erreurs déplorables, il a des mots qu'on voudrait voir gravés sur l'airain. « Je hais, dit-il, les mau-

---

1. *Nouvelle Héloïse*, VI⁰ partie, lettre 11. — 2. *Id.*, I⁰ partie, lettre 57. — 3. *Id.*, III⁰ partie, lettres 21 et 22.

vaises maximes encore plus que les mauvaises actions[1]. » « Nous avons recherché le plaisir, et le bonheur a fui loin de nous[2]. » « Il ne faut rien accorder aux sens, quand on veut leur refuser quelque chose[3]. »

Au moment où l'on fait tant d'efforts pour jeter Dieu à la porte de l'école, nous ne pouvons résister au plaisir de citer à ce sujet l'opinion de Rousseau. Wolmar cherche un précepteur pour ses enfants. *Il n'ignore pas que ces soins importants sont le principal devoir du père.* Cependant il renonce à l'exercer, ce devoir. Pourquoi? Parce que, étant athée, il ne s'en acquitterait pas au gré de Julie. Il aurait beau ne pas laisser percer au dehors ses opinions, il sent que cela ne suffit pas et que, quoi qu'il arrive, la leçon s'inspirera toujours de la pensée du maître[4]. Nos ministres, qui prennent fastueusement Rousseau pour un de leurs modèles, ne l'abandonneraient-ils donc que lorsqu'il a raison?

Rousseau a mis au bas des pages de sa *Nouvelle Héloïse* quelques notes; elles sont destinées le plus souvent à confirmer, mais parfois aussi à rectifier, à critiquer et même à contredire les idées du texte. Il était censé n'être pas l'auteur, mais seulement l'éditeur de ses lettres. C'était pousser la fiction un peu loin.

Nous avons peu parlé du style de la *Nouvelle Héloïse*. La *Lettre sur les spectacles* avait fait connaître la grandeur simple et forte du style de Rousseau; dans la *Nouvelle Héloïse*, l'auteur n'a pas

---

1. *Nouvelle Héloïse*, Ire partie, lettre 30. — 2. *Id.*, Ire partie, lettre 32. — 3. *Id.*, IIIe partie, lettre 18. — 4. *Id.*, IVe partie, lettre 14.

moins de puissance, mais il y joint une richesse d'imagination et de sentiment qu'il n'avait pas encore eu occasion de produire. Il est fâcheux qu'il tombe parfois dans l'affectation et la recherche. C'était l'écueil du genre qu'il avait choisi; il n'a pas su l'éviter entièrement. C'est la nature, pourrait-on dire ; il n'y a pas d'amoureux qui ne soient affectés et précieux. — Mais, dit La Harpe, si l'on s'avisait de publier les conversations de deux amoureux, y aurait-il quelqu'un pour les lire [1] ?

Quand parut la *Nouvelle Héloïse,* le roman anglais de *Clarisse,* maintenant oublié, était fort à la mode. Rousseau dut s'en inspirer ; mais s'il l'imita, ce fut à la manière des hommes de génie, sans rien perdre de son originalité. Au fond, les deux œuvres ne se ressemblent guère. On les a beaucoup comparées ; Rousseau, tout le premier, n'a pas dédaigné de le faire [2]. Les Anglais purent bientôt mettre eux-mêmes sans intermédiaires, les deux romans en parallèle, car on ne tarda pas à traduire dans leur langue l'œuvre de Rousseau [3]. Il s'est trouvé des gens pour préférer le roman de Richardson ; mais autant Clarisse surpasse Julie par le côté moral, autant cette dernière est supérieure à l'autre par les qualités de la passion et du style.

Il est souvent question dans la *Nouvelle Héloïse* d'un Anglais, lord Édouard Bormston, ami de Saint-Preux. Jean-Jacques avait eu dans le principe l'intention d'insérer ses aventures dans le roman ; mais il jugea avec raison qu'elles y tiendraient trop

---

1. *Lycée,* IIIe partie, XVIIIe siècle, 1. II et III, Romans. — 2. *Confessions,* 1. XI. — 3. *Lettre de Rousseau à M*[me] *de Luxembourg,* été de 1761.

de place et en dépareraient la simplicité. Nous avons vu dans le chapitre précédent l'usage qu'il fit de cet opuscule, nous n'avons pas y à revenir. Du reste, on s'en est peu occupé dans le temps; on ne s'en occupe plus du tout aujourd'hui [1].

II

Rousseau s'adressa pour l'impression de son livre à son ami Rey. Les conditions de la vente semblent avoir été fixées par lui seul; Rey n'eut qu'à accepter, ce qu'il fit sans difficulté, car Jean-Jacques n'avait pas, comme Voltaire, l'habitude de ruiner ses libraires. Le prix fut arrêté à soixante louis [2]. Plus tard, de Bastide offrit de l'ouvrage deux cents louis. « Je lui ai dit, répondit Rousseau à Rey, qu'il n'était plus à moi, mais que j'avais lieu de croire que vous n'y étiez pas fort attaché. Il m'a demandé votre adresse et mon consentement. Le reste est votre affaire [3]. » Mais l'impression était commencée, le prix payé et l'affaire trop bonne pour que Rey la laissât échapper. Nous verrons, d'ailleurs, par la suite que, si Rey eut lieu d'être satisfait des procédés de Rousseau, celui-ci eut également à se louer de ceux de son éditeur.

Si Rousseau était facile sur la question d'argent, il l'était beaucoup moins sur celle des soins à don-

---

1. Voir sur cet opuscule les *Confessions*, l. X; — *Lettres à Duclos*, 1760; *à Lenieps*, avril 1761; *Lettre de Moultou à Rousseau*, 5 juin 1762; — BACHAUMONT, au 26 mai 1762; — *Correspondance littéraire*, août 1780; — FRÉRON, *Année littéraire*, 1780, t. VII. — 2. *Lettre à Rey*, 20 octobre 1758. — 3. *Lettres à Rey*, 18 mai 1760; *de Duclos à Rousseau*, commencement de 1761.

ner à ses œuvres[1]. Il aurait bien voulu, après avoir écrit les lettres de ses amants avec l'élégance que nous savons, continuer, pendant l'impression, d'entourer ses personnages du même luxe. Aussi rêvait-il pour eux les honneurs de l'illustration. Dès 1757, il s'en était ouvert à Mme d'Houdetot et lui avait soumis des projets d'estampes ; mais, répondait Mme d'Houdetot, il faudrait le génie de l'auteur pour les exécuter[2]. L'entreprise, d'ailleurs, était considérable ; pour douze estampes, elle pouvait s'élever à cent louis[3]. C'était le cas d'utiliser la bonne volonté de Coindet. Celui-ci ne ménagea pas sa peine, mais malgré sa diligence, le travail du burin ne suivit que de très loin celui des typographes. Il fallut renoncer à publier les gravures en même temps que le texte. Boucher avait consenti à faire les dessins ; cependant, après avoir, à plusieurs reprises, accepté, puis refusé, ce ne fut pas lui, en définitive, qui les fit, mais Gravelot, un artiste de bien moindre talent[4]. Inutile d'ajouter que Jean-Jacques revoyait et critiquait minutieusement les épreuves des estampes, aussi bien que celles du texte[5].

La publication du texte donna lieu à des embarras d'un autre genre. Si Rousseau n'avait eu que son édition de Hollande, il en aurait été quitte pour les transes que ne manquaient jamais de lui faire éprouver ses libraires ; mais M. de Malesherbes, non content de lui servir d'intermédiaire pour les envois

---

1. Voir 34 lettres de Rousseau à Rey, pour l'impression de la *Nouvelle Héloïse*, du 2 mai 1759 au 18 juin 1761. — 2. *Lettre de Mme d'Houdetot à Rousseau*, 14 décembre 1757. — 3. *Lettre de Rousseau à Rey*, 21 juin 1759. —

4. *Corresp. littér.*, 15 mai 1761. — 5. *Lettre à Rey,* avril 1760 ; *à Lorenzi,* 31 octobre 1760 ; *à M. X.,* 1760 ; *à Coindet,* 13 février 1761 ; *Autre à Coindet,* 1761 ; *de Duclos à Rousseau,* 12 mars 1761.

des épreuves[1], s'avisa de demander une édition française, dont l'auteur devrait retirer tout le profit. Jean-Jacques détestait les embarras, encore plus qu'il ne recherchait les bénéfices; il se trouvait lié avec Rey; il tenait à ne pas lui faire tort; il s'opposa donc, autant qu'il le put, à l'édition française; tandis que Malesherbes, qui s'entêtait à lui faire du bien, pour ainsi dire malgré lui, y mit la plus gracieuse insistance. Dans cette espèce de polémique entre deux hommes de conditions sociales si diverses, il y eût eu impolitesse à Jean-Jacques de paraître donner des leçons de probité à son noble adversaire. Il sut néanmoins résister jusqu'au bout à des offres que réprouvait sa conscience. Je ne puis, disait-il, vendre mon manuscrit deux fois; et quand même vous autoriseriez une édition française, à laquelle je n'ai pas le pouvoir de m'opposer, je dois refuser au moins d'en tirer aucun bénéfice.

S'il s'était bien rendu compte des règles qui régissaient la librairie à cette époque, il aurait sans doute été moins scrupuleux. Aucun traité international ne garantissait alors la propriété littéraire. Les contrefaçons d'une nation à une autre s'exerçaient publiquement, sans qu'aucune loi y pût mettre obstacle. Bien plus, afin de se ménager quelque intérêt dans la contrefaçon, l'auteur qui se faisait imprimer en Hollande, par exemple, ou même son imprimeur, désignaient souvent le libraire qui serait chargé de l'édition française, faisaient marché avec lui, s'employaient à lui faire obtenir un privilège. Les scru-

---

[1]. *Lettres de Rousseau à Rey*, 6 mars 1760; *à Mme de Luxembourg*, 5 mars 1760; *à Malesherbes*, 6 mars, 18 mai et novembre 1760.

pules de Rousseau lui font honneur; mais on ne s'étonnera pas que, dans ces circonstances, ils n'aient pas arrêté Malesherbes. Rey donna son consentement, il refusa même de partager avec Rousseau les mille livres que lui valut l'édition de Paris, de sorte que celui-ci eut tout le profit, sans qu'il en coûtât aucun sacrifice à sa délicatesse [1].

Il n'en fut pas de même de son orgueil, et ses susceptibilités d'auteur eurent largement à souffrir dans cette circonstance. Malesherbes, le modèle des administrateurs tolérants; Malesherbes, qui montrait d'autant plus de facilité que lui-même partageait les doctrines de la secte philosophique, aurait voulu laisser tout passer, bon et mauvais. Il aimait Rousseau; il se plaignait uniquement de ne pouvoir lui faire tout le bien qu'il aurait désiré; il venait encore de lui proposer d'entrer, avec d'honorables appointements, au *Journal des savants*, et n'avait essuyé qu'un refus. Il est présumable toutefois que, pour l'édition de *Julie*, il ne se serait pas tant avancé, s'il avait lu les épreuves, ou même s'il avait bien compris certaines lettres de Rousseau [2]. Quoi qu'il en soit, après avoir plusieurs fois protesté de sa confiance dans les doctrines de l'auteur, lorsque vint le moment de s'exécuter, il exigea des suppressions. Des suppressions, grand Dieu! Mais il ne savait donc pas combien Jean-Jacques tenait à ses idées; comme le moindre changement, une faute

---

1. *Lettres de Malesherbes à Rousseau*, 29 octobre, 13 novembre 1760 et 26 janvier 1761; *Réponses de Rousseau*, 5 et 17 novembre 1760, 28 janvier et 10 février 1761; *Lettres de Rousseau* à *Guérin, libraire*, 21 décembre 1760; à *Rey*, 18 février 1761; — *Confessions*, l. X. —
2. Voir notamment les *Lettres de Rousseau à Malesherbes* du 5 et du 17 novembre 1760.

d'impression le bouleversait. Rousseau d'ailleurs, n'ayant pas demandé l'édition française, était fort pour résister. Il se montra pourtant assez conciliant d'abord. Que Rey donne son consentement, lui-même fera les corrections, enverra les préfaces, engagera Coindet à s'arranger avec l'éditeur pour les estampes [1]. Mais à mesure que les feuilles paraissaient, il sentait son indignation augmenter. Comment a-t-on eu si peu d'égards pour lui, que d'ajouter aux fautes de l'édition de Hollande une multitude de contre-sens qu'on aurait évités en lui soumettant les épreuves de celle de Paris [2] ?

Mais ce fut bien pis quand il connut l'étendue des retranchements qu'on lui imposait. Ils ne comprenaient guère moins de cent pages. Tous étaient pris, sauf un seul, dans le cinquième et le sixième livre. Malesherbes y tenait peu au fond ; mais il était obligé par ses fonctions à venger les attaques contre les souverains ou contre le corps judiciaire, à protéger la religion de l'État, à s'entourer de l'avis des théologiens ; il n'était pas jusqu'aux Jansénistes qu'il ne se crût forcé de ménager [3]. « Hélas ! s'écriait Rousseau, les théologiens ont flétri les charmes de Julie. J'avoue qu'elle me plaisait plus, aimable quoique hé-

---

1. *Lettre à l'éditeur Guérin*, 21 décembre 1760. — 2. *Lettres à Malesherbes*, 28 janvier 1761 ; *à Coindet*, s. d. Vendredi. Petitain suppose que cette dernière lettre se rapporte à l'*Émile* ; nous croyons plutôt qu'elle concerne la *Nouvelle Héloïse*. Voir aussi *Lettre de Malesherbes à Rousseau*, 29 janvier 1761. — 3. *Lettre de Malesherbes à Rousseau*, 16 février 1761, et note des retranchements exigés, (STRECKEISEN MOULTOU, *J.-J. Rousseau, ses amis et ses ennemis*). — Notes polémiques de Rousseau, en réponse à la note de Malesherbes et à une lettre de février 1761 (*Œuvres inédites de J.-J. Rousseau*, éditées par MUSSET-PATHAY, t. I, p. 49.)

rétique, que bigote et maussade comme la voilà¹. »
« ... M. de Malesherbes, continuait-il d'un ton rodomont, pense que la doctrine mise dans la bouche de Julie mourante est celle de l'auteur, et il veut qu'on la tronque. Dans une édition faite sous mes yeux, ce serait un désaveu tacite. Quoi! M. de Malesherbes veut-il donc que je renie ma foi! Ou le courage que je crois sentir au fond de mon cœur me trompe, ou, quand je verrais devant moi l'appareil des supplices, je n'ôterais pas un mot de ce discours². »

Malesherbes, qui sans doute commençait à connaître son Jean-Jacques, mais qui, malgré tout, tenait à jouer auprès de lui le rôle de protecteur, chercha à l'amadouer par la douceur et lui fit les plus belles promesses pour une troisième édition, s'engageant à discuter à l'avance, article par article, les modifications qu'il consentirait à admettre, et l'assurant qu'il n'en serait pas fait d'autres³.

En attendant, l'intérêt qu'il lui portait l'engagea encore à faire un autre changement, et dans un seul exemplaire. L'auteur avait mis dans la bouche de Saint-Preux cette maxime, plus vraie qu'opportune : « La femme d'un charbonnier est plus respectable que la maîtresse d'un roi. » Il protesta qu'il n'avait songé à aucune application de personnes et consentit à substituer le mot *prince* à celui de *roi;* mais Malesherbes, ne jugeant pas encore cela suffisant, fit supprimer, au moyen d'un carton exprès, le membre de phrase tout entier sur l'exemplaire destiné à Mme de Pompadour⁴. Il est bien possible que

---

1. *Lettre à M. D.*, 19 février 1761. — 2. *Lettres à Guérin*, 20 février 1761, et *à M. X.*, s. d. — 3. *Lettre de Malesherbes à Rousseau*, février 1761; — *Notes polémiques de Rousseau*. — 4. *Confessions*, l. X.

ce rhabillage maladroit n'ait eu d'autre effet que de faire remarquer davantage le passage incriminé.

Malesherbes avait pris ses mesures pour empêcher l'introduction de l'édition de Hollande, mais seulement jusqu'à ce que la sienne à lui-même fût prête à paraître. Rousseau, qui ne voyait rien venir, s'impatientait, se désespérait, s'imaginait que son libraire ayant fait l'envoi par mer, par mesure d'économie, la cargaison avait été prise par les Anglais[1]. Enfin, les ballots arrivèrent; le directeur général de la librairie reprit ses complaisances habituelles; les deux éditions se propagèrent simultanément et presque avec une égale liberté.

Ce n'était pas trop de l'une et de l'autre pour répondre à l'accueil enthousiaste qui fut fait à l'ouvrage. Les différences, d'ailleurs, tout importantes qu'elles étaient pour les délicats, ne touchaient guère le simple public. Mme d'Houdetot, qui avait suivi l'œuvre jour par jour, à mesure qu'elle se développait, en avait parlé autour d'elle. Mme de Luxembourg, qui avait eu la faveur d'une lecture et le don d'un exemplaire écrit de la main de l'auteur, ne pouvait taire son admiration[2] et avait obtenu l'autorisation que Saint-Lambert lût l'ouvrage en manuscrit au roi de Pologne. Duclos, qui le connaissait aussi, en avait fait l'éloge en pleine académie[3]. Le livre était donc attendu avec impatience. On ne parlait que de Julie[4]. Le succès dépassa

---

1. *Lettre à Mme de Verdelin*, 28 décembre 1760. — 2. *Lettres de Rousseau à Mme de Luxembourg*, 29 octobre 1759, 15 janvier, 20 juin 1760; *de Mme de Luxembourg à Rousseau*, novembre 1759, mars 1760. — 3. *Lettre de Rousseau à Mme de Luxembourg*, 12 décembre 1760. — 4. *Lettre du maréchal de Luxembourg à Rousseau*, 4 janvier 1761.

pourtant encore les espérances. « Les sentiments, dit Rousseau, furent partagés chez les gens de lettres; mais dans le monde, il n'y eut qu'un avis, et les femmes surtout s'enivrèrent et du livre et de l'auteur, au point qu'il y en avait peu, même dans les hauts rangs, dont je n'eusse fait la conquête, si je l'avais entrepris. J'ai de cela des preuves que je ne veux pas écrire, et qui, sans avoir besoin de l'expérience, autorisent mon opinion [1]. » Dispensons Rousseau des preuves; franchement, nous aimons mieux croire qu'il aurait été embarrassé pour les produire.

Ce qui est plus certain, c'est qu'on s'arrachait les volumes; que dans les premiers jours, on les louait à raison de douze sous l'heure; que les deux éditions, hollandaise et française, devenant insuffisantes, Jean-Jacques ne tarda pas à en préparer une troisième, dont il fit gracieusement cadeau à Rey [2]; c'est que bientôt il y en eut une traduction anglaise [3]; c'est, en un mot, que l'effet fut immense, principalement sur les femmes; c'est que, malheureusement, il y eut bien des ravages produits dans les jeunes cœurs. On pourrait signaler aussi des retours et des protestations de vertu; mais ces retours furent-ils autre chose qu'une attitude, ces protestations une sorte de jargon? « Ce ne fut, dit un auteur, qu'une façon de se travestir et de se masquer, et, au lieu d'errer dans les bosquets dans l'ajustement court vêtu des Marinette et des Colombine, la vanité, l'amour-propre, le désœuvrement trouvèrent leur

---

1. *Confessions*, l. XI. — 2. *Lettres à Rey*, 2 septembre, 14 et 31 octobre, 7 novembre 1761. — 3. *Lettres de Rousseau à Mme de Luxembourg*, été de 1761; *à Rey*, 11 mars 1762.

compte à afficher des principes, à jouer à l'épouse et à la mère, sans que le diable en fît moins pour cela ses affaires[1]. » En somme, Rousseau créa une foule de Julies plus ou moins authentiques ; c'est déjà un beau succès ; bien des auteurs se contenteraient à moins.

Il était fier de l'enthousiasme qu'il avait excité chez les femmes. Il aimait à raconter des anecdotes à ce sujet. Un jour, une grande dame s'était fait habiller pour aller au bal, « en attendant l'heure, elle se mit à lire le nouveau roman. A minuit elle ordonna qu'on mît ses chevaux et continua à lire. On vint lui dire que ses chevaux étaient mis ; elle ne répondit rien. Ses gens, voyant qu'elle s'oubliait, vinrent l'avertir qu'il était 2 heures. Rien ne presse encore, dit-elle en lisant toujours. Quelque temps après, sa montre étant arrêtée, elle sonne pour savoir l'heure qu'il était. On lui dit qu'il était 4 heures. Cela étant, dit-elle, il est trop tard pour aller au bal ; qu'on ôte mes chevaux. Elle se fit déshabiller et passa le reste de la nuit à lire...

« Ce qui me rendit les femmes si favorables, ajoute Rousseau, fut la persuasion où elles furent que j'avais écrit ma propre histoire et que j'étais moi-même le héros de ce roman. Cette croyance était si bien établie que Mme de Polignac écrivit à Mme de Verdelin pour la prier de m'engager à lui laisser voir le portrait de Julie. Tout le monde était persuadé qu'on ne pouvait exprimer si vivement des sentiments qu'on n'aurait point éprouvés, ni peindre ainsi les transports de l'amour que d'après

---

[1]. DESNOIRESTERRES, Voltaire et la Société française au XVIIIe siècle, t. VI, § 1.

son propre cœur... Je ne voulus ni confirmer ni détruire une erreur qui m'était si avantageuse [1]. »

Cet engouement des femmes ne fut pas seulement le caprice d'un moment. Bien des années après l'apparition de la *Nouvelle Héloïse*, Mme de Francueil et son mari le poussaient encore jusqu'à l'excès. En 1770, Francueil ayant amené Rousseau chez lui, on ne sait comment, fit avertir sa femme de venir au salon, sans lui dire qui l'attendait. « J'aperçois, dit-elle, un petit homme assez mal vêtu et comme renfrogné, qui se levait lourdement et mâchonnait des mots confus. Je le regarde et je devine ; je crie, je veux parler, je fonds en larmes. Jean-Jacques, étourdi de cet accueil, veut me remercier et fond en larmes. Francueil veut nous remettre l'esprit par une plaisanterie et fond en larmes. Nous ne pûmes nous rien dire, Rousseau me serra la main et ne m'adressa pas une parole [2]. »

Mais le triomphe de la *Nouvelle Héloïse* fut sans contredit l'amitié de Mme Latour pour Jean-Jacques Rousseau. Mme Latour de Franqueville était une femme de vingt-huit à trente ans, absolument inconnue de Rousseau, riche, intelligente. Elle avait été obligée, à ce qu'il paraît, de se séparer de son mari. Elle avait l'âme sensible, ardente, romanesque. La lecture de la *Nouvelle Héloïse* la transporta. Dès lors elle voua à l'auteur une sorte de culte qui ne se démentit jamais. Elle lui écrivit, sous le nom de Julie, ses impressions, tandis qu'une de ses amies lui écrivait sous celui de Claire [3]. Ce qu'elle désire,

---

1. *Confessions*, l. XI. — 2. GEORGE SAND, *Histoire de ma vie*, ch. III. — 3. Lettre de Mme X. à Rousseau et *Réponse de Rousseau*, le 29 septembre 1761.

ce n'est pas de le voir ; elle ne veut même pas être connue. « Un homme qui fait parler Saint-Preux serait trop dangereux pour une Julie engagée dans les liens du mariage. » Qu'il lui écrive *une seule fois*, et il n'entendra plus parler d'elle[1]. Cependant Jean-Jacques se défie ; cet incognito l'intrigue ; ces lettres ne sont point d'une femme, mais seulement d'un homme ou d'un ange[2]. Enfin il se laisse entraîner[3], et une correspondance suivie s'établit sur un ton moitié galant, moitié précieux. On doit penser qu'elle n'est pas riche en événements ; en revanche elle fait assez bien connaître le caractère de Jean-Jacques. Claire ne tarda pas à s'ennuyer de ses brusqueries ; quant à M⁰ᵉ Latour, elle continua pendant plus de quinze ans avec son ami et son maître un commerce de lettres, souvent orageux, grâce aux maussaderies et aux duretés de Rousseau ; mais rien ne la rebuta. Sans l'avoir vu plus de deux ou trois fois dans sa vie, elle lui consacra le dévouement le plus pur et le plus désintéressé, le consola quand il fut malheureux, le défendit quand il fut attaqué. Son affection, qui fut plus que de l'amitié, ne fut pourtant pas de l'amour ; elle rappellerait plutôt la tendresse de la mère pour son enfant, la piété et l'adoration envers la divinité. Quelques-uns l'ont appelée de la vanité, et l'ont comparée au zèle de l'amateur qui s'ingénie de toute façon pour posséder l'autographe désiré[4] ; mais la vanité n'explique pas une telle somme de

---

1. *Lettre de M*ᵐᵉ *Latour à Rousseau*, 5 octobre 1761. — 2. *Lettre à M*ᵐᵉ *Latour*, 19 octobre 1761. — 3. *Lettre de Rousseau aux* « inséparables, hommes ou femmes. » — 4. Cᵗᵉ D'ESCHERNY, *Mélanges de Littérature, de Morale et de Philosophie*, t. III, supplément.

persévérance et de dévouement. Nous aurons plus d'une fois occasion de renouveler connaissance avec Mme Latour [1].

III

Les sentiments sur la *Nouvelle Héloïse,* c'est Rousseau qui nous le dit, furent partagés chez les gens de lettres ; voyons leurs jugements. Lui-même nous a déjà donné le sien dans sa préface. Il persista, malgré l'avis de Duclos, à regarder son livre comme très dangereux pour les filles [2]. Il regrettait qu'il eût pénétré jusqu'à Genève [3]. Du reste, sur ce point, comme sur beaucoup d'autres, ses opinions sont contradictoires. Mme de Créqui lui ayant demandé si elle pouvait lire son roman, il lui répondit : « Vous me marquez qu'on trouve ce livre dangereux ; je le crois en effet dangereux aux fripons, car il fait aimer les choses honnêtes. Au reste, si vous voulez en juger par vous-même, vous pouvez hasarder de lire ou parcourir les trois derniers volumes [4]. » Pourquoi pas les trois premiers ? « Je persiste à croire, écrit-il encore, que quiconque, après avoir lu ma *Nouvelle Héloïse,* la peut regarder comme un livre de mauvaises mœurs, n'est pas fait pour aimer les bonnes [5]. »

---

1. La *Correspondance de Rousseau avec Mme Latour de Franqueville* a été publiée par Du Peyrou, 2 vol. in-8, 1803. — La bibliothèque de la Chambre des députés en possède un recueil de copies qui nous a paru être de la main de Mme Latour. — 2. *Lettre de Duclos à Rousseau,* novembre 1760, et *Réponse de Rousseau,* 19 novembre 1760. — 3. *Lettre à Mme C.,* 12 février 1761. — 4. *Lettre de Mme de Créqui à Rousseau, Réponse de Rousseau,* 5 février 1761. — 5. *Lettre à Mme X.,* 13 février 1761.

Mais il tenait aussi à se poser en conciliateur entre les impies et les dévots. « Il reste là-dessus, écrivait-il, d'importantes vérités à dire, et qui doivent être dites par un croyant. Je serai ce croyant-là [1]. » « Si Wolmar pouvait ne pas déplaire aux dévots, et que sa femme plût aux philosophes, j'aurais peut-être publié le livre le plus salutaire qu'on pût lire dans ce temps-ci [2]. Par malheur, il ne plut ni aux philosophes ni aux dévots. Jean-Jacques eut beau dire qu'il était absolument détaché du parti des philosophes ; qu'il n'aimait point qu'on prêchât l'impiété ; qu'il blâmait l'intolérance [3] ; on ne le prit au sérieux ni d'un côté ni de l'autre : Julie put faire école chez les femmes, nullement chez les hommes. Rousseau eut beaucoup d'admirateurs, encore plus d'admiratrices ; et de tous et de toutes, ce fut peut-être encore lui qui s'admira le plus. De tous ses ouvrages, c'est de la *Nouvelle Héloïse* qu'il parla toujours avec le plus d'intérêt [4] ; c'est *Julie* seule qu'il relut jusqu'à la fin de sa vie avec un plaisir toujours nouveau [5].

Quand la *Nouvelle Héloïse* parut, Rousseau fut accablé de lettres [6]. Sauf quelques exceptions et quelques réserves, on doit penser qu'elles furent louangeuses : on n'a pas l'habitude d'écrire aux gens pour leur dire des choses désagréables. Pour se convaincre que, lorsqu'on remercie un auteur de l'envoi de son livre, on peut lui faire connaître sa

---

1. *Lettre à Mme X.*, 1760. — 2. *Lettre à Duclos*, 19 novembre 1760. — 3. *Lettre à Mme de Créqui*, 5 février 1761. — 4. *Lettre d'un jeune Suisse à son père, après une visite à Rousseau* (*Bibliothèque de Genève*, janvier 1836). — 5. *Lettre à Rey*, 11 octobre 1773. — 6. *Confessions*, l. XI. — *Lettre à Mme de Luxembourg*, 16 février 1761.

pensée sans la lui dévoiler en entier, il suffit de comparer, par exemple, la lettre que Fréron écrivit à Rousseau pour lui accuser réception de l'*Héloïse* et l'article qu'il publia sur cet ouvrage dans son *Année littéraire*[1]. Nous avons déjà sur ce sujet l'opinion de Mme d'Houdetot, de Saint-Lambert, de Mme de Luxembourg; auxquels on peut joindre Mme de Créqui[2], Mme de Chenonceaux[3], Mme de Boufflers[4], Mme de Montmorency[5], Necker[6]; mais on ne manque d'autres appréciations plus intéressantes.

Duclos fut toujours partisan très zélé de la *Nouvelle Héloïse*. Rousseau la lui avait communiquée en manuscrit, sans lui dire qu'il en fût l'auteur. « Si l'ouvrage est de vous, lui répondit Duclos, j'en suis bien aise, parce que je vous aime; s'il n'en est pas, j'en serai encore plus aise, parce que j'aime mieux qu'il y ait deux hommes capables de le faire qu'un seul. » Cependant il ne lui ménagea pas les critiques de détail; il blâmait la préface, quelques notes et même quelques scènes; il voyait surtout des inconvénients à l'introduction de l'ouvrage en France. Rousseau, qui appréciait beaucoup le jugement de Duclos, fut enchanté[7].

D'Alembert lui adressa de grands éloges, mêlés de quelques critiques. La préface, les notes surtout

---

1. *Lettre de Fréron à Rousseau*, 21 février 1761. — *Année littéraire*, 1761, t. II. — 2. *Lettres de Mme de Créqui à Rousseau*, février et 16 février 1761. — 3. *Lettre de Mme de Chenonceaux à Rousseau*, s. d. — 4. *Lettre de Mme de Montmorency à Rousseau*, 14 février 1761. — 5. *Lettre de Rousseau à Mme de Montmorency*, 21 février 1761. — 6. *Lettre de Necker à Rousseau*, 16 février 1761. — 7. *Lettres de Duclos à Rousseau*, octobre, 21 octobre, novembre 1760; *de Rousseau à Duclos*, 19 novembre 1760.

lui déplaisaient. « Quelques personnes, ajoutait-il, paraissent surprises que la *Lettre sur la Comédie* et la *Nouvelle Héloïse* soient sorties de la même plume ; mais bien loin de me joindre à ces critiques, plus ils auraient raison, et plus je devrais vous remercier pour ma part. » Le compliment était peut-être quelque peu ironique, Jean-Jacques le prit par le bon côté et parut satisfait[1]. Du reste, d'Alembert ne fit qu'accentuer plus tard le même jugement[2].

Voltaire se montra furieux. La *Nouvelle Héloïse* était, il en faut convenir, antipathique à son génie net, précis et fort peu sentimental ; mais ces dispositions, qui peuvent expliquer certaines sévérités, n'expliquent pas les injures qu'il proféra contre le livre et contre l'auteur. Sa haine elle-même ne se serait point exhalée en de telles violences, si le succès de son rival n'avait excité sa jalousie. Quoi, Voltaire jaloux ! Pourquoi non ? Du haut du trône où il recevait l'encens de l'univers lettré, il ne vit pas sans dépit des hommages qui s'adressaient à un autre que lui. Son coup d'œil pénétrant n'observa-t-il pas aussi dans ce livre d'un homme détesté, à côté de défauts qu'il exagérait sans doute, un genre de perfection qu'il se sentait incapable d'atteindre. « Point de roman de Jean-Jacques, s'écrie-t-il, je l'ai lu pour mon malheur, et c'eût été pour le sien, si j'avais le temps de dire ce que je pense de cet impertinent ouvrage[3] ». Le temps qu'il se plaignait de ne pas avoir, il ne tarda pas à le trouver. Peu de jours après, paraissaient des lettres portant la si-

---

1. *Lettre de d'Alembert à Rousseau*, février 1761, et *Réponse de Rousseau*, 15 février 1761. — 2. *Jugement sur la Nouvelle Héloïse* ; (aux Œuvres de d'Alembert). — 3. *Lettre de Voltaire à Thieriot*, 21 janvier 1761.

gnature du marquis de Ximenès, son lieutenant et son prête-nom, lettres certainement inspirées, corrigées, et peut-être composées par lui. Elles n'en valaient pas mieux pour cela[1]. Il prétendit qu'elles n'étaient pas de lui[2] ; il se les fit même adresser et dédier, pour mieux détourner les soupçons[3]. « Tenez, écrivait-il à d'Argental, en les lui envoyant, voilà encore des lettres sur le roman de Jean-Jacques ; mandez-moi qui les a faites, ô mes anges, qui avez le nez fin[4]. » Deux jours après, il en adressait à Damilaville une petite cargaison, avec un chant de *la Pucelle,* tant il avait hâte de les répandre[5]. Il les vantait en toute occasion, autant qu'il décriait le roman de Jean-Jacques[6]. Voltaire, qui aimait à s'amuser aux dépens de ses adversaires, alla jusqu'à composer une complainte en cinquante-sept couplets, sur les amours de Saint-Preux et de Julie. Il la chantait sur un air qui a été conservé. C'était une plaisanterie assez plate et peu digne du talent de Voltaire ; mais elle montre quelles étaient ses dispositions[7]. Dix ans plus tard, il poursuivait encore la *Nouvelle Héloïse* de ses sarcasmes. « Son Héloïse, disait-il, me paraît écrite moitié dans un mauvais lieu et moitié aux petites maisons. Une des

---

1. *Correspondance littéraire,* 1ᵉʳ février 1761. — 2. *Lettre de Voltaire à d'Alembert,* 19 mars 1761. — 3. *Vie de Voltaire,* par l'abbé MAYNARD, l. IV, ch. III, § 6. — 4. *Lettre de Voltaire à d'Argental,* 16 février 1761. — 5. *Lettre de Voltaire à Damilaville,* 18 février 1761. — 6. *Lettres de Voltaire à M*ᵐᵉ *de Fontaine,* 27 février 1761 ; — *à M*ᵐᵉ *du Deffand,* 6 mars 1761 ; — *à Damilaville,* 19 mars, 22 avril 1761 ; — *à Cideville,* 26 mars 1761 ; — *à d'Argental,* 29 mars 1761 ; —*à Hume,* 24 octobre 1766 ; — *à Bordes,* 29 novembre 1766. — 7. *Histoire de la vie privée d'autrefois,* par OSCAR HONORÉ (Voltaire à Lausanne) ; — DESNOIRESTERRES, t. VI, § 2.

infamies de ce siècle est d'avoir applaudi quelque temps à ce monstrueux ouvrage[1]. »

Les critiques de profession, les Fréron, les Grimm, avaient une belle matière à articles, sur un livre qui faisait tant de bruit et qui était si mêlé de qualités et de défauts. Fréron, qui pourtant n'était pas l'ennemi de Rousseau, se montra impitoyable. Caractères défectueux, hors nature, mal soutenus; intrigue vicieuse; peu de faits, beaucoup de raisonnements et de hors-d'œuvre; action faible et sans lien, sans cesse coupée et interrompue; roman personnel, l'auteur parle toujours, jamais le personnage[2]; abus de la métaphysique; style souvent emphatique, incorrect, énigmatique, obscur, précieux, ignoble, mêlé de jargon et de bel esprit; images peu naturelles, notes ridicules, préface révoltante, dure et hautaine; voilà pour les défauts. Et au milieu de tout cela, goût exquis de la nature physique et morale, descriptions admirables, éloquence du cœur, douce mélancolie, passion brûlante, sentiments élevés, génie mâle et flexible, pinceau aimable et voluptueux[3].

Grimm est encore plus dur. A l'en croire, l'absurdité de la fable, les défauts du plan, la pauvreté de l'exécution en font, malgré l'emphase du style, un ouvrage très plat : point de génie, point de goût, point de bonne foi, paradoxes déjouant toutes les prévisions[4].

1. *Lettre de Voltaire à M*me *du Deffand*, 8 auguste 1770. — 2. Suivant une métaphore un peu risquée, Rousseau est un peintre qui crève sa toile et passe la tête par le trou, pour mieux se montrer (Barbey d'Aurevilly, *Goete et Diderot*). — 3. *Année littéraire*, 1761, t. II; 1762, t. VI; 1763, t. VI; 1776, t. I; 1778, t. I. — 4. *Correspondance littéraire*, 1er février, 15 mai, 15 juin 1761; janvier 1789.

Nous ne parlons, comme on voit, que des jugements absolument contemporains, et nous laissons de côté les Servan[1], les Sabatier[2], les la Harpe[3], Mme de Staël[4]; à plus forte raison, les Barère[5], les Poinsot[6], les de Barante[7], les Nisard[8], et une foule d'autres.

Parmi les brochures publiées à l'occasion de la *Nouvelle Héloïse*, citons encore une *Prédiction* en style biblique, qui fut attribuée faussement à Voltaire; elle était de Bordes, un des anciens amis de Rousseau. C. Panckoucke y répondit par une *Contre-prédiction*[9].

En dehors des détracteurs et des admirateurs, en dehors aussi des simples critiques, se place le secrétaire de l'Académie de Berlin, Formey, qui, lui, se mit en devoir d'expurger la *Nouvelle Héloïse*. Son *Esprit de Julie*[10] est une sorte de *Nouvelle Héloïse* arrangée *ad usum juventutis*; c'est-à-dire la *Nouvelle Héloïse* dépouillée des charmes du récit et de l'enthousiasme des sentiments. L'entreprise, toute singulière qu'elle était, n'était peut-être pas impossible. Il y a dans le livre de Rousseau tant d'apologies éloquentes de la vérité religieuse, morale, philosophique, tant de scènes honnêtes, tant de descriptions gracieuses qu'un philosophe chrétien a pu être tenté

---

1. *Jugement sur les ouvrages de Rousseau. Gazette de France* du 8 mai 1812. — 2. *Les trois siècles de la littérature française*, 1781. — 3. *Lycée.* — 4. *Lettres sur les ouvrages et le caractère de J.-J. Rousseau*, 1789. — 5. *Éloge de Rousseau*, présenté aux Jeux floraux, 1787. — 6. *Œuvres de J.-J. Rousseau*, édition Poinsot, t. IV, avec la liste des écrits publiés à l'occasion de la *Nouvelle Héloïse*. — 7. *De la littérature française pendant le* XVIIIe *siècle*, 1810. — 8. *Histoire de la littérature française*. — 9. *Prédiction tirée d'un vieux manuscrit.* — *Contre-prédiction*, etc. (au *Journal encyclopédique*, 1er juin 1761). — 10. *L'Esprit de Julie, ou extrait de la Nouvelle Héloïse.* Berlin, in-12, 1763.

de s'approprier ces richesses. Rousseau, un des hommes qui ont répandu le plus d'erreurs, est aussi un de ceux qui ont dit le plus de vérités, et qui les ont le mieux dites. N'a-t-on pas été jusqu'à faire un ouvrage intitulé : *Jean-Jacques Rousseau apologiste de la religion chrétienne*[1], extrait mot pour mot de ses œuvres. Il est vrai qu'un Rousseau dépouillé de ses paradoxes, de ses erreurs, de sa sensibilité maladive et malsaine n'est pas plus le vrai Rousseau que Julie sans les agitations d'un cœur ardent et passionné n'est la vraie Julie. Aussi Formey, qui a pu faire une œuvre de bonne intention dont on lui a su gré, ne fera jamais oublier celui qu'il a prétendu corriger.

Rousseau n'avait pas fait la *Nouvelle Héloïse* pour sa patrie ; il n'avait pas voulu, comme il l'avait fait pour d'autres ouvrages, y inscrire son titre de citoyen de Genève ; il n'en avait pas, dit-il, envoyé un seul exemplaire dans cette ville[2] ; il ne l'empêcha pas néanmoins d'y pénétrer et de s'y répandre. Il constate qu'elle y fut moins bien accueillie qu'en France, ce qui doit s'entendre évidemment du public mondain et non du public lettré ; nous venons de voir au contraire comme elle fut discutée à Paris parmi les gens de lettres. Le puritanisme genevois devait s'effaroucher des allures par trop libres de Julie ; mais le puritanisme ne demandait pas mieux que de s'émanciper, même à Genève, et la *Nouvelle Héloïse* eut sa part dans ce relâchement[3]. Plusieurs des amis de Rousseau furent péniblement impres-

---

1. Par Martin du Theil (1841), reproduite au t. IX des *Démonstrations évangéliques* de Migne. — 2. *Lettre de Rousseau à Mme C.*, 12 février 1761. — 3. Sayous, t. I, ch. v.

sionnés ; d'autres, même parmi les pasteurs, se montrèrent plus faciles. Cependant la note rigoriste domina. Le Conseil, non sans hésitation, se décida à « faire défense aux loueurs et loueuses de livres de louer et prêter ce livre, dont, au rapport des membres du Consistoire, les tableaux étaient peints avec un crayon si hardi et des couleurs si vives que la lecture ne pouvait être que très dangereuse aux mœurs des jeunes gens[1]. » Le vieux Abauzit se fit l'interprète de l'opinion commune. « Non, écrivait-il à Rousseau, votre *Héloïse* ne nous satisfait point, et vous ne tenez pas ce que vous avez promis d'écrire touchant la pudeur, la modestie et la vertu chez les femmes[2]. » Vernes fut plus content; mais il ne pouvait passer à Wolmar son athéisme[3]. Moultou seul se montre pleinement satisfait; encore ne put-il s'empêcher de constater qu'un grand nombre de Genevois honnêtes étaient d'un avis tout à fait contraire au sien. « Non, s'écrie-t-il, il ne m'est pas possible de garder le silence. O Julie ! ô Saint-Preux ! ô Claire ! ô Édouard ! Quel globe habitent vos âmes, et comment pourrais-je m'unir à vous? Monsieur, ce sont là les enfants de votre cœur; votre esprit ne les eût point faits tels. Ouvrez-le moi donc, ce cœur, que j'y contemple vivantes des vertus dont la seule image m'a fait répandre de si douces larmes. Julie me fait haïr les misérables conventions des hommes... M. de Wolmar me fait sentir la dignité humaine au milieu de l'ordre factice qui la corrompt. Partout, vous êtes le vengeur de la nature. »

---

1. Sayous, t. I, ch. v. — 2. Gaberel, *Rousseau et les Genevois*, ch. v. — 3. *Lettres de Vernes à Rousseau*, 26 mai, *et Réponse de Rousseau*, 24 juin 1761. Voir aussi : *Lettre d'une Genevoise*, (anonyme) *à Rousseau*, 1762.

« Pourquoi donc votre livre a-t-il trouvé à Genève un si grand nombre de censeurs ? C'est que vous n'avez pas écrit pour Genève... Mais un sage ne se doit-il pas à l'univers ?

« O Rousseau ! notre ange tutélaire, sauvez-nous, ou élevez un monument qui proteste contre notre corruption, et qui fasse après vous des citoyens, quand vous ne pourrez plus nous en montrer le modèle[1]. »

Et c'est un ministre du Saint Évangile qui parle ainsi ! « Je suis théologien et non pas superstitieux, » dit-il encore, à propos du personnage de Wolmar. Il est possible qu'il ne fût pas superstitieux, mais à coup sûr il n'était pas davantage théologien.

---

1. *Lettre de Moultou*, 7 mars 1761.

CHAPITRE XVII

De 1760 au 9 juin 1762.

Sommaire : Mme de Luxembourg se charge de l'impression de *l'Émile*. — Achèvement du *Contrat social*. — Rousseau forme le projet d'écrire ses *Mémoires*. — Caractère de sa correspondance au point de vue religieux. — Son crédit baisse auprès de Mme de Luxembourg. — Ses dégoûts de la vie de château et de la carrière des Lettres. — Rousseau prie Mme de Luxembourg de faire rechercher ses enfants et lui confie Thérèse. — Produit des ouvrages de Rousseau. — Marché pour l'impression de l'*Émile* et pour celle du *Contrat social*. — Projet d'une édition générale des œuvres de Rousseau. — Amitié intime avec Rey. — Désir de Rousseau de ne laisser publier ses *Confessions* qu'après sa mort. — Accident de santé. — Rente viagère de trois cents francs constituée par Rey au profit de Thérèse. — Vaines tentatives pour la libre introduction en France du *Contrat social*. — Rousseau veut s'opposer à ce que l'*Émile* soit imprimé en France. — Corrections exigées. — Déclaration de Malesherbes. — Inquiétudes, soupçons, puis remords et retours de confiance de Rousseau à propos de son livre. — Les quatre lettres de Rousseau à Malesherbes. — Pensées de suicide. — Facilités de la censure pour la *Profession de foi*. — Nouvelles anxiétés de Rousseau. — Sa sûreté personnelle est menacée. — *L'Émile* paraît sans difficulté. — Revirement subit. — Bruits alarmants. — On conseille vainement à Rousseau de pourvoir à sa sûreté. — Il se décide à fuir. — Il se rend en Suisse et compose, chemin faisant, le *Lévite d'Ephraïm*. — Que serait-il arrivé à Rousseau, s'il n'avait pas voulu tenir compte du décret porté contre lui ?

Il est clair que Rousseau devait peu travailler pendant que M. et Mme de Luxembourg étaient à Montmorency : c'était son temps de vacances ; mais le reste de l'année, c'est-à-dire pendant dix mois au moins, il pouvait se dédommager. Il avait trouvé le temps de publier la *Nouvelle Héloïse*. L'*Émile* était moins avancé ; il l'acheva et le mit en état d'être imprimé aussitôt après son roman. Parmi ses études de prédilection, restaient les *Institutions politiques*.

Désespérant de les mener jamais à terme, il en détacha une partie, le *Contrat social*, et brûla le reste malgré les supplications de Moultou[1]. Le *Contrat social* seul lui coûta encore deux années de travail. Il le fit imprimer en même temps que l'*Émile*.

Les trois œuvres les plus importantes de Rousseau furent donc publiées pendant son séjour à Montmorency. Chose remarquable, qui montre qu'il avait dans l'esprit et dans le style plus de flexibilité qu'on ne serait tenté de le croire d'après son caractère, comme ces trois livres, qui datent de la même époque, appartiennent à trois genres entièrement différents, l'auteur a su approprier à ces sujets divers des styles qui ne le sont pas moins. On parle des trois manières successives de Raphaël; Rousseau a eu aussi ses trois manières, mais elles ont été simultanées. Enfin, comme si tous les ouvrages qui ont fondé sa réputation avaient dû se donner rendez-vous à Montmorency, les *Confessions* elles-mêmes y ont laissé leur marque, sinon comme exécution, au moins à titre de projet. Rousseau en attribue l'idée première à Rey, et dit qu'il les entreprit pour céder à ses instances. Il fait ici trop d'honneur à Rey; il n'était pas homme, en effet, à laisser à ses libraires l'initiative de ses ouvrages. Ce qui est vrai, c'est qu'aussitôt après en avoir reçu la première ouverture, Rey, qui aimait Jean-Jacques, qui voulait le flatter, qui voyait là pour lui-même une source de profit, dut naturellement le presser de donner suite à son idée[2]. A partir de ce moment donc, Jean-Jacques commença à mûrir son dessein et à

---

[1]. *Lettre de Moultou à Rousseau*, 3 février 1762. — [2]. *Lettre de Rousseau à Rey*, 16 novembre 1762.

recueillir des lettres et des papiers, sauf à ne les mettre en œuvre que plus tard.

Compterons-nous parmi ses occupations sérieuses sa correspondance ? Il est certain qu'elle prit alors une importance considérable. Rousseau, par ses derniers travaux, était devenu comme le théologien d'un certain parti et d'une sorte de religion libre-penseuse, qui n'était ni la religion ni l'impiété ; qui acceptait l'Évangile, mais seulement sous bénéfice d'inventaire.

Le libre examen n'est pas la libre-pensée, mais il est au moins sur le chemin qui y conduit. Aussi les idées religieuses de Rousseau, sans être absolument admises par les pasteurs, leur souriaient à plusieurs points de vue. Ils le consultaient avec plaisir, ils lui soumettaient leurs objections ; lui-même répondait à ses amis sans se faire prier. Cependant, comme il refusait de se déclarer publiquement, même pour ses frères les Protestants [1] ; comme il ne voulait point entrer en discussion avec les étrangers [2], cet échange de vues tout intime entre Rousseau et ses correspondants n'a pour le lecteur qu'une sorte d'utilité, celle de confirmer le jugement que les ouvrages de notre philosophe permettent d'asseoir sur son compte. Nous y pouvons voir qu'il respectait l'Évangile ; qu'il le plaçait au-dessus de tous les livres ; mais qu'il élevait encore bien au dessus la conscience, règle suprême de la justice et de la vertu [3]. Nous y verrons que, tout en se donnant comme très religieux, il entendait dégager la religion de tout ce

---

1. *Lettre à M. R.*, 24 octobre 1761. — 2. *Lettre à l'abbé Jodel*, 16 novembre 1761. — 3. *Lettres à Vernes*, 25 mars et 25 mai 1758, *à M. X. (Duclos?)*, 1760.

que les hommes y avaient, d'après lui, ajouté de barbare, d'injuste, de pernicieux à la société[1]. Nous y verrons qu'il recommandait l'obéissance aux princes, même en matière de religion[2]. Nous y verrons surtout, et c'est sa lettre la plus importante, quelles étaient ses idées sur le principe de la morale. Y a-t-il une morale absolument désintéressée? Non, dit-il. Mais il place l'intérêt si haut, dans les joies de la conscience, dans les espérances de la vie future, que les partisans de la morale de l'intérêt chercheraient en vain à se prévaloir de son autorité[3]. Entre Voltaire qui voulait écraser l'infâme, et le religieux adorateur de Jésus-Christ, Rousseau s'attachait chaque jour davantage à son attitude d'indépendance sympathique et d'orgueilleux respect; mais ni Jésus-Christ, ni le monde, ni la philosophie ne pouvaient s'accommoder de ces situations mitoyennes. Nul ne peut servir deux maîtres. A dire vrai, Rousseau n'avait peut-être en tout cela d'autre maître que lui seul.

Il n'était pas dans sa nature de garder ses amitiés pendant longtemps. Après une année environ d'intimité, il se plaignit que son crédit eût baissé auprès de Mme de Luxembourg. Ne serait-il pas plus exact de dire que Mme de Luxembourg avait baissé dans son esprit? Quoi qu'il en soit, à partir de 1761, les légers nuages, inséparables de toute société un peu prolongée, lui parurent être gros d'orages et présager des tempêtes. Après la lecture de l'*Émile*, il lui sembla qu'il était devenu moins nécessaire; il remar-

---

1. *Lettre à M. M.*, 6 septembre 1760. — 2. *Lettre à M. R.*, à propos des mauvais traitements infligés aux Protestants. — 3. *Lettre à d'Offreville*, à Douai, 4 octobre 1761.

qua que sa place était moins marquée auprès de Mme de Luxembourg. N'est-il pas plaisant de voir ce plébéien, fanfaron habituel de simplicité, se formaliser de n'avoir pas tous les jours la première place à une des tables les plus aristocratiques de France? Il se plaignait de Mme de Luxembourg; que ne se plaignait-il plutôt de lui-même? de ses balourdises, de ses fautes contre l'usage, de ses conseils déplacés, de ses sorties malséantes, de tous ces *guignons*, qui sont moins des hasards que des sottises et ne tombent que sur les maladroits? Le petit-fils du Maréchal est malade. Les médecins, dit Jean-Jacques, le font mourir d'inanition et de remèdes; et il s'étonne que, dans une question de santé, on s'en soit rapporté à Bordeu plutôt qu'à lui. Le Maréchal est souffrant; Jean-Jacques n'a rien de plus pressé que de prononcer le mot de goutte. Grand émoi, grand mécontentement contre le prophète de malheur! Qu'en savait-il au fond, et de quoi se mêlait-il? Le Maréchal vieillit; Rousseau qui l'aime, qui voit qu'il se fatigue et s'affaiblit, ose parler de retraite. Mme de Luxembourg, pour qui la Cour et les honneurs sont devenus une nécessité, se fâche et fait promettre au conseiller malavisé ne ne plus jamais toucher cette corde. Quelque temps après le Maréchal mourait, et Rousseau demeurait convaincu que c'était pour n'avoir pas écouté ses avis. Il avait depuis des années un vilain chien qu'il appelait *Duc*; en entrant au château, il jugea convenable, (grande condescendance de sa part) de changer le nom de son chien en celui de *Turc*. Mais voyez sa déveine; ses efforts pour plaire ne lui réussirent pas mieux que sa rusticité, car un marquis espiègle qui avait appris l'histoire le poussa si vivement qu'il le força de la raconter lui-même. L'abbé de Boufflers, jeune, léger, superficiel et brillant, était venu étaler ses grâces à Montmorency. Le pauvre Jean-Jacques se mit en tête de le cajoler, de s'en faire un ami ; mais le traître d'abbé ne fit que le persifler et se moquer de lui. Il avait tort assurément ; mais Jean-Jacques, par sa morgue et ses airs de simplicité importante, ne prêtait-il pas au ridicule ? Un jour, il embrassa par hasard une enfant de onze ans, la jeune Amélie de Boufflers ; le lendemain, en faisant à Mme de Luxembourg la lecture de l'*Émile,* il tomba précisément sur le passage où il censurait ces sortes de familiarités. Il rougit, il balbutia, il sembla prendre un air coupable pour excuser l'action la plus innocente. M. de Silhouette, contrôleur des finances, appesantit sa main sur les financiers, ce qui lui gagna l'estime de Rousseau. Il fut disgrâcié et Rousseau lui écrivit une lettre de condoléances, sans se douter qu'au nombre des *gagneurs d'argent,* dont il disait tant de mal, se trouvait Mme de Luxembourg elle-même.

Mme de Luxembourg n'était pas seule atteinte par ces pavés que lançait Rousseau ; les familiers du château étaient l'occasion de désagréments analogues. Mme de Boufflers s'avisa de faire une pièce de théâtre, et qui pis est, d'en demander à Jean-Jacques son avis. Il le donna avec tous les ménagements possibles, mais ne put éviter de mécontenter la dame[1].

Enfin à ces causes d'ennui et de mauvaise humeur, joignons celle d'un état de souffrance habituel. Pendant quatre ans qu'il passa à Montmorency, il déclare qu'il n'eut pas un jour de bonne santé. Sans

---

1. *Lettre de Mme de Boufflers à Rousseau,* 1761.

prendre cette affirmation à la lettre, il est certain qu'il souffrait, et que les écarts de son imagination augmentaient encore ses souffrances. Le Maréchal exigea qu'il consultât le frère Côme, qui avait une grande réputation d'habileté. Le frère Côme dit à Jean-Jacques que son mal, sans être mortel, était incurable. Il lui fallait donc se résigner à souffrir toute sa vie [1].

Pour un homme qui se tourmentait de peu de chose, c'en était plus qu'il ne fallait pour le disposer à prendre des résolutions extrêmes, sauf à ne pas les exécuter. Dégoûté des gens de lettres, fatigué des gens du monde, ce n'était pas la première fois qu'il songeait à renoncer au métier d'auteur et à la vie de château. Dès l'époque de son séjour à l'Ermitage, « il avait senti par expérience que toute association inégale est toujours désavantageuse au parti faible; » il devait le sentir bien mieux encore à Montmorency. Vivant avec des gens opulents, il était obligé de les imiter en bien des choses. Seul, sans domestique, il était à la merci de ceux de la maison. On le ruinait à force de vouloir économiser sa bourse. S'il soupait en ville, loin de chez lui, la maîtresse de la maison était fort aise de le faire reconduire dans sa voiture, pour lui épargner vingt-quatre sous de fiacre; elle ne songeait pas à l'écu qu'il donnait au cocher. On lui envoyait ses lettres par un exprès, pour lui éviter quatre sous de port; mais lui, donnait à dîner et un écu au commissionnaire. On l'invitait à passer quinze jours à la campagne, pour lui éviter les frais de nourriture, et son séjour lui coûtait plus

---

1. *Confessions*, l. XI; — *Lettre de Rousseau à Julie* (Mme *Latour*), 30 octobre 1761.

cher que s'il était resté chez lui. N'était-il pas humilié aussi par cette vie de demi-domesticité, où il devait, quoi qu'il fît pour n'en pas convenir, se sentir l'inférieur et l'obligé ; où il ne trouvait d'autre moyen de ne pas paraître servile que d'affecter le sans-gêne et la fierté? Si encore cette existence de parasite eût été de son goût ; mais se ruiner pour s'ennuyer, c'était trop insupportable. Alors il se prenait de soupçons et de regrets, qu'il exprimait avec sa rudesse ordinaire. « Que vos bontés sont cruelles, s'écriait-il. Pourquoi troubler la paix d'un solitaire, qui renonçait aux plaisirs de la vie, pour n'en plus ressentir les ennuis... Que n'habitez-vous Clarens ! J'irais y chercher le bonheur de ma vie ; mais le château de Montmorency, mais l'hôtel de Luxembourg ! Est-ce là qu'on doit voir Jean-Jacques? Est-ce là qu'un ami de l'égalité doit porter les affections d'un cœur sensible qui, payant ainsi l'estime qu'on lui témoigne, croit rendre autant qu'il reçoit?... Vous m'oublierez, Madame, après m'avoir mis hors d'état de vous imiter. Vous aurez beaucoup fait pour me rendre malheureux et pour être inexcusable[1]. »

Nous nous faisons ici l'écho des récriminations de Rousseau ; mais la preuve qu'il faut rabattre beaucoup de ses plaintes, que Mme de Luxembourg y fut peu sensible, que lui-même n'y attacha pas alors une grande importance, c'est que jamais, plus qu'à cette époque, elle ne s'employa à lui rendre service ; c'est que jamais lui-même ne s'abandonna plus complètement à son amitié.

Jusque-là, il avait refusé de souper au château, il s'y décida alors. Le Maréchal avait perdu depuis

---

[1]. *Lettre à Mme de Luxembourg*, automne 1760.

peu sa sœur et sa fille ; cette année 1761 mit le comble à ses épreuves en lui ravissant son fils et son petit-fils. L'effet de ces malheurs fut de resserrer l'affection de Jean-Jacques pour cette famille éprouvée. Ne parlons pas de l'*Émile*, quoique ce ne soit pas la faute de Mme de Luxembourg, si le service qu'elle voulut rendre à Rousseau en cette circonstance ne réussit pas mieux. Ne parlons pas des protestations qu'il adressait à la Maréchale, quand il craignait de l'avoir offensée [1]. Il est un fait plus décisif, parce qu'il montre à la fois abandon d'un côté, bienveillance de l'autre. Rousseau ne pouvait assurément donner à Mme de Luxembourg une plus grande marque de sa confiance qu'en l'initiant aux secrets de sa paternité, et en la priant de faire des recherches pour retrouver ses enfants [2]. C'est ce qu'il fit précisément au moment où il prétend avoir été moins bien avec elle. Hélas ! il ne savait pas même la date de la naissance de ses enfants. L'aîné seul avait eu dans ses langes des lettres initiales, comme marques pouvant servir à le faire reconnaître. « Il doit, dit Jean-Jacques, être né, ce me semble, dans l'hiver de 1746 à 1747, ou à peu près. Voilà tout ce que je me rappelle [3]. » Avec des indications si vagues, les recherches étaient difficiles ; il fallait s'attendre à plusieurs mois de démarches. Rousseau n'en demandait pas tant [4]. Sa lettre en effet avait

---

1. *Lettres à Mme de Luxembourg*, mardi matin, octobre 1761 et 3 novembre 1761. — 2. Peut-être faudrait-il dire : en consentant qu'elle fît des recherches pour retrouver ses enfants. — 3. *Lettre à Mme de Luxembourg*, 12 juin 1761. — 4. *Lettres de Mme de Luxembourg à Rousseau*, commencement d'août 1761 ; — *de Rousseau à Mme de Luxembourg*, 10 août 1761 ; — *Confessions*, l. XI ; — *Rêveries*, 9e promenade.

encore un autre but, qui paraît même avoir été le premier dans sa pensée, c'était, en cas qu'il vînt à mourir, de confier Thérèse aux soins de M. et de Mme de Luxembourg. Il fallait qu'il se crût bien sûr d'eux, pour leur proposer une pareille charge.

Ses projets de retraite ne sont donc rien moins que sérieux, et doivent être regardés comme des velléités sans consistance, plutôt que comme des désirs formels. Un motif puissant le retenait d'ailleurs au château de Montmorency, c'était l'impression de son livre d'*Émile*. Mme de Luxembourg, qui désirait que cet ouvrage fût publié en France, ne se contenta pas cette fois d'offrir sa protection; elle voulut prendre personnellement en main la direction de l'affaire. Jean-Jacques s'engagea à ne rien faire sans elle; bientôt ce fut elle qui fit tout sans lui. Elle-même, ou plutôt Malesherbes pour elle, fit le marché avec Duchesne, libraire de Paris, sans que l'auteur fût appelé à agir autrement que pour donner sa signature. Les conditions étaient bonnes : six mille francs en argent, payables, moitié comptant, moitié aux termes d'avril, juillet et octobre de l'année suivante, plus cent exemplaires. Malesherbes lui-même prit le soin d'ajouter de sa main une clause réservant à Rousseau le droit de comprendre, après un délai de trois ans, son livre dans une édition générale de ses œuvres[1].

Duchesne avait demandé à faire graver le portrait de l'auteur en tête de l'ouvrage; celui-ci s'y opposa formellement; il se montra, du reste, satisfait et re-

---

1. Marché fait avec M. Duchesne pour l'*Émile*. Deux copies, l'une en projet, l'autre approuvée par Rousseau (Bibliot. nat. Mss. f^d français, nouv. acquis. n° 1183).

connaissant du marché et ne tarda pas à adresser personnellement ses remercîments à son bienfaiteur. Ce n'était que justice [1].

Tout en remerciant Malesherbes, il voulut le consulter sur un autre petit ouvrage, l'*Essai sur l'Origine des langues,* qu'il désirait publier comme une sorte de réponse indirecte à Rameau. Malesherbes n'avait guère le temps de lire ces sortes de productions et ne se croyait pas les connaissances nécessaires pour en donner son avis. Il lui en coûta peu, en tout cas, d'abonder dans le sens de son correspondant, de lui faire force compliments et de l'engager à suivre son désir. La publication n'eut pourtant pas lieu alors. Nous avons parlé ailleurs de l'*Essai sur l'Origine des langues*[2].

Rey n'avait offert de l'*Émile* que trois mille francs [3]. Il est vrai que de Bastide en avait fait proposer par Duclos quatre louis de la feuille; mais Rousseau, qui jugeait que l'impression ne pourrait être faite toute entière en France, se voyait menacé de l'arrêter à moitié. Qu'aurait-il fait du reste?

Panckoucke avait également fait des propositions très favorables. « Je compte, avait-il écrit à Rousseau, me rendre à Anvers, y monter une imprimerie; et dans cette circonstance, si vous n'avez point encore disposé de votre *Traité d'Éducation*, je vous prie de me préférer. Je serais charmé que mes premiers travaux typographiques fussent employés à

---

1. Même manuscrit; *Lettres de Guérin à Malesherbes,* 30 août 1761; *de Rousseau à Malesherbes,* s. d. — 2. Même manuscrit: *Réponse de Malesherbes à Rousseau,* 25 octobre 1761; autre *Réponse,* un peu postérieure. — 3. *Lettre de Rousseau à Mme de Luxembourg,* 12 décembre; *à Moultou,* même jour; *à Guérin,* 21 décembre 1761; *à Lenieps,* 18 janvier 1762; — *Conf.,* l. XI.

imprimer vos ouvrages. Vos conditions me plairont toujours, parce que, connaissant le prix de votre travail, je croirais ne le payer jamais assez. Si vous étiez satisfait de ce premier travail, on pourrait par la suite donner une édition complète de toutes vos œuvres, in-8 ou in-4, dont on ferait un chef-d'œuvre de typographie, ornée de votre portrait, d'estampes et de culs de lampe[1]. »

Duchesne traita bientôt lui-même avec Néaulme, libraire d'Amsterdam. Quoique Rousseau n'ait pas eu à figurer dans leur marché, il en conclut, ce à quoi il tenait beaucoup, que l'impression se ferait en Hollande. Enfin, il remarqua, alors ou plus tard, qu'un des doubles de son traité ayant été remis à Duchesne, Mme de Luxembourg, au lieu de lui donner l'autre, l'avait gardé pour elle.

A peu près dans le même temps, il traita avec Rey, pour le *Contrat social*. Il en fixa lui-même le prix à mille francs[2]. L'impression des deux ouvrages, les derniers qu'il eût l'intention de donner au public, marcha donc, pour ainsi dire, de front, quoique dans des conditions fort différentes. Autant, à en croire les *Confessions*, il fut satisfait de Rey, autant il eut lieu d'être mécontent de Duchesne; ce qui n'empêche pas sa correspondance avec le premier de laisser percer bien des points noirs au milieu de sa satisfaction.

D'abord, il avait exigé un secret absolu; mais Rey n'avait pas été fidèle à sa promesse. Il n'est question de rien moins que de rompre le marché[3]. Six mois

---

1. *Lettre de Panckoucke à Rousseau*, 23 juin 1761 (Cahier manuscrit des *Lettres de Rousseau à Mme de Luxembourg*, à la Bibliothèque de la Chambre des députés). — 2. *Lettre à Rey*, 18 février 1761. — 3. *Lettre à Rey*, 18 février 1761.

après, nouvelles plaintes : Rey ne s'est-il pas permis d'entreprendre, sans l'autorisation de Rousseau, une édition de ses œuvres ; il a fait plus, il a osé lui demander les révisions et les corrections nécessaires. Jean-Jacques serait tenté d'abandonner Rey à lui-même ; mais ses livres en souffriraient ; il faut bien qu'il s'exécute, et il le fait sans trop se fâcher. Il ne peut, malgré son désir, donner à Rey son traité de l'éducation ; mais son traité de droit politique est prêt ; qu'il commence par en publier avec soin et diligence, comme ils en sont convenus, deux éditions simultanées, l'une in-8 et l'autre in-12[1] ; on verra ensuite pour l'édition générale. Cette affaire est grave, dit Rousseau, et demande du temps et de la réflexion : sa réputation et son aisance en dépendent. Il revint sur ce sujet à plusieurs reprises ; il en avait déjà écrit à Guérin[2] ; il en écrivit ensuite à Moultou, qui lui inspirait plus de confiance que les libraires, et ne jugea pas excessif de le prier de venir à Paris exprès pour s'entendre avec lui[3] ; plus tard, il en écrivit à d'autres encore. Il avait fort à faire pour maintenir son droit contre les doctrines faciles qui régnaient alors sur la propriété littéraire[4].

Le gouvernement hollandais avait d'abord accordé un privilège au libraire Néaulme pour la publication de l'*Émile ;* mais cette faveur lui ayant été retirée, Rousseau fut profondément mortifié de cette révocation et en prit même occasion de faire des dif-

---

1. *Lettre à Rey,* 19 août 1761. — 2. *Lettre à Guérin, libraire,* 21 décembre 1760. — 3. *Lettres à Moultou,* 29 mai et 24 juillet 1761. — 4. *Id.,* 29 mai 1761 : *à Rey,* 2 septembre et 14 octobre 1761, 6 et 23 janvier, 4 et 28 février, 18 mars, 23 août 1762, 8 janvier 1763, 13 mai 1764.

ficultés à Rey pour son édition générale. « Ce qui me fâche, lui écrivit-il, c'est que je ne vois plus la possibilité de faire avec vous cette édition générale qui me tient plus au cœur que jamais et de laquelle je vais uniquement m'occuper... Mon cher Rey, je vous suis sincèrement attaché; mais je le suis plus encore à mon honneur. J'ai plus de fierté que les Hautes Puissances, et une fierté plus légitime. Je ne consentirai jamais que le recueil de mes écrits s'imprime en Hollande, qu'il ne s'y imprime avec approbation, et que l'injuste affront qui m'a été fait ne soit réparé par un privilège authentique et aussi honorable que la précédente révocation a été insultante[1]. » Au reste, les désagréments que Rousseau eut alors à essuyer, il les éprouva presque toujours lorsqu'il eut affaire aux libraires; presque toutes les éditions de ses écrits subirent des retards, et en général, elles ne furent pas publiées avec sa participation ni à son profit. Celle de Rey, en deux volumes grand in-12, parut en 1763 et fut bientôt suivie d'autres plus complètes. Rey lui-même compléta la sienne plus tard. Ajoutons que jamais Rousseau n'accorda à ses éditions générales la centième partie de l'attention qu'il donnait à ses premières éditions. Les unes étaient, pourrait-on dire, celles de ses libraires, les autres, les siennes à lui-même.

Les recommandations, les exigences de soins, les corrections d'épreuves, les additions et cartons furent pour le *Contrat social* ce que nous les avons vus pour l'*Inégalité*, la *Lettre à d'Alembert* et la *Nouvelle Héloïse;* mais les rapports personnels avec Rey, plus ou moins tendus jusque-là, prirent à partir de

---

1. *Lettres à Rey,* 23 août et 8 octobre 1762.

cette époque, un caractère d'intimité tout particulier. Rousseau n'eut plus seulement en Rey un libraire, il eut un ami et un confident.

Il commençait alors à être en proie à ces craintes de complots qui devinrent le tourment de sa vie. Il songea à parer le coup par un livre important et s'en ouvrit à Rey dans le plus grand secret. Quelle était cette entreprise considérable qui devait être, entre toutes, avantageuse au libraire, utile aux hommes, honorable à l'auteur[1]? Aurait-il eu la pensée de publier ses *Confessions* de son vivant? Si tel fut son projet, il ne tarda pas à y renoncer. « Je sais, disait-il, que des personnes qui me veulent du bien ont le désir d'honorer ma mémoire par des écrits publics[2]; mais pour ma vie, il est difficile qu'elle soit mise en état de paraître, parce qu'elle est mêlée de beaucoup de faits qui en sont inséparables, et qui compromettraient le secret d'autrui[3]. » Même pour une biographie posthume, pour des mémoires d'outre-tombe, il voit encore des obstacles et se met en quête de quelque autre moyen de satisfaire la curiosité publique et l'honnête désir d'honorer sa mémoire que lui marque son correspondant[4].

En même temps, un accident plus réel, un bout de sonde brisé, lui donnait des terreurs d'une autre espèce ; mais cette fois encore, ses appréhensions ne furent pas justifiées.

Rey, qui s'était attaché à Rousseau et qui faisait avec lui d'excellentes affaires, lui marqua généreusement sa reconnaissance et offrit de pourvoir à

---

1. *Lettre à Rey*, 29 novembre 1761. — 2. Notamment Moultou ; voir *Lettre de Rousseau à Moultou*, 18 janvier 1761. — 3. *Id.*, 6 janvier 1762. — 4. *Id.*, 23 janvier 1762.

l'avenir de Thérèse, au moyen d'une rente viagère. Rousseau fut heureux de laisser à sa maîtresse un bienfaiteur après lui. Il demanda cependant que, sauf à diminuer le chiffre de la rente, on n'attendît pas l'époque de sa mort pour la payer; et Rey, sans rien vouloir diminuer sur la somme, consentit à en avancer l'échéance. Il avait proposé trois cents francs; il maintint les trois cents francs et s'obligea par acte authentique à les servir annuellement à Thérèse, à partir du 1er janvier 1763. Rousseau a du reste grand soin de déclarer que cette rente ne fut pas un moyen détourné de lui être utile à lui-même. « Ce qui est à moi est à nous, et ce qui est à toi est à toi, » telle était sa maxime de conduite avec Thérèse[1].

Après une telle largesse, Jean-Jacques aurait eu mauvaise grâce à refuser au donateur une légère faveur, celle d'être le parrain d'un enfant qui venait de lui naître[2]. Mais il aurait voulu reconnaître sa générosité d'une façon plus effective, lui donner une part dans l'édition de ses œuvres, lui ménager une seconde édition de l'*Émile,* puisque malheureusement il était engagé pour la première, le faire profiter même de la première édition. A partir de la fin du second volume, l'ouvrage, lui écrivait-il, contenait des choses qu'on ne laisserait point passer en France. Il y aurait donc des difficultés, qu'il serait facile de rendre insurmontables. De là une résiliation possible du marché pour la seconde moitié du livre, et par suite une sorte de droit éventuel sur le tout, l'éditeur français ne sachant que faire

---

1. *Confessions,* l. XI; — *Lettres à Rey,* 6 et 23 janvier, 18 et 25 février, 4 avril (ou peut-être mai?) 1762. — 2. *Id.,* 18 mars, 4 avril (mai?) 1762.

d'une moitié de livre. Mais tant de subtilités n'étaient pas dans le caractère de Rousseau. Duchesne, d'ailleurs, exécuta le traité et tout fut dit[1].

Ces sujets divers, qu'on pourrait appeler les digressions de la correspondance, n'en faisaient pas oublier aux intéressés l'objet principal, le *Contrat social*. En fait de points délicats, on ne voit guère dans leurs lettres que la question de l'introduction en France. Dès le principe, Rousseau s'en était inquiété[2]; puis, à mesure que l'impression avançait, il voyait ses inquiétudes augmenter, d'autant plus qu'elles se compliquaient de craintes semblables pour l'*Émile*. Il avait dit qu'il ne s'en mêlerait pas; cependant l'ouvrage une fois imprimé, les bons procédés de Rey, joints sans doute au désir de favoriser la publicité de son livre, l'engagèrent à en parler au directeur général de la librairie, Malesherbes[3]; mais il put se convaincre que toute démarche serait inutile. « Il est décidé, mon cher Rey, écrivait-il, que mon traité du *Contrat social* ne saurait être admis ni toléré en France, et les ordres les plus sévères sont donnés pour en empêcher l'entrée. Nous devons, vous et moi, nous soumettre à cette décision, que nous n'étions pas obligés de prévoir d'avance... Mais quant à mes principes de doctrine, à moi républicain, publiés dans une république, il n'y a en France, ni magistrat, ni tribunal, ni parlement, ni ministre, ni roi lui-même qui soit même en droit de m'interroger là-dessus et de m'en demander aucun compte. Si l'on trouve mon livre mauvais pour

---

1. *Lettres à Rey*, 16 et 23 janvier, 18 février, 11 mars 1762. — 2. *Lettre à Rey*, 29 novembre 1761. — 3. *Id.*, 28 février et 11 mars 1762. *Lettre à Malesherbes*, 7 mai 1762.

le pays, on peut en défendre l'entrée; si on trouve que j'ai tort, on peut me réfuter; voilà tout. »

« Que votre amitié ne vous inspire donc aucune alarme pour ma personne. On connaît et on respecte trop ici le droit des gens pour le violer d'une manière odieuse envers un pauvre malade dont le paisible séjour en France n'est peut-être pas moins honorable au gouvernement qu'à lui [1]. »

La suite ne tarda pas à lui montrer que cette déclaration pleine d'espérance ne le sauverait pas des rigueurs qu'il devait subir de la part des gouvernements républicains, aussi bien que de celle du gouvernement monarchique de la France.

Quand Mme de Luxembourg pria Malesherbes de s'occuper de l'impression de l'*Émile*, ils étaient loin de se douter l'un et l'autre des embarras que leur susciterait cette affaire. Ils agirent dans l'intention de rendre service à Rousseau; mais qu'ils lui auraient été plus utiles s'ils l'avaient laissé s'arranger de son ouvrage à son gré! Il se serait adressé à Rey, son ami, comme pour le *Contrat social*; en supposant que le livre eût été interdit en France, l'auteur, comme pour le *Contrat social*, se serait soumis à la loi, tout en la trouvant mauvaise. Au lieu de cela, on avait tenu à faire imprimer son livre en France malgré lui; de là, des difficultés sans nombre entre lui et son libraire, une rupture irréconciliable avec Mme de Luxembourg, un décret de prise de corps lancé contre le malheureux publiciste; il est chassé de pays en pays, il se monte la tête, il se forge des complots imaginaires, il devient presque fou.

Il n'y a pas que les *Confessions* à constater l'op-

---

1. *Lettre à Rey*, 29 mai 1762.

position constante qu'il fit à l'impression de l'*Émile* en France[1] ; la correspondance n'est pas moins formelle. Avant même qu'il fût question du traité, son opinion était faite ; les sévérités antérieures de Malesherbes lui avaient servi de leçon[2] : « Je n'imagine pas, écrivait-il à Guérin, qu'il (l'*Émile*) puisse être imprimé dans le royaume, au moins pour la première fois, sans une mutilation à laquelle je ne consentirai jamais[3]. » « Contre mon avis, disait-il plus tard à Moultou, mais non sans l'avis du magistrat, le manuscrit a été remis à un libraire de Paris pour l'imprimer[4]. » C'étaient en effet Mme de Luxembourg et Malesherbes qui avaient tout arrangé, et Rousseau lui-même ignora d'abord qu'il se fît deux éditions simultanées de son livre[5]. « Sitôt que j'appris, écrivait-il, que mon ouvrage serait imprimé en France, je prédis ce qui m'arrive. » Et là-dessus il demande que, la moitié du livre étant imprimée et la moitié de la somme payée, le marché soit résilié pour le reste[6]. Il insiste auprès de Mme de Luxembourg pour obtenir son agrément[7] ; il finit même par croire que l'impression aurait lieu désormais en Hollande[8].

Ces faits sont confirmés par une importante déclaration que Malesherbes donna à Rousseau plusieurs années après. « Ceux avec qui il conclut son marché lui dirent que leur intention était de faire

---

1. *Conf.*, l. X. — 2. *Lettre à Coindet*, s. d. — 3. *Lettre à Guérin*, 21 décembre 1760. — 4. *Lettre à Moultou*, 12 décembre 1761. — 5. *Lettres de Malesherbes à Rousseau*, 14 et 16 décembre 1761 ; datées à tort par Streckeisen-Moultou de février 1762. — Voir RITTER, *Nouvelles recherches*, etc. p. 342. — 6. *Lettre à Malesherbes*, 8 février 1762. — 7. *Lettre à Mme de Luxembourg*, 18 février 1762. — 8. *Lettre à Moultou*, 25 avril 1762.

imprimer son livre en Hollande... Un libraire demanda la permission de le faire imprimer en France sans en avertir l'auteur. Quand celui-ci vit la liste des changements proposés par la censure pour les premiers cahiers, il déclara qu'il était inutile de faire ces changements, parce que la lecture de la suite ferait connaître que l'ouvrage entier ne pourrait jamais être permis en France... Le censeur eut alors l'ordre de discontinuer l'examen, et on dit au libraire qu'il n'aurait jamais de permission. D'après ces faits, qui sont très certains et qui ne seront point désavoués, M. Rousseau peut assurer que, si le livre intitulé : *Émile ou de l'Éducation*, a été imprimé à Paris malgré les défenses, c'est sans son consentement, c'est à son insu, et même qu'il a fait ce qui dépendait de lui pour l'empêcher[1]. »

Jean-Jacques avait ses motifs pour redemander son manuscrit. Outre les lenteurs et les difficultés qui surgissaient à chaque instant, il voyait la direction de son livre lui échapper; il voyait surtout les changements qu'on allait exiger de lui. Or, en ce qui concernait la *Profession de foi*, il était résolu à n'en accepter aucun. Dès 1760, il l'avait dit à Moultou[2]; il le lui répétait un an plus tard : « Mon parti est pris : je laisserai ôter ce qu'on voudra des deux premiers volumes; mais je ne souffrirai pas qu'on touche à la *Profession de foi* : il faut qu'elle reste telle qu'elle est ou qu'elle soit supprimée[3] »

Ces anxiétés, ces embarras déterminèrent chez

---

1. Déclaration délivrée par Malesherbes à Rousseau sur sa demande, le 31 janvier 1766. (En note des *Confessions*, l. XI, dans plusieurs éditions des œuvres de J.-J. Rousseau.) — 2. *Lettre de Moultou à Rousseau*, 21 décembre 1760. — 3. *Lettre à Moultou*, 16 février 1762. —

Rousseau une véritable maladie mentale, à laquelle son caractère ombrageux ne le prédisposait que trop. Et ce qu'il y a de plus triste, c'est que souvent il s'apercevait de son état ; il en gémissait ; il prenait la résolution de le combattre. Ces alternatives de troubles cérébraux et de moments lucides donnent à ses lettres un cachet très extraordinaire. Aux soupçons les moins justifiés succèdent des retours subits, aux craintes de complots, des accès de repentir. Rousseau délire ; il est atteint de folie ; il en convient parfois lui-même [1].

Dès le 8 novembre, l'inquiétude commence déjà à le saisir. « Il est clair, Monsieur, écrit-il à Duchesne, que mon livre est accroché, sans que je puisse dire à quoi ; et il n'est pas moins clair que ce n'est pas de vous que je saurai la vérité sur ce point [2]. » Quelques jours après, nouvelles plaintes [3]. Puis il s'adresse à Malesherbes lui-même. « Vous apprendrez, Monsieur, avec surprise le sort de mon manuscrit, tombé dans les mains des Jésuites par les soins de sieur Guérin... La certitude que j'ai que l'édition, commencée en apparence, n'est que simulée, me fait comprendre qu'ils veulent absolument supprimer l'ouvrage, ou du moins, vu l'état de dépérissement où je suis, en différer la publication jusqu'après ma mort, afin que, tout à fait maîtres du manuscrit, ils puissent le tronquer et le falsifier à leur fantaisie, sans que personne y ait inspection. Or, voilà, Monsieur, le malheur que je redoute le plus, aimant cent fois mieux que mon livre

---

[1]. SAINT-MARC GIRARDIN, *Revue des Deux Mondes*, 15 novembre 1855, a parfaitement saisi ce côté du caractère de Rousseau. — [2]. *Lettre à Duchesne*, 8 novembre 1761. — [3]. *Id.*, 16 novembre 1761.

soit anéanti que mis dans un état à déshonorer ma mémoire[1]. »

On dirait que Malesherbes n'avait pas autre chose à faire que de tranquilliser Rousseau. Il connaît, lui écrit-il, les relations de Guérin avec les Jésuites; mais il ne peut croire qu'ils l'aient porté à une infidélité. Il est sûr, d'ailleurs, que son manuscrit ne sera point altéré[2].

La réponse de Malesherbes est du 22 novembre, la lettre de Rousseau était du 18; mais il n'est pas besoin de quatre jours pour modifier les sentiments du pauvre halluciné. Dans l'intervalle, il a reçu une lettre de Duchesne, accompagnée peut-être de quelques épreuves; il s'aperçoit, en tout cas, de sa précipitation; il est prêt à reconnaître ses torts; il n'attend pour cela que de nouvelles explications.

« Si le tort, lui écrit-il, est de mon côté, comme je le souhaite, vous me verrez empressé à le réparer, et de plus, je vous préviens qu'en pareil cas, vous aurez une remise de cent écus sur votre dernier billet[3]. » Duchesne, bien entendu, n'accepta pas les cent écus. Mais Rousseau tient à réparer l'injustice qu'il a pu commettre. « Ah! Monsieur, écrit-il à Malesherbes, j'ai fait une abomination! J'en tremble, ou plutôt je l'espère, car il vaut cent fois mieux que je sois un fou, un étourdi, digne de votre disgrâce, et qu'il reste un homme de bien de plus sur la terre. Rien n'est changé depuis avant-hier, mais tout prend une autre face à mes yeux, et je ne vois plus que des indices très équivoques où je croyais voir les

---

1. *Lettre à Malesherbes*, 18 novembre 1761. (Bibl. nat., Ms. loco citato.) — 2. *Lettre de Malesherbes à Rousseau*, 22 novembre 1761. — 3. *Lettre à Duchesne*, 20 novembre 1761.

preuves les plus claires. Oh! qu'il est cruel pour un solitaire malade et triste, d'avoir une imagination déréglée et de ne rien apprendre de ce qui l'intéresse! S'il en est temps encore, je vous demande, Monsieur, le secret sur ma précédente lettre, jusqu'à plus amples éclaircissements [1]. »

« Tranquillisez-vous, lui répond Malesherbes, je n'ai fait aucun usage de votre lettre qui doive vous inquiéter [2]. »

Mais c'est bien en vain qu'on essaie de calmer le malheureux Rousseau. Attendons quelques jours, et ses terreurs vont le reprendre, plus vives que jamais. « Voyant, Monsieur, après ma première étourderie, écrit-il à Malesherbes, que vous preniez la peine de m'écrire de votre main, j'avais résolu de vous épargner désormais l'importunité de cette affaire, tant qu'il me resterait des doutes; mais il ne m'en reste plus et je ne puis me dispenser de vous dire qu'il est clair à mes yeux que le libraire m'amuse et ne procède point de bonne foi à l'impression... Je suis persuadé, Monsieur, que d'un regard vous vérifierez ce que je ne puis conclure ici que d'une multitude d'indices, légers en eux-mêmes, mais dont le concours fait pour moi démonstration, et dont le résultat est que mon ouvrage est perdu; car, quoique j'ignore quelles mains le retiennent, je ne puis m'empêcher de le présumer [3]. »

Et le lendemain : « Je vous demande pardon, Monsieur, de mon éternelle importunité, mais l'inquiétude sur le sort de mon livre me consume et

---

1. *Lettre à Malesherbes*, 20 novembre 1761. (Bibl. nat., Ms. loco citato.) — 2. *Lettre de Malesherbes à Rousseau*, 7 décembre; autre *Lettre* de décembre 1761. — 3. *Lettre à Malesherbes*, 29 novembre 1761. (Bibl. nat., mss., loc. cit.).

me tue. On pardonne beaucoup de choses à un homme dans cet état. J'ai jeté sur le papier quelques propositions pour le sieur Duchesne, que je soumets à votre examen[1]. » Ces propositions étaient que Duchesne lui rendît son manuscrit purement et simplement, en reprenant son argent et ses billets ; ou qu'il reçût en échange le *Dictionnaire de musique*, plus une indemnité à déterminer ; ou enfin, s'il tenait à garder le *Traité de l'Éducation*, qu'il prît un terme fixé, passé lequel il serait déchu de tous ses droits, et qu'en outre il s'engageât à faire révoquer le traité avec Néaulme, s'il en avait un, pour le remplacer par un autre semblable avec lui-même[2]. En cas de résiliation avec Duchesne, Jean-Jacques n'avait-il pas un libraire tout trouvé? C'était Rey.

Une lettre qu'il reçut de ce dernier dut contribuer encore à augmenter ses transes. Rey était naturellement mécontent de n'avoir pas l'impression. Il s'étonnait que Duchesne se fût adressé à Néaulme préférablement à lui pour l'édition hollandaise ; il avait en vain demandé à Néaulme de lui céder le marché moyennant un profit. C'était encore un mystère à éclaircir[3].

Il y avait de quoi lasser la plus longue patience. Cependant, Malesherbes ne se décourage pas ; il voit Duchesne, il s'assure de sa bonne foi, il lui fait force recommandations, il le presse, il obtient de lui des promesses ; lui-même veillera chaque semaine à leur exécution. Comment d'ailleurs Du-

---

1. *Lettre à Malesherbes*, 30 novembre 1761. — 2. *Propositions du sieur J.-J. Rousseau au sieur Duchesne* (Bibl. nat., mss. *loc. cit.*). — 3. *Lettre de Rey à Rousseau* (Bibl. nat., mss. *loco citato*.).

chesne pourrait-il tromper Rousseau, puisqu'il lui envoie les épreuves à corriger[1]? Mais tout en s'excusant de son indiscrétion, Jean-Jacques n'en continue pas moins ses doléances. Il finit toutefois par déclarer que la lettre de Malesherbes le rassure; qu'il a résolu ne plus s'inquiéter de cette affaire et de n'en garder que le souvenir qu'il doit à ses bontés[2].

Ne plus s'inquiéter! Est-ce que cela lui était possible? Le 12 décembre, c'est-à-dire quatre jours après, c'est Moultou qu'il prend pour confident de ses peines. Sa lettre n'est que la répétition de celles qu'il a déjà écrites à Malesherbes; on y retrouve les mêmes griefs; il y donne surtout une large place aux Jésuites. « Jugez, dit-il en terminant, de l'effet que doit produire une pareille prévoyance sur un pauvre solitaire qui n'est au fait de rien, sur un pauvre malade qui se sent finir, sur un auteur enfin qui peut-être a trop cherché sa gloire, mais qui ne l'a cherchée au moins que dans des écrits utiles à ses semblables[3]. »

Le lendemain, sur un ton encore plus désespéré, il écrivait à Mme de Luxembourg une lettre semblable, quoique moins détaillée. « Cette perte, disait-il, la plus sensible que j'aie jamais faite, a mis le comble à mes maux et me coûtera la vie[4]. »

En même temps, il déliait Malesherbes du secret qu'il lui avait précédemment demandé. « C'est

---

1. *Lettres de Malesherbes à Rousseau*, 7 décembre, et décembre 1761. — 2. *Lettre à Malesherbes*, 8 décembre 1761 (Bibl. nat., mss. *loc. cit.*). —

3. *Lettre à Moultou*, 12 décembre 1761; voir aussi *Lettre à Duchesne*, 16 novembre 1761. — 4. *Lettre à Mme de Luxembourg*, 13 décembre 1761.

donner, dit-il, trop d'avantages aux méchants que de se laisser égorger sans rien dire[1]. »

Dans d'autres moments, ce sont les Jansénistes et les philosophes qu'il soupçonne de venir jusque dans son cabinet pour y déranger et y examiner ses livres et ses papiers.

Mme de Luxembourg et Malesherbes avaient beau unir leurs efforts, ils réussissaient mal à calmer ses folles terreurs. « Soyez tranquille, lui disaient-ils, les libraires sont de bonne foi; il n'y a point d'intelligences contre vous, point de falsifications à craindre; les Jésuites n'ont aucun motif de vous en vouloir et ont bien assez de leurs propres affaires; le secret dont on a dû s'entourer pour l'édition étrangère a pu vous troubler, mais n'a rien qui doive vous inquiéter. Mais vous-même, vous faites sur les épreuves tant de changements, tant d'additions, que vous pourriez bien être cause pour une bonne part des lenteurs dont vous vous plaignez. » Puis, parlant de ces alternatives d'inquiétudes, de soupçons, et ensuite de remords d'avoir soupçonné injustement qu'il remarque dans sa correspondance : « J'ai conclu, dit Malesherbes, de la moitié de vos lettres que vous étiez le plus honnête de tous les hommes, et de l'autre moitié, que vous en étiez le plus malheureux[2]. »

Moultou, qui ne connaissait l'affaire que par les lettres de Rousseau, se montrait, naturellement, moins rassuré; au moins lui offrait-il ses services pour rétablir les passages falsifiés, s'il y en avait, confondre ses ennemis et protester avec lui[3].

---

1. *Lettre à Malesherbes*, 13 décembre 1761 (Bibl. nat., mss. loco citato). — 2. *Lettres de Malesherbes et de Mme de Luxembourg à Rousseau*, décembre 1761. — 3. *Lettre de Moultou à Rousseau*, 26 décembre 1761.

Mais déjà Rousseau avait encore une fois changé de sentiment; dès le post-scriptum de sa lettre à Moultou, il n'était plus aussi sûr de ce qu'il venait d'affirmer[1]. Quelques jours après, il écrivait à Mme de Verdelin, pour lui exprimer le regret d'avoir mal jugé des gens qui ne le méritaient pas, et la remercier de l'avoir, par ses remontrances, sauvé d'une horrible calomnie[2]. « Depuis plus de six semaines, écrit-il à Malesherbes, ma conduite et mes lettres ne sont qu'un tissu d'iniquités, de folies, d'impertinences. Je vous ai compromis, Monsieur; j'ai compromis Mme la Maréchale de la manière la plus punissable. Vous avez tout enduré, tout fait pour calmer mon délire, et cet excès d'indulgence, qui pouvait le prolonger, est en effet ce qui l'a détruit[3]. » Et à Mme de Luxembourg : « Je sens vivement tous mes torts, et je les expie. Oubliez-les, Madame la Maréchale, je vous en conjure.... Si l'histoire de mes fautes en faisait l'excuse, je reprendrais ici le détail des indices qui m'ont alarmé et que mon imagination troublée a changés en preuves certaines; mais, Madame la Maréchale, quand je vous aurai montré comme quoi je fus un extravagant, je n'en serai pas plus pardonnable de l'être[4]. »

Le malheureux Rousseau avait fait part à Moultou de ses soupçons, il voulut également les rétracter auprès de lui : « Mon livre s'imprime, lui écrivit-il, quoique lentement, il s'imprime enfin et je suis persuadé que j'ai fait tort au libraire en lui prêtant de

---

1. La lettre est du 12 décembre, le post-scriptum du 18. — 2. *Lettre à Mme de Verdelin*, 25 décembre 1761. — 3. *Lettre à Malesherbes*, 23 décembre 1761.

— 4. *Lettre à Mme de Luxembourg*, 24 décembre 1761. — Voir aussi, *lettre à Duchesne*, 22 décembre 1761.

mauvaises intentions, contraires à ses propres intérêts... Quant à Guérin, mes soupçons sur son compte sont encore plus impardonnables... Que mon injustice et mes torts soient, mon cher Moultou, ensevelis par votre discrétion dans un éternel silence. Mon honneur y est plus intéressé que celui des offensés[1]. » Il faut croire toutefois qu'il n'était pas pleinement rassuré, car, dans la même lettre, il jugeait à propos de mettre en sûreté chez son ami sa *Profession de foi* et lui demandait son avis sur ce morceau, ainsi que sur les changements et corrections qui lui paraîtraient utiles.

Il est sûr que, dans toute cette affaire, Rousseau avait été parfaitement insupportable ; il fallait bien pourtant qu'il eût quelques séductions pour exercer une telle action sur des personnages comme Malesherbes et la Maréchale de Luxembourg. Rien ne les rebute, et le dernier jour, ils semblent tout aussi dévoués que le premier. Malesherbes avait envoyé à Mme de Luxembourg la lettre que Rousseau venait de lui écrire. « Vous y verrez, lui disait-il, comme dans toute la suite de cette affaire, le fond de son âme et ce mélange d'honnêteté, d'élévation, et en même temps de mélancolie et quelquefois de désespoir qui fait le fond de sa vie, mais qui a produit ses ouvrages. Je lui ai fait la réponse la plus consolante que j'ai pu ; je l'ai assuré en même temps que vous n'étiez point irritée, parce qu'on ne l'est jamais des écarts causés par une extrême sensibilité[2]. » « Vous êtes plein de bonté et d'humanité,

---

1. *Lettre à Moultou* datée du 18 janvier 1761 ; mais cette date est évidemment fausse.

— 2. Bibliothèque Nationale, mss., *loco citato*.

Monsieur, répond Mme de Luxembourg. Ce pauvre Rousseau en a grand besoin; mais il est aussi bien intéressant[1]. »

La lettre de Malesherbes est longue, et faite pour flatter Rousseau, au moins autant que pour le consoler. Il lui offre en même temps, afin d'éteindre le souvenir de toute cette affaire, de lui rendre toutes ses lettres[2]. « Ne me rendez point mes lettres, répond aussitôt Rousseau; brûlez-les, parce qu'elles ne valent pas la peine d'être gardées, mais non pas par égard pour moi. Ne songez pas non plus, de grâce, à retirer celles qui sont entre les mains de Duchesne. S'il fallait effacer dans le monde les traces de toutes mes folies, il y aurait trop de lettres à retirer, et je ne remuerais pas le bout du doigt pour cela. A charge et à décharge, je ne crains point d'être vu tel que je suis. Je connais mes grands défauts, et je sens vivement tous mes vices. Avec tout cela je mourrai plein d'espoir dans le Dieu suprême, et très persuadé que, de tous les hommes que j'ai connus en ma vie, aucun ne fut meilleur que moi[3]. »

Cette phrase : personne ne fut meilleur que moi, reviendra plus d'une fois sous la plume de Rousseau. Quand on a une telle opinion de soi, on ne doit pas craindre de se montrer. Non content donc de ne pas retirer ses lettres, il en écrivit à Malesherbes quatre autres, très longues. Ne pouvant alors, dans la disposition d'esprit où il était, composer ses *Confessions*, craignant de ne les écrire jamais, il voulut y suppléer par une sorte de monument capable de relever sa réputation et de servir sa gloire. Mais ces

---

[1]. Bibliothèque Nationale, mss., *loco citato*. — [2]. Id. — [3]. Id.

lettres sont bien plus l'histoire de son caractère et de ses sentiments que celle de sa vie. Sous une apparence de simplicité, de bonhomie et de franchise, il y présente sa personne avec beaucoup d'art. Nous avons de la peine, quoi qu'il en dise, à les croire écrites du premier jet et sans ratures[1].

Peut-être pourrait-on encore regarder les *Lettres à Malesherbes* comme une sorte de testament. Également malade de corps et d'esprit, non seulement le malheureux se voyait dépérir et se croyait voué à une mort prochaine, mais, pour la première fois peut-être, des pensées de suicide lui montèrent au cerveau. Il se grisait facilement de ses idées; il est donc possible que celles qu'il avait prêtées à Saint-Preux aient influé sur les siennes[2]. Au moins pouvons-nous dire pour son excuse que, sauf dans une seconde circonstance[3], elles sont en désaccord avec celles qu'il professa pendant le reste de sa vie.

Ici, c'est son ami Moultou, c'est Roustan, *son disciple bien-aimé*, qu'il semble prendre pour confidents de son projet. Nous disons, *qu'il semble prendre;* car il ne leur envoya pas ses deux lettres. « C'en est fait, mon cher Moultou, nous ne nous reverrons plus que dans le séjour des justes... Ce qui m'afflige et m'humilie est une fin si peu digne, j'ose le dire, de ma vie, et du moins de mes sentiments. Il y a six semaines que je ne fais que des iniquités et n'imagine que des calomnies contre deux honnêtes libraires... Je sens pourtant que la source de cette folie ne fut jamais dans mon cœur.

---

1. *Quatre lettres à Malesherbes*, 4, 12, 26, 28 janvier 1762. — 2. *Nouvelle Héloïse*, 3ᵉ partie, lettre 21. — 3. *Lettres à Duclos, à Martinet et à Moultou*, 1ᵉʳ août 1763.

Le délire de la douleur m'a fait perdre la raison avant la vie; en faisant des actions de méchant, je n'étais qu'un insensé. » Puis il lui envoie la *Profession de foi du Vicaire savoyard, qui est bien la sienne,* lui recommande Thérèse, lui parle de sa foi, de sa patrie, de ses écrits, et lui dit un suprême adieu.

A Roustan, il prêche surtout la vanité de la gloire. « J'ai fait quelque essai de la gloire. Tous mes écrits ont réussi; pas un homme de lettres vivant, sans en excepter Voltaire, n'a eu des moments plus brillants que les miens; et cependant, je vous proteste que, depuis le moment que j'ai commencé de faire imprimer, ma vie n'a été que peine, angoisse et douleur de toute espèce... Mon enfant, reste obscur, profite du triste exemple de ton maître... Faites (de concert avec Moultou) la préface de mes écrits; et puis des sermons, et jamais rien de plus[1]... »

Cependant, à mesure que s'avançait l'impression de l'*Émile,* les difficultés paraissaient s'aplanir. Par un revirement inexplicable, il se trouva que la censure, qui s'était montrée sévère pour la partie la moins attaquable du livre et avait exigé des changements aux deux premiers volumes, laissa passer sans rien dire tout ce que l'ouvrage renfermait de plus répréhensible. La *Profession de foi*, notamment, ne subit pas un mot de critique. Malesherbes avait évidemment passé par là; mais Malesherbes lui-même savait-il dans quelle voie il s'engageait? Il n'avait envisagé dans l'extrême sensibilité de Rousseau, dans son caractère mélancolique, dans

---

1. *Lettres à Moultou et à Roustan*, 23 décembre 1761.

sa disposittion à voir tout en noir, dans ses aspirations vers la justice et la vérité que de nouveaux motifs de lui être utile[1]. Ces considérations lui avaient fait oublier sa circonspection habituelle. Il avait bien parcouru cette fameuse *Profession de foi;* mais il l'avait admirée de confiance, sans se rendre compte de ce qu'elle était au fond. Il avait d'abord approuvé l'idée de Rousseau de donner ce morceau à part[2]; puis il avait changé d'avis, et l'avait pressé de livrer au public l'ouvrage tout entier.

Jean-Jacques aurait dû se réjouir de cette heureuse fortune; mais il ne voyait jamais les choses simplement. Quels pouvaient être les motifs cachés de cette tolérance inespérée? Et aussitôt le voilà qui se creuse la tête. Les lenteurs apportées aux deux premiers volumes l'avaient rendu à moitié fou; l'indulgence avec laquelle on fermait les yeux sur les hardiesses des deux autres lui fit perdre le peu de cervelle qui lui restait.

Nous n'avons heureusement pas à donner ici une quatrième ou une cinquième édition des terreurs de Jean-Jacques. Cependant, il est loin d'être tranquille; il redoute toujours que son livre, ce livre qui sera le dernier, car il est résolu à n'en jamais écrire d'autres, ce livre qu'il regarde comme le meilleur et le plus utile qui soit sorti de sa plume, ne soit travesti et défiguré par ses ennemis. Une seule crainte ne l'atteint pas, c'est que l'ouvrage soit interdit et la sûreté de l'auteur compromise; c'est pourtant la seule qui doive se réaliser.

---

1. *Lettre de Malesherbes à Rousseau,* décembre 1761. — 2. *Id.,* 25 octobre 1761. — 3. *Id.,* 18 novembre 1761.

Quant à ses amis, qui voyaient les symptômes précurseurs de l'orage, ils ne partageaient pas sa tranquillité et ne manquèrent pas de l'avertir. Un jour, écrit-il dans ses *Confessions*, il lut à Duclos la *Profession de foi du Vicaire savoyard*. « Quoi, Citoyen, lui dit Duclos, cela fait partie d'un livre qu'on imprime à Paris? — Oui, lui dis-je, et l'on devrait l'imprimer au Louvre, par ordre du Roi. — J'en conviens, me dit-il; mais faites-moi le plaisir de ne dire à personne que vous m'ayez lu ce morceau[1]. » « Mon Dieu! je tremble pour vous, lui écrivait Moultou... Vous serez en butte aux deux partis en France... Prenez donc bien vos sûretés et tranquillisez-moi sur mes craintes... Quels cris, quelles clameurs vous allez exciter à Genève! Que vos amis auront de peine à vous défendre! Comptez pourtant sur leur zèle. Mais réussiront-ils? Je ne le crois pas[2]. » « Je suis touché de vos inquiétudes sur ma sûreté, répondait Rousseau; mais vous devez comprendre que, dans l'état où je suis, il y a plus de franchise que de courage à dire des vérités utiles[3]. »

L'événement sembla justifier d'abord cette sécurité. L'*Émile* parut sans difficulté, publiquement; il fut distribué; il fut mis en vente[4]; pendant plus de quinze jours, l'administration vit tout et ne dit rien. Bien plus, il semblerait que cette tolérance aurait été prévue et escomptée par le commerce. Avant même que l'édition régulière fût achevée, il s'en était en effet préparé de furtives. Rousseau, prévenu

---

1. *Confessions*, l. XI. — 2 Lettre de Moultou à Rousseau, 3 février 1762. — 3. Lettre à Moultou, 16 février 1762. — 4. Lettres de Rousseau à Mme de Luxembourg, 19 mai; du Maréchal de Luxembourg à Rousseau, 22 mai 1762.

par Néaulme, crut d'abord à la connivence de Duchesne. Il lui reprocha formellement deux éditions, l'une à Lyon, l'autre à Londres, faites, disait-il, par ses soins. Cela était peu croyable; mais quels que fussent les contrefacteurs, il fallait, pour qu'ils multipliassent ainsi les éditions, qu'ils eussent grande confiance dans le succès et dans la diffusion, publique ou clandestine, permise ou tolérée, de l'ouvrage. Rousseau, de son côté, que ces contrefaçons contrariaient, qui avait peur de se les voir attribuer, s'en plaignit ouvertement[1]. Il ne craignit pas d'en écrire au lieutenant général de la police en personne[2].

Tout donnait à penser que l'*Émile* aurait le sort des autres ouvrages de Rousseau: qu'il serait interdit peut-être par l'administration, et ne s'en répandrait que mieux; qu'il serait acclamé par les uns, attaqué par les autres; qu'il ferait en tous cas beaucoup de bruit, quand il s'opéra un revirement subit, qui trompa tant d'espérances, rendit vain le crédit de M. et de Mme de Luxembourg, et mit en défaut le pouvoir même de Malesherbes, le directeur général de la librairie. Il est difficile de bien savoir les motifs de ce changement. Les faits, eux-mêmes, rapportés presque exclusivement par les *Confessions*, après coup, sous l'empire des idées de complots et de manœuvres souterraines qui hantaient le cerveau de Rousseau, montrent trop les préoccupations du narrateur pour qu'on puisse les admettre sans réserve[3].

---

1. *Lettres à Duchesne*, 10, 26 et 28 mai; *à Mme de Luxembourg*, 28 mai; *à Moultou*, 30 mai 1762. — 2. *Lettre à M. de Sartines*, 28 mai 1762. — 3. Voir sur ces faits et tout ce qui suit le livre XI des *Confessions*.

Malesherbes, très bien placé pour apercevoir de loin l'orage, sinon pour le conjurer, commença par prendre ses précautions : pour éviter de voir son nom mêlé à une affaire désagréable, il redemanda à Rousseau sa correspondance[1]. Il ne fut pas seul, du reste, à prévoir ce qui allait arriver. Les hommes de lettres et les amis à qui Jean-Jacques avait envoyé son livre n'osaient le louer ou ne le louaient qu'en cachette : d'Alembert ne signait pas sa lettre ; Duclos évitait d'en dire son avis par écrit ; Mme de Boufflers, après en avoir chanté les louanges, redemandait son billet ; un conseiller au Parlement, M. de Blaize, à qui Mathas l'avait prêté, disait en le rendant : « Voilà un fort bon livre, mais dont il sera parlé dans peu plus qu'il ne serait à désirer pour l'auteur. » Chaque jour les bruits alarmants prenaient plus de consistance ; des parlementaires déclaraient qu'il ne servait de rien de brûler les livres, et qu'il fallait brûler les auteurs. « Le Parlement, écrivait Tronchin, semble vouloir sévir contre l'ouvrage et contre l'auteur[2]. » Néaulme regrettait ses engagements[3] ; Mme de Boufflers promettait l'appui du prince de Conti, mais doutait de son efficacité. Elle aurait voulu que Rousseau quittât la France, et voyant qu'elle ne pouvait le décider, elle allait jusqu'à lui proposer de se faire enfermer à la Bastille pendant quelques semaines, afin de se soustraire à la juridiction du Parlement. Seule, Mme de Luxembourg paraissait sans inquiétude ; mais cela

---

1. Nous n'avons pour garant de cette assertion que les *Confessions* ; le fait nous paraît au moins douteux. — 2. *Lettre de Tronchin à Vernes*, citée par G. MAUGRAS, *Voltaire et J.-J. Rousseau*, ch. VII. — 3. *Lettre de Rousseau à Néaulme*, 5 juin 1762.

suffisait à tranquilliser Rousseau. N'avait-il pas, pour le couvrir, Mᵐᵉ de Luxembourg et Malesherbes ? On n'oserait jamais passer sur leurs corps pour arriver jusqu'à lui. Tout au plus avait-il des craintes pour ses libraires (il était alors dans sa période de confiance et d'amende honorable à leur égard). Si son livre était arrêté, comme on le disait, c'était une affaire d'argent : il en serait quitte pour les dédommager[1].

En vain le Maréchal cherchait à lui faire craindre l'animosité de Choiseul; en vain arrivait une lettre du curé de Deuil portant avis que le Parlement devait procéder avec la dernière sévérité et décréter Jean-Jacques de prise de corps; en vain Guy, l'associé de Duchesne, assurait avoir vu le brouillon du réquisitoire; Jean-Jacques ne faisait que rire de ces avertissements, ou les jugeait *de fabrique holbachienne*. Il faisait des projets à l'avance; il se concertait avec Mᵐᵉ Latour sur l'époque d'une visite qu'elle désirait lui faire[2]. Et quand les bruits devinrent par trop alarmants, c'est à peine s'il se rendait à l'évidence. « Il n'est que trop vrai, lui écrivait Mᵐᵉ de Créqui, vous avez un décret de prise de corps sur le dos. Au nom de Dieu, allez-vous-en... Votre livre brûlé ne vous fera nul mal; votre personne ne peut soutenir la prison. » « Je vous remercie, Madame, répondait Rousseau, de l'avis que vous voulez bien me donner. On me le donne de toutes parts, mais il n'est pas de mon usage; Jean-Jacques Rousseau ne sait point se cacher. D'ailleurs, je vous avoue qu'il m'est impossible de concevoir à

---

1. *Lettre à Moultou*, 30 mai 1762.
— 2. *Lettre à Mᵐᵉ Latour*, 4 juin 1762.

quel titre un citoyen de Genève, imprimant un livre en Hollande avec privilège des États Généraux, en peut devoir compte au Parlement de Paris[1]. » « Le Parlement de Paris, écrivait-il à Moultou, pour justifier son zèle contre les Jésuites, veut, dit-on, persécuter aussi ceux qui ne pensent pas comme eux... Depuis plusieurs jours, tous mes amis s'efforcent à l'envi de m'effrayer; on m'offre partout des retraites; mais comme on ne me donne pas pour les accepter des raisons bonnes pour moi, je demeure[2]. »

Le 7 juin il mit en sûreté les lettres de Mme Latour[3]; mais sauf cette unique précaution, il voulut continuer jusqu'à la fin sa vie habituelle. Le 8, veille de l'événement, il fit encore, en compagnie de deux oratoriens, sa promenade ordinaire. « Je n'ai de ma vie, dit-il, été aussi gai. » Nous le croyons sans peine; nous dirions volontiers que sa gaîté fut d'autant plus bruyante qu'elle était affectée. Du moment qu'il avait adopté le rôle du calme et de la tranquillité, il était engagé à le soutenir jusqu'au bout; mais au milieu de l'effarement universel, comment croire à la tranquillité de cette nature si inquiète, si facile à émouvoir.

Il lisait ordinairement la Bible avant de s'endormir. Il veilla tard ce soir-là et lut le livre des *Juges*, qui finit par le *Lévite d'Éphraïm*. Au milieu de la nuit, il fut réveillé par du bruit et de la lumière; c'était Thérèse, accompagnant La Roche, le

---

1. *Lettre de Mme de Créqui à Rousseau*, 7 juin 1762, et *Réponse de Rousseau*, même jour. — 2. *Lettre à Moultou*, 7 juin 1762; — voir aussi la déclaration analogue que Rousseau avait faite à Rey, à propos du *Contrat social*, et sans doute aussi de l'*Émile*, 29 mai 1762. — 3. *Lettre à Mme Latour*, 7 juin 1762.

valet de chambre de Mme de Luxembourg. « Ne vous alarmez pas, lui dit La Roche, c'est de la part de Mme la Maréchale, qui vous écrit et vous envoie une lettre de M. le prince de Conti. » Il apprend alors à Rousseau que, malgré tous les efforts du Prince, on est déterminé à agir contre lui à toute rigueur. La Cour le veut, le Parlement l'exige; à 7 heures du matin, il sera décrété de prise de corps. Qu'il s'éloigne néanmoins; on ne le poursuivra pas; mais s'il s'obstine à vouloir se laisser prendre, il sera pris. La Maréchale avait un grand désir de le voir; il était 2 heures du matin; il courut la trouver[1].

Pour la première fois, elle lui parut agitée; son trouble le toucha; il eut peur de la compromettre, s'il restait. « Cela me décida, dit-il, à sacrifier ma gloire à sa tranquillité; à faire pour elle, en cette occasion, ce que rien ne m'eût fait faire pour moi. » Il comptait sur sa reconnaissance; au lieu de cela, son air froid allait peut-être lui faire rétracter sa résolution, quand survint le Maréchal, puis Mme de Boufflers, arrivant de Paris. On ouvrit une sorte de conseil. Le Maréchal voulait garder Rousseau chez lui, afin de se donner le temps de réfléchir et d'aviser; d'autres parlaient de le faire retirer au Temple, chez le prince de Conti[2]; mais lui, s'obstina à partir le jour même. Restait à choisir le lieu de sa retraite. Mme de Boufflers insistait pour l'Angleterre; Rousseau n'en voulut pas. Il aurait préféré Genève, s'il n'y avait pas eu tant d'ennemis, et si le Ministre de France n'y avait pas été si puissant. Au moins voulut-il s'en rapprocher; il se décida pour la Suisse.

1. *Lettre de Mme de Luxembourg à Rousseau*, 8 juin 1762. — 2. Le Temple était hors de la juridiction du Parlement.

Quand on s'attend à être arrêté à 7 heures du matin, on ne devrait pas retarder son départ jusqu'à 4 heures du soir; c'est pourtant ce que fit Rousseau. Il avait amassé beaucoup de lettres et de papiers pour la composition de ses *Mémoires;* il passa la matinée à en commencer le triage; il dut pourtant laisser au Maréchal le soin de l'achever. Puis il fallait dîner; puis il ne pouvait se séparer de personnes si chères sans passer quelques heures avec elles. Dans la crainte des indiscrétions, il avait, il est vrai, pris le soin de cacher sa présence, même aux yeux de Thérèse. Avant de partir, il la fit appeler; elle aurait bien voulu l'accompagner; il s'y opposa, du moins pour le moment, et lui fit les adieux les plus touchants. Les dames, Mme de Luxembourg, Mme de Boufflers, Mme de Mirepoix, vinrent tour à tour et l'embrassèrent tendrement; le Maréchal l'accompagna jusqu'à sa chaise, l'étreignit dans un embrassement long et muet; quelques instants après, il avait quitté pour toujours le château de Montmorency.

Il était dans un cabriolet ouvert. A une petite distance, il aperçut dans un carrosse quatre hommes en noir, qui le saluèrent en souriant; c'étaient les huissiers qui venaient pour l'arrêter: on ne saurait être plus poli. Il lui fallut traverser tout Paris; plusieurs personnes lui firent des signes de connaissance. C'était, il en faut convenir, une singulière manière de voyager pour un homme recherché par la police.

Rousseau continua ainsi son voyage, dans une chaise de poste, à petites journées, sans se gêner, disposé à s'arrêter ici ou là pour y faire visite à des amis, évitant seulement certaines villes, comme

Lyon ou Besançon, parce que les courriers y doivent être menés au commandant [1]. Conti avait obtenu qu'on ne le poursuivît pas.

Chemin faisant, il était bien aise de s'occuper; il était naturel qu'il pensât à sa situation; cependant, à l'en croire, il oublia si bien tout ce qui venait de se passer, et le Parlement, et Mme de Pompadour, et M. de Choiseul, et Grimm, et d'Alembert, et leurs complots, et leurs complices, que, fondant ensemble les *Idylles* de Gessner, qu'il avait lues depuis peu, et le livre des *Juges*, qu'il venait de lire [2], il se mit tranquillement à ébaucher un petit poème en prose, *le Lévite d'Éphraïm*, que l'auteur, bien à tort, selon nous, trouve frais, naïf, plein de charmes et d'une antique simplicité.

L'intention de Rousseau était de se retirer à Yverdun, chez son vieil ami Roguin. En entrant sur le territoire de Berne, « je descendis, dit-il, je me prosternai, j'embrassai, je baisai la terre et m'écriai dans mon transport: Ciel, protecteur de la vertu, je te loue; je touche une terre de liberté! » Le postillon le crut fou; il ne se trompait peut-être pas beaucoup. Quelques heures après, il était dans les bras de son ami.

Rousseau se demande; nous nous demandons avec lui, ce qui serait arrivé si, sans tenir compte du décret, il était resté tranquillement dans son lit et avait continué à aller à ses affaires. L'aurait-on arrêté dans le château de M. et de Mme de Luxembourg, sous leurs yeux, malgré eux? Aurait-on compromis dans une affaire criminelle Mme de Luxembourg,

---

1. *Lettre à Mme de Luxembourg*, 17 juin 1762. — 2. Livre des *Juges*, ch. XIX, XX et XXI.

qui avait elle-même conseillé et dirigé l'affaire, M. de Malesherbes, qui l'avait prise en main, qui l'avait appuyée de son autorité? N'est-il pas plus probable, au contraire, qu'on compta sur le caractère impressionnable de Rousseau, qu'on pensa qu'il suffirait de l'effrayer; mais qu'une sorte d'impossibilité aurait empêché d'aller jusqu'au bout? Telle est en effet notre opinion; telle fut aussi plus tard celle de Rousseau[1].

Tout tend à la confirmer : et le décret, annoncé pour 7 heures, mais qui n'est rendu qu'à 10, sans doute pour laisser à Jean-Jacques le temps de partir; et la lenteur des préparatifs, que personne ne semble disposé à hâter; et les huissiers arrivant à plus de 4 heures, après le départ de celui qu'ils ont ordre d'arrêter, le voyant, le saluant, passant leur chemin sans rien dire; et les détails d'un voyage public, que personne ne gêne, que personne ne semble apercevoir, quoiqu'il frappe tous les yeux. Cette facilité, cette sorte de complicité universelle était l'effet de l'esprit du temps. En haut comme en bas, tout le monde cédait à l'ascendant des idées nouvelles[2].

---

1. *Lettre à Saint-Germain*, 26 février 1770. — 2. Voici un fait entre mille, qui peut donner une idée de la tolérance de l'administration et notamment de Malesherbes, en ce qui concerne les livres interdits comme dangereux. Quand l'*Encyclopédie* fut arrêtée, « M. de Malesherbes, dit Mme de Vandeul, fit prévenir mon père qu'il donnerait le lendemain ordre d'enlever ses papiers et ses cartons. — Ce que vous m'annoncez là, répondit Diderot, me chagrine horriblement. Jamais je n'aurai le temps de déménager tous mes manuscrits, et d'ailleurs, il n'est pas facile de trouver en vingt-quatre heures des gens qui veuillent s'en charger, et chez qui ils soient en sûreté. — Envoyez-les tous chez moi, lui répondit M. de Malesherbes;

On peut d'ailleurs regarder comme certain que Malesherbes, que M. et Mme de Luxembourg, que Mme de Boufflers, que le prince de Conti étaient dans la confidence; qu'après avoir tout fait pour arrêter l'affaire, ils tâchèrent de la réduire à des limites restreintes. Ils s'y étaient engagés inconsidérément; ils devaient avoir un grand désir de s'en décharger; or, le meilleur moyen pour y parvenir était d'éloigner Rousseau. D'un autre côté, la Cour et le Parlement, tout montés qu'ils pussent être, ne devaient pas oublier qu'ils avaient en face d'eux de bien gros personnages, qu'il était difficile de traiter comme le commun des mortels. De toute façon donc, il y avait matière à compromis.

Jean-Jacques, qui aimait à faire du bruit, manqua là une belle occasion de se poser sans péril en martyr de la vérité. Il était étranger; il s'était opposé à l'impression en France; il n'avait rien fait par lui-même; il était, comme il l'a répété, en règle avec les lois. Le décret de prise de corps était une illégalité, son exécution eût été une impossibilité. Un mot eût suffi pour disculper Rousseau. — Mais ce mot aurait compromis ses protecteurs? — Tel est en effet le motif qu'il apporte. Malheureusement il ne fut jamais un héros de délicatesse. Il n'avait déjà plus les mêmes tendresses pour Mme de Luxembourg; il est donc peu probable que, pour éviter des désagréments à des grands qu'il détestait et qu'il jalousait, parce qu'ils étaient au-dessus de lui, il se soit lui-même soumis à de véritables malheurs.

l'on ne viendra pas les y chercher. — En effet, mon père envoya la moitié de son cabinet chez celui qui en ordonnait la visite. » — *Mémoires sur Diderot*, par Mme DE VANDEUL, sa fille.

Pourquoi d'ailleurs l'aurait-il fait? Leur devoir était de se déclarer. — Mais s'ils ne le défendaient pas? — Qui pouvait l'empêcher alors de se défendre lui-même? Supposons que Malesherbes eût fait dans ces conjonctures la déclaration qu'il donna plus tard à Rousseau; tout était fini; supposons que, par faiblesse et pour se ménager lui-même, il ne l'eût pas faite; il n'est pas admissible que, mis en demeure de se prononcer, il eût menti à la justice.

Il est un autre motif, que Rousseau ne dit pas, qui est moins honorable, mais qui pourrait bien être le vrai, la peur. On spécula sur son caractère facile à effrayer, et tout porte à croire que le calcul se trouva juste. Il n'est pas impossible même que la scène de la dernière nuit ait été concertée à l'avance. Les tentatives de Mme de Boufflers et autres, pour le déterminer à quitter la France ou seulement Paris ayant échoué, on vit qu'il fallait frapper un grand coup. On lui dit, on lui répéta qu'il était perdu, et il eut peur; qu'on voulait le sauver de la prison, de la mort peut-être, et il se laissa faire; qu'il fallait fuir, et il s'enfuit [1].

---

1. Voir sur les prétendues manœuvres de Mme de Luxembourg et de Malesherbes, MORIN, *Essai*, etc., ch. III.

TABLE DES MATIÈRES

Introduction. 1

Chapitre I. — *Du 28 juin 1712 au mois de mars 1728.*

Sommaire : I. Naissance de Rousseau. — Sa famille. — Son éducation, ses lectures, son caractère 1
II. Il est mis en pension chez le ministre Lambercier. — Son amitié pour son cousin Bernard. — Ses passions précoces. — Son départ, à la suite d'une punition imméritée 9
III. Il retourne à Genève. — Histoires galantes avec Mlle de Vulson et Mlle Goton. — Il est placé chez un greffier et n'y peut rester. — Il est mis en apprentissage chez le graveur Ducommun. — Il est repris de sa passion de lecture. — Sa fuite de Genève 13

Chapitre II. — *Du mois de mars au mois d'octobre 1728.*

Sommaire : I. L'abbé de Pontverre entreprend de convertir Rousseau au catholicisme et l'adresse à Annecy à Mme de Warens. — Portrait de Rousseau. — Mme de Warens. — L'oncle Bernard et le père de Rousseau courent après le fugitif. 22
II. Mme de Warens envoie Rousseau à Turin, à l'hôpital des Catéchumènes. — Conversion de Rousseau au catholicisme. — Rousseau quitte l'hôpital et parcourt Turin. — Petit roman avec Mme Bazile . . . 29
III. Rousseau entre en qualité de laquais chez Mme de Vercellis. — Il vole un ruban. 33

Chapitre III. — *Du mois de novembre 1728 au mois d'avril 1730.*

Sommaire : I. L'abbé Gaime. — Rousseau entre au service de la famille de Gouvon. — Il fait la connaissance de Bacle et part avec lui. 36
II. Retour de Rousseau auprès de Mme de Warens. — Son genre de vie chez Mme de Warens. — Son témoignage à propos d'un miracle 44
III. Rousseau est mis au séminaire. — L'abbé Gatier. — Rousseau sort du séminaire. — Mme de Warens veut faire de lui un musicien. — Liaison avec Venture. — Voyage de Rousseau à Lyon. — Son retour à Annecy. 52

CHAPITRE IV. — *Du mois de mai 1730 au printemps de 1732.*

Sommaire : I. Liaison avec la Merceret et avec Venture. — Anecdote et correspondance avec Mlles de Galley et de Graffenried. — Rousseau revoit son père. 57
II. Rousseau à Lausanne. — Ses embarras d'argent. — Il professe la musique sans la savoir. — Pèlerinage à Vévai. 64
III. Rousseau à Neuchâtel. — Il s'attache à un archimandrite. — L'ambassadeur de France le prend sous sa protection. — Rousseau part pour Paris 67
IV. Ses impressions pendant le voyage et en arrivant à Paris. — Retour en Savoie. — Séjour à Lyon. — Arrivée de Rousseau à Chambéry, auprès de Mme de Warens. — Rousseau employé au cadastre. . . 72

CHAPITRE V. — *Du printemps de 1732 au mois de septembre 1738.*

Sommaire : I. Claude Anet. — Études et occupations de Rousseau. — Sa pièce de *Narcisse*. — Rousseau quitte le cadastre pour se livrer tout entier à la musique. 77
II. Voyage de Rousseau à Besançon. — Ses écolières. — Moyen de préservation morale inventé par Mme de Warens. — Ménage à trois. — Mort de Claude Anet. — Rousseau élevé à la dignité de majordome de Mme de Warens 84
III. Relations de société de Rousseau. — Ses fréquentes absences. — Sa vie occupée et décousue. — Il se blesse grièvement et fait son testament. — Il va à Genève recueillir la succession de sa mère. — Il tombe malade 94
IV. Voyage de Rousseau à Montpellier. — Ses amours avec Mme de Larnage. — Sa vie à Montpellier. — A son retour, il évite de voir Mme de Larnage. — Retour auprès de Mme de Warens. 102

CHAPITRE VI. — *Du mois de juillet 1738 à l'été de 1741.*

Sommaire : I. Établissement aux Charmettes. — Le *Verger des Charmettes*. — Rousseau se croit très malade. — Ses craintes de la mort et son retour au sentiment religieux 113
II. Hiver passé à Chambéry. — Le médecin Salomon. — Partage de la journée aux Charmettes. — Fausse méthode de travail 120
III. *Mémoire au Gouverneur de Savoie*. — Refroidissement avec Mme de Warens 126
IV. Rousseau devient précepteur des enfants de M. de Mably. — Son inaptitude et son insuccès. — Son *Projet pour l'éducation de M. de Sainte-Marie*. — Il compose la *Découverte du Nouveau-Monde* et d'autres morceaux littéraires. — Son retour aux Charmettes. — Son départ pour Paris 128

TABLE DES MATIÈRES.

CHAPITRE VII. — *Depuis l'été de 1741 jusqu'à l'été de 1743.*

Sommaire : I. Séjour de Rousseau à Lyon. — Mlle Serre. — *Épître à Parisot.* — *Mémoire* au P. Boutet 141
II. Accueil que Rousseau reçoit à Paris. — Il lit à l'Académie des sciences son *Projet concernant les nouveaux signes de musique.* — Exposé de son système. — Jugement de l'Académie 144
III. Importance naissante de Rousseau. — Ses premières relations avec Diderot. — Il obtient la protection de plusieurs grandes dames. — Sa maladie. — Ses *Prisonniers de guerre.* — L'ambassadeur de Venise le prend pour secrétaire. 151

CHAPITRE VIII. — *Du mois de mai 1743 à la fin de 1744.*

Sommaire : I. Départ pour Venise. — Le lazaret de Gênes. — Rousseau exerça-t-il les fonctions de secrétaire d'ambassade? — Manière dont il s'acquitta de ces fonctions. — Ses premières difficultés avec Montaigu. — Rousseau quitte l'ambassadeur. 160
II. L'affaire de Rousseau avec Montaigu est portée au ministère à Paris. — Vie privée de Rousseau à Venise. — Son retour à Paris. — Sympathie universelle qui l'accompagne à Paris. — Inutilité de ses efforts pour obtenir justice. — Intimité de Rousseau et d'Altuna. . . . 171

CHAPITRE IX. — *1745-1749.*

Sommaire : I. Thérèse Le Vasseur. — Opéra des *Muses galantes.* — Difficultés avec Rameau 181
II. Les *Fêtes de Ramire*; premiers rapports de Rousseau avec Voltaire. — Rousseau perd son père. — Il devient la proie de la famille de Thérèse. — Il reprend ses fonctions de secrétaire de Mme Dupin et de M. de Francueil. — Liaison avec Diderot et Condillac. — Le *Persifleur*. 188
III. Le château de Chenonceaux. — *L'Engagement téméraire.* — *L'Allée de Sylvie.* 195
IV. Rousseau met ses enfants aux Enfants-Trouvés 199
V. Le château de la Chevrette. — Liaison avec Mme d'Épinay. — Rousseau fait des articles sur la musique pour l'*Encyclopédie* . . 209

CHAPITRE X. — *1749-1753.*

Sommaire : DISCOURS SUR LES SCIENCES ET LES ARTS. — I. Rousseau va visiter Diderot à Vincennes. — Il lit, chemin faisant, l'annonce d'un sujet de prix sur l'influence morale des sciences et des arts. — Le parti qu'il adopta fut l'erreur fondamentale de toute sa vie. — Rousseau rapetisse et mutile l'homme. — Motifs intéressés de Rousseau. . . . 217
II. Les sciences et les arts préparent, d'après Rousseau, la décadence et l'asservissement des nations. — Enseignements de l'histoire. —

Les sciences et les arts condamnés dans leur origine, dans leurs objets, dans leurs effets. — Ils ruinent la Religion et faussent l'éducation. — Rousseau ennemi de l'imprimerie et de l'instruction du peuple. . 228

III. Réfutations du *Discours* de Rousseau. — Lettre de l'abbé Raynal. — Réfutation de Gautier et réponse de Rousseau. — Réfutation du roi de Pologne et réponse de Rousseau. 235

IV. Polémique entre Bordes et Rousseau. — Fausse austérité de Rousseau. — Préface de *Narcisse*. — Rousseau forme le projet d'accorder son genre de vie avec ses principes 243

V. Rousseau entre définitivement dans la carrière littéraire. — Ses nouvelles amitiés. — Son effervescence. — Sa manière de travailler. — *Discours sur la vertu la plus nécessaire aux héros*. — *Oraison funèbre du duc d'Orléans* 250

Chapitre XI. — 1750-1754.

Sommaire : I. Vie intérieure de Rousseau : Thérèse, le père Le Vasseur, la mère Le Vasseur. — Mauvaise santé de Rousseau. — Il met à exécution ses grands projets de réforme. — Rousseau défenseur de l'existence de Dieu. — Lettre à Francueil à l'occasion de la mort de sa belle-sœur. 257

II. Le Devin du village. — Il est joué devant le Roi. — Rousseau évite d'être présenté au Roi. — Diderot et Grimm cherchent à indisposer Thérèse et sa mère contre Rousseau. — Jugement sur le *Devin*. — Parodie du *Devin* 270

III. Querelle de la musique française et de la musique italienne. — *Lettre sur la musique française*. — Ennuis que le *Devin* occasionna à Rousseau. — Profits que cette pièce lui rapporta. — Portrait de Rousseau par Latour. — Première représentation de *Narcisse*. . 276

Chapitre XII. — De 1755 au 9 avril 1756.

Sommaire : Discours sur l'Inégalité. — I. Jugements de La Harpe et de Marmontel. — Rousseau s'isole pour travailler dans la forêt de Saint-Germain. — Il demande le retour à la nature. — Qu'est-ce que la nature ? — Méthode hypothétique et fausse. — Négation de la distinction essentielle du bien et du mal. — Condition de l'homme comparée à celle des animaux. — Rôle de la pitié. — La société est naturelle et nécessaire à l'homme. — L'état sauvage est une dégradation de l'état primitif. — Perfectibilité. — Propriété. — Intérêt. — Premières sociétés. — Époque la plus heureuse. — Métallurgie ; Agriculture. — Danger actuel et pratique des théories de Rousseau. — Que serait l'homme sans la société ?. 283

II. Voyage de Rousseau à Genève. — Gauffecourt et Thérèse. — Rousseau revoit Mme de Warens. — Accueil fait à Rousseau par les Genevois. — Son retour au protestantisme. — Amitiés qu'il contracte. — Promenade de sept jours sur le lac. — Projets de travaux. — Tacite. — Sénèque. — Lucrèce 302

TABLE DES MATIÈRES.

III. Retour de Rousseau à Paris. — Dédicace du *Discours sur l'Inégalité*. — Appréciation du *Mercure*. — Rapport de l'Académie de Dijon. — Ch. Bonnet, Philopolis. — Lettre de Voltaire et réponse de Rousseau. — Autres réfutations : le P. Castel. — Grimm. — Fréron. — Réfutation par Rousseau lui-même. — Impression de l'ouvrage. — Correspondance avec Rey. 310

IV. *Essai sur l'origine des langues*. — Article *Économie politique* dans l'*Encyclopédie*. 323

V. *Examen de deux principes avancés par Rameau*. — *La Reine fantasque*. — Comédie des *Originaux* par Palissot 331

VI. Projet d'établissement à l'Ermitage. — Rousseau refuse l'emploi de bibliothécaire à Genève. — Mme d'Épinay cherche à retenir Rousseau. — Intimité de Rousseau et de Mme d'Épinay. — Rupture avec d'Holbach 336

CHAPITRE XIII. — *Du 9 avril 1756 au 15 décembre 1757.*

Sommaire : I. Établissement à l'Ermitage. — Occupations de Rousseau : 1° Promenade. — 2° Travaux littéraires. — 3° Rêverie. — Revue rétrospective du passé. — Amours sans objet. — Tracasseries domestiques. — Ingérence des amis de Rousseau dans ses affaires. — Premiers germes de jalousie contre Grimm. — Efforts de Grimm et de Diderot pour ramener Rousseau à Paris. — Querelle avec Diderot. — Réconciliation. — Maladie de Gauffecourt. — Origines de la *Nouvelle Héloïse* 347

II. Mme d'Houdetot; son portrait physique et moral. — Passion de Rousseau pour Mme d'Houdetot. — Continuation de la *Nouvelle Héloïse*. — Scène du bosquet. — La passion de Rousseau transpire dans le public. — Saint-Lambert en est instruit. — Qui instruisit Saint-Lambert? — Indignation de Rousseau contre Mme d'Épinay. — Retour de Saint-Lambert. — Son attitude et celle de Rousseau. — Froideur de Mme d'Houdetot. — Mme d'Épinay se détache de plus en plus de Rousseau. 375

III. Querelle et demi-réconciliation avec Grimm. — Querelle et réconciliation avec Diderot. — Querelles, explications, réconciliation avec Mme d'Épinay. — Rousseau fait copier son portrait pour Mme d'Épinay. — Projet de voyage de Mme d'Épinay à Genève. — Motif de ce voyage. — Explication avec Mme d'Épinay. — Rupture définitive avec Grimm. — Mme d'Épinay, poussée par Grimm, renvoie Rousseau de l'Ermitage. — Rousseau renvoie la mère Le Vasseur. — Rôle de Diderot. — Rupture de Rousseau et de Diderot. — Causes de cette rupture . . . 403

CHAPITRE XIV.

Sommaire : TRAVAUX DE ROUSSEAU PENDANT SON SÉJOUR A L'ERMITAGE. — I. Le poème de Voltaire sur le désastre de Lisbonne. — Rousseau se décide à y répondre. — La *Lettre sur la Providence*. — Envoi de cette lettre à Voltaire et réponse évasive de Voltaire. — Publication de la *Lettre sur la Providence* 425

II. Extraits des ouvrages de l'abbé de Saint-Pierre. — Motifs et hésitations de Rousseau. — Le *Projet de paix perpétuelle*. — La *Polysynodie*. — Publication de ces ouvrages. — Opuscules de Voltaire sur la paix perpétuelle 435

III. La *Morale sensitive*. — *Lettres sur la vertu et le bonheur*. — Les *Amours de Claire et de Marcellin*. — Le *Petit savoyard*. 440

Chapitre XV. — *Du 15 décembre 1757 au 9 juin 1762.*

Sommaire : I. Maladie de Rousseau. — Son établissement à Mont-Louis. — Efforts pour introduire le théâtre à Genève. — Article *Genève* de l'*Encyclopédie*. — Motifs d'intervention de Rousseau. — Analyse de la *Lettre à d'Alembert sur les spectacles*. — Digressions : de la condition des femmes. — Les amusements à Genève. — Les plaisirs publics, tels que Rousseau les conçoit. — Devise de Rousseau : *Vitam impendere vero*. — *De l'imitation théâtrale* 444

II. Manière dont la *Lettre à d'Alembert* fut composée. — Sa publication. — Réponse de d'Alembert. — Autres réponses. — Appréciation du monde religieux. — Appréciation de Genève 455

III. Irritation de Voltaire. — Lettre de Rousseau à Voltaire. — Fureur croissante de Voltaire. — Effets de la *Lettre à d'Alembert* sur le théâtre à Genève et aux environs de Genève 464

IV. Différend entre Rousseau et l'administration de l'Opéra, relativement au *Devin*. — Nouvelles amitiés contractées par Rousseau. — Mme de Verdelin. — M. et Mme de Luxembourg. — Mme de Boufflers. — Le Prince de Conti. — Morgue de Rousseau 473

V. Le Petit château de Montmorency. — Visites que Rousseau reçoit à Mont-Louis. — Flatteries de Mme de Luxembourg. — Rousseau lit à Mme de Luxembourg la *Nouvelle Héloïse*, puis l'*Émile*. — Copie de la *Nouvelle Héloïse* pour Mme de Luxembourg. — Les *Aventures de Milord Édouard*. — *Comédie des Philosophes*, par Palissot. . . . 483

Chapitre XVI. — *1760-1761.*

Sommaire : La Nouvelle Héloïse. I. Préface de la *Nouvelle Héloïse*. — Origines de la *Nouvelle Héloïse*. — Caractères des personnages. — Qualités morales de la *Nouvelle Héloïse*. — Digressions. — Qualités du style. — Comparaison de *Julie* avec *Clarisse*, de Richardson . . 496

II. Impression de la *Nouvelle Héloïse*. — Arrangements avec Rey. — Les estampes; Coindet. — L'édition française; Malesherbes. — Suppressions exigées. — Succès de la *Nouvelle Héloïse*. — Triomphe de la *Nouvelle Héloïse* : Mme Latour de Franqueville 515

III. Jugements des hommes de lettres. — Duclos. — D'Alembert. — Opposition de Voltaire. — Critiques de Fréron et de Grimm. — L'*Esprit de Julie*, par Formey. — Accueil fait à la *Nouvelle Héloïse* par les Genevois 526

CHAPITRE XVII. — *De 1760 au 9 juin 1762.*

Sommaire : Mme de Luxembourg se charge de l'impression de l'*Émile*. — Achèvement du *Contrat social*. — Rousseau forme le projet d'écrire ses *Mémoires*. — Caractère de sa correspondance au point de vue religieux. — Son crédit baisse auprès de Mme de Luxembourg. — Ses dégoûts de la vie de château et de la carrière des Lettres. — Rousseau prie Mme de Luxembourg de faire rechercher ses enfants et lui confie Thérèse. — Produit des ouvrages de Rousseau. — Marché pour l'impression de l'*Émile* et pour celle du *Contrat social*. — Projet d'une édition générale des œuvres de Rousseau. — Amitié intime avec Rey. — Désir de Rousseau de ne laisser publier ses *Confessions* qu'après sa mort. — Accident de santé. — Rente viagère de trois cents francs constituée par Rey au profit de Thérèse. — Vaines tentatives pour la libre introduction en France du *Contrat social*. — Rousseau veut s'opposer à ce que l'*Émile* soit imprimé en France. — Corrections exigées. — Déclaration de Malesherbes. — Inquiétudes, soupçons, puis remords et retours de confiance de Rousseau à propos de son livre. — Les quatre lettres de Rousseau à Malesherbes. — Pensées de suicide. — Facilités de la censure pour la *Profession de foi*. — Nouvelles anxiétés de Rousseau. — Sa sûreté personnelle est menacée. — L'*Émile* paraît sans difficulté. — Revirement subit. — Bruits alarmants. — On conseille vainement à Rousseau de pourvoir à sa sûreté. — Il se décide à fuir. — Il se rend en Suisse et compose, chemin faisant, le *Lévite d'Éphraïm*. — Que serait-il arrivé à Rousseau, s'il n'avait pas voulu tenir compte du décret porté contre lui ? 536

RENNES, ALPH. LE ROY

Imprimeur breveté.

DU MÊME AUTEUR
EN COLLABORATION AVEC M. H. MARAIS, Chanoine, ancien Vicaire général.

Essai historique sur la Cathédrale et le Chapitre de Séez
1 volume gr. in-8 de 450 pages . . . . 5 fr.
Se trouve à Séez, au Grand Séminaire; à Alençon, chez Mlle Desvaux et M. Vaillant, libraires.

LIBRAIRIE LAMULLE & POISSON

LE CATÉCHISME CATHOLIQUE
Commentaire littéral et pratique, à l'usage des Catéchismes de Première Communion de Persévérance et des Maisons d'éducation de tous les Diocèses.

PUBLIÉ AVEC L'APPROBATION DE L'ORDINAIRE

Par L'Abbé P. POEY
AUMÔNIER DES DOMINICAINES DE PAU, DIRECTEUR DU « BULLETIN CATHOLIQUE » DU DIOCÈSE DE BAYONNE

1 beau volume in-12. — Prix : **3 fr. 50**. — Franco : **4 fr.**

LES SACRÉS-CŒURS
ET
LE VÉNÉRABLE JEAN EUDES
PREMIER APÔTRE DE LEUR CULTE

Par le R. P. Ange LE DORÉ
SUPÉRIEUR GÉNÉRAL DE LA CONGRÉGATION DE JÉSUS ET MARIE

2 volumes in-8, avec portraits. — Prix . . . . **8 fr.**

DE BAALBEK AUX PYRAMIDES
SYRIE, PALESTINE, ÉGYPTE

Par L. DOLHASSARY

1 volume in-12 avec couverture en couleur. — Prix . . . **3 fr. 50**

LA RICHESSE DE LA FRANCE
Par le Marquis DE CHAPPUIS DE MAUROU

Espérances. — Exposé de la situation devant l'Europe.
1 volume in-12 . . . . **3 fr. 50**
Réalités. — La Religion, l'Armée. 1 volume in-12. **3 fr. 50**
Hygiène économique. — Les moyens d'augmenter les revenus de Paris et de la France. 1 volume in-12. **2 fr. 50**

Chaque volume forme un tout complet et se vend séparément.

EN ATTENDANT LE MÉDECIN
TABLEAU
Des premiers soins à donner en cas d'accident ou d'indisposition

ADOPTÉ OFFICIELLEMENT POUR LES ÉCOLES DE LA VILLE DE PARIS

Prix du tableau, sur beau carton, imprimé en deux couleurs, monté sur baguettes, pour suspendre . . . . **1 fr. 25**

RENNES, ALPH. LE ROY, IMPRIMEUR BREVETÉ.

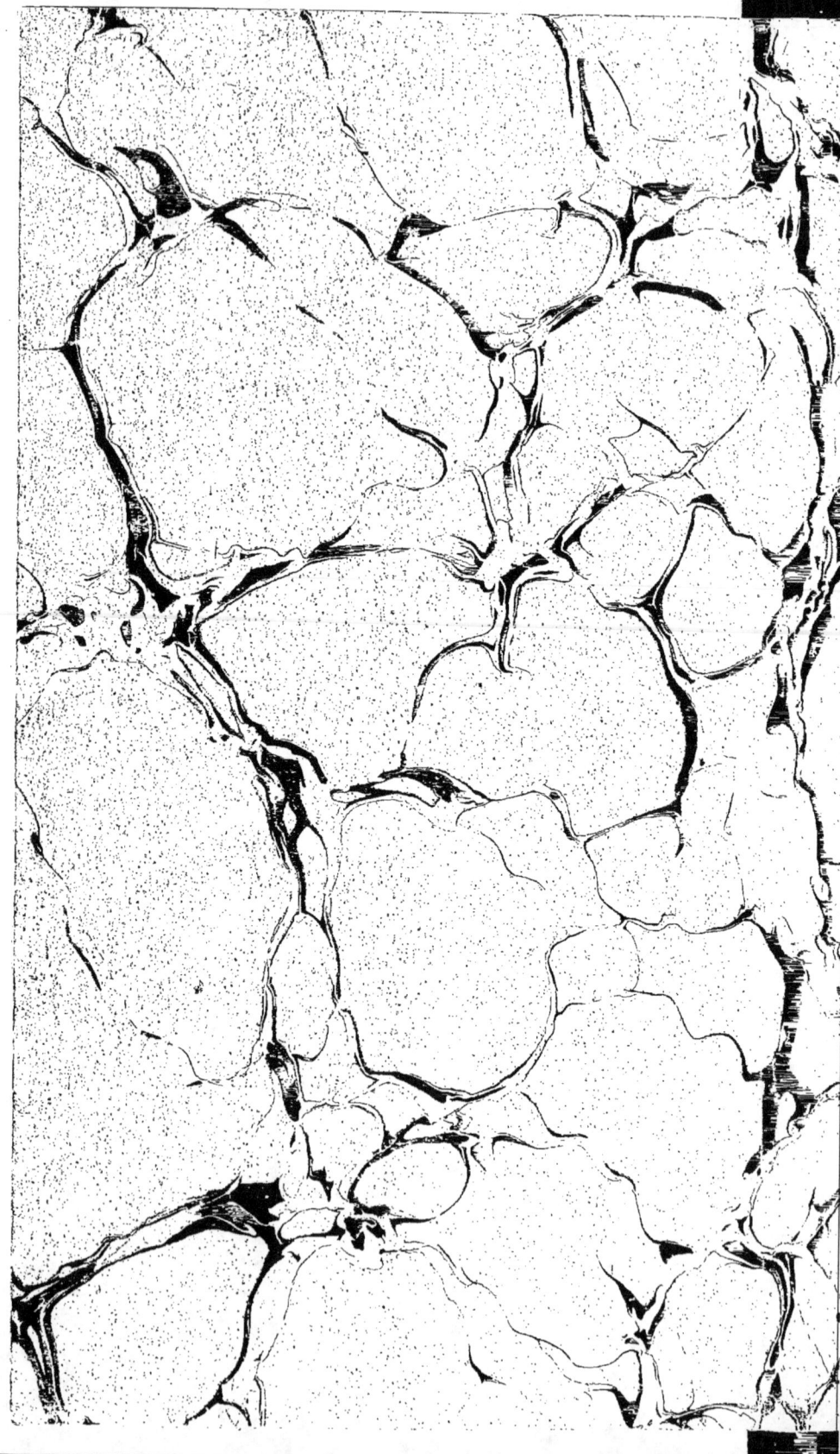

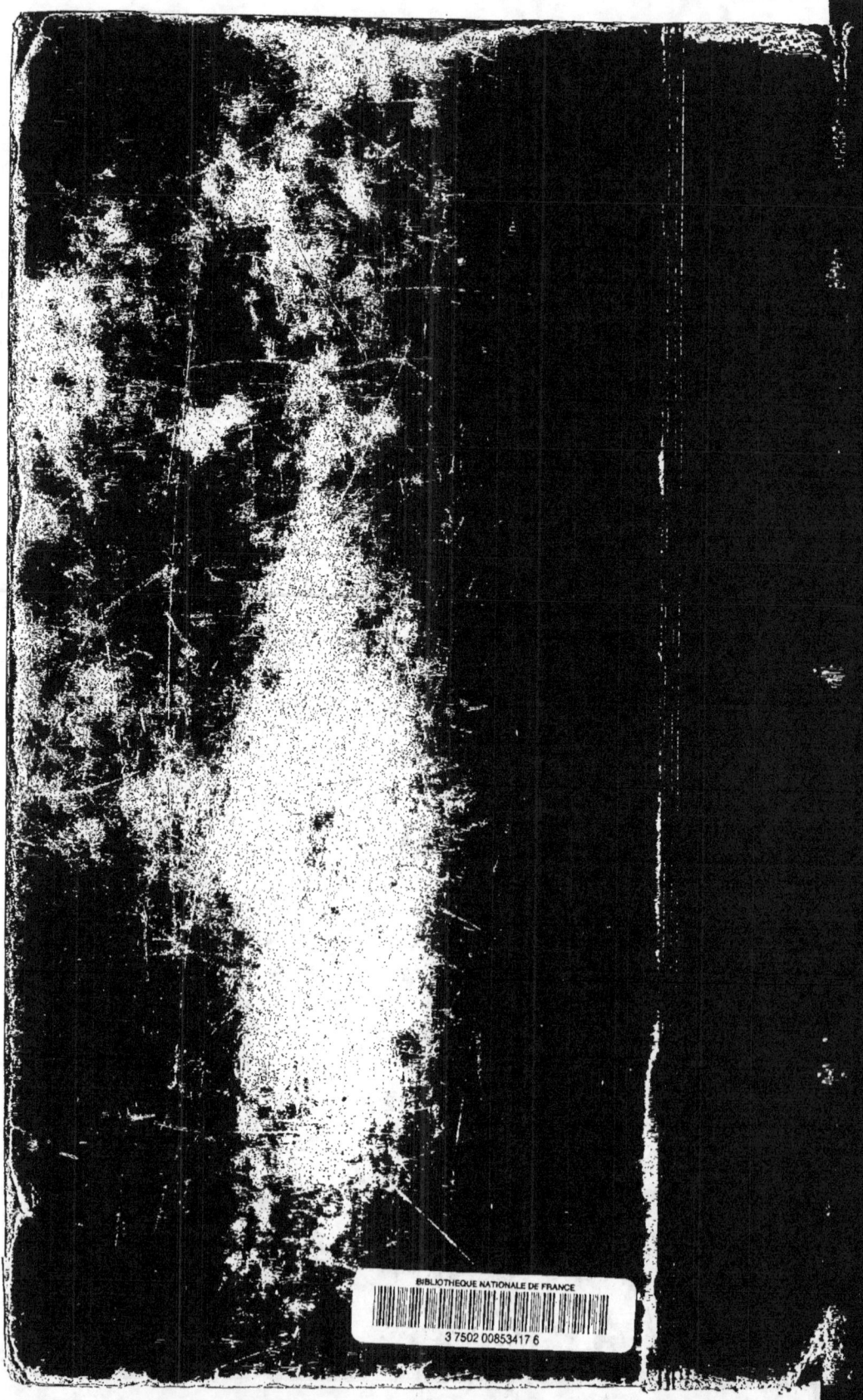

www.ingramcontent.com/pod-product-compliance
Lightning Source LLC
Chambersburg PA
CBHW060406230426
43663CB00008B/1406